U0525879

# 老板必知的十大财务管理工具

张能鲲　沈佳坤 ◎ 著

Top 10 Financial
Management Tools the
Boss Must Master

中国经济出版社
CHINA ECONOMIC PUBLISHING HOUSE
·北京·

### 图书在版编目（CIP）数据

老板必知的十大财务管理工具／张能鲲，沈佳坤著. --北京：中国经济出版社，2023.7
ISBN 978-7-5136-7343-3

Ⅰ.①老… Ⅱ.①张… ②沈… Ⅲ.①企业管理-财务管理 Ⅳ.①F275

中国国家版本馆 CIP 数据核字（2023）第 098553 号

责任编辑　丁　楠
责任印制　马小宾
封面设计　任燕飞

出版发行　中国经济出版社
印 刷 者　北京富泰印刷有限责任公司
经 销 者　各地新华书店
开　　本　710mm×1000mm　1/16
印　　张　22.5
字　　数　380 千字
版　　次　2023 年 7 月第 1 版
印　　次　2023 年 7 月第 1 次
定　　价　88.00 元
广告经营许可证　京西工商广字第 8179 号

中国经济出版社 网址 www.economyph.com 社址 北京市东城区安定门外大街 58 号 邮编 100011
本版图书如存在印装质量问题，请与本社销售中心联系调换（联系电话：010-57512564）

**版权所有　盗版必究**（举报电话：010-57512600）
国家版权局反盗版举报中心（举报电话：12390）　服务热线：010-57512564

# 序一

张能鲲先生长期致力于公司治理的产业实践，沈佳坤女士多年致力于财务及合规转型的教学。他们协同完成了百余个民营企业的项目实践，并结合财务管理本身理论知识的迭代，形成了针对民营企业这个市场经济不可欠缺的一环的管理归纳，实现了针对民营企业财务管理的系统归纳。从实践层面到理论层面，再从理论层面到实践层面，他们完成的对财务管理十大工具的总结归纳，是民营企业非常实用且别具一格的有效工具。财务管理十大工具的内容，既是对财务管理知识有效落地和实操的归纳，也是针对数智化时期实现财务管理知识迭代复用的设计。在企业必须面临的数字化之下，企业财务管理不断实现共享化和模块化，财务管理不断融合，民营企业的财务管理主动转型到为企业各个业务模块提供系统的财务支持服务，从普适性熟悉总体企业的运营模式，到系统和快速地应急解决企业面临的各类财务管理难题，从基础财务管理理论的归纳提升到结合民营企业一线实践的验证，我认为这本书都应该给予高度评价，并郑重推荐阅读。

当下的企业财务管理的数字化转型、智能化赋能，是企业改变管理方法实现一体化转型与升级的必经之路。财务管理十大工具则系统解读了民营企业财务管理转型的方法论。财务管理十大工具的有效应用，可以系统解决企业价值链视角的财务管理流程固化与再造。企业做好财务管理子战略的顶层设计，把握住数字经济时代脉搏的同时，更需要深刻理解财务管理本身的内涵，财务管理十大工具则系统将财务管理内涵进行了细分。基于企业可持续财富最大化的发展目标，企业财务管理需要针对核算、服务、预测、模型、设计等规划之下的分解，形成模块化与集成化的协同，财务管理十大工具则解决了企业模块化分拆和就各个模块进行集成的组合可能性，也解决了民营企业就财务管理工具和薄弱环节进行弥补和改善的空间。因此，财务管理十大工具可以实现企业从业务端到财务端的价值驱动，形成平台化运作方式，并从商业模式的顶层设计端形成协同，有效整合并形成一揽子支持的财务管理工具，从而解决民营企业老板针对财务管理无从入手的困境，提升财务管理各个工具逐项掌握，实现工具层面拿来就用的便捷性。

财务管理本身是一项复杂、系统的工作，企业培养合格的财务管理人员需要大量的时间和充分的实践场景，受制于人员的悟性和素养，也受制于企业发展的空间与企业人才持续的协同性，企业的财务管理，尤其民营企业的财务管理在数字化转型大背景下，做好路径设计规划以及在实践过程中纠偏难度很大。民营企业做好财务管理的前提是战略规划清晰，业务稳定，运营模式稳健。在民营企业可持续发展前提下做好财务管理转型，结合企业实际情况做好财务管理复合应用的模块化集成，形成智能化的接口系统化链接，驱动企业财务管理的高效优质转型，需要达成的要素较多。减少民营企业财务管理在技术与业务转型融合、实现互联互通方面的试错成本，就需要针对性做好模块化分拆，形成各个独立而互相关联的财务管理工具的设计，从这个层面来说，本书从企业财务管理的基础应用和实践创新视角出发，明确了财务管理的基础落地层面的应用模块，并从管理顶层设计到基础应用落地做了系统的解读，为民营企业老板们厘清了财务管理工具概念，明确了财务管理有效的拿来就用的简单直接的工具路径。这有助于企业自上而下地实现财务管理工具应用的模块化，推动财务管理工具在全企业范围内部普及，实现财务管理创新工具应用的共享化。通过标准化的工具模块，解决企业财务管理工具的复用模式和融合组合模式，可以系统推动财务管理工具的协同驱动，实现民营企业针对财务管理的认同度、协同度。本书通过解读十大工具的具体模式和具体操作方案，明确十大工具的应用模式及路径，给出了非常有实操价值的参考案例和系统对策。

企业管理问题中，财务管理的关键作用不言而喻。基于商业模式驱动的财务管理涉及企业方方面面，财务管理工具化对于民营企业的实践有降本增效作用，助力企业财务系统达成统一认识，形成从基础业务的财务共享到业务支持的财务优化。基于企业财富可持续性最大化的目标，财务管理的工具化也有助于企业做好财务管理定性与定量的协同问题，这对于民营企业做好管理决策，落实管理路径方案层面都有实质性的帮助。因此，从企业最基础的业务落实的财务管理十大工具，可以系统解决企业业务量化问题，实现企业计划性管控，实现企业有效的内部控制，实现企业财务管理量化决策的有效性、及时性、准确性。

企业财务管理十大工具的归纳和整理，也可以直接和间接推动企业财务共享模式的拓展，并有助于企业财务共享服务中心的发展。财务管理的内容在新时期被赋予了新的意义，本书重点说明财务管理工具，难能可贵的是将深奥的知识进行了普适化处理，基于企业可持续发展的顶层规划与设计，无形之中通过财务战略的分解实现对企业战略的支持与服务。

财务管理提供融投管退的支持与服务，结合传统财务管理模式和数字化财务管理融合模式，对民营企业迫切需要支持的财务管理业务类型来说，按照张能鲲先生和沈佳坤女士亲自实践协同调研得出的结论，体现在资金管控和融资、投资管理及收益、收益管理及分配、科技赋能与服务、财务共享与量化五个方面。为此，民营类企业财务管理十大工具的分解体现在财务管理十个细分领域：账套管控、资金管理、往来管理、成本管理、费用管理、资产管理、税收筹划、预算与分析、核决权限、信息与共享，这也是传统企业转型的关键节点。

本书针对企业财务管理工具的模块化分解，以及对各个财务管理工具的实践应用的解读，既针对科技赋能财务管理工具的协同性，也针对财务管理工具类基础常识进行重新梳理和设计，对各个不同层面的案例进行分类解读，非常接地气，值得民营企业老板和管理层，以及对财务管理在民营端实践感兴趣的相关人士一读。针对财务管理十大工具的有效应用和实现路径规划，本书给出了落地建议，尤其系统化落地建议是基于民营企业活下来、活得好、活得长的发展战略规划目标的高度提出，值得民营企业

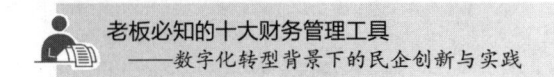

所有股东和所有董事们一读。得益于两位作者的能力、知识的互补，本书在应用端做了大量大胆的模块化分解，有别于不少同类书籍，阅读过后耳目一新的同时，收获满满，特此推荐。

北京物资学院会计学院院长、会计学博士、教授

张军

2023 年 1 月 31 日

# 序二

在经济发展的不确定性之下，不少民营企业步履维艰，大部分民营企业本身的财务管理参差不齐。财务管理的内容在新时期被赋予了新的意义，财务管理更重要的是基于企业可持续发展的顶层规划与设计，通过财务战略的分解实现对企业战略的支持与服务。因此，民营企业要改善运营环境，除了市场的拓展，同样重要的是建立系统的财务管理体系并不断完善，结合财务管理的提升实现民营企业效益的提升。

这个过程中，财务管理可以借助智能化方式实现效率与效果的提升，借助科技的力量助力企业实现可持续发展，提升企业盈利质量。财务管理的顶层设计在充分考虑数字化等智能化应用场景之下，将企业的基础建设信息化、管理体制数字化，同时创造新的业务模式进行系统的顶层设计。这些的有效落地，就需要做好财务管理工具的设计。

本书基于战略财务、业务财务、共享财务的分类原则，结合当下和未来民营企业的发展方向，按照财务管理本身的内涵，进行了财务管理工具的分解，这有助于提升企业财务管理的管控力度和执行力度，确保财务管理的顶层设计在企业智能化和数字化上的实现。

传统模式之下，战略财务总体起到政策制订、决策支持的作用，通过推动企业财务的管控体系为企业的总体战略服务。战略财务的目标是确保财务职能高效运行。财务管理十大工具的分解，有助于企业实现智能战略财务融合的长期目标和行动计划，并将财务管理实现定性和定量的管控，有助于企业财务管理做好预测模型，以模拟和分析可能的盈利能力，使得企业老板和管理人员能够分析和判断不同战略对企业的长期财务影响，最终为企业选择财务效果最佳的战略方案。

科技赋能之下，财务管理部门可以实现系统转型。财务管理机制在财务制度、财务评价、风险与内控以及价值管理等方面，协同线上线下融合和供应营销一体化等转型发展需要，结合财务管理十大工具的归纳，有助于企业系统实现"战略决策支持、核算共享服务与业务支持"的融合，形成财务管理专业化、财务核算集中化、财务业务一体化的协同。

因此，财务管理工具有助于支持企业总体战略的落地，通过十大工具的设计，财务战略职能实现顶层设计的有效性，实现战略财务、共享财务与业务财务的新型财务管理模式的落地。

本书研究了企业基础管理的转型与升级，从最基础的账套管控出发，解决民营企业"两套账"的问题，并就此推动民营企业实现资金管理、往来管理、成本管理、费用管理、资产管理、税收筹划、预算与分析，借助企业核决权限这个有效工具，实现企业财务管理内部控制的有效性。

在财务管理十大工具的协同应用过程中，企业可以实现从传统模式到智能化模式的协同和转变，这对于企业财务管理层面在做好资产质量、资本结构、利润质量、现金流量质量、财务信息质量等各类财务盈利指标、资产质量指标、运营管理指标上有实质性的帮助，也有助于系统实现全面预算管控和分析比对，实现对企业可持续性财富最大化的服务与支持。

在企业管理过程中，明确核决与签批事项，是公司内控是否有效的关键。审批核决不规范、流程不顺畅导致的企业管理乱象频发。企业如果不将核决事项明确，还会导致企业内部治理博弈的签批混乱，甚至还会由于核决不明确带来责权利不匹配，最终导致企业内部管理失控。核决权限的落地，有助于企业实现管理的制度化、流程化，提升企业过程管理的有效性，系统整改企业管理活动的内容。

财务管理从传统模式向智能化模式转型是一场重大的变革，结合财务管理的顶层设计，实现科技赋能需要系统的财务管理工具，而财务管理工具的设计，就需要从长期的财务管理实践中得来。运用财务管理十大工具模式，对于实现创新型财务管理模式的探索，尤其是民营企业财务管理模式的探索有实质性的帮助。基于此，本人特别推荐张能鲲先生和沈佳坤女士完成的这本新书。

中央财经大学金融学院金融科技系主任、数量经济学博士、教授、博导

2023 年 1 月 31 日

# 前 言

自从国家大力推动数字化转型改革以来，针对管理的顶层设计和规划以及智能化趋势成为不可阻挡的潮流。企业在传统财务管理基础上，借助数字化转型的契机，建设集约化、智能化、数字化的财务管理工具系统，是提升财务管理整体水平，向"科学、高效、数字、创新"转型，实现企业可持续发展的重要方式。

企业要推动财务管理平台的整体顶层设计，不断推动业财一体化，系统推动可持续性财富最大化。为此，企业财务管理的平台建设就很有必要。在财务管理平台建设上，通过采用数字化转型的规划方法，全面分析财务管理全过程业务，建设更加符合财务管理业务发展的信息系统。推动企业财务管理工具的转型，是企业苦练内功、强化管控、提升管理水平的必由之路。因此，企业建设核心财务管理工具具有如下意义。

首先，财务管理工具是实现企业财务系统转型的重要支点。通过积极探索财务管理转型的支点，财务管理工具可以调整传统模式的简单粗放格局，探索数字化转型新路径，充分释放数字化转型新动能，加快企业的创新步伐，通过财务管理工具的创新，实现企业财务内部精细化管理和转型。

其次，财务管理工具有助于实现集中管控、提升财务管理效率。财务管理工具是加强财务管理业务管控的重要抓手。财务管理工具有助于对财务工作形成有效管理和监督。财务管理工具是企业实现纵向贯穿各层级、横向打通各相关业务部门的抓手，可以为企业核决权限的系统实施保驾护航；财务管理工具可以助力企业内部共享通道的打通，系统实现企业实时、准确、一致、共享，用数据驱动财务管理的效果；通过规范财务管理流程，可以监督财务管理的执行、提升人员效率。

再次，财务管理工具有助于企业强化三道防线的建设，系统做好风险防控。企业通过财务管理工具的建设，有助于构建基于财务数据的风险防范机制。充分推动企业利用数字化、信息化手段前置风险管控核心节点，及时发现财务流程中的风险隐患和审计线索。通过财务管理工具的应用，可以系统优化财务内置内控、风险、合规和审计线索的发现功能，强化财务流程规范化、财务风险最小化、合规检查自动化、审计线索日常化。

最后，财务管理工具融合企业数字化转型机遇，可以助力企业实现财务管理创新目标。在财务管理领域充分利用先进的财务管理共享中心和数字化中台技术，实现对财务管理方式、方法的创新。满足企业财务创新，做好财务工具的支持工作。为财务管理人员的业务、流程、方法和步骤创新赋能，提升财务人员创新的积极性和质量。

因此，从财务管理工具的优化与升级方向来说，通过财务管理工具的持续优化提升，实现对财务管理业务流程和数据的全面管控，逐步完善数据驱动的财务管理体系，支撑企业业务的发展和创新。具体体现在如下几点。

首先，通过财务管理工具建设具有竞争力的财务管理平台。针对先进企业财务管理信息化系统的业务功能，结合企业财务管理工具的使用，制定科学、合理的财务管理工具系统，本着高效利用人力、资金的原则，通过合理规划、科学管理建设具有竞争力的财务管理平台。

其次，通过财务管理工具全面管控财务流程和数据。通过系统优化财务管理工具，实现功能覆盖财务管理全业务流程。彻底解决财务管理系统效率不高、财务分析主要依赖人工等问题。通过不断完善财务管理工具，进一步落实财务管理流程和关键节点的管控机制。

再次，通过财务管理工具逐步实现数据驱动的财务管理体系。目前，很多企业的财务管理政策、方法、策略和方案的制定依据历史经验和人工数据统计分析，决策速度慢、决策分析不完善、决策数据不完整。通过财务管理智能化方式实现共享化与线上化，借助财务管理工具的数据留痕，依托信息化技术，实现财务数据抓取、分析、展示，支撑并驱动企业战略和企业业务决策。

最后，通过财务管理工具支撑企业财务管理业务发展和创新。财务管理业务创新包括管理政策创新、业务流程创新、策略方法创新等，都需要有数字化系统支撑。数字化系统的缺失会导致财务创新能力下降，创新成果无法使用和推广。为了实现企业财务的高质量发展，也为了满足未来财务管理业务创新需求，需要尽快优化兼具灵活性、开放性、可扩展性的财务管理工具系统。

因此，财务管理工具的建设具有很重要的意义。一方面积极响应国家"数字中国"政策，顺应数字化发展浪潮，企业可以构建统一的财务管理平台，助推提升企业财务管理水平。借助财务管理工具的应用，企业可以实现对财务的"全过程管理""全环节监控""全数据共享"，实现财务管理的降本增效，提高财务管理效能，实现企业的利益最大化。

为达成上述目标，在现有信息化建设基础上，企业需要构建十个财务管理工具系统，全面支撑财务管理的转型和服务业务的需要，逐步形成对企业各级次财务管理业务的支撑，为企业财务管理相关业务部门赋能，提升企业整体财务管理水平。

通过十大财务管理工具的建设，企业可以抓牢财务管理核心业务系统的建设钥匙，在顶层设计上实现"业财一体化"的目标，打通财务管理分析的路径，实现财务管理服务全部流程化作业。借助于外部专业公司的系统连接，实现自动、广泛的财务管理转型工作。

通过十大财务管理工具的建设，企业可以实现财务管理门户建设，提高各层级业务人员工作效率，为业务创新赋能，与其他系统的共享通道打通后，企业可以完成所有需要审批的财务管理业务，即从数据录入、报表汇总到财务管理业务，实现流程标准化、数据可视化。

通过十大财务管理工具的建设，企业可以完成统一的财务管理数据分析系统的建设。解决不同公司、部门之间的业务协同问题，实现业务、合同、发票、资金的四流一致，解决系统的支持证据链问题，消除财务管理"信息孤岛"，实现采购管理、库存管理、供应商管理、客户管理、销售管理、研发管理、财务管理等信息的良好互通与共享，及时掌握资金流动情况，为科学决策提供系统支持。

财务管理工具的建设，尤其十大财务管理工具的建设可以较好地提升财务管理效率和效果，具体可以提升企业财务管理的服务水平、管控能力、精细化管理能力，分析模型构建，进行实时监控，可优化流程、提升效率、降低成本等。但需要结合财务管理工具的传统模式和智能化模式分阶段实施，具体来说：传统财务管理工具的落实阶段，企业针对财务管理工具，需要不断夯实基础，打通数据，全面分析，可视管控，搭建财务管理基础平台，为之后提升数据分析能力、可视化管控能力和数字化赋能做好铺垫。智能财务管理工具的升级阶段，企业针对财务管理工具，需要实现全面管控、财务创新、共享赋能、战略支持，构建全财务流程的管控体系，提升全级次的风控能力。

在本书编写过程中，得到了中雪投资（北京）有限公司全体员工以及中和财智云数字科技有限公司全体员工、北京物资学院会计学院不少师生的大力支持。詹满亮先生及其团队也为本书的编写提供了大量的幕后支持工作，不少专家学者为本书的编写和审阅提供了非常有价值的修改建议。不少参考文献也给本书的写作提供了素材。

最后，本书的出版倾注了出版社的不少心血，也向本书的编辑及为出版本书提供帮助的所有同人表示由衷的感谢！

# 目 录

## 第一章 战略定位：企业战略转型与财务管理措施 / 001

第一节 数字经济时代财务管理的转型进阶 / 002

第二节 财务管理转型四类要素与四大需求 / 013

第三节 智能化转型的实施与路径 / 019

第四节 企业财务的智能化转型与管理人才的三重进阶 / 028

第五节 财务管理十大工具的逻辑与对策 / 036

第六节 财务管理智能化转型案例 / 037

第七节 本章小结 / 047

本章参考文献 / 047

## 第二章 十大财务管理工具之账套管理 / 049

第一节 财务"两套账"建账风险与转型 / 050

第二节 财务凭证失控问题与三大解决路径 / 057

第三节 辅助账的作用及设置模式 / 061

第四节 本章小结 / 063

本章参考文献 / 064

## 第三章 十大财务管理工具之资金管理 / 065

第一节 资金管理的特点与三重防控对策 / 066

第二节 资金管理的模式与选择 / 072

第三节 智能化资金收支的合规对策 / 076

第四节 企业融资的四个渠道与融资管控的转型方向 / 085

第五节　资金链管控的六大类型与六种智能化对策／089

第六节　本章小结／099

本章参考文献／100

## 第四章　十大财务管理工具之往来管理／101

第一节　往来风险的四大成因及五个传统对策／102

第二节　往来风险智能化管控的手段与节点／109

第三节　供应链的共享模式与财务协同／113

第四节　本章小结／121

本章参考文献／121

## 第五章　十大财务管理工具之成本管理／123

第一节　成本管理的问题与传统对策／124

第二节　成本管理的智能化优化与趋势／128

第三节　成本管理数字化转型的对策与设计方案／135

第四节　本章小结／139

本章参考文献／140

## 第六章　十大财务管理工具之费用管理／141

第一节　传统费用管理的痛点问题与四大对策／142

第二节　费用管理的管理体系与管控对策／149

第三节　智能化费用管理对策与精益化管控模式／153

第四节　本章小结／164

本章参考文献／164

## 第七章　十大财务管理工具之资产管理／166

第一节　传统资产管理问题与改善对策／167

第二节　资产管理工具与精细化方案／170

第三节　资产管理的智能化对策与实现路径／178

第四节 资产管理的模式与协同方案 / 188

第五节 本章小结 / 194

本章参考文献 / 194

## 第八章 十大财务管理工具之税收筹划 / 196

第一节 税收筹划落地方案的界定与重要作用 / 197

第二节 金税工程的升级路径与税收筹划问题症结 / 201

第三节 税收筹划的传统对策与智能化对策 / 207

第四节 本章小结 / 216

本章参考文献 / 216

## 第九章 十大财务管理工具之预算与分析 / 218

第一节 全面预算管理的难题与对策 / 219

第二节 预算管理数字化转型的细节与对策 / 228

第三节 智能化财务分析的特点与建设思路 / 234

第四节 本章小结 / 243

本章参考文献 / 244

## 第十章 十大财务管理工具之核决权限 / 245

第一节 核决权限的四个授权原则与五个维度 / 246

第二节 核决权限的顶层设计方案与落地执行五步法 / 255

第三节 核决权限的融合解决方案 / 275

第四节 本章小结 / 295

本章参考文献 / 295

## 第十一章 十大财务管理工具之信息与共享 / 297

第一节 财务信息化的管理问题与五步对策 / 298

第二节 业财融合的共享全景与闭环路径 / 305

第三节 RPA 的闭环流程与四大转型优势 / 312

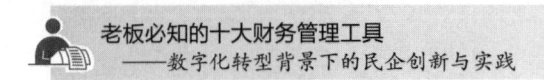

第四节　智能财务共享服务的六个指标维度与两条管控对策／316

第五节　本章小结／324

本章参考文献／325

## 第十二章　归纳总结：财务管理向顶层化、数字化、价值化转型／326

第一节　财务管理数字化转型的背景与三个阶段／327

第二节　财务管理数字化赋能的对策与五个类型／328

第三节　财务管理智能化升级的路径与四个应用场景／334

第四节　本章小结／339

本章参考文献／339

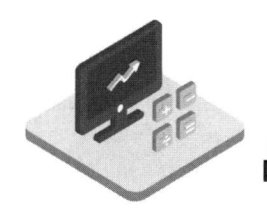

# 第一章
## 战略定位：企业战略转型与财务管理措施

随着国家创新驱动发展战略的稳步推进，企业财务管理从松散的手工与信息化协同模式发展到不断集成智能的数字化融合模式。财务管理智能化是企业实现降本增效及赋能的重要手段，智能财务不仅可以将传统财务进行数字化和自动化处理，还能够重构企业传统的运营和管理逻辑。财务管理的业财融合是企业管理提质增效的重要路径，业财融合不仅是现代科技与财务管理的结合，更是通过智能科技赋能业务并实现财务管理专业化分工和融合协调的必经路径。

因此，无论哪类企业，企业财务管理转型升级，需推动企业管理者转变观念、放开眼界，关注并推动企业财务管理的顶层设计。企业再基于顶层设计思路，在运筹帷幄的设计之下，加强基于降本增效的财务智能化的转型，实现业财一体化。

本章主要从企业管理总体顶层设计的重要性出发，针对财务转型的背景、财务管理转型框架与要点，进而落实财务管理的顶层逻辑、财务管理的核心要点、财务管理价值、财务管理存在的问题以及智能化财务管理对策，全方位多层次地研讨财务管理转型与措施，为企业实现财务管理数智化转型奠定理论基础。

本章提出的总体实现路径上，明确企业实现财务管理的进阶转型，需具备四大要素，设计四大需求，落实实施路径，解决转型的三重进阶。这一揽子闭环工作，需要企业有针对性地借助财务管理的十大工具来系统达成。

## 第一节　数字经济时代财务管理的转型进阶

### 一、财务管理的传统模式与智能化转型

#### （一）财务管理战略目标的四个领域

在企业经营中，财务管理是企业管理的重要部分，也是企业提升效益的关键。一个企业只有建立完善的财务管理体系、做好财务管理，才能使效益不断提升。

财务管理是指运用管理知识、技能、方法、模型，对企业资金的筹集、使用以及分配进行管理的活动。财务管理是一个循环过程，贯穿于企业整个生产活动和周期。它包括财务预测、财务计划、财务控制、财务监督、财务分析、财务决策等环节。这些管理环节互相衔接和配合，紧密联系，形成周而复始的财务管理循环过程，构成完整的财务管理工作体系，是企业经营管理的综合反映。在企业管理中，决策是否得当、经营是否合理、技术是否先进、产销是否顺畅，都可以迅速在企业财务指标中得到反映。通过财务管理手段，财务人员能够及时发现企业经营的实际情况，做到有效及时监督和控制，并随时向企业管理者提供相关财务信息，为企业管理者的决策提供可靠依据，把经营偏离轨迹的企业各业务拉回提高经济效益的正轨，为经营管理者制定公司发展战略、规划目标等提供信息依据，最终实现企业发展的目标。

财务管理价值体现在为企业实现**降本、增效、提质、增收**。以最小的成本创造最大的利润是企业最终的发展目标。在一个企业的发展战略中，降本增效有着非常重要的地位，对企业的发展影响重大，合理、科学地降本增效有利于企业健康、可持续发展。提高劳动生产率，就是间接减少人工费用降低成本，如此企业效益就会得到提高；降低产品成本，可以使产品在市场中

更有竞争优势；降低经营成本，可以让企业发展更健康、更具价值。

降本增效是指以降低成本为手段、以增加效益为目的的一系列经营管理活动。在降低成本的同时，统筹考虑成本与收入的关系，实现收入的增长超出成本的增长，达到成本的相对节约，最终实现企业整体效益最大化。

"降本增效"作为企业内部控制的主要目标之一，是企业在建立了相对完善的财务内控架构后系统推动的工作。但业务活动在实际的实施过程中仍需要耗费大量人力、精力。导致这一现象的重要原因之一是在传统内控体系下，智能化、自动化、流程化的财务与业务信息系统仅发挥了配角的作用，而财务内部控制执行中大量授权、审批、验证、复核工作仍依赖于人工操作和控制。但企业财务智能化转型后，打破了原有各流程与模块之间信息系统沟通的壁垒和屏障，并通过建立数据中台，共同统筹和管控信息的存储安全、数据标准的统一、运行合法合规等关键要点。在此基础上，新的财务内部控制制度和体系建立，实现了防范与企业生产经营相关的内外部风险的目标，涉及企业生产、研发、营运、管理的各部门与节点及各领域的数字化内部控制落地，提升了内控的运行效率。未来，在技术的推动下企业财务内部控制智能化转型将成为必然趋势，完善高效的内控系统也势必会为企业的价值创造保驾护航。

## （二）财务管理战略实现的七个节点

企业战略是指企业为满足客户需求或提升企业价值而做出某些决策，并制定执行该决策的行动方案。企业战略的实现过程也就是创造价值的过程，包括供应链、企业内部运营、分销链、交换价值的一体化落地。企业的战略目的是实现商业模式的创新，具体而言即为通过有效整合企业内外部资源，实现财务战略和业务战略。业务战略包括品牌、产品、营销、生产、物流、采购、投资等七个细分的战略领域，而财务战略包括**预算、资金、分析、模型、预警、成本、量化**等七个细分节点路径和实现领域。

无论业务战略还是财务战略，其根本目的是实现企业的总体战略，实现企业价值的最大化。在为企业的总体战略服务的过程中，业务与财务层面需要合力解决客户问题，打通渠道通路，维护客户关系，以实现企业收入的可持续性。

企业财务管理是以价值增值为目标，围绕企业各项财务活动而展开的决策、控制和评价的过程。从企业战略角度看，业务与财务的融合一体化是促进企业可持续性财富最大化的基础。供产销一体化和研发生产质量一体化的落地，能够促进企业降本增效，实现业务层面的内生式、革命性降本；通过价值交换，实现企业的价值主张，最终体现在财务的全过程、全流程服务和资金流的健康运转上。可见，企业财务管理本身即存在其内在要求：实现财务职能与业务职能的穿透式融合。变量转化模型如图1-1所示。

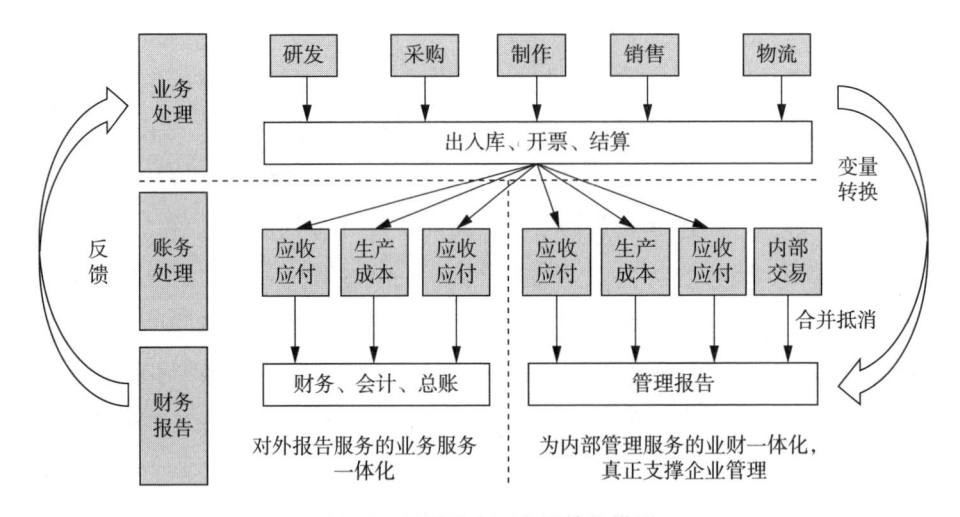

图 1-1 业财融合下变量转化模型

### （三）传统财务管理模式的四层逻辑

探究传统财务管理的顶层逻辑，以及实施财务管理的目标、假设、流程，将相关的理论同实际相结合，讨论传统财务管理存在的问题和劣势。

从顶层逻辑对财务管理进行概念定义，应当从财务管理的框架入手。所谓顶层逻辑，类似于总体设计，落实到财务管理上应当包括财务管理的假设、流程、内容、风险、特点等。通过顶层逻辑来了解财务管理的概念，有利于从宏观上掌握财务管理的定义，在面临改革时能够从整体把握传统流程中的薄弱点和值得更新之处，从而使改革更加全面细致。

因此，财务管理概念可以理解为：为了特定目标，通常是股东财富最大化，提出财务管理的假设，通过战略的设计，以合适的方法筹集资金，对筹集到的资金进行统筹安排，部分用于人员和业务经营，部分用于投资获利的行为，是一个设计安排战略—筹集资金—使用资金的过程。但财务管理不仅只是理论问题，财务管理的理论可以指导实践，同时实践会给财务管理的理论以反馈。

传统的财务管理逻辑分为**假设起点论、目标起点论、环境起点论、本质起点论**，其探讨的主要是财务管理究竟受什么因素影响最大。其中本质起点论认为财务管理的逻辑框架符合环境起点论，认为应以财务管理本金为起点，目标为导向，以财务管理假设作为前提，构造整体框架。

但在实际运用过程中，财务管理的逻辑和进行财务管理的主体类型以及所处的阶段有关。因为财务管理的目标是股东利益最大化，但是当经济主体是政府性企事业单位或者福利性企事业单位时，其财务管理的目标可能会转变为综合收益最大化。此外，我国目前明确提出可持续发展的概念，因此，在确定财务管理的理论逻辑时，必须将可持续发展作为必要的考虑因素，生态、外部环境、自身收益等因素都属于必不可少的考虑因素。

**（四）传统财务管理的四大目标与劣势**

在传统的企业经营中，财务管理的目标定位更多的是**设计与财务报表相关的数据分析、评价、总结、预测**。对日后的经营管理提出的建议更加简单直接，如果应用更为丰富的测算模型，则相对需要更加专业的团队，且过程中容易出现复核方面的错误，甚至模型建设有错误，很难得到及时的纠正和改善，因此，传统财务管理更加偏向事后管理。随着对财务管理重要程度和作用的认识愈加成熟，目前的经济主体已经将财务管理视为财务上的管理运用，并且涉及企业文化、企业法治管理等社会效益。因此，从事前管控角度来看，传统模式有效但深度发展需要更高的专业技能和系统化的财务管控团队。

传统的财务管理模式通常围绕财务部和战略投资部进行。少数部门进行规划和资金使用，财务部负责资金管理和账目记录。传统模式业务和财务的支持需要更多的人力因素，管理层素质较高则可以避免业财融合问题，否则业财容易陷入分裂，业务部门负责经营，而财务部门只对资金进行管理，相互之间了解不足。在很多企事业单位的财务管理工作中，在传统财务管理模式之下，财务管理更聚焦财务部门本身的内务工作，更聚焦财务数据的统计和处理。但传统模式受制于领导者意志或团队能力等多方因素，导致效率效果存在较大不可控性。

传统的财务管理模式呈现出形式化的特点，工作具有一定的滞后性，越发不符合当下的市场经济和大数据的要求。并且只由会计财务人员进行管理的模式，效率低下，信息滞后，很难通过财务管理的结果为企业反馈出有效的信息。

传统的财务管理劣势主要体现在大数据之下的滞后性以及处理内容较窄方面，因此更着眼于资金的统筹管理，虽然也以商业模式带来的资金为主线，但更多基于传统业务模式的决策，无法从企业整体战略角度提供更全面的支持，也对整体资源的统筹管理力度不足。传统财务管理聚焦的资金在部门层面应用较好，但无法衔接企业的整体资源，较难最大化优化效率。

### （五）智能财务管理的三类转型与优势

随着大数据、智能化、移动互联、云计算等智能技术的突飞猛进，财务管理行业迎来极大挑战，无论从理念、技术还是趋势层面而言，创新和改革都是行业的主旋律。智能财务作为数字经济时代财务管理转型的重要标志，是现代企业财务管理体系与"互联网""云计算"等技术相结合的有益探索。智能财务是覆盖财务全流程的智能化解决方案，涵盖三个层面的内容。**第一，是基于业务与财务相融合的智能财务共享平台，这是智能财务的基础。第二，是基于商业智能的智能管理会计平台，这是智能财务的核心。第三，是基于人工智能的智能财务平台，这代表智能财务的发展。**

简而言之，智能财务是在企业财务和业务信息数字化的基础上，对企业流程和管理的不断优化与迭代。智能财务是实现线上线下一体化和前中后台一体化的企业信息共享系统和运营决策系统，在这一系统之中，企业原本的信息孤岛被统一的财务语言所打通，从而使企业整体的运营效率和决策视角都有了质的提升和飞跃。

在后疫情时代，技术更新迭代显得很重要，企业的转型发展面临市场开拓较为疲软与企业内部降本增效的双重压力，需要企业从顶层设计角度出发，把财务管理进行系统分解，借助智能化方式制定分解之后的落地方案与对策，针对架构和岗位进行标准化作业，提升对企业整体管理和运营效率的标准化作业的管控效果。结合企业的总体战略发展，不断朝国家新常态的"高质量增长"数字经济迭代方向进行系统的拓展与转化，在确保财务管控的顶层设计逻辑和目标导向之下，不断将财务支持业务形态进行标准化，推动企业财务按照效率提升方式改革组织形式、运作流程和财务体系，以顶层设计有效性、管控转型方式可落地，不断实现智能化。

传统财务与智能财务的区别如表1-1所示。

表1-1 传统财务与智能财务的区别

| 活动场景 | 传统财务 | 智能财务 |
| --- | --- | --- |
| 会计核算 | 按单核算和控制，工作重复。人工处理为主 | 事件驱动，实时控制，规则可累计，重复性工作自动化 |
| 业财融合 | 业务和财务协同难度大，财务不能赋能业务 | 财务融合到业务活动的每一个环节，有效赋能业务 |
| 价值创造 | 经验决策，风险难以控制，难以创造共生价值 | 数据驱动，事前算赢，实现企业价值共生 |

传统财务管理与智能财务管理的对比，如表1-2所示。

表1-2 传统财务管理与智能财务管理对比

| 特点 | 传统财务管理 | 智能财务管理 |
| --- | --- | --- |
| 独立性 | 作为单独的部门，独立性强 | 和各个部门融合，融合度高 |
| 困难程度 | 主要需要财务知识，难度小 | 管理知识、财务知识、专业知识、计算机操作能力均有要求 |
| 工作顺序 | 事后管理 | 事前、事中、事后 |
| 效率 | 依靠人工，效率低 | 依靠计算机技术，效率高 |

## 二、顶层设计助力智能财务的必要性

### （一）顶层设计实现智能化的路径

财务管理借助智能化方式实现，体现的是方式的优化与效率及效果的提升，本身并不改变企业的可持续发展和盈利的本质属性。因此，财务管理的顶层设计在充分考虑数字化等智能化应用场景之下，**将企业的基础建设信息化、管理体制数字化，同时创造新的业务模式进行系统的顶层设计，之后依靠企业的管控力和执行力确保顶层设计在企业智能化和数字化水平下不断落地**，这是有效的实现路径与方式。图1-2就是企业基于顶层设计实现未来智能化管理转型的步骤。

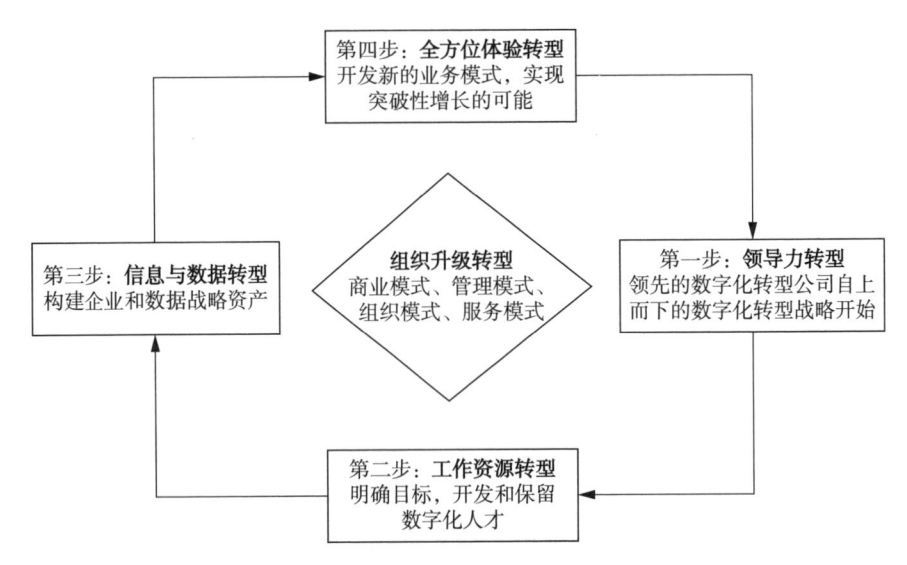

```
                第四步:全方位体验转型
                开发新的业务模式,实现
                  突破性增长的可能


第三步:信息与数据转型         组织升级转型          第一步:领导力转型
构建企业和数据战略资产      商业模式、管理模式、     领先的数字化转型公司自上
                        组织模式、服务模式        而下的数字化转型战略开始


                 第二步:工作资源转型
                 明确目标,开发和保留
                      数字化人才
```

**图 1-2　企业基于顶层设计实现未来智能化管理转型**

同样,在企业的大战略之下,财务只有与业务真正融合才能发挥出价值创造的效力,然而长期以来,企业财务体系的最大问题在于与业务相脱节。财务与业务相脱节主要表现在以下三个方面。

第一,在传统的财务管理当中,会计流程是建立在传统分工论基础上的工业社会的会计模型,其数据间联系和控制相对松散。制造企业会将自己的各个部分分为成本部门、利润部门、管理部门等,各个部门之间缺乏有效的沟通,均基于自身部门利益最大化的原则进行经营活动。由于各部门业务模式不同,绩效的评价方式也不尽相同,使得各部门各自为政,形成了严重的企业内耗和资源的错配。智能财务打通企业内部各部门信息,颠覆了传统的企业运营模式,将企业链接为一个整体。如对销售和生产的信息打通将会同步企业产品的生产与销售环节,节省企业的仓储积压成本和货物不足造成的违约成本,同时基于生产项目整体的绩效评价模式也会大大降低各部门之间各自为政的现象,有利于企业整体绩效的提升,避免企业内耗。

第二,传统财务会计流程导致会计信息系统与企业其他业务系统的相对独立,无法使"大会计信息系统"的思想延伸到企业业务流转的全过程,会计信息不能满足管理的需要。本质上来说,会计即为一种商业语言,是以货币为基本单位,以会计准则所规定的记账规则和体系为架构,以财务报表为表现形式,对企业这一微观经济主体的存留量状况进行描述,其目的是服务利益相关方决策和反映管理者履约情况。简单来说，会计信息以及财务分析是服务于企业管理的，但传统的财务体系仅仅局限于财务部门，这会降低企业的管理效率并提升企业的管理成本。智能财务可以实现财务对企业各个部门、环节、流程的渗透，通过现代信息技术将企业各部分模块化并形成统一的接口，通过信息中台进行统一的管理与调配。实质上来说，智能财务将会计这门商业语言真正变成了反映企业实际状况的语言，有利于企业管理者基于企业整体视角进行战略和战术选择，增强企业的灵活性和抗风险能力。

第三，传统的会计信息系统反映的资金流信息往往滞后于物流信息，企业无法对经营活动进行实时控制，也无法应对多、变、快的市场竞争。企业对资金流、物流、信息流三流的协同能力是判断一个企业运营效率的关键。通常一个产品的利润实现包括研发、生产、营销三个阶段，包含了市场调研、制造生产、市场推广三个能力。在"三流"当中，信息流起到了至关重要的协同整合的作用，而智能财务对企业全方位的信息贯穿将会为企业构建高效的"神经"系统，极大地提升信息传输效率与决策分析能力，使企业更好地提升经营绩效，面对外部风险。

**（二）顶层设计实现智能化的因素**

总体来说，传统财务的设计方案需要与时代赋能的科技相结合，按照不断融合的科技能力，提升企业财务管控的顶层智能化设计，并有效推动实施，在固化标准和流程过程中，迭代有效地实施优化方案，实现企业的战略财务与共享财务的融合，推动业务与财务的智能化。

相较传统财务，智能财务的顶层设计可以按照共享经济的模式进行财务管理业务的共享，借助财务管理精益化分解的模块进行模块化分拆，并不断优化各个模块。不断推动模块叠加共享的精益化，具体顶层设计需要考虑以下三个方面。

第一，对于财务人员来说，在智能财务共享平台体系下，大量不增值的审核、结账、设计环节由系统自动化实时完成，财务人员只需事前做好管理控制、做好预算、设置好流程即可。设计环节需要把财务人员从烦琐重复的劳动中解脱出来，聚焦在管理分析、风险监控识别等工作上面，提升决策效率。

第二，对于企业自身来说，智能财务需要顶层设计线上线下一体化和前中后台一体化的融合与支持，避免业务智能化与财务融合的脱节，提升企业信息质量和管理能力，基于企业自身流程的优化促使企业获得多维度、立体化的数据信息，为管理者的决策过程提供智能化支撑。

第三，对于营造和谐的营商环境来说，基于智能财务共享平台，从企业顶层设计角度，可以系统搭建云端企业商城的业态，利用电商化平台实现与供应商、客户之间的无缝连接。同时借助发票电子化打通税务数据与交易的关联，回归以交易管理为核心的企业运营本质，重构传统财务处理流程，实现对员工日常消费以及大宗原材料采购的在线下单、支付，企业统一对账结算，实现了交易透明化、流程自动化、数据真实化。优化了营商环境，增强了交易互信，减少了交易各方的信息成本。

## 三、顶层设计助力智能财务的三个阶段与三个目标

### （一）顶层设计助力三个阶段

智能财务是利用物联网、AI、区块链、RPA 以及云计算等技术，将企业整体的业务、财务、资金、税务、档案一体化深度融合，并在融合过程中不断优化流程，打破信息孤岛，形成管理闭环，是一种新型的财务管理模式。

在数字化时代下，企业业务规模增长，财务关系复杂，财务管理工作量增大，会计核算需要处理较多繁杂的工作，比如外出人员管理、财务报销等，财务人员劳动强度较大；业务处理和核算的数据口径不一致，即使运用计算机处理数据，也不能向管理层提供精准全面、科学系统的分析数据。因此，会计电算化系统已不能满足大型企业的发展需要。

随着信息技术的发展，智能财务建设取得了巨大的进步，其发展历程可以分为三个阶段。

第一阶段是 20 世纪 80 年代的会计电算化阶段，即会计核算过程的信息化；第二阶段是 20 世纪 90 年代中期的财务共享化阶段，即业务过程环节的信息化；第三阶段也就是目前所处阶段，是 2015 年以后所提出的业财一体化阶段，即将业务和财务融合，智能化决策支持信息化。在发展进程中财务应用系统也由会计电算化系统向 ERP、财务云以及 RAP、人工智能、物联网等不断变革，信息化迈向更高台阶。智能财务的发展可以说是信息技术社会的必然产物，也是未来财务管理行业发展的方向。

由上述智能财务发展现状可知，目前财务信息化建设处于业财一体化阶段。业财一体化是基于企业统一的信息化底层架构、流程体系、数据规范，

将企业的业务流程和财务流程充分整合，推进系统的高度集成，实现资源配置动态化，其实现路径如图1-3所示。通过实施业财一体化，企业可以对业财数据充分采集和推送，并且有效地设计和优化供应链、生产端以及营销端等一系列日常经营业务活动流程，利用信息化平台，将流程固化在智能财务系统中，在提高管理效率的同时，降低经营风险。

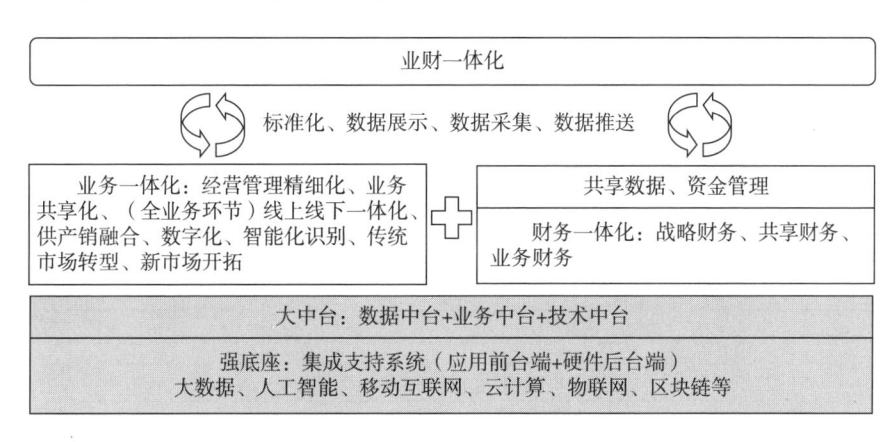

```
                          业财一体化
              ⇄  标准化、数据展示、数据采集、数据推送  ⇄

  业务一体化：经营管理精细化、业务              共享数据、资金管理
  共享化、（全业务环节）线上线下一体化、   +
  供产销融合、数字化、智能化识别、传统         财务一体化：战略财务、共享财务、
  市场转型、新市场开拓                         业务财务

              大中台：数据中台+业务中台+技术中台
              强底座：集成支持系统（应用前台端+硬件后台端）
              大数据、人工智能、移动互联网、云计算、物联网、区块链等
```

图1-3 业财一体化实现路径

智能财务的发展为企业提供了全新的发展机会，同时，也推动着财务职能拓展升级。业财一体化在应用过程中会对一些重复性的财务工作进行替代，这在一定程度上使得企业对基础会计的需求明显减少，提高了企业对财务人员的需求门槛，财务人员既要掌握会计专业的基础知识，也要掌握计算机、软件使用技术等知识，由单一型向多元复合型人才进阶。

### （二）顶层设计实现三个目标

从算盘账本的时代到拥有C/S构架（C指的是Client，也就是客户端软件，S指的是Server，也就是服务端软件）的传统服务器，实现无限网络的连接、会计电算化，企业财务活动实现了从0到1。现代企业从1到N实现了B/S构架（特指浏览器和服务器架构模式）的企业级数据中心，连接无线网，运用ERP系统（特指企业资源计划系统）对企业实施管理，现在又在持续不断地进行从N到"一"的演进——在4G/5G时代下实现SaaS构架与云基础设施，建立集中统一的企业财务云中心。在未来，企业财务将实现更复杂更专注的数字平台，为企业带来更高的工作效率，工作质量更有保证，节约更多的工作成本，增加企业价值。

企业智能财务在具体的实践过程中，由于业财融合不畅、技术手段匮乏等问题，容易遇到一些困难。业财融合在企业中极少能够成功落地，主要是因为业财融合需要将企业运营中的三大主要流程，即业务流程、会计核算流程和管理流程进行有机融合，建立基于业务驱动的财务一体化信息处理流程，使财务数据和业务数据融为一体，最大限度地实现数据共享，实时掌控经营状况。如图1-4所示。

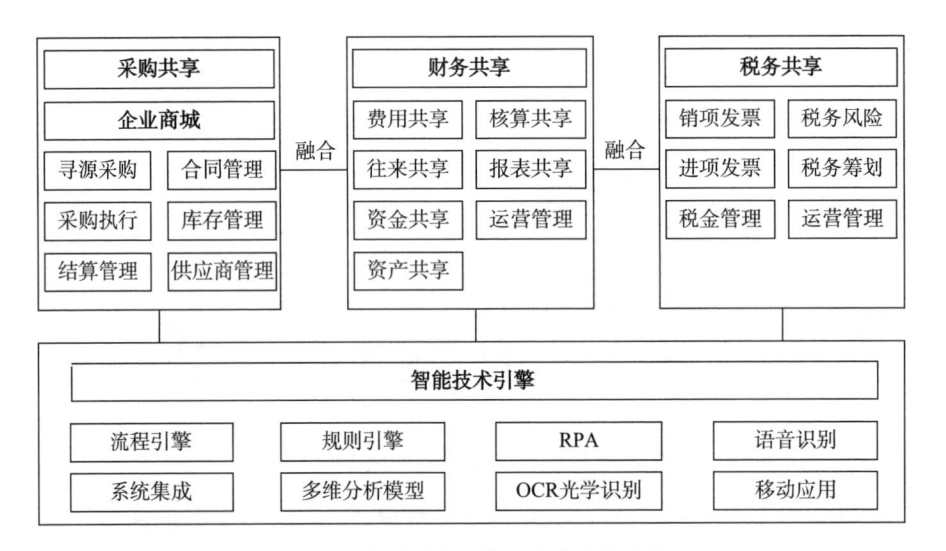

| 采购共享 | | | 财务共享 | | | 税务共享 | |
|---|---|---|---|---|---|---|---|
| 企业商城 | | 融合 | 费用共享 | 核算共享 | 融合 | 销项发票 | 税务风险 |
| 寻源采购 | 合同管理 | | 往来共享 | 报表共享 | | 进项发票 | 税务筹划 |
| 采购执行 | 库存管理 | | 资金共享 | 运营管理 | | 税金管理 | 运营管理 |
| 结算管理 | 供应商管理 | | 资产共享 | | | | |

| 智能技术引擎 | | | |
|---|---|---|---|
| 流程引擎 | 规则引擎 | RPA | 语音识别 |
| 系统集成 | 多维分析模型 | OCR光学识别 | 移动应用 |

图1-4　智能财务系统助力业财税融合

要实现智能财务所要达成的目的并落地到具体企业中，应理清智能财务体系建设的目标。受到数字经济的影响，企业智能财务体系建设的目标应该围绕以下三个方面进行。

**第一，明确企业财务目标。**企业智能财务首要目的是对财务流程的优化更新，对于传统的合同核对、贴票入账、账实核对等劳动密集型的重复性较强的工作可以通过扫描识别等技术进行替代，将财务工作者从繁杂的体力劳动中解放出来，专注于管理和战略层面的工作，并通过提升财务平台的运行效率，实现管理型财务的目标。

**第二，明确企业业务目标。**企业应主要针对业务的规范管理，通过智能财务会计共享平台的应用，优化预算编制和分析过程，加强预算控制，完善成本归集和计算过程，强化项目管理以及税务风险检测等工作效果，从而保障企业各项业务的顺利开展和规范，为更好地控制业务过程提供支持，以此实现提升企业管控水平的目的。

**第三，明确企业管理目标。**企业应发挥以数据驱动管理的理念，对经营过程中积累的数据资产进行开发，增强企业对数据的分类整理能力和开发处理能力，并将取得的信息应用于精进业务精细化管理的过程中，在为业务流程各环节提供决策支持的同时对业务风险进行监控，促进企业数字化转型，提高企业智能化财务体系的服务功能，为企业降本增效。

智能化时代下的系统可以提高会计数据获取和分析的效率，解决以人力劳动为主记账的不便和效率低下问题，通过系统权限的设置优化内部控制存在的缺陷，同时电子档案的建立使得数据更容易保存，提高横向、纵向对比的效率。

在内部控制措施方面，数字化背景下的控制活动、内部监督、信息沟通等措施，由于智能化的引入，都将与传统的内控模式不同，智能化更加强调信息以及数据的控制，保障企业的信息系统安全。内部控制的五个要素分别为控制环境、控制活动、内部监督、信息与沟通、风险评估。表1-3通过内部控制的五个要素来说明传统财务和智能财务之间的区别。

表1-3　传统财务和智能财务在内部控制五个要素上的区别

| 要素 | 控制环境 | 控制活动 | 内部监督 | 信息与沟通 | 风险评估 |
|---|---|---|---|---|---|
| 智能财务 | 打破时间和空间的限制，组织特点更加偏向敏捷性 | 审批流程更多体现人工智能技术，以移动通信设备为中介 | 追踪业务数据的效率更高，主要通过PC端等对信息数据进行审核 | 业务端的一体化和财务端一体化，再到业财一体化，极大地提高了信息传递的效率 | 部分业务的自动化、智能化处理，减少工作失误的概率 |
| 传统财务 | 以权责的分配和制衡而建立起来的组织架构 | 审批流程主要以签章、签字为控制点 | 对被监督单位业务资料的纸质报告进行审查以及实施实地观察等 | 业务与财务部门之间几乎不存在沟通 | 财务人员在处理业务量比较大的情况下更容易出现人为的失误 |

## 第二节　财务管理转型四类要素与四大需求

### 一、财务管理转型的四类要素与四条支撑细节

#### （一）四个转型细分要素

财务部门作为企业决策支持以及事后分析纠错的重要部门，在目前科技

浪潮席卷下并没有保持一致的更新速率，这对于企业来讲往往意味着不能很有效率地做出相应的规划并执行，从企业内部的控制链就出现了拖延以及不明确的问题。

在东数西算的大背景下，企业的财务管理转型不仅是趋势，也是当前对于企业长久发展来讲必要的一环，**图 1-5 为企业财务部门智能升级的要素**。国家大力推动"促进数字经济发展以及产业数字化转型"，指出中小型企业在推动数字化转型时应树立生态化思维，这使得全国掀起了借助数字化转型实现技术性创新和全方位改革的热潮。因此，在当前大环境下，社会开始建立科技应用互联场景并不断向成熟转化，企业供应链条不断呈现网络式管理。因此，企业的运营门槛不断被外部驱动和内部发展驱动抬高，在企业需要不断顺应更为高效互联的交易方式的全方面改革的情况下，财务部门的数字化迭代改革也就显得同样重要。

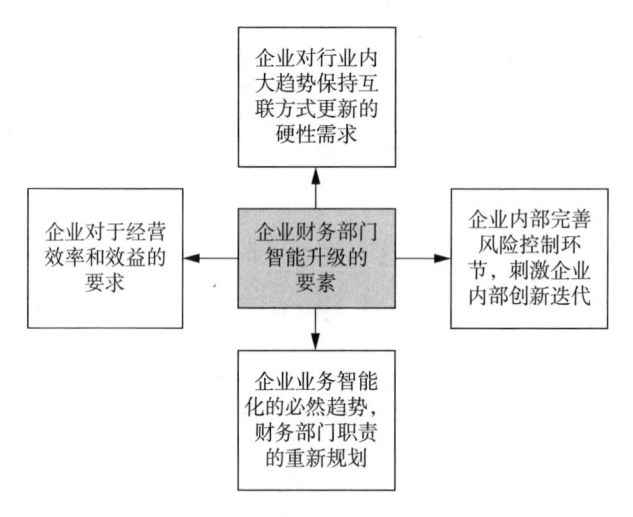

**图 1-5　企业财务部门智能升级的要素**

财务管理部门的智能化、数字化改革不应该仅是企业在政策需要、大势所趋下的被动选择，也需要企业进行成熟全面的规划统筹。企业与行业都出现了快速更迭与竞争的景象，谋求高效发展成为企业的终极目标，可是改革并不是一件易事，企业在寻求数字化升级的同时往往也要面对大量的试错成本。

自从先进科技在社会上得到普及，高效发展并没有很好地贯彻到社会的任何节点，无论是客观困难还是主观选择，许多企业或是行业对于改革升级的重要性都没有清醒的认知。

许多企业也视数字化转型和升级为一把双刃剑，大量企业在改革途中折戟，部分企业在完成升级后发现效率的提升十分有限，更有企业因为数字化升级所面临的短期费用支出而感到没有升级的必要性。此外，在经历了初期的调整，不断转型并试图在市场中找到属于自己的舒适区后，企业做出的决策会逐渐趋于保守，如何使企业以及行业意识到数字化转型，尤其是智能财务方面的转型对企业的重要性显得尤为重要。

### （二）四条转型支撑细节

在企业智能化、数字化转型升级的过程中，除了确立企业内明确的转型目标以及转型纲领外，企业的转型也需要新型互联网科技的支持才能保证有效性。在数字经济的大背景下，催生了产业数字化和数字产业化的双重机会，企业如何把握才能充分利用自身资源也是企业需要考虑的问题。国家现在提倡的"东数西算"概念很大程度上应该被理解为是政府帮助社会实现资源配置的合理化，通过响应政府"东数西算"的倡议，企业可以在很大程度上减少运营成本，建立高效的数据运营框架，**"东数西算"算力资源优化如图 1-6 所示，这也是四条智能财务转型的支撑细节。**

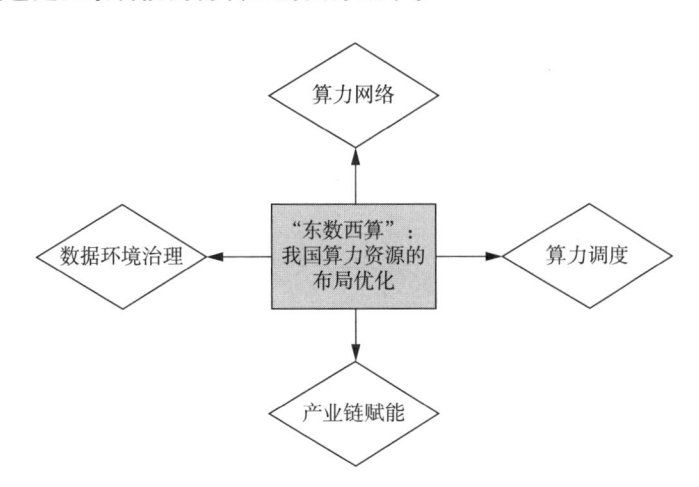

图 1-6 "东数西算"算力资源优化

在数字经济的大前提下，企业数字化转型的成功基础在于大环境下算力网络的部署以及整体实力。我国的经济区域分布决定了东部地区数据计算的需求要远远高于西部地区，但是东部地区的整体能源成本也远远高于西部地区，由此可见，以全国共同统筹的"算力网络"也就成了全产业数字化以及数字产业化的基础需求。搭建"算力网络"作为全产业数字化的第一步，是后续发展的底层建设，是数据以及计算结果传递与回传的基本保证，也是基础设施的落地和稳定性保证。根据现有的数据传递技术，依靠光纤或者未来更高的直连带宽技术，大型数据中心之间的业务流量能够保持实时交换的能力。拥有了成熟的算力网络部署，企业便可以进行相应的数字化转型落地，例如，华为的云贵安数据中心的使用，依靠贵安低廉的绿色能源费用以及对于数据存储硬件的适宜环境，华为可以将大部分数据存储在数据中心，将大部分时效要求较低的数据处理都放置于贵安，做到在数字化转型上的降本。

## 二、财务管理转型的四大需求

在数字经济时代，企业的智能化转型已然是大势所趋，在国家积极倡议建立分布式地区级数据处理节点的背景下，企业面临着不同的风险和机会，科技赋能也许就是新一轮的改革，如何在改革过程中独善其身，成功靠岸是所有企业面临的共同挑战。财务部门作为企业在数字化转型中的主要驱动因素，更是具有至关重要的意义，是企业在进行智能化转型后的主要内部链接。数字化转型协同的信息化系统协同阶段见图1-7。

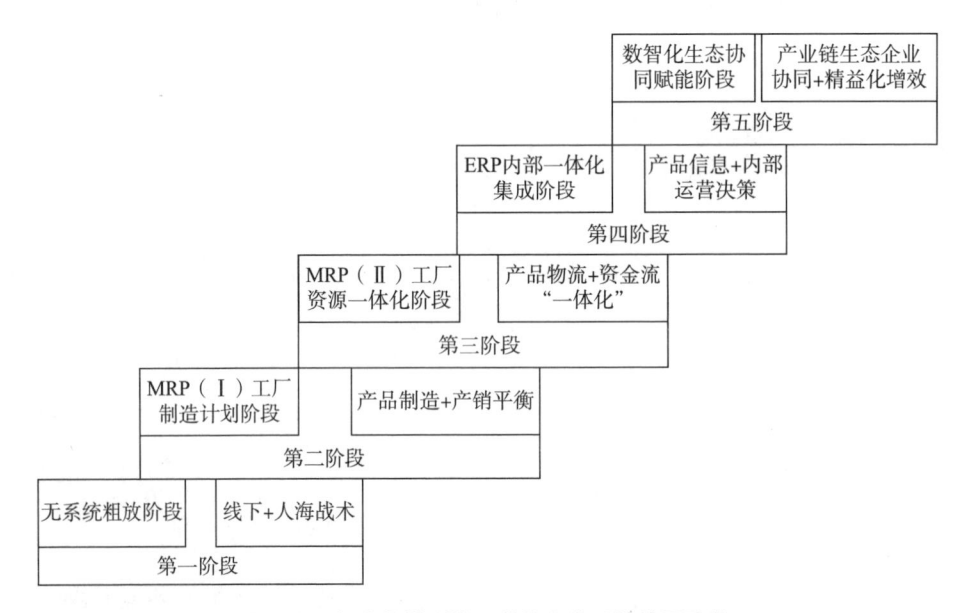

图1-7 数字化转型协同的信息化系统协同阶段

财务智能化升级之于企业整体的数字化转型起到了举足轻重的作用，尤其在当前形势下，利用智能化升级为财务部门赋能，不仅能够使企业完善风险控制机制，还能从根本上解除财务人员的思维禁锢，释放出更多活力，为企业创造更多价值。当下，智能财务应满足企业对数据的需求。

## （一）信息共享需求

企业建设和应用 ERP 系统或企业 OA 系统（全称为办公自动化）的初衷是节省人力资本，提高工作效率。但实际情况是，原本为了整合数据而形成的 ERP 系统被按照传统模式进行了人为切割，导致数据的录入和使用是同一个部门，背离资源整合的初衷。ERP 系统在整合企业数据的过程中原本应起到有机连接各部门业务的作用，但实际作用却非常有限。主要原因是财务管理的架构和职能并未与信息系统的设置架框形成有机结合，使得实施效果大打折扣，出现"水土不服"。企业想要实现财务管理职能从核算型向管理型、决策型转变，**就需要应用智能财务对工具、理念、组织框架进行全方位改造**，如图 1-8 所示。

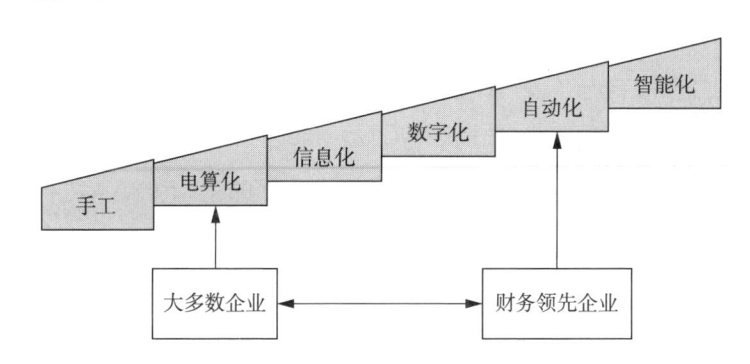

图 1-8 从传统财务到智能财务的发展趋势

## （二）即时、可视化需求

企业中的每个部门都有相应的核心考核指标，有些是财务数据，有些是非财务数据。**智能财务最基本的需求是将这些数据即时、可视化地展现出来。**例如，经营部门每月的新增合同金额、新增客户数量等；财务部门每月的客户利润情况、收款情况、付款情况等；工程部门每月的项目检查情况、处罚情况、整改情况等。在这些数据统计的基础上，可加入年度考核指标，用饼图或柱状图等形式展现，让每位员工直观、明了地看到自身工作对核心指标产生的影响和变动，从而对其形成激励作用。

### （三）决策支持需求

科学决策不仅需要管理者具有丰富的经验，更重要的是需要数据支持。智能财务就是在大数据的基础上，通过数据之间的整合和重构，从各个维度对问题进行阐述。重点从供销两端来说，在供应商管理过程中，企业与某一供应商相关的所有财务数据均正常，但该供应商涉及一项大额诉讼信息，此时这项非财务数据很可能对原有决策模型起到决定性作用。同样，在客户管理过程中，与某一客户相关的历史数据和过往资信类数据均正常，但该客户面临商业模式调整而业绩预期大幅下滑的资质变化。此时这两类非财务数据很可能对原有决策模型起到决定性作用。

因此，智能财务既需要对常规决策建模，以提高业务的决策效率，也要引入一些关键的非财务数据。这些非财务数据往往对决策的影响重大，引导决策者注重非常规数据的提示作用。

### （四）数据挖掘需求

数据挖掘是指对核心指标的层层分解，并在每个层次中呈现管理者所需的信息。数据挖掘始终是财务管理领域一个难以解决的问题，由于不同管理者对同一个问题需要不同的支持数据，很大程度上加大了数据提供者的工作量。智能财务可借助商业智能工具，在整合数据的基础上进行重构，从而满足个性化需求，数据提供者只需对标准表单进行操作即可。

由于国内商业环境的不断变化，现有商业场景下的新科技以及新理念为商业环境提供了不同的赋能机会。在商业环境下，企业以及利益相关方如何处理信息，以及如何汲取信息成为企业如何脱颖而出的关键。在现代互联网技术发展更迭下，企业信息以及经营管理各个环节都能够被转化为线上的虚拟数据。因此，企业的创利突破口也开始逐渐转向数据，以数据作为驱动发展的引擎。

在科技不断快速进步的势头下，传统企业的财务管理也呈现了新的发展方向，财务岗位或许面临着更多的挑战以及职能，传统的财务管理方式也恐遭淘汰。政府以及企业都面临着一定程度的问题，如何将新兴科技与传统企业以及产业进行融合成为各个掌权者的疑问，抑或说对于长盛不衰、结构稳定的传统企业，结合新兴科技，迈进数字经济的行列到底有没有必要。

## 第三节 智能化转型的实施与路径

企业信息系统和数字化转型模式是企业财务管理中的硬件基础，是企业管理高效实现的载体。依托信息系统和数字平台，可以方便地进行客户管理、产品管理、服务管理、商旅报账、业务核销等一揽子业务管理，也可以进行财务核算、财务量化、财务支持等一揽子财务管理。

财务管理的落地服务和业财融合的实现，离不开完备的信息系统支持。信息系统的赋能，能够使企业高效完成信息筛选、保证信息有效性，为企业管理层提供原始数据和多维数据的"集合"，以便其做出正确的判断和决策。信息系统对数据的整合处理，便于企业决策者理解相关数据背后蕴含的信息，并由此不断改进思维，实现企业顶层决策的优化与持续转型，推动企业战略落地，保证企业发展的可持续性。

### 一、智能化转型的概念要点与路径

企业财务管理智能化转型，通过利用先进的信息化管理系统与信息化管理思想，优化企业资源配置，大幅提升企业管控能力的同时有力促进专业化和规模化发展，从而为公司的整体战略提供信息化支撑。以财务管理为核心，将业务系统与财务系统打通，并将各财务系统之间融合，以提高企业的管理效率；整合数据资源，以提高企业的信息化水平。

#### （一）构建三层智能化的战略财务、业务财务和共享财务

信息化共享模式的关键是要从组织结构、研发模式上来调整，其理念是"厚平台，薄应用"，即所有产品都在业务共享服务体系上进行研发。其关键点是业务共享服务团队，由独立的团队来做，也更利于业务的沉淀。其相比传统模式的好处在于：一是降低了研发成本，提高了研发效率，打破了产品壁垒，传统模式下是系统之间相互提供数据，而信息共享模式是由共享服务中心提供数据，且共享服务中心提供统一的标准数据，减少了系统间交互、团队间协作的成本；二是新产品研发不用考虑之前已有的东西，可以快速孵化新的产品，试错成本低；三是可持续发展，技术和业务能力能够沉淀积累。这些协作中心的业务，为了适应不同情况，需要了解更多更深入的场景，更利于业务架构的产生。

因此，新时期的企业财务功能，一般按定位总体分为战略财务、业务财务、共享财务。

　　战略财务总体起到政策制定、决策支持的作用，通过推动企业财务的管控体系化为企业的总体战略服务。战略财务的目标是支撑财务职能的高效运行。智能战略财务是指将企业的长期目标（包括财务目标、客户目标、内部流程目标等）和行动计划转化为融入智能系统的财务预测模型，以模拟分析可能的盈利能力，及单一目标企业或集团在不同预设经营、投资和融资条件下的资产负债和现金流量。并根据不同的企业价值评估方法，智能化对企业和股东的价值进行评估，以便高级管理人员能够分析和判断不同战略对企业的长期财务影响，最终为企业选择财务效果最佳的战略方案。因此，战略财务包括基于财务顶层设计的管理指导、经营分析与决策支持，制定基于公司总体战略分解下的财务战略规划，编制财务管理制度，统筹全面预算编制，统筹资金及项目的融投管退、资产管理、税收筹划、财务预测等事宜。

　　业务财务是实现全企业价值链业务支持的财务系统。以量化管理和预测模型等方式来实现企业的业财融合。业务财务的核心是承接业务落地并创造企业发展的价值。智能业务财务的重点在于实现企业财务与各个业务部门的有效沟通，提供一线支持并实现与业务的融合渗透、实现企业所有业务单元经营决策的量化数据与分析、提示预警业务经营风险、实现各个业务模块的专项计划预测、进行业务模块的投入产出分析以及本量利分析、完成企业资产质量和盈利性分析、完成业财的税务测算与对接、设计并实现专项财务报表支持、解决企业核算财务的管理与服务，确保企业的业务系统与财务系统有效衔接。

　　共享财务是企业财务针对同质化、基础业务、重复性业务的标准化服务标准输出的处理中心。共享财务对承接战略与经营管理计划的落地很重要。共享财务对实现财务承接业务部门的标准化作业，解决内部资源系统化调配起到关键落地作用。工作内容为有效地执行与服务、协助建立会计核算标准化体系以及流程管控和实施办法、建立及优化会计流程和操作手册、组织基础财务集中核算、完成基础和专项会计报表、针对共享财务的预算执行与监督、完成共享财务智能化系统的开发与维护、会计档案的整理收集、报送外部报表、接受内外部稽查与审计等。共享财务的智能化趋势在共享财务承接的分工内容之上进行升级与改造，主要利用人工智能相关的数字技术升级手段，从组织模式、员工类型、服务内容、服务流程、信息系统等方面入手，实现由财务共享中心传统的会计工厂到智能化的转变，从而实现财务共享的数字化、自动化、智能化。

不同财务组织职能对比，如表1-4所示。

表1-4 不同财务组织职能对比

| 财务组织名称 | 不同财务组织职能 |
| --- | --- |
| 战略财务 | 战略财务负责企业财务管理体系的进一步完善，包括信息系统在集团范围内的推广应用，组织资源支持事业部财务工作等 |
| 业务财务 | 业务财务负责将集团的财务价值管理理念传达给业务部门，参与价值链的全流程管理，成为业务部门的"战略合作伙伴"；负责对企业项目进行预算管理，并评价企业内业务绩效指标的完成情况 |
| 共享财务 | 把公司的交易通过信息系统处理成财务专业语言，提供给各个管理决策者；整合集团所有资金，制定资金使用规划，同时根据集团战略需要进行融资管理 |

## （二）财务管理智能化转型六大要点

在企业决定进行财务部门的智能化升级时，最开始需要确立的就是改革的顶层逻辑以及执行过程要达到的高度统一，不仅要做到纵向统一，横向一致也是进行改革时十分重要的概念。需要企业从上到下的全环节支持，及精确的全方位统筹。

企业在进行改革时，必将牵一发而动全身，单独进行财务部门转型是没有意义的，而没有后续规划以及整体布局的转型也同样是没有意义的。

智能财务作为企业数字化升级的一部分，需要结合整体的结构变化重新调整各个职能部门的定位，这才是转型升级的第一步，财务管理智能转型六大要点如图1-9所示。

财务部门简单的智能化赋能可以理解为部门在进行转型升级的同时对自身定位的重新审视以及调整。在传统公司架构内，财务部门和所有与费用相关的职能部门都有不可分割的联系，在以往的工作流程中，其他各部门需要频繁与财务部门进行沟通。

企业各层级之间以及部门之间的信息传递明显低效，对于有一定规模的公司，在特定职能部门内统一职责与流程规定都有可能由于地区或传达错误等因素造成信息偏差，而部门之间的协调与搭配更是有一定的问题。公司在行为规定以及部门之间的办事方法上，难免会出现偏差，造成每个职能部门都有一套单独的填写程序或格式，传递到下一级或跨部门传递时造成许多不

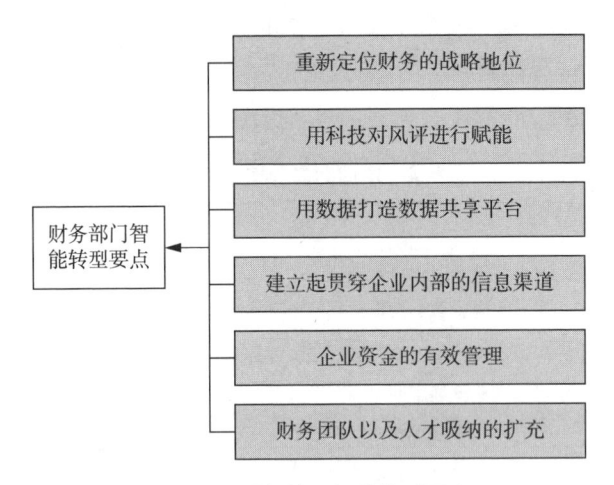

```
                  ┌─ 重新定位财务的战略地位 ─┐
                  │                          │
                  ├─ 用科技对风评进行赋能 ───┤
                  │                          │
财务部门智  ←────┼─ 用数据打造数据共享平台 ─┤
能转型要点        │                          │
                  ├─ 建立起贯穿企业内部的信息渠道 ┤
                  │                          │
                  ├─ 企业资金的有效管理 ─────┤
                  │                          │
                  └─ 财务团队以及人才吸纳的扩充 ┘
```

图 1-9　财务管理智能转型要点

必要的重复程序。财务部门对于公司的意义更像是对所有计划经济行动的审批以及经济活动发生后的核准，从这一点出发进行考虑的话，智能财务的改革方式就必然不能类似于企业部门信息化的简单升级。

在企业财务升级过程中，公司的顶层设计人员需要意识到企业的数字化转型，实际上是将公司运转以及操作规章流程转换为数据，以数据作为核心，实现企业内部的互联互通。财务部门在转型中，需要对企业上下的数据形式进行统一，才可能使转型收获颇为满意的效果。对于企业来讲，如何减轻或者省略掉流程化、教条化的制度所带来的运营累赘，如何建立完善的没有死角的风控制度体系，是转型中需要优先考虑的事。在企业转型过程中，财务部门的转型目标必然要超出它原本的意义以及管辖范围，在数字经济时代，财务与数据依然是不可分割的整体，那么财务部门在转型的同时也就理所应当地承担更多的职责。

企业可以通过打造专有的数据等级处理平台，做到全环节流通，所有环节出现的数据资料统一进行收纳与处理，系统自动消化数据。财务进行平台化的处理，也就呼应了所谓"透明化"的管理方式，只有在环节上主动消除各部门与财务反复周旋的空间，通过充分运用数据，建立统一化、标准化、企业内部共享化的财务平台，才能达到财务无处不在却又透明的目的，使企业的运营能够流畅升级。

### （三）三层进阶与四步路径的智能化转型

企业转型不是一蹴而就的，也不是简单地应用某类软件或引入某种技术就能够轻易实现的。企业的财务智能化转型需要制定严谨的转型计划、按步骤循序渐进地达成，才不会造成企业内部管理的混乱。

1. 制定财务转型战略

不同行业、不同发展阶段的企业有不同的战略，甚至同一企业的财务战略也会因宏观经济形势和未来发展规划的变化而动态调整。企业财务的智能化转型，首先要考虑企业的发展战略，制定与企业战略相匹配的财务转型策略。传统财务向智能化转型不仅涉及财务，还涉及业务、管理等方面的合作，是对整个企业内部结构的重大调整，必然会耗费大量的人力、物力和财力。只有当财务转型战略与企业的发展需求和经营战略相匹配时，才能形成完整有效的财务智能体系，发挥智能财务对企业的价值创造作用。

2. 优化财务管理制度

企业需要建立健全财务管理制度体系，让优化后的财务管理体系为财务的智能化应用保驾护航。智能财务转型是智能技术从技术层面向财务应用层面的升级，财务风险点和工作重点也会发生变化，因此企业原有的制度可能无法适应转型后的财务工作，需要根据新的财务工作流程制定合理适用的财务管理制度，实现合法合规、风险可控、流程可查。同时，与传统财务不同，智能财务涉及大量的电子数据信息，可能会产生财务信息安全风险，企业应把握好不同员工的权限，在保证数据方便获取的同时，防止重要财务信息的泄露。

3. 构建智能财务共享平台

企业财务智能化转型的核心是构建智能财务共享平台，企业应根据自身情况，按照自身需求，分步落实智能财务共享平台的构建活动。

**首先，实现企业运营流程的全面自动化。**在机器人流程自动化（RPA）、人工智能、云计算和区块链等技术的支持下，企业的数据标准化和流程自动化成为可能，企业的财务和管理流程得到进一步优化和升级。例如，通过RPA技术，实现业务流程的标准化、集成化和自动化；通过云计算技术，实现大容量、操作复杂的数据处理；通过人工智能技术，实现财务会计自动化；通过区块链技术，提高信息沟通效率，降低对外沟通成本。企业运营流程的自动化是构建智能财务共享平台的首要目标，可以降低财务人员的工作强度，提高财务信息的准确性，为后续的业财融合、人机结合、财务分析和决策奠定基础。

**其次，实现企业数据的整合。**企业的经营管理活动产生了大量的数据信息，这些信息分散在采购系统、财务系统、销售系统等与经营管理相关的系统中。

各个系统的子管理和操作部分相互隔离，即使数据共享，如果不实现数据的标准化和一体化，也很难保证数据共享的效用。因此，必须打破企业固有的信息壁垒，将各系统、各环节产生的数据信息标准化，使其集成统一、可共享、可操作，使各环节产生的数据信息能够循环使用，为企业财务智能搭建桥梁。

**再次，促进业财两端信息融合。** 在传统财务管理模式下，企业内部业财两部门出现信息隔离情况，传统分工方式难以适应现代企业的经营、管理需要。财务管理的智能化转型将业务与财务相融合、打破"信息孤岛"，以财务信息指导业务活动，用业务信息支撑财务活动，让业务人员和财务人员能够共享双方信息和加工处理数据，让管理层可以及时了解各项信息数据的动态变化，做出实时有效的决策。

**最后，构建企业适用的财务共享服务中心。** 财务共享服务中心的构建是企业财务智能化转型步骤中的核心点，企业要立足于自身的业务特点和运营需求，搭建适用的智能财务应用场景，使各智能场景互相联结，彼此共享，形成一个财务共享大平台，通过平台的集中化、信息化、系统化、智能化、共享化等实现业财联通，推动人机一体化混合智能系统的创建，从而帮助企业完成复杂的财务管理活动。财务共享服务中心的数字化技术应用如图1-10所示。

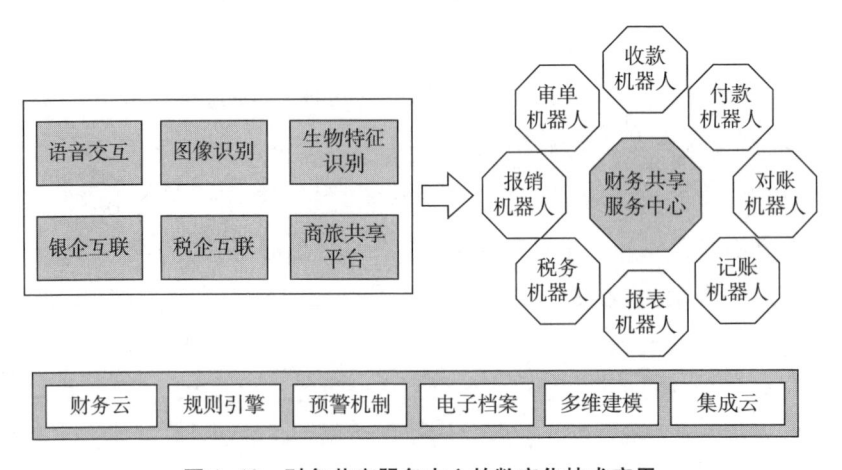

图1-10 财务共享服务中心的数字化技术应用

## 二、财务管理基础与智能化三大方向

传统型企业财务管理核心理念为"管控"，侧重强调各项经济活动完成后的财务信息梳理记录、分析总结、审核反馈等，淡化了"事前""事中"财务风险防控的重要性，导致财务隐患常在"事后"整理中被发现，甚至已演变发展为重大财务风险，无论是发现还是处理均较为滞后，而经济活动全过程、全要素的财务管理缺失，将直接制约企业运营效益，过于严重时还可致使企业主体陷入生存危机，而新时期智能化财务管理则更重视"价值创造"，为迎合财务管理模式的创新优化，财务部门需侧重落实"精细化"财务管理，而这也是当下现代化企业发展大趋势中的必然选择，同时，这种精细化管理方向通过智能化财务管理形式也更易明确。

精细化管理作为一种现代化思想主张，以智能化为导向的企业财务管理工作应通过合规运用多样信息技术，将"精细化"全程贯穿于智能财务管理作业各环节步骤中，并充分落实于财务部门各人员岗位职务中，协同促进智能管理积极性的发挥。

财务管理可以理解为基于企业再生产过程中客观存在的财务活动和财务关系而产生的，它利用价值形式对企业再生产过程进行管理，是组织财务活动、处理财务关系的一种综合性管理工作。**财务管理三大基础有财务管理制度、财务管理规范、财务分析。**

财务管理制度是指法律、法规及企业章程中所确立的一系列企业财务会计规程。财务管理制度一般包括：资金管理制度、成本管理制度、利润管理制度、财务部门负责人工作责任制度、会计管理制度五个方面。财务管理规范是指企业对财务管理活动流程与财务人员工作行为的规范性约束，如企业规定的报销流程等。财务分析是利用财务报表及其他相关资料，运用科学方法对财务状况和经营成果进行比较，财务分析的目的是评价企业过去的经营业绩、衡量现实的财务状况、预测企业未来的发展趋势。具体如表1-5所示。

表1-5 传统财务管理基础与智能财务管理基础对比

| 传统财务 ||| 智能财务 |||
|---|---|---|---|---|---|
| 财务基础 | 职能 | 具体任务 | 财务基础 | 职能 | 具体任务 |
| 财务分析 | 财务管控 | 经营计划 | 决策支持 | 战略财务 | 制定资本战略盈利模式 |
| ^ | ^ | ^ | ^ | ^ | 制定融投管退顶层规划 |
| ^ | ^ | ^ | ^ | ^ | 制定企业财务规章制度 |
| ^ | ^ | 预算管理 | ^ | ^ | 制定企业全面预算方案 |
| ^ | ^ | 制度建设 | ^ | ^ | 制定绩效评价分析决策 |
| ^ | ^ | ^ | ^ | ^ | 制定量化分析发展规划 |

续表

| 传统财务 | | | 智能财务 | | |
|---|---|---|---|---|---|
| 财务会计 | 反映监督 | 资金管控 | 控制分析 | 业务财务 | 经营报告 |
| | | 财务报告 | | | 管理分析 |
| | | 税务核算申报 | | | 税收筹划 |
| | | 财务分析 | | | 财务监督 |
| | | | | | 内部控制 |
| | | | | | 流程管理 |
| 财务核算 | 基础核算 | 费用报销 | 共享核算 | 共享财务 | 费用报销 |
| | | 凭证处理 | | | 凭证处理 |
| | | 资金收支 | | | 资金收支 |
| | | 库存盘点 | | | 库存盘点 |
| | | 档案归属地管理 | | | 档案集中管理 |

### （一）制度智能化一条路径：由核算与监督转向服务

财务管理的三大基础——制度、规范和分析，都对企业整体经营活动有着一定的指导作用，传统的财务管理存在着较大的滞后性，更多的是对经济活动的事后监督与反馈，随着数字时代的来临，数据在企业的发展中起到了关键作用，财务工作不单纯如传统模式中那样只是对数据进行整合计算和事后归纳总结，其更具有事先和事中的特性，能够在企业的整体资源配置、价值创造、为各类业务的决策提供支持等方面发挥作用。

财务管理制度主要体现在财务会计工作中。传统的财务会计工作主要职能就是核算和监督，在财务实现智能化的过程中，逐渐转型为服务与支持。

以反映监督为主的财务会计工作更多的是资金管控，生成财务报告，税务的核算和申报，而以控制分析为主的智能化财务会计工作更多的是财务监督、内部控制、经营报告、管理分析、税收筹划等。

### （二）规范智能化一个目标：财务核算由基础转向共享

财务管理规范主要体现在财务核算的过程中。传统的财务核算做的都是基础的核算工作，智能化使得财务核算由基础核算转向共享核算。基础的核算工作主要是费用报销、凭证处理、资金收支、库存盘点、档案属地管理等，共享财务以财务业务流程处理为基础，优化了组织结构，规范了流程，提升了效率，实现了专业化生产服务的分布式管理模式。

传统企业大多采用金字塔式的组织结构，企业发展壮大以后，会发现

"金字塔"层层传递信息的模式导致部门之间、事业部之间的协同难度不断增大,财务基础工作与信息的传达需要消耗很多人员来完成,组织模式僵化。共享财务的核心就是将企业分散于不同实体、不同地区的会计业务集中到一起进行记账和报告,既保证了会计记录和报告的规范性和统一性,又节省了系统和人工成本。以互联网化、移动化、智能化为特征的新型的财务共享平台,成为推动企业传统 ERP 升级,实现业财融合、内联外通的桥梁。

### (三) 分析智能化一重升级: 财务分析由管控转向决策支持

财务分析的智能化过程即财务管控向决策支持转化的过程。财务管控主要基于财务报表等信息,分析经营状况做出经营计划、预算管理等,以决策支持为目的的财务分析重点在于确定资本战略盈利模式,确定融投管退顶层规划,确定企业财务规章制度,确定企业全面预算方案,确定绩效评价分析决策,确定量化分析发展规划等。

传统的财务分析建立在已经整理过的财务数据上,例如财务报表,而且要人工进行数据统计,制作图表、表格,计算数据指标,财务分析的前期工作较多。在财务分析智能化的过程中,在 IoT(特指物联网)、OCR(特指光学文字识别)、VR(特指虚拟现实技术)和大数据的支持下,底层数据可以在数据中台自动化分析。在前中后台衔接上,通过前台集成 PC(特指计算机)、H5(基于 HTML 语言编写的静态页面和基于动态语言实现的动态页面)、全网小程序、APP(特指智能手机软件),中台的业务中台、数据中台、技术中台三个部分,及后台的 ERP、WMS(特指仓库管理系统)、TMS(特指运输管理系统)、OMS(特指订单管理系统)等几个部分可视化数据自动生成,财务人员只需要设计数据的顶层架构即可,如图 1-11 所示。

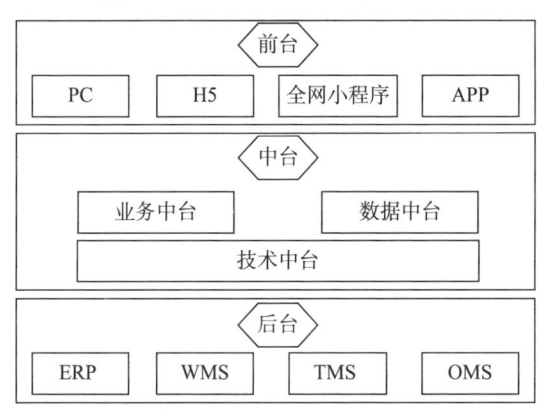

图 1-11 前中后台一体化的技术中台

底层数据未经折叠可以使分析更全面，预测更精准，如图 1-12 所示。

| 智能分析 | 战情大屏 | 大数据分析 | 市场营销分析 | 供应链优化 |
|---|---|---|---|---|
| 报表定义<br>自主分析<br>智能查询<br>多维下钻 | 大屏显示<br>多屏互动<br>VR<br>…… | 客户画像<br>舆情分析<br>反欺诈<br>…… | 销售计划<br>促销管理<br>产品定价<br>销售绩效 | 供应链协同<br>库存优化<br>物流优化<br>供应商绩效 |

技术中心

图 1-12　智能数据分析平台

## 第四节　企业财务的智能化转型与管理人才的三重进阶

科技赋能之下，财务管理部门的职能正在进行系统的变革与转型。原有的财务管理机制在财务制度、财务评价、风险与内控以及价值管理等方面，已无法满足线上线下融合和供应营销一体化等转型发展的企业需要，在此背景下，三位一体的财务管理创新模式应运而生，创新型财务管理呈现"战略决策支持、核算共享服务与业务支持"三足鼎立的格局，形成一种财务管理专业化、财务核算集中化、财务业务一体化的趋势。

因此，在财务支持公司总体战略的落地上，财务战略职能体现在顶层设计的转变，即企业不断重新构建战略财务、共享财务与业务财务的新型财务管理模式。具体如表 1-6 所示。

表 1-6　财务管理的组织架构层级模式

| 财务管理的服务模式 | 特点 |
|---|---|
| 业务财务<br>（执行层） | 负责日常的营运成本控制和分析，提供现场决策支持；业务财务深入业务单元为企业提供专业的财务管理支持，开展预算管理、成本管控、税收筹划等；财务人员更多的是专业化发展，即成为某一个专业领域，如资产核算、资金管理、纳税筹划等方面的专家 |
| 共享财务<br>（基础层） | 提供会计核算与业务流程的标准化，为企业提供高效、合规的会计服务；共享财务聚力于财务核算，为战略财务和业务财务提供数据和服务支撑，逐渐形成企业的数据中心 |
| 战略财务<br>（最高层） | 负责企业的业务转型和战略决策方面的财务支持。负责财务体系建设、投融资管理和资本运作等 |

## 一、战略财务的模式与实施

企业战略财务管理以整体战略为切入点，处于财务管理中的最高地位。战略财务理念是企业经营思想的集中体现，同时也是制定企业规划和计划的基础。

战略财务主要的功能是制定经营计划和进行业绩管理，实现资金管理和资本运作，提升企业的融投管退的系统功能。具体来说，战略财务内容分解为参与公司决策，提供企业战略决策支持数据，策划企业战略的财务分解、推进、落实、跟踪，进行财务系统的管理指导，制定财务战略和发展规划，制定财务管理制度、规范和政策，统筹公司总体的预算编制管理策略，筹划资金和投融资管理，解决财务系统的风控合规管控和绩效管理，及公司股权设计与税务筹划等一揽子顶层设计问题。重点几个方面说明。

### （一）运营资金的三类管理

运营资金是指维持企业正常经营所需的资金。战略运营资金管理是指根据企业战略目标制定企业资金使用计划，确保在实现企业战略目标的过程中，有足够的资金维持企业运营。运营资金是流动资产转化为可运营资金并扣除流动类负债的差额部分。运营资金决定了企业运营的短期现金流。运营资金的可持续性取决于企业的系统管理模式和方法，运营资金短缺往往会拖累企业的基础日常管理，也会导致企业既定发展战略无法有效执行，调整方案也无法落地实施。因此，战略运营资金管理对于战略财务管理体系的构建有重要作用。包括**现金管理、应收账款管理和存货管理**三种，均需要系统进行总体战略设计的分解。

### （二）全面预算的三个要点

全面预算管理包括利润预测、成本预测、收支预测、固定资产预测和现金流预测等。

**第一，加强财务管理集中化和信息化**。为了确保实现企业的战略目标，企业应该建立集中化和信息化的预算管理制度。

**第二，建立全面预算管理制度**。首先，要完善预算管理标准体系。其次，要完善预算考核机制。加强动态考核机制，进行预算管理。同时，企业也要加强对预算管理人员的绩效考核，可以采用平衡计分卡、关键指标法和360度考核法等绩效考核方法对预算管理人员的预算管理工作进行考核。

**第三，根据企业战略选择合适的全面预算编制方法**。建议采取水平法进行全面预算编制，并在水平法的基础上对预算金额进行增减，要根据全面预算编制的内容和企业经营特点制定全面预算编制程序。

### （三）财务风险的两个重点

战略财务需要提供基于企业发展的战略支持，就财务提供的财务服务和支持系统做好系统量化和财务管理服务，就企业的可持续发展提供有效的财务模型设计并提供资本运作的支持，尤其在财务端口做好企业发展的风险管理。具体而言，财务系统的风险体现在管理与策略方面。

**第一，财务预测类风险信息管理**。企业战略财务风险管理的基础是在财务过往的数据的严谨管理之下，对未来数据的科学严谨的预测管理，确保财务数据的风险信息管理有效。

**第二，财务既有类风险管理策略**。企业财务部门需要不断挖掘历史数据，确保企业资产的质量和收益。通过对企业核算的精益性，依据企业资产负债表、企业利润表、现金流量表等报表来分析、判断以及预警企业发展的财务风险。

### （四）战略融资的一个方向

战略融资管理就是根据企业发展战略从内外部环境中吸收资金，确保企业达成战略目标拥有足够资金的理财方式。企业在融资时，必要时可以建立风险偿债基金来降低融资风险。企业在融资过程中应该优化企业资本结构，提高企业的偿债能力。

## 二、业务财务的两重设计与转型

这种侧重于数据的分析应用，专注于对业务和管理进行支持和服务，为企业的发展提供建议并参与企业的战略决策的新型财务就是业务财务。基于业务财务的数字化赋能模式，可以实现企业从业务端到财务端的智能化集成与融合。

### （一）业务财务的两重设计

业务财务深度参与企业的业务，为业务设计支持的财务管理模式，成为业务单位合作伙伴，针对财务战略规划，明确并推动战略的落地实施。针对企业分析业务单元或部门的需求，提供财务量化的数据支持，提供针对业务系统的财务支持培训、咨询、决策数据等服务。

通过业务财务的支持与服务，实现针对业务链条的沟通反馈，为各个部门和条线提供支持与服务，实现财务工作的业务前移，这个工作渗透和融合在企业的管理过程中。包括为业务单元提供一揽子经营的过程支持，风险量化支持，提供业务单元计划类、公司总体预算进展类、业务单元投资分析类、公司总体成本量化类、全局以及部分的本量利分析类、盈利质量以及资产质量评价类、节税降费以及税务衔接类、专项分析及运营管控类、四流一致预警管控类支持。

此外，针对核算的业务层面设计与执行，包括远程制、属地制、总部制等财务支持模式的设计。

因此，从业务财务的落地角度来看，如果采用传统模式，则需要不断提高整个团队的财务服务专业技能及自我转型和服务能力。为弱化或抵消业务财务的项目多而一般人力短缺或技能不足带来的负面影响，通过数字化转型可以不断地对业务财务的功能进行革新与优化。

**（二）业务财务的转型**

业务财务的转型是以大数据为依托，通过强化数据建设，深化大数据应用，对数据进行采集、储存、融合和分析，形成统一规范的数据规划体系，从而优化业务财务的支持效果，实现业务财务在支持与服务效率上的提升，解决业务财务的资源配置效率，更好地支持企业战略和经营决策，提升财务服务的满意度，提升财务核心竞争力，从而综合提升企业市场竞争力和价值创造能力。具体的集成融合如图 1-13 所示。

在业财融合的过程中，企业业务处理模式、财务职能、人员分工都发生了变化。在业务处理模式上，传统企业的业务财务往往是分离的。在实际工作过程中，财务人员不懂业务，无法对业务活动进行支撑和判断，业务人员也不懂财务，无法合理通过财务数据分析来控制盈利水平和规避风险；或者财务在企业的话语权不足，不具有为企业创造效益的空间；又或者由于财务人员综合能力不足无法满足业务人员的需求，财务管理的价值无法凸显。业财融合不仅可以对企业组织流程进行重组，根据业务特点简化审批节点和压缩审批层级，优化授权流程与风险管理，提升管理效率，而且通过对数据的分析可以更好地推动精益生产，不断挖掘成本潜力，管理出利润，创造出效益，并制定有效的绩效政策，奖优罚劣，不断改进绩效。

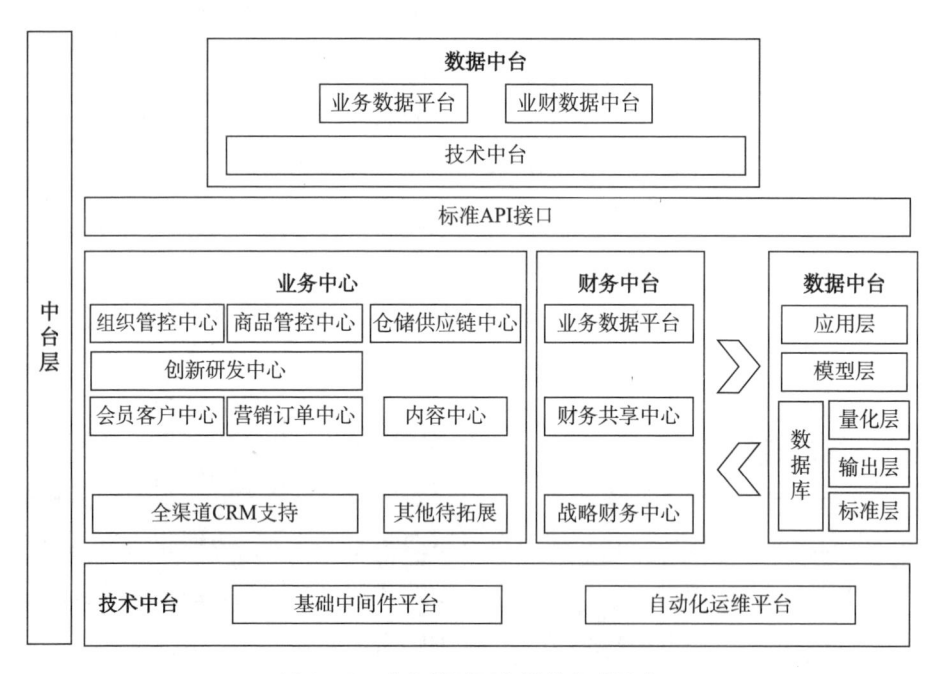

图 1-13　业务端到财务端的集成融合

财务的职能从对业务状况事后的总结呈报转变为利用财务信息对业务决策过程提供支持；从对制度规范的执行和监督转变为注重补足业务执行缺陷，拓展业务增长空间；从聚焦于企业内部财务管理到统筹内外，以客观数据为企业制定战略做出指引，财务职能的转变是从书写历史转变为塑造未来。OCR 技术、AI 技术、RPA 技术等在财务领域的应用，让财务人员从以往烦琐的工作中脱离出来，重复、枯燥而且需消耗大量时间和精力的工作已经可以通过财务机器人来完成，而且准确度和效率更高，财务人员可以去处理更复杂的问题和特殊情况，将精力放在更有价值的工作上。

## 三、财务管理的四个阶段与智能化转型的三大价值

共享财务的功能体现在针对重复性、规模化、标准化、制度化类的基础性财务工作完成执行、监督、服务、支持的一揽子工作。在共享财务中，通过协助建立、执行及修订会计核算标准体系和相关管理实施办法，建立与完善会计流程和操作规范，制定财税操作手册，实现并组织会计集中核算、编制会计报表、进行财务分析，做好预算执行、共享财务业务及资金规范执行等工作。

## （一）财务管理的四个阶段

共享财务是财务管理不断发展进阶而出现的，也是共享经济发展演进过程中不断推动共享的专业化、集成化、标准化带来的。这也使得财务系统从最初级的会计电算化阶段，进入财务数据集成化阶段，然后进入业财融合一体化阶段，最后进入目前最高效的财务共享智能化阶段。具体而言，共享财务实现了基础、重复、标准类业务的集约化和专业化处理，是专业化分工和集中化工作效果的体现。总体而言，财务管理的四个阶段如表1-7所示。

表1-7 财务管理的四个阶段

| 管理模式发展阶段 | 特点 |
| --- | --- |
| 会计电算化<br>（初级应用阶段） | 企业利用初级会计电算化软件来实现会计核算、报表编制和财务数据的程序化管理，从而实现财务管理和财务效益 |
| 财务数据集成化<br>（发展阶段） | 企业在内部运用统一的网络财务系统，以实现企业生产、销售、财务等各个信息系统的集成化统一。集成化发展阶段最大的特点在于能够更多地借助信息系统进行应收应付、供产销及资产等财务流程的管理 |
| 业务财务集成融合一体<br>（业财一体化） | 在企业内部建立一个核心管理系统，将业务系统和财务流程衔接统一，如生产管理系统与资产模块衔接，销售、采购系统与应收、应付系统衔接，通过对核心系统的执行控制，在业务流转过程中即时形成用于财务流程的相关信息，于财务系统的前端完成自身流程的流转并最终进入总账，形成财务信息 |
| 财务共享智能化<br>（财务共享智能化发展阶段） | 企业通过互联网来实现财务系统与供、产、销等业务系统的信息集成和数据共享，利用信息数据技术，使企业内各职能部门之间、企业与各供应链主体之间实现财务信息的及时传递、处理、分析和反馈，为企业经营管理决策提供信息支持 |

## （二）财务共享智能化转型的三大价值

公司智能化转型的核心是为公司创造更大的价值，实现数据的全面共享、广义集成。其价值体现在三方面，首先，人工智能的迅猛发展，为企业财务共享智能化发展提供技术支持。其次，经济模式不断改革创新，为企业财务共享智能化发展提供了内在需求。最后，大数据及人工智能技术的发展，为企业财务共享智能化提供数据管理与分析工具。

基于此，共享财务的价值体现在财务共享服务中心信息化的不断优化和开发、建设，并不断提升运行效率等方面。

共享财务价值还体现在针对基础管理档案的线上线下同步存储和整理，实现纸质会计档案整理、装订、保管与电子档案的同步，开展财税类政策资料的收集、汇编以及电子政策资料的整理。

因此，在共享财务环节，重点功能分别体现在加强管控方面：加强财务与业务环节中的风险管控，加强规范化操作及合规性管控；在统一规范方面：统一流程、统一标准、统一财务处理方式、统一操作规范；在信息化管理、数据可视化方面：实现数据系统化，根据管理需求提取数据，通过数据提出管理；在支撑业务方面：释放业财人员精力，支撑集团快速扩张，打造支撑业务的财务助理支持职能；在加强财务转型方面：集中核算，标准统一的服务，统一整合的数据中心、共享财务解放业务财务精力，提高价值创造能力；在降本增效方面：通过集约化、规范化管理，降低财务成本，提高工作效率。共享财务还承担对外报送和外部检查职能，提供各类专项和全面的财务审计服务，为税务等各类专项检查工作提供基础资料。

## 四、财务管理人才智能化转型的三重进阶

基于业财一体化分析财务管理人才的发展特征，业财一体化的实现（如财务共享服务中心、采购共享平台、税务共享平台等）不断推动企业组织架构的创新，促使商业形态发生转变，为新型财务管理人才的产生提供了技术支撑和组织保障。企业管理者在认识到智能财务管理所呈现的新特征，加快构建企业财务共享中心和数据中心的同时，也要加快培养与之相匹配的智能财务管理人才，提高财务管理人员的工作能力，使财务管理充分发挥核算报告、资金管理、税务管理等职能，助力企业系统全面构建与业务规模相契合的财务管理模式，在激烈竞争环境中占据优势，实现企业的发展和管理目标。因此，在智能财务背景下财务管理人才应完成以下三重进阶。

### （一）向复合型人才转型进阶

人工智能时代，企业实现财务转型的前提是将信息技术与企业业务财务相融合，使财务管理人才能够运用信息技术对企业日常经营活动进行事前的预测和决策，持续不断地进行事中控制以及事后的反映和分析。因此，财务人员不仅要充分深入业务部门，掌握业务流程和内部控制的关键节点，改进

和优化业务流程，使财务能够有效地和业务相衔接；还要了解和运用新技术、新工艺（如区块链、云计算、程序化算法等），将规范化、标准化的业务流程固化在信息系统中，发挥技术价值，完善业财一体化建设。通过技术融合，财务管理人员实现智能决策和财务创新，以财务特有的计量、估值的思维和方法积极、全面参与企业经营管理，从财务会计向管理会计转变，算管结合；从只负责核算分析的财务人员向财务与互联网技能相结合的人员转变，成为业财精通的复合型人才，为企业制定战略、经营决策和协调各项经济管理提供支持。

### （二）专业技术型人才的四模块分解

企业实现财务智能化逐渐呈现普及化趋势。随着信息技术与财务工作的深度融合，由流程驱动到数据驱动，企业财务智能化程度将不断提高，专业技术型人才细化为四个模块领域（如表1-8所示），财务管理职能也进一步转型升级为战略财务、业务财务、共享财务等。

表1-8 专业技术型人才的四模块分解

|  | 传统会计核算 | 司库 | 税务 | 管理会计 | | | |
|---|---|---|---|---|---|---|---|
|  | 财务核算系统 | 资金管理系统 | 税务管理系统 | 经营决策支持系统 | 预算控制系统 | 成本管理系统 | 财经管理研究院 |
| 决策 | 战略财务：政策指导、决策支持 | | | | | | |
| 控制 | 业务财务：聚焦深入业务 | | | | | | |
| 执行 | 财务共享中心对基础业务统一规范处理 | | | | | | |

为了促进财务管理职能转型，除了掌握互联网运营、科技前沿技术和丰富的财务工作经验外，还应该熟知宏微观经济学、金融学、供应链管理、管理学等专业知识。做到既精通企业战略规划、财务核算、资金管理、税收筹划、成本管理、内部控制等业务，又熟悉采购、供产销以及研发等业务环节，为企业日常经营管理提供决策，把控业务流程，全面深度地参与企业战略决策的制定，使战略规划科学合理，具备高度可操作性。因此，新型财务管理人员要不断学习专业知识，打破专业细分领域，拓展自身的财务知识体系，提高专业技能水平与处理业务的水平。

### （三）创新型人才的三大要求

在智能财务背景下，随着业务规模的扩大，企业的经济关系越发错综复杂。财务管理人才要快速适应，首先，需要具有良好的职业素养、丰富的专业知识和技术；其次，在复杂的环境下，善于捕获和分析相关市场信息；最后，还需要具有结构化思维、互联网思维和创新思维等。

财务管理人才要能充分利用环境，及时抓住并不断创造新机遇，引领企业经营管理活动，积极创新，在创新中促进企业成长壮大。

## 第五节　财务管理十大工具的逻辑与对策

财务管理的内容在新时期赋予了新的意义，财务管理更重要的是基于企业可持续发展的顶层规划与设计，通过财务战略的分解实现对企业战略的支持与服务。

在这个过程中，财务管理提供的融投管退的支持与服务体现在传统财务管理的三个领域，分别是资金管控和融资、投资管理及收益、收益管理及分配，在新时期则新增了两个领域，分别是科技赋能与服务、财务共享与量化等智能财务。在时代趋势的推动下，企业的转型不断在三个传统领域与两个新兴领域融合。

时代的变化使得企业的管理体现在财务管理上，涉及的企业财务**账套管控、资金管理、往来管理、成本管理、费用管理、资产管理、税收筹划、预算与分析、核决权限、信息与共享等十大领域**成了传统企业转型的重要关键节点。任何一点主观判断的错误，可能都会给企业带来潜在的隐患。任何一个系统不紧密关联，都会导致企业的业务与财务的割裂。任何一个场景不采取专业化方式进行层层分解，追本溯源解决源头问题，依照顶层设计格局和逻辑推动企业的财务管理转型，那么就只能浮在表层而无法实质性解决企业的根本财务管理问题。

尤其要针对企业的基础管理做好转型与升级，在最基础的账套管控上，优先解决基础工作，并就此推动资金管理、往来管理、成本管理、费用管理、资产管理、税收筹划、预算分析的实现，这个过程中，通过传统模式到智能化模式的转变，实现了企业资产质量、资本结构、利润质量、现金流量质量、财务信息质量等系统的转化，并借助资产质量的转化，采用全面预算管控和分析比对等方法，实现了对企业可持续性财富最大化的服务与支持。十大财务管理工具的逻辑与对策如图 1-14 所示。

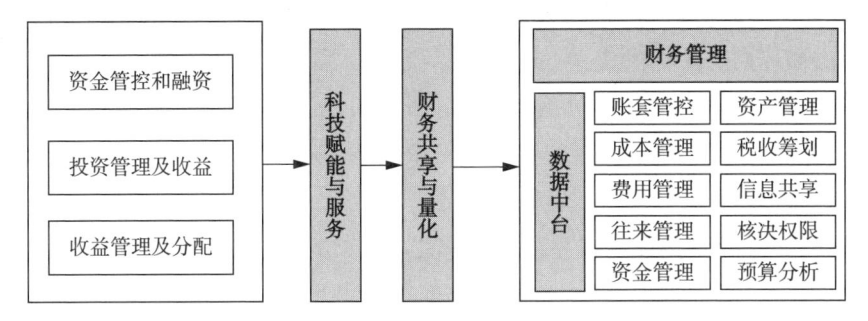

图1-14 十大财务管理工具的逻辑与对策

# 第六节 财务管理智能化转型案例

## 一、财务共享服务系统智能化转型的案例

### (一) J企业财务管理目前存在的问题

J企业是成立于北方二线城市的工业制造类民营企业,历经近15年的发展,资产规模从设立初期的1000万元发展为10亿元,资产负债率60%,营收超过15亿元,形成了以总部管理加产品制造和4个省会城市研发、销售类子公司的格局。鉴于公司的人力管理以精简为主,以一人多岗,岗位兼职的模式发展,初期以勤勉方式推动企业发展。财务团队为25~35人。

J企业的财务管理目前存在以下问题:

首先,J企业的财务部门不能直接接触相关的凭证,难以判断凭证的真实性。原始凭证是财务管理流程的基础,其是否真实可靠在一定程度上也决定了其他会计核算资料的可靠性;同时,由于拍照或扫描失误,会计凭证和相关票据在流程传输中会出现图片模糊不清、规范性参差不齐等情况,需要被退回重新修改提交,资料往返之间大大拖延了财务流程处理的进度;此外,线上和线下的报销流程同步进行,却彼此缺乏对比,难以对申报和实物的差异性进行监督。

其次,J企业人力资源管理也存在瑕疵。随着J企业的发展扩张,其子公司的业务数量逐渐增加,原始凭证的录入与审批工作量也随之增加。集团的人力资源非常有限,公司的会计人员同时兼顾各种考核、会计核算以及财务管理，难有时间进行自我提升，并且财务人员长期局限于日常核算，很难对公司的整体财务工作和决策进行判断，降低了财务人员提出建议、参与决策的能力。与此同时，集团员工的知识水平和工作经验逐渐形成差异，导致员工业务能力参差不齐，在税务处理、审核票据等方面也会出现不同的看法和处理方式，从而导致不一致的操作结果。

最后，J企业的业财税一体化程度较差。J企业传统的财务共享中心组织架构使集团各部门之间的信息难以交流沟通，导致集团企业的业财税脱节，财务部门上报的资料与信息难以支持集团整体决策，致使管理层做出了一些错误的判断。过去，J企业以传统财务记账、核算，发布财务报告为主，财务独立于其他业务流程，没有介入其他业务。同时，在企业纳税申报的操作中，企业可能出现财务系统与税务系统不同步的情况。在我国税务系统的局域网环境下，企业通常需要从互联网平台上整理和上传数据进行纳税，理论上纳税时间是同步的，但系统的转换需要时间差，这就给财务人员在报税过程中留下了操作空间。

### （二）J企业进行财务共享智能化转型的具体措施

第一，以智能化规范业务流程。财务人员将原始凭证上传到服务器，系统通过对凭证进行识别，对关键的特征比如编号、名称、公章等进行匹配，判断其是否符合集团的或者国家的凭证标准，并将每份凭证与相关负责人，相关项目、开具时间、开具单位绑定，采用层级线上审批模式，当出现问题时及时通知相关人员和单位，并迅速找到相关负责人。对于过去的图片模糊、影像不清晰问题，可通过OCR技术识别和提取财务单据信息，并对接税务系统进行发票验真和认证，既保证了数据识别的准确性，减少了重复劳动，又促进了企业财税融合。

第二，以智能化培训财务人员。J企业可以通过智能化在线学习系统对员工进行培训，如开办网络课堂，共享信息资料，建立学习积分制度，帮助员工更好地熟悉业务，提升专业水平。同时，建立员工信用体系，在出现会计凭证不符合规范等问题时，扣除相关员工的信用积分，并与考核和奖惩机制挂钩，督促员工认真、严谨地对待工作。最后，智能财务报表系统可以整理集团所有的财务数据，自动生成相应的财务报表并支持输出打印，将财务人员从繁重的日常事务中解放出来，专注于更有价值的决策部分。J企业财务人员工作任务占比的变化如图1-15所示。

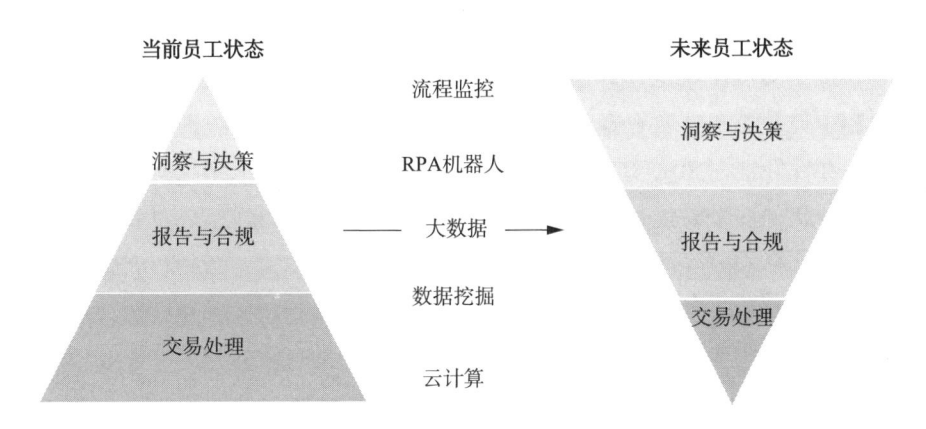

图1-15 J企业财务人员工作任务占比的变化

第三，以智能化优化报税机制。借助"硬件+软件"的方式可以在技术上弥补原有报税机制产生的时间差问题。当外部控制硬件与计算机互联网环境断开时，信息和财务数据无法通过自动报税系统上传，这就直接避免了财务会计人员利用财务共享中心服务系统运行的时间差进行逃税漏税。J企业的财务共享中心机制如图1-16所示。

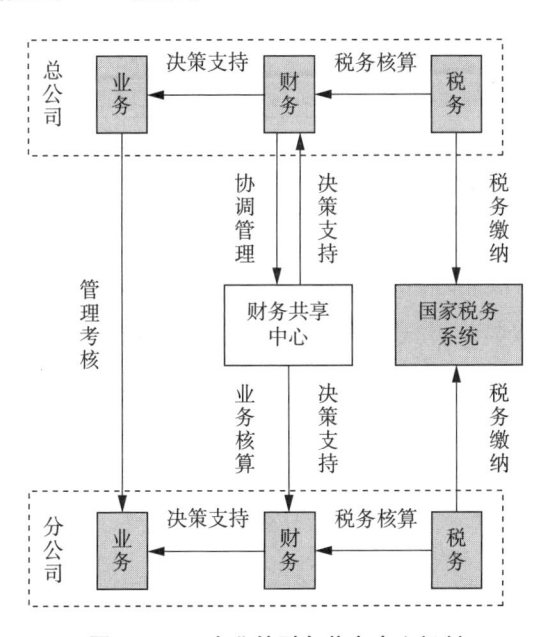

图1-16 J企业的财务共享中心机制

第四，以智能化重构财务共享组织架构。新型财务共享服务模式将集团公司下属分公司某些相同的基础性事务集中在拥有统一规则、统一部署、统一流程的业务单元中进行统一处理和信息共享，大大提升了集团的财务工作效率。统一的会计规范和标准，提高了财务管理信息的真实性和规范性，集中控制了现金流和经营业务收支，解决了J企业各财务部门因不能直接接触到相关会计凭证而无法亲自判断的问题。新的财务共享组织结构简化了现金管理的步骤，逐步弱化企业人员的会计职能，增加决策和管理会计职能。J企业的财务共享服务改造升级的组织架构如图1-17所示。

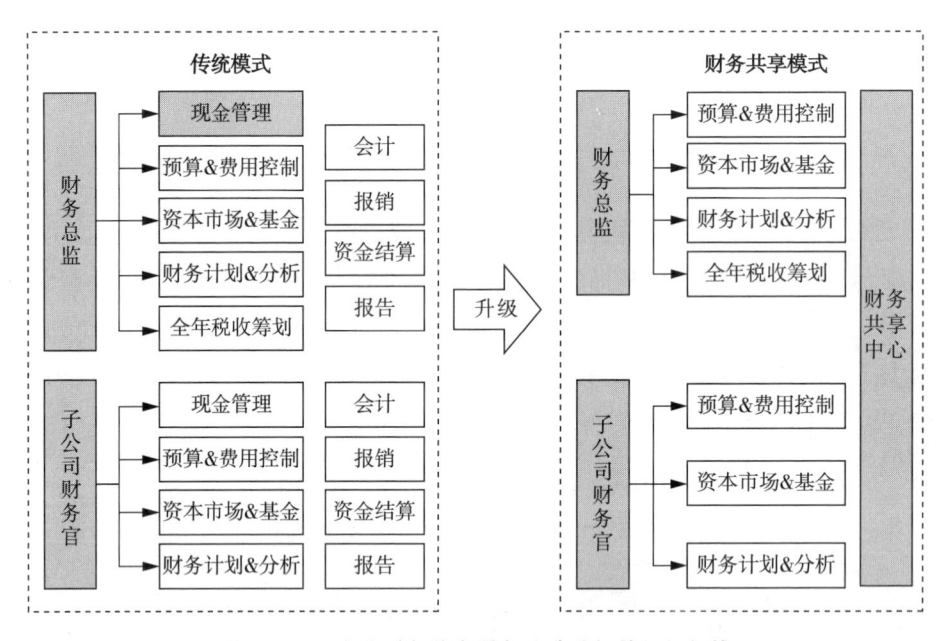

**图1-17 J企业财务共享服务改造升级的组织架构**

数字化与智能化的时代背景推动了智能财务的发展，促进了财务领域的变革与转型。未来是智能财务的时代，自动化、标准化、一体化将成为企业财务管理转型的方向，促进企业和社会整体效率的提升，更好地为市场主体服务。

## 二、财务管理智能化项目实施案例

### （一）T企业在传统模式下财务管理存在的问题

1. 财务管理制度问题

T企业致力于环保工程事业，在过去的近20年里财务管理始终处于传统模式下，业务部门和财务部门从地理位置到工作内容都处在长期分离的状态，经历了一次大型业财融合项目之后，整个企业迈出了向智能化转型的第一步，加强了公司对自身财物状况的认识，同时也提高了该公司的经营决策能力，提高了公司整体的核心价值。下面主要从财务管理的三大基础制度、规范、分析上来浅析其改革前后的不同。

T企业是一家长期致力于环保工程、防治污染工程等环保事业的公司，是国家级高新技术企业、中国环保产业骨干企业、中国生态修复和环境建设领军企业。T企业主营及关联业务涵盖生态环保、生态景观、生态旅游、生态农业四大方向以及生态电商和生命健康等领域，拥有集策划、规划、设计、研发、投融资、建设、运营等于一体的全产业链，通过供应链金融的战略杠杆效应，为客户在生态环境建设与运营方面提供整体解决方案。多年来T企业是生态文明建设的践行者、环境绿化美化的耕耘者。但该企业目前的财务管理制度存在以下问题。

第一，企业未形成统一制度。企业上下未形成较为完善的统一制度，各分公司、部门之间均执行自己的制度，为企业的统一管理带来了困难。如员工管理制度，在总公司和分公司就有不同的员工制度，不同分公司之间也存在不同的制度，总公司制定的制度未能落实到分公司。

第二，财务制度自身不够规范。如会计科目未完全统一，各财务部门之间的分工也不够明确；如税务部门和核算部门之间既有重复工作，又有相互推诿而导致无部门人员愿意做的工作。

2. 财务管理规范问题

第一，组织不够规范。T企业业务遍布全国各地，企业部门较多。在传统财务模式下，整个企业的架构较为扁平化，设计得不够合理，规范程度较差。目前各分公司独立使用一个账套，独立控制期间开关、科目体系，该状况面临以下两个问题：一是一旦有新增、调整科目需求，各分公司需要分别调整一遍，账套内报表体系也要各自调整一遍，带来非常烦琐的工作；二是各分公司独立账套将导致集团对各分公司结账期间的管控力度弱，不能及时出具合并报表。

第二，传统模式对企业各类数据的规范能力差。T企业作为一家工程项目企业，涉及大量的客户与合同信息，在传统模式下，这些信息的处理、收集与保留都是较为烦琐的工作，也不具备规范性，纸质合同常常丢失或因年数久远难以翻找，而单纯的合同系统又未与业务、财务系统关联，难以形成连接。

### 3. 财务报表分析问题

第一，财报主要用于披露企业财务信息，分析总结能力较差。T 企业在传统财务下所生成的财务报表，更多的是为了完成财务部门的各项任务，如审计、纳税申报等，仅仅是对自身经营水平能力的反映，而对于企业整体的财务信息总结分析能力较弱，更无法反映出整个业务及行业发展的信息，难以对高层的决策起到核心支持作用。

第二，业务部门与财务部门工作分离严重。出于客观原因，T 企业的业务部门几乎都在一线项目地，财务部门集中于集团总部，部门之间难以当面交流沟通，导致部门之间沟通不畅。主观方面，财务人员缺乏对业务知识的深入了解，也不愿意去了解；业务人员也不关心财报中的各类数据，不喜欢与财务人员就业务问题进行深入交流。因此，就出现了业务部门不够配合财务部门工作，财务部门所出具的财务报表无法为业务部门提供有效帮助的现状。

### （二）T 企业实施财务智能化项目

本项目是一个系统集成项目，以 Oracle EBS 为核心，涉及工程项目系统、OA 办公系统、资金系统、税务系统、HR 系统、CRM 系统等外围系统的集体上线与更新。此外，还与税务局、银行等服务与监管系统进行了对接，力争实现财务纵向转型。以财务管理为核心，尝试将业务系统与财务系统及各财务系统之间打通，以提高企业的管理效率，整合数据资源，提高企业的信息化水平。

#### 1. 财务智能化项目实施过程

**第一，注重顶层设计，推进公司智能化财务建设工作。**

要使智能化财务在企业中更好地实施，帮助企业从上至下地提高工作效率，首要条件就是要做好顶层设计，推进体系化工作的管理。

T 企业的设计理念就是财务管理以服务总战略为主要目标，为企业创造更大的价值。以前期的实践工作为依据，总结了大量的经验教训，也积累了一定的成功经验，能够为整个集团的业财一体化创造更加方便的条件。

在方案制定过程中，通过专家论证、高层讨论、实地基层调研、大量调查问卷分发等手段，充分了解 T 企业当前的问题和需求，每个参与该项目的系统都从岗位设计、工作流程、报表设计、凭证处理、内部往来、安全性分析等方面设计了较为详细的方案以便后期开发。

在组织建设方面，企业成立了专门的项目小组来推进该项目，负责人是业财融合的主要需求者和推动者。

以 EBS 系统为核心介绍项目实施情况，以 EBS 系统中的总账模块为核心，它与 EBS 的其他模块及其他外围系统的关系如表 1-9 和表 1-10 所示。

表1-9　EBS 总账模块与其他模块的关系

| 序号 | 相关系统 | 集成关系 |
| --- | --- | --- |
| 1 | 应收模块 | 应收模块的开票、开收据、收款、应收票据以及对各类活动的冲销、取消业务都会在应收模块产生凭证，并且需要将应收凭证传送到总账，形成总账相应凭证<br>科目结构由各子模块对应的分类账决定；应收模块的期间来源于总账，只是缺少了总账的调整期；汇率类型、汇率来源于总账；安全性规则以及交叉验证规则都遵循总账的设置 |
| 2 | 应付模块 | 在应付模块中管理的各项应付款项、费用报销、预付款、付款、预付核销、应付款项的调整、反冲、付款取消活动将全部以凭证的形式过账至总账模块，并形成相应的凭证<br>科目结构由各子模块对应的分类账决定；应付模块的期间来源于总账，只是缺少了总账的调整期；汇率类型、汇率来源于总账；安全性规则以及交叉验证规则都遵循总账的设置 |
| 3 | 资产模块 | 资产新增、折旧、转移、报废业务在子模块产生凭证，并过账至总账，在总账形成相应的凭证；科目结构由各子模块对应的分类账决定；安全性规则以及交叉验证规则都遵循总账的设置 |

表1-10　EBS 总账模块与其他外围系统的关系

| 序号 | 相关系统 | 集成关系 |
| --- | --- | --- |
| 1 | 工程项目管理系统 | V6 对于项目业务进行统筹，总账集成管理来源于 V6 系统的应收、应付财务数据 |
| 2 | 人力资源系统 | E-HR 系统负责人力资源、组织架构管理，总账对 E-HR 系统的人力资源薪资进行核算，并且组织架构与 E-HR 系统保持统一 |
| 3 | 资金系统 | 资金系统发生投资、融资、支付工资相关业务时，总账将集成管理相关银行流水账务 |
| 4 | 增值税系统 | 总账管理增值税系统产生的相关税务分录 |

第二，深入公司实践，统筹各方需求。

（1）解决核心痛点，协调各方需求。本项目涉及多个系统、多个部门，各方需求不尽统一，甚至有时会出现冲突。但项目负责人在其中进行多方协调与商讨，严格遵守项目的核心目标，在尽可能保证解决各部门核心痛点的基础上，其小的需求则需要为整体的大目标而调整。

（2）制定规则规范业务类型。业务多元化是 T 企业的一大特点，对业务场景进行归类是本项目实施过程中的一大难点和痛点，项目组经过多方讨论和研究，将主要项目分为工程类项目和设计类项目两大类，并对划分标准和细节做了具体区分，发布了执行细则与标准至各部门，并在实际工作中进行推广应用，极大地提高了工作效率。

（3）对各主要流程进行标准化统一。除了业务系统和财务系统的对接之外，本项目也涉及诸多财务系统之间的整合，例如税务系统和 EBS 的应收模块，从开票人最初在业务系统发起业务流程到税务开票，再到应收模块确认收款、生成凭证，涉及一整套系统流程，这也是 T 企业实践中使用最频繁的一套业务财务流程。通过本项目将全部实现信息化、系统化，为业务、税务、核算人员极大地减轻了工作负担，提高了工作效率。整个开票流程如图 1-18 所示。

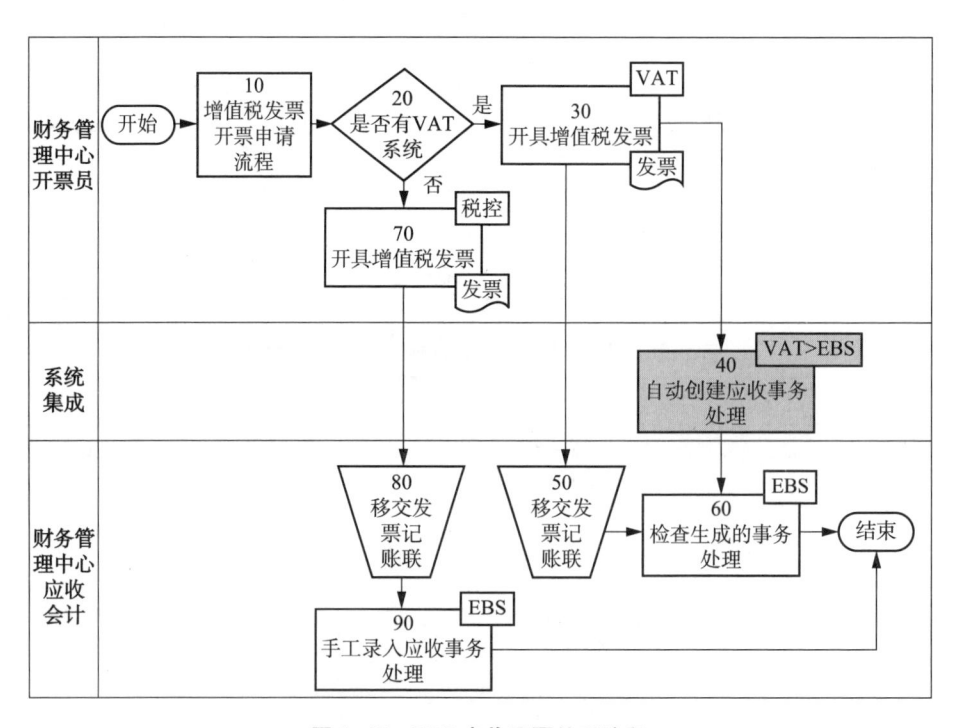

图 1-18 EBS 应收开票处理流程

整个企业的收款过程也进行了标准化设计，相关业务部门或财务部门通过各种收款方式收到客户款项后进行登记，包括通过什么方式进行登记，如何与财务部门进行交接。具体流程如图 1-19 所示。

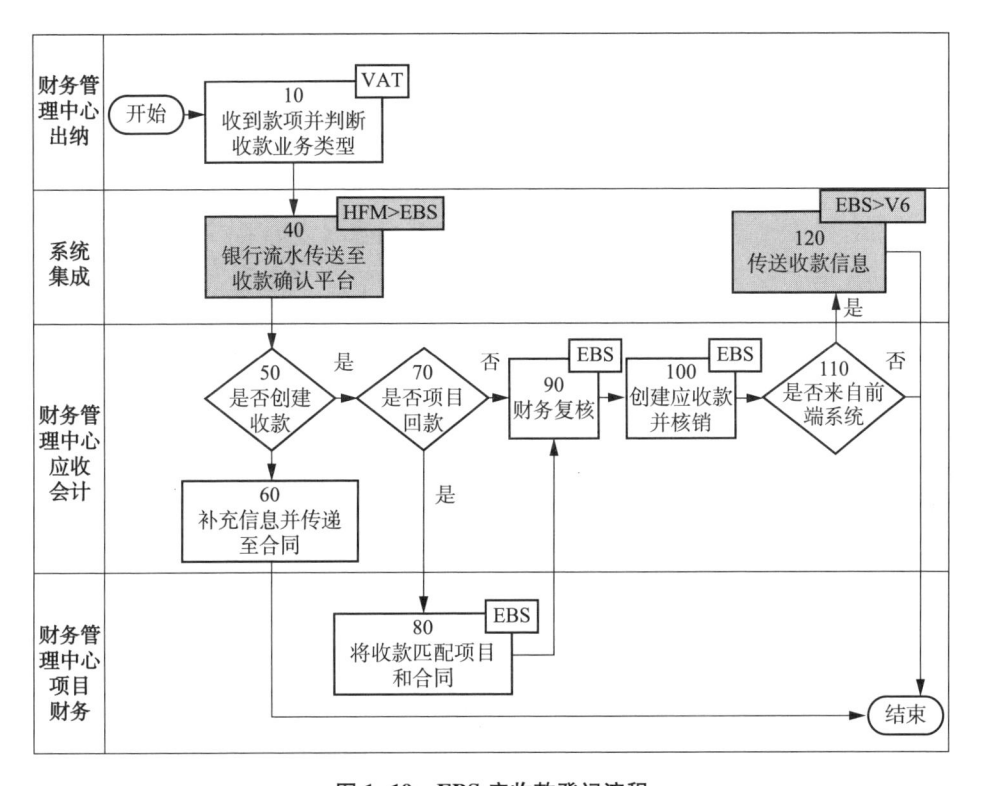

图 1-19  EBS 应收款登记流程

2. 财务智能化项目实施效果

**第一，制度。**

（1）企业形成了较为完整统一的制度。从财务部门出发，结合业务部门实际工作，配合系统的要求和使用条件，企业制定了一系列新的规范流程和规章制度，从而能够更好地约束各工作流程和员工行为。对于之前尚未统一的员工制度，由于本项目上线了新的员工系统，由该系统统一录入员工信息，并分配至各分公司和各系统，所以员工数据能够统一维护和修改。

（2）规范了财务制度。由于本次项目涉及大量财务系统的上线，涉及了所有的财务部门，因此对于整个财务工作都是一场大改革，对于此前财务工作中的痛点难点进行了解决，对之前不够规范的财务制度进行了再设计，对于重复性工作及无人问津的工作也进行了合理规范与安排，极大地提高了整个财务部门的工作效率。

**第二，规范。**

（1）统一了 T 企业的组织架构。本项目根据对 T 企业现有系统架构的了解，结合未来业务扩展及机构灵活变化需求，对系统架构中涉及的"业务组""分类账""法人主体""业务实体""人力资源组织"层次结构进行了设计。

（2）对各数据进行了信息化保存。通过本项目各系统的整合，T企业的客户、合同、员工、发票、凭证、业务数据均实现了信息化，进行了信息化存档，且各信息之间实现了串联，对企业的基础数据进行了信息化备案留存。可以实现由一条发票数据找到它的对应合同、客户、员工、凭证、业务等信息，这为T企业今后进一步的数据共享奠定了重要基础。

（3）人员规范化。通过本次智能化转型，财务人员的工作内容一大部分实现了自动化，在减轻工作内容提高工作效率的同时，也需要实现财务人员一定程度的工作内容的变化，相较之前的专注于财务工作本身，现在也需要一部分人员来熟悉财务系统的日常维护及各系统之间的连接关系。因此，通过此次改革，对财务人员的分工进行了一定程度的革新，需要更加规范员工的日常流程。

第三，分析。

自动生成财报及业务所需重要报表。纳税申报表、资产负债表、利润表、现金流量表等基础报表均已实现系统自动出具，极大地减轻了员工的工作负担，报表的具体出具流程如图1-20所示。

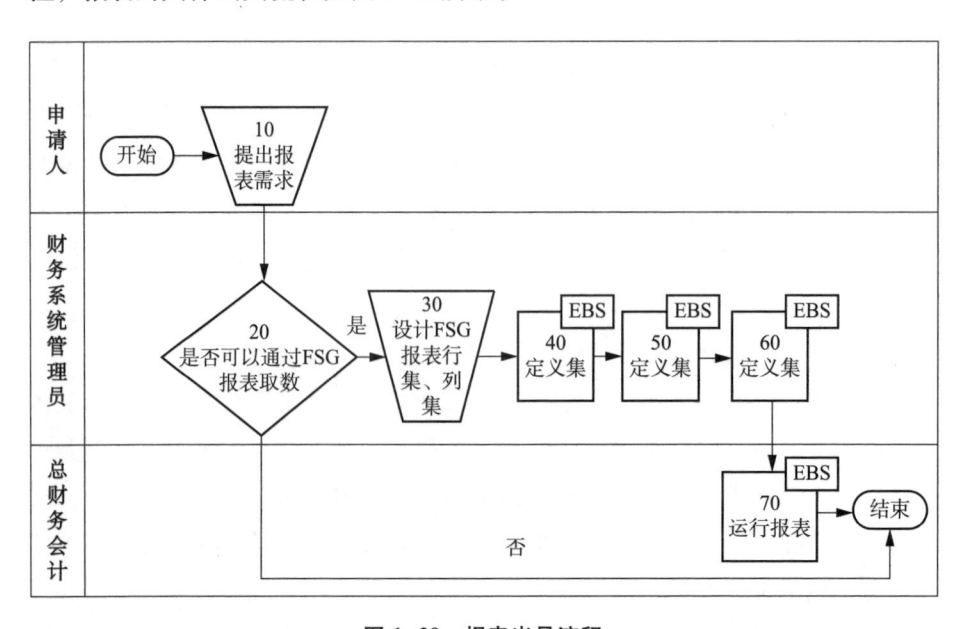

图1-20 报表出具流程

在数字经济的大背景下，T企业也跟随时代的潮流进行智能化财务建设，力争实现智能财务的纵向化转型，在很大程度上实现了业务标准化、流程自动化、数据一体化、数据自动化、模型可视化和系统一体化。但是智能化财务更新是一个长期的过程，需要一段时间的过渡与适应，仍需要企业各方与系统各方的支持与援助。

T企业原本在财务三大管理基础上存在的问题，通过此次系统更新与上线已经解决。企业智能化转型的核心是创造更大的价值，实现数据的全面共享、广义集成，能够为企业的智能化分析与决策献计献策。

## 第七节　本章小结

在数字经济时代，智能财务的广泛探索和深入实践有助于推进国家发展改革，进而有助于数据这一新型生产要素的市场化配置。对于传统企业而言，智能财务建设是企业整体数字化建设的重要组成部分和首要突破口，在助力财务转型和财务变革的同时，有助于推动企业数字化的整体发展进程。

智能财务涵盖企业会计实务中的财务会计工作和管理会计工作，其目标是提升财务工作，更好地服务于业务工作和管理工作。智能财务建设是财务领域的一场重大变革，其核心任务是规划建设创新型智能财务平台，以及在此基础上探索构建新型财务管理模式。促进现代传统企业积极进行战略转型，做好财务管理。

本章从智能财务研究和建设的背景及现状出发，探讨了智能财务的模式。提出智能业财一体化建设的总体思路、智能财务平台的建设思路和新型财务管理模式如何构建，在应用层面探讨了构建的逻辑，并就实现财务管理转型提出了十大管理工具。

### 本章参考文献

[1] 安素霞,王磊,赵德志."互联网+"与企业财务风险[J].金融论坛,2022,27(01):61-70.

[2] 曹小勇,李思儒.数字经济推动服务业转型的机遇、挑战与路径研究——基于国内国际双循环新发展格局视角[J].河北经贸大学学报,2021,42(05):101-109.

[3] 李守武.加强顶层设计深化精细管理助力产业发展——中国兵器装备集团公司的

管理会计实践［J］. 财务与会计，2015（02）：21-24.

［4］唐毓秋，陈少婷，郭敏. 农业高校财务管理存在问题与对策［J］. 广东农业科学，2010，37（08）：386-388.

［5］李瑞雪，彭灿，杨晓娜. 双元创新与企业可持续发展：短期财务绩效与长期竞争优势的中介作用［J］. 科技进步与对策，2019，36（17）：81-89.

［6］田茵. "大数据"引领财务管理智能化［J］. 山西财经大学学报，2018，40（S2）：39-42+45.

［7］章贵桥，杨媛媛，颜恩点. 数智化时代、政府会计功能跃迁与财政预算绩效治理［J］. 会计研究，2021（10）：17-27.

［8］郑洪涛，张颖. 房地产企业项目成本管理风险与控制——以苏州工业园区城市重建有限公司为例［J］. 财务与会计，2014（06）：14-16.

［9］郑蕊，郑媛. 企业财务智能化转型研究［J］. 合作经济与科技，2021（24）：136-137.

［10］王鸣，魏下海. 不同制度规范下工会独立资金账户对企业劳动关系的影响——基于佛山南海2016年雇主—雇员匹配数据［J］. 华南师范大学学报（社会科学版），2019（03）：112-120.

［11］欧阳慧. 中小型出版社应收账问题及对策［J］. 中国出版，2020（24）：58-60.

［12］谢志华. 会计的未来发展［J］. 会计研究，2021（11）：3-19.

［13］蔡昌，王道庆. 业财法税融合：理论框架与行动指南［J］. 税务研究，2020（12）：122-128.

［14］谢志华，杨超，许诺. 再论业财融合的本质及其实现形式［J］. 会计研究，2020（07）：3-14.

［15］张翼飞，郭永清. 实施业财融合助推我国企业高质量发展——基于324家中国企业的调研分析［J］. 经济体制改革，2019（04）：101-108.

［16］王亚星，李心合. 重构"业财融合"的概念框架［J］. 会计研究，2020（07）：15-22.

［17］吴世农，林晓辉，李柏宏，等. 智能财务分析与诊断机器人的开发及实证检验——来自我国A股上市公司的经验证据［J］. 证券市场导报，2021（02）：62-71+78.

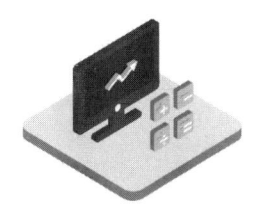

# 第二章
# 十大财务管理工具之账套管理

企业财务建账的"两套账"问题由来已久，两套账的短视行为往往给企业带来长期危害。

财务账套作为每个公司进行财务管理必不可少的工具，其数智化转型在整个财务管理中具有基础地位。在运用财务账套时，设置"两套账"、缺失财务凭证附件、内账外账失控等情况在公司财务管理的过程中多有发生，往往存在许多风险与危害。企业财务通过推动一套财务账套的建立，有效辅助账的系统化设置，解决两套账的根源问题，并不断进行智能化转型，是企业财务向正规化转型的正道。

本章针对账套管理的转型，通过企业设置"两套账"面临的风险，解决转型逻辑，针对财务凭证失控的问题，落实解决路径。针对辅助账的作用和两种设置模式，规避行政和税务风险，实现企业账套层面的安全转型和落地。通过这种路径模式，本章提供了传统财务向智能财务转型背景下实现"两套账"的合规化转型对策，从根源解决财务辅助账的核算。

## 第一节　财务"两套账"建账风险与转型

### 一、财务"两套账"建账的风险

一些企业为了降低企业税负，少承担增值税、企业所得税、个人所得税等税收支出，往往采用内外两套账。企业同时编制对内和对外两套会计账簿，分别称为"内账"和"外账"。

一般情况下，内账是公司内部的真实账目，记载了公司所有的经济业务，是给企业管理人员看的，所有的收入支出都要列明，所有真实业务发生的单据都要做。简而言之，内账主要用于内部管理，反映了企业最真实的收入、费用、利润以及各个科目的余额。

外账就是对外的账，是做给税务、工商、银行等外部部门看的，外账是根据会计制度及税法规定做的，每张凭证都真实、合理、合法的账。外账是经过了会计的灵活处理，大部分是人工做了手脚，对外记载的经营收入和利润情况，以虚假的生产经营情况应对各方检查并以此作为纳税申报的依据，达到偷逃税款的目的。外账不一定反映企业真实的财务状况，虚列费用改动最明显。

若非特殊情况，如该企业为涉外投资入股企业，一个企业建立两套账的行为属于违法。对于一些财务会计制度不规范的企业，内账和外账区别较大，存在着巨大的风险。**《中华人民共和国会计法》规定不得账外建账，企业设两套账属违反国家法律法规的行为。**会计人员要承担法律责任。

### （一）"两套账"操作逻辑

"两套账"分为内账和外账，其在概念、管理目的等方面往往存在区别（见表2-1）。内账是企业真实的财务信息，供企业内部管理人员使用，凭借此进行管理决策；外账是提供给外人，即税务部门或者检查机构看的，常规都包含着部分虚假或者不完整的财务信息。

表 2-1　内账与外账对比

| 对比项目 | 内账 | 外账 |
| --- | --- | --- |
| 概念 | 指企业销售产品时，开票销售收入与不开票销售收入两部分全部都有的整套账务 | 指企业销售产品时，只做开票销售收入的部分，不做不开票收入部分的账务处理方式 |
| 管理目的 | 主要是加强内部控制，提高企业管理水平 | 主要是应对税务检查，防范税务与法律风险 |
| 采购业务 | 有进项发票的与没进项发票的全部都做账 | 有进项发票的才做账务处理 |
| 销售业务 | 有销售发票与没有开票的收入都做应收账款与销售收入处理 | 有销售发票的才做应收账款与销售收入处理 |
| 生产业务 | 按实际发生的料、工、费结转生产成本与产成品成本 | 按销售收入的一定比例倒推生产需要的料、工、费等生产成本项目 |
| 收款业务 | 开票部分以公账收款，不开票部分以个人私账收款，两者全部都做账务处理 | 开票部分以公账收款，不开票部分以个人私账收款，以个人私账收款的不开票部分在账上不做处理 |
| 付款业务 | 有进项发票部分用公账支付，没进项发票部分用私账支付给供应商，两者全部都需要进行账务处理 | 有进项发票部分用公账支付，没进项发票部分用私账支付给供应商，账上只体现有进项发票用公账支付的部分 |
| 费用支出 | 有发票的部分与没有发票只有收据的部分费用支出全部入账 | 有发票的部分按销售收入的一定比例入账 |
| 期末结转 | 处理步骤基本一样，但税负率一般根据实际情况走 | 处理步骤基本一样，税负率一般控制在3%以下 |
| 做账先后顺序 | 先做内账（做完内账后，把有发票的拿到外账，同时把发票复印一份放内账做附件） | 后做外账（将有真实发票的原始凭证从内账中取出放到外账做账） |

目前两套账已成为大多数中小企业简单粗暴的避税手段。俗称的两套账，一定是违法的，因此，必须从根源上调整。一套账之下并非不能有其他辅助核算类账套。因管理需要设置主账套之外的辅助账是合法合规的。辅助账的目的更多是解决经营管理和决策的专项分析。

一套账是财务会计账，按照现行财务会计准则编制，用来满足纳税申报、审计等外部报告需求；辅助账是管理会计账，按照企业自己的经营管理模式来编制，为了衡量企业的实际经营状况，比对预算差异和满足以后的投资决策需求，使管理会计的职能发挥最大的效果。设置这些辅助账套的目的是企业内部需要，是对正式账套的补充。

企业设置两套账主要还是企业的财务本身管理不专业，从而演变成了追求"节税降费模式"的偷税漏税。在"潜规则"模式之下，两套账模式一度演绎成了骗取贷款等不当行为的不可控场景。因此，从本质来说，两套账使得企业面临未来不可持续的税务稽查等爆雷风险。通常情况下，两套账的内账体现利润，外账呈现亏损模式导致两个账套无法并轨，而且导致企业失去以合法合规方式获得税收优惠和加成抵扣等，被迫陷入被税务局严格稽查的局面，企业的运营在财税层面潜伏爆雷风险。

国家支持和鼓励合法纳税，并提供大量的税收优惠措施，因此，从所得税角度，税收洼地、税收优惠、财政返还、分级纳税、核定征收等税收优惠措施已经可以解决大部分企业运营税负重的问题。两套账的简单粗暴行为也是国家税收征管明令禁止的。随着国家税务制度的不断完善，设置此种两套账的企业面临着严峻的税务风险。

### （二）企业设置"两套账"的三层原因

**第一，企业存在着不能入账的违法经济业务。**有时，企业发生的某些经济业务是不合法的，为了隐瞒这些业务的存在，企业会在接受审查的外账中隐去这些账款。比如，向客户支付的回扣就只能记入公司的内账，而不会存在于接受审查的外账中。又例如，企业出于某些违法的目的，某些交易并未开取发票，因而也无法记入外账之中。

**第二，企业为了减少税负，偷税逃税。**这点在中小企业之中尤为明显，由于中小企业资金没有大企业雄厚，如果其按照实际财务情况缴纳税款，所需缴纳的税款对企业的经营发展来说可能是一笔沉重的负担。因此，许多中小企业为了降低税额，就会减少外账中所记入的收入，增加额外的开销费用。例如，将部分销售业务通过不开发票的方式隐藏，以减少在外账中展示的收入，或者利用从其他私人渠道收集的发票在外账中伪造实际并不存在的开销。

**第三，企业内部人员法制观念淡薄。**部分企业管理人员只顾自己的个人利益，在巨大的利益诱惑面前铤而走险，没有意识到法律的严苛，怀着侥幸心理，认为自己可以成为"漏网之鱼"。例如，为了争取业务，某些管理层会采用送礼等不正当的方式进行贿赂，而显然这些不合法的做法是不能被记入企业的外账之中的，因此就产生了内外账的差异。另外，虽然某些会计人员可能熟知财务造假的危害，但是迫于上层的压力，不得不违法伪造两套账来保住自己的饭碗。

### (三) 企业设置"两套账"的途径

企业设置两套账的手段很多，但是这些操作的本质是类似的。首先解释企业是如何设置两套账的，进而分析企业伪造账款的蛛丝马迹。

由于外账的确认、计量与报告必须符合税法的要求，记入外账的业务必须有合法的原始凭证。因此，目前企业设置"真假两套账"的主要实现途径就是避免交易中合法原始凭证的开具，从而也就可以避免将某些交易写入外账。例如企业之间事先约定业务往来不开发票。企业间往往会通过降低交易价格的方法达成不开发票的协定，如此购买方可以以更低的价格买入商品，同时也可以少缴纳增值税，而销售方的外账收入也可以减少。同时，由于业务未开具发票，企业不能直接通过银行的账户转账，因此企业间往往会通过私人账户转账或者直接收付现金的方式进行账款收付。如果是现金交易的方式，所收取的现金也可以暂时不存入银行，可以借此进行其他违规使用现金的操作。

另外，还有些企业为了减轻税负，会提前确定好企业想要承担的税额，进而算出企业应得的"利润"，再利用"利润"金额与已经取得合法发票的收入金额来推算企业应该支出的"成本"金额。企业会依照这个"成本"金额，伪造虚假的存货收发记录，来制造存货收发的原始凭证。

## 二、规避两套账的监管模式与路径

### (一) 规避两套账的监管模式

如上所述，在过去的传统财务时代，税收监管的操作依赖于"以账管税"，这给了企业会计舞弊的生存空间。国家税收监管手段不足和监管成本巨大的情况，也使得中小企业"两套账"现象进一步泛滥，难以有效抑制。然而，随着大数据时代的到来，智能财务背景下的"两套账"问题逐渐无所遁形，其中极为重要的一个举措就是我国近年来推出的金税工程。

金税工程是经国务院批准的国家级电子政务工程，是税收管理信息系统工程的总称，增值税防伪税控系统是其中的重要环节。2008年启动的金税三期工程就是在"以票控税"的指导思想下建设的覆盖各级国地税所有税种、所有工作环节的全国性税收信息系统，在2021年的金税四期设计与运营不断上线的背景下，智能化发展不断在探索和推动。"互联网+"模式提高了电子发票的使用率，提升了税收大数据的运用水平，使国家的税收征管从凭专业人员经验判断向依靠大数据分析转变。

在金税系统升级上线之前，许多企业往往利用税务监察部门信息不对称的短板，抱着侥幸心理通过设置"两套账"来偷税漏税。但金税系统上线之后，随着金税四期的智能化和集成化监管，尤其是信息系统管控和大数据共享模式，大大弥补了征纳双方信息不对等的短板。例如，大数据能够清楚地看到企业进来了多少货物、销售了多少货物、仓库中还剩余多少货物，这就能够有效遏制"两套账"的潜规则。因此，随着国家金税系统的完善，税务机关在增值税管理上实现了"以票控税"，在技术上已大大压缩了企业做假账的空间。

金税四期正式上线后，现代化税收征管系统更强大了，有利于在全国开展税务管理征收业务，以"税务云"模式打通税费全数据、全业务、全流程，为开展智慧监管与智能办税奠定了良好的基础，全面开启了税收征管"以数治税"的新形态。在智慧税务下，企业的所有外部交易和内部运营，都会一览无余地纳入税务系统的监控体系。企业的进口端，就是企业成本费用的来源；企业的出口端，就是企业收入的来源。把住企业的进出端口，再掌握企业内部业务过程的即时结报，智慧税务随时可以计算企业的实时所得，进一步将企业"两套账"的生存期限大大缩短。

### （二）规避两套账的八条路径

在外部环境严监管和内部管理要求下，企业可以采取统一的一个账套的方式，并就多个辅助账套的设置进行安排，系统针对核算问题进行剖析分解，设计应对策略和转型，具体如下：

第一，针对两套账的企业节税问题，规避过往简单粗暴的两套账隔离模式，采取税收筹划的顶层规划措施，收益释放在具有税收返还、税收减免、财政奖励等奖励和激励办法的地区，通过合理的利润转移和转移定价，实现合理的区域利润平衡与调节。

第二，针对两套账的项目核算问题，采取辅助账模式，进行项目化核算和项目考核制核算，确保辅助账套的项目收入和成本匹配准确；在一个账套内，可以设置项目核算方式和部门核算方式等辅助方式，协同针对管理目标的任务分解和分配，设置相关的辅助核算账套，或是针对性设置营销、采购、生产、研发类专项辅助核算账套和专项报表辅助账套。

第三，针对两套账的个人节税问题，采取税收洼地公司方式对公结算，对个人收益较大的为公司服务的个体，一方面可以让该个体采取税收洼地措施设立个体工商户类个独个体公司，另一方面可申请核定征收，或是利用地方税收优惠措施解决个体税收问题。

第四，针对两套账甚至多套账的客户降本问题，及持续为公司提供营销服务、市场服务等组织，采取类似上述设立个体工商户、个体服务企业或协同类似产业园区等方式，系统解决客户端的成本问题，实现客户系统降本的统筹方案。针对服务组织无法实现集中化管控和系统降本问题，企业统筹衔接客户集中进入相关扶持政策园区，并就园区财政返还提供一揽子对策与安排，实现服务企业的合规合法落地。

第五，针对多账套的现金监管和取现问题，采取股东结构的设计与优化，将设立股东公司替代个人直接持股，改为个体持股股东公司，股东公司可以为有限合伙与有限责任类型，先以有限责任持股有限合伙，解决有限责任公司承担无限责任问题，再通过将有限合伙公司设立在有税收优惠和财政返还区域或有直接税收减免区域，解决现金分红的高税负问题。

第六，针对两套账的隐形对公与对私客户问题，可以采取内部代持或委托协议方式，解决隐形客户的不愿意显明问题，并协助完善一揽子代持或委托协议，明确权属，规避隐形客户可能存在的纠纷。

第七，针对两套账的支付没有成本发票或个体经营者个体直接提供劳务模式的税费过高问题，采取针对性的灵活用工平台等方式解决。这其中融合税收洼地区域的税收优惠最佳。一方面借助专业平台，类似灵活用工平台给公司开发票，灵活用工平台给个人代扣代缴并在税收洼地形成税收贡献。灵活用工平台提供个人劳务代理，是个人承担较低税负成本扣缴个税的合规化平台。

第八，针对两套账原本的研发加成和创新成本问题，一方面规避虚列成本的恶性事件，另一方面加强企业在科研方面的开发，按照国家鼓励政策展开科研，以符合要求的研发加成方式，鼓励政策类研发创新加成，实现企业的加成抵扣，减少企业的合规风险。

## 三、内外账失控案例

### （一）B电商企业案例

某市税务局稽查局收到举报，称B电商企业设立内外两套账，存在隐匿收入少缴税款问题，并附了该企业的内部电子邮件截图及报表，显示企业人员通过邮件收发两套账目。

面对如此具体的线索，稽查局没有丝毫犹豫，立即组织人员进行调查。经过网络信息搜集和现场实际调查取证，检查组查获了"内账""外账"两个系列的完整报表。在面对账外收入的证据时，被查人员既不承认内账报表反映的账外收入，也不说明报表的数据来源。通过反复分析已有的证据材料，检查组决定根据跨境电商行业的特点，在跨境电商平台开展调查，直接对相关店铺进行取证。

很快，检查组在亚马逊、速卖通等6个电商平台上查到14个与涉案企业相关的店铺，发现这些店铺反映的经营情况和涉案企业取得的账外收入报表较为接近。综合前期案件分析收集的与该企业相关的新闻信息，检查组形成了一条相互印证的证据链。面对确凿证据，涉案企业承认了隐匿收入逃避缴纳企业所得税的事实，并配合检查组调取了企业业务系统以及电商平台上的销售清单。最终，该企业被依法追缴税款、滞纳金共计210万元。

### （二）集成应用大数据严格监管

该案查办虽然有具体举报线索引领，但最终能快速取得充分证据，准确查明涉案企业隐藏收入逃税的违法事实，还是办案人员广泛收集涉案信息，将税收征管数据、网络新闻、各大跨境电商平台数据等信息综合起来比对分析起到了重要作用。企业经营过程中，尤其是电商企业经营会留下大量数据信息，查办涉税违法犯罪案件，应当充分利用大数据展开分析研判。

在该案查办过程中，办案人员在案源线索分析、调查取证等关键节点，都注意广泛采集内外部数据，集成分析，尤其是积极利用互联网数据，在被举报企业不配合检查的情况下，取得第三方平台销售数据，通过比对，发现被举报企业的账外收入资料与之相互印证，再将有关数据与涉案企业的纳税申报数据作比对，形成了确定企业隐匿收入的证据链。大数据赋能智慧税务的时代正在来临，税务稽查实现精确执法，需要数据集成分析（见表2-2）。

表2-2　税务痛点与SaaS平台需实施的解决方案

| 税务痛点 | SaaS平台需实施的解决方案 |
| --- | --- |
| 数据获取困难 | 根据自采，支持主流财务系统<br>API对接财务和业务系统，自动采集涉税数据，实现业财税一体化 |
| 纳税底稿编制复杂 | 纳税计算自动化，支持全税种<br>专业团队灵活高效配置计税引擎，将业财数据自动转换生成纳税报表 |

续表

| 税务痛点 | SaaS 平台需实施的解决方案 |
|---|---|
| 申报复杂 | 纳税申报自动化，支持全税种<br>RPA 机器人替代人工填报纳税报表，实现一键申报，节省人力成本 |
| 税务风险难以监测 | 数据分析智能化<br>自动开展税务分析、风险预警，支持自定义场景，提高纳税遵从度 |
| 机构众多管理困难 | 一个平台，集团共享，管控流程透视化<br>集团下属公司数据自动汇总统计分析，实现规范化管理，工作流程透视化 |

## 第二节　财务凭证失控问题与三大解决路径

### 一、财务凭证及凭证附件

会计报表是企业最重要的资料，其是根据财务凭证生成的。财务凭证也被称为记账凭证，记录的是企业经济业务的发生情况，故在会计资料中处于核心地位。现阶段，税务越来越看重账簿及报表的真实性和有效性，账簿与报表是否真实完整取决于财务凭证是否可靠，而财务凭证的真实性依托于最直接接触经济业务所产生的财务凭证附件的质量。支持证据链的完备需要和公司的业务密切结合，确保业务流、票据流、合同流、资金流一致，精益化支持证据链。

#### （一）财务凭证

财务凭证是企业各项经济活动业务开展和企业资产负债增减变动的书面证明，是登记账簿和报表的重要依据，也是企业进行日常记账、对账及监督审查的重要凭据。

**财务凭证分为原始凭证（财务凭证附件）和记账凭证**。原始凭证是指在经济业务发生时直接取得或填制的凭证，用于反映经济业务的情况，如领料单、借款单、差旅费报销单、采购单、发票和产品入库单等。记账凭证是财会人员根据原始凭证，按照科目内容和经济业务类型进行分类，并做成相应会计分录后所填制的会计凭证。

#### （二）财务凭证附件

财务凭证附件是个广义的概念，由原始凭证及相关凭据组成，是经营业务发生时，直接填制或取得的凭证，需要附在相应的记账凭证后面。附件因其真实有效的特点，对财务凭证起到了补充说明的作用，特别是在报销时，其为一件非常重要的依据。在当下风控合规越发严格的背景下，企业的附件已经从传统的基本材料，上升至风控合规的核心位置，并在市场环境下作为接受外部监管稽查的重要依据，其形式合规以及完备性的重要程度不断升级，并成为企业管控的证据链，也成为企业内部管理的重要支撑。

财务凭证附件根据来源可分为两类，一是外来原始凭证，二是自制原始凭证。外来原始凭证是指在经济业务发生时，从外部单位直接取得的凭证，如增值税专用发票、收据、货物运单、住宿票和车票等。外来原始凭证要注意查明真伪。自制原始凭证是指由本单位内部自行填制且仅供本单位内部使用的凭证，如工资表、领料单、销售发货单和入库单等。自制原始凭证要内容详细准确，符合单位生产活动流程的设置，为企业内部所使用。这些证据链成为企业安全运营、规避潜在风险的重要依据。

## 二、财务证据链的问题与对策

### （一）财务证据链的问题

常见企业财务原始凭证的管理存在许多问题，例如凭证内容填写不规范、内容缺失、格式混乱；附件易变造，存在大量自制原始凭证，凭证真实性遭受质疑；凭证附件审核程序复杂烦琐，财会人员工作效率低下；附件未能及时保存，后续检查困难。

某企业在内部审计时发现，之前差旅费报销时有多张机票是空白信息，而且有的出差人员返程飞机在到达目的地之前就已经起飞，同一天同一人有从相同地点到相同目的地的机票和火车票，工作报备的会议地点和机票的到达地点不相符，住宿发票所显示的入住日期早于机票抵达日期等。经核查，某员工利用职务之便，虚构和编造出差事项，多报差旅费98万元，用来进行个人消费。财务人员和经办人员对附件的重要性认识不足，经办人员利用职务之便有意贪污公款，出现原则性的人品问题；而财会人员因对会计知识的缺乏、不遵守相关制度且工作不认真、不细致，导致未能审查出附件的虚假信息。

除此之外，企业会计凭证通常还存在诸多附件问题（见表2-3）。

表 2-3　常见会计凭证附件问题及其规范附件

| 项目 | 常见不规范点 | 规范附件 |
| --- | --- | --- |
| 预付款 | 只有银行回单 | 采购合同、采购付款单、银行回单 |
| 货到付款 | 没有采购合同、采购入库单、收货单 | 采购合同、采购入库单、收货单、发票、采购付款单 |
| 采购入库 | 以供应商的送货单为入库单 | 采购入库单、采购收货单 |
| 销售收入确认、结转成本 | 只有发票 | 发票、出库单、销售单、成本结转表 |
| 办公用品费 | 只有发票 | 发票、经审批的请购单、入库单、支出凭证、银行回单、部门领用单 |
| 差旅费 | 只有差旅费报销单 | 差旅费报销单、发票、出差行程单、银行回单 |
| 固定资产计提折旧 | 没有折旧表纸质材料 | 固定资产计提折旧表 |
| 计提坏账 | 仅对应收账款计提坏账，没有纸质材料 | 坏账准备计提明细表 |
| 运费 | 没有与快递公司签署的合同 | 委托运输协议、运费结算单、发票、支出凭证 |

### （二）对财务证据链问题的四大传统对策

**第一，提高财会从业人员和业务经办人员的综合素质。**加强会计凭证附件管理，业务经办人员和财务人员要共同为财务凭证附件的准确完整性负责，各部门应加强对财会政策及法律法规的学习，不断提高员工综合素质，树立正确认识会计凭证附件重要性的思想，提高业务运行的质量。财会人员要对会计凭证及附件进行认真审核；业务经办人员要将业务发生时的发票和附件及时上交，从多方面确保财务凭证附件的真实性和准确性。

**第二，推行财务凭证附件标准化建设。**在企业推行原始凭证附件标准化管理，使票据从取得到审核报销再到归档保管的各个环节，都实行严格审查。通过对原始凭证附件进行标准化建设，不仅能及时、全面地监管企业业务开展的全过程，提高企业会计信息的安全可靠性和企业的生产经营水平，还能切实防范企业经营风险，提高企业自身信誉。

**第三，建立监督检查机制。**企业内部可以成立凭证附件检查小组，定期对附件进行检查，对在检查过程中发现的问题及时整改，对造成相应责任的负责人依法追究责任，用制度规范附件提交和审核的标准，通过检查小组落实好凭证附件的检查机制，推进企业附件审核的制度化、规范化和精细化。

**第四，建立健全审核机制**。在企业内部建立审核机制，及时对各种票据和财务凭证附件严格把关和审核，确保附件信息真实可靠。对报销金额和出差时间地点进行认真审核，防止虚假报销和超出报销范围。财务部门可以建立专门的附件审核员，该审核员要明晰审核机制，对不规范、不合理、不完整的单据不予报销，加大报销审核力度，减少审核错误的产生。

### （三）财务证据链智能化的顶层设计对策

在传统模式之下，规范的工作量巨大，因此，企业可以结合上述传统的业务模式、管控流程、制度建设的一体化管理，建设为企业提供精细化营销管理的系统，以此实现提供合规落地服务的目标，最终规范企业业务流程的闭环信息化云平台建设。

从顶层设计而言，有如下设计对策。

第一，企业的智能化财务云系统基于基本的企业数据、合规规范的标准制定，以精准真实的行为记录以及有效的审核机制，实现系统的内部业务模式的智能校验，建立业务和发票、合同与资金等有效"四流合一"的安全机制。

第二，可以借助现有的各类小程序，实现当前推广服务、采购服务等各个模块相关智能化模式的落地、安全、高效。

第三，企业结合系统内的要求和行业特点，针对大数据、工商信息、税务信息等进行系统的智能化链接，实现供应商、客户与企业的全业务链的智能化，借助可追溯的财务业务融合的云系统，精益化实现营销管理子系统在产品、终端、营销数据和人员管理方面的制度化、标准化。

第四，企业融合标准设定和推广方案，同步实现电子化合同等文档。为确保业务推广合规，针对线上与线下的推广业务，针对合规化业务设立采集子系统，确保线下推广任务规划的合法合规，且从业务实现角度达成一键汇总证据文件并解决数据自检问题。在精益化费控财务管理子系统方面，结合财务本身费用预算管理和发票真伪查验，实现证据与发票的有效关联，及发票稽查的智能化链接，并自动形成费用台账，实现费用预算及推广服务协议的匹配，动态记录好采购端和营销端各个端口的服务痕迹，解决拜访、调研、会议等系统的采集问题，确保过程和支持服务的合法合规。

第五，企业在费用结算方面不断加大内部融合方式的智能化。包括融合财务共享的资金管控子模块，实现资金支付与服务商推广服务协议、证据文件、发票与财务共享资金子系统链接方式的一体化。企业营销与采购职员可以系统完成推广服务协议或采购服务协议与证据文件、发票的融合，智能审核后安排付款，借助系统固化的模式，形成有效支付的智能监管证据链。

第六，在企业实现财务管控过程中，通过信息化固化服务行为要素，并优化制度和流程。借助智能化方案，解决供销两端管理过程碎片化的转型，实现供销一体化、体系化，解决可追溯的合规证据链的有效积累以及转化，规避不断产生的财务管控风险。

## 第三节　辅助账的作用及设置模式

### 一、辅助账的作用

辅助账簿在实际工作中有很大作用，它对序时账簿和分类账簿等未能记载或记载不全的经济业务进行补充。

辅助账簿具有两大优点。通过辅助账的设置，企业可以解决由于技能不足导致的误设或人为多设账套问题。通过辅助模式，可以有效精准地落实企业在不同维度的核算结果，包括项目利润、项目规划等，还可以就往来类设置专项辅助账套，有效核算客户的回款周期等事项，解决多套账的管控问题，提升财务管理的有效性。

应收账款客户辅助账的设计，可以解决几十个会计科目核算与几百个关联客户关联系统问题，并实现有序分类管理。

除在应收账款下设置子级科目之外，进行项目核算和部门核算以及单建关联辅助核算账套，会使得企业应收账款的多维管控模式支持多维度取数和多维度分析与预警。实现企业既有数据的分析和未来发展目标的前瞻性预警。例如，打印核算到最末级的科目余额表，应收账款科目就几乎占据了板面设置。辅助账的设置可以使检索更加方便，所以设置辅助账簿对两套账的改善有实质性帮助。

### 二、传统辅助账的五种设置模式与证据链辅助账的两种设置模式

#### （一）传统辅助账的五种设置模式

传统辅助账的设置模式通常分为以下五部分。

1. 日记辅助账

在大多数企业中，必须设置日记辅助账的有现金和银行存款。日常工作查询账簿时，可以利用总账和明细账查询该科目，也可以利用日记账查询和管理该科目。

2. 银行辅助账

与银行进行结算时的会计科目是银行辅助账。在实际工作中，银行辅助账包括银行存款的所有明细科目。记账时，系统会记录该笔业务。期末，财务人员在系统中录入开户银行对账单后，软件会自动勾对银行辅助账和对账单上的相同业务，银行存款余额调节表会自动生成。

3. 项目辅助账

项目是专门的经营对象和核算对象。项目核算是一个专门的对象用项目辅助账的形式进行各种收支。记账时，将发生额计入总分类账和明细账中，同时计入项目辅助总账和明细账中，辅助核算在这一过程中得到落实。

4. 个人往来辅助账

个人往来辅助账是用来核算企业职工个人和企业发生的往来经济业务的，主要涉及其他应收款和其他应付款。当财务人员将记账凭证录入系统时，系统会录入个人往来的详细信息。

5. 部门辅助账

会计的交叉立体核算是在计算机快速处理数据的辅助下实现的，初步尝试是设立部门辅助账。前两级科目依据管理费用项目，三级科目依据部门，然后根据系统部门管理功能把各个部门资料建立起来，系统可以据此分部门核算和管理费用。

## （二）证据链辅助账的两种设置模式

公司建设证据链规范模板并在全公司执行实施很重要，因为对防范风险而言，一是要防范会计人员技术水平不够，不熟悉业务而引起的由操作失误带来的风险，二是要防范个别会计人员利用职权的行为，往往与管理者有关。

通过证据链模板规范和系统化标准设计，可以避免会计发生错误。由于会计错误导致的风险是致命的，失误就会使正确的事情变成瑕疵事项，给未来带来很大不确定性。因此，证据链辅助账的设置模式如下。

1. 四流一致辅助账

此操作环节确保证据链完备，风险管理可控很重要，证据链完备了，企业业务的四流一致匹配了，管理风险就大大降低了，证据链的模板辅助账的规范行为，使得会计人员的工作和素质要求相关性减弱，提升了企业财务工作人员的标准化作业效果。

2. 证据链模板标准化辅助账

此环节重点在于模板的迭代更新，使得证据链匹配企业的同步发展和需求。通过标准化方式，推动企业会计操作的全面电子化，提升证据链支持与技术融合的效果，避免财务团队的人力浪费。有助于在计算机环境下财务针对基础技术管理，完善做好支持和有效落地工作，改变过往由于模板标准化和辅助账不清晰导致的潜在风险和漏洞。规避过往兼容性不足引发的潜在爆雷风险，规避风险扩大的潜在因素。通过证据链模板辅助账的落地，可以实现会计监督闭环管理。也就是实现事前监督、事中监督、事后监督的会计监管有效性。

### 三、财务账套智能化的闭环实施路径

业财融合是新时代财务人员转型的方向，由传统的会计核算向业务发展转变。传统会计核算下的财务人员对企业业务只是事后核算。财务要融入业务，由事后监督向事前预测、事中控制、事后监督转变，要全程参与业务发展。未来的财务人员是懂财税的业务经营人员。企业的未来发展，拼的不仅是业务经营能力，还拼财务人员的业务融合能力以及业务促进能力。要将业务和财务一体化，实现从业务到财务的转型，实现业财融合的转型，实现业财一体化的转型。财务人员要培养自己的能力，不断运用所学的知识对业财进行融合，学会融会贯通，不断创新，从成本费用管理智能化的基础工作，到项目利润计算智能化的到款分账工作，创造出属于业财融合背景下的财务智能化工作。

## 第四节　本章小结

企业财务建账存在两个误区，一是企业如何规避从一套账的管理到简单粗暴演绎成"两套账"管理的问题，二是企业如何规避只有一套账但无法通

过有效辅助账解决管控的问题。这两个问题已经成为不少企业的顽疾。企业财务人员对如何在节税降费基础上解决两套账和凭证支持附件的问题存在认知误区。

在监管智能化时代，企业财务建账失策反而会变成企业发展的"雷区"。有些企业同时编制对内和对外两套会计账簿，对外隐瞒收入、虚增成本，导致"内账"和"外账"出现差异，面临内部账务混乱和外部稽查风险，反而得不偿失。企业需要推动将两套账转型为基于一套完整账务和多维度辅助账的合规化模式，同时匹配完成规范证据链支持材料的编制和管理。同时，企业需要在一套账模式之下，采取多种合规化方式疏通业务，确保该缴纳的税费及时缴纳，借助辅助账簿的有效建设，实现辅助账对主账套的补充协同。

这些管理要求，使得企业必须推动财税标准化、专业化，从而实现财务智能化。财务凭证是企业证据链管控的集中呈现核心点，也是会计资料中的核心。财务凭证附件证据链支持的真实性依托于最直接接触经济业务所产生的财务凭证附件的质量，所以对财务凭证附件的管理很有必要。但财务凭证的附件管理常常会存在问题，需要利用传统对策与智能化对策解决。业财融合背景下的财务智能化为实现企业的合规化持续经营作出巨大贡献。

## 本章参考文献

[1] 张靖. 深化数字技术运用推动智慧税务建设［J］. 税务研究，2022（05）：128-130.

[2] 潘欣欣. 现代治理视域下智慧税务的逻辑建构［J］. 税务研究，2022（03）：107-114.

[3] 吕铖钢. 税务人工智能的中国进程：基于税法理论的框架性讨论［J］. 现代经济探讨，2021（01）：122-126.

[4] 郝泽清. 论会计账外账的特征、危害及治理［J］. 山西财经大学学报，2011，33（S2）：63+78.

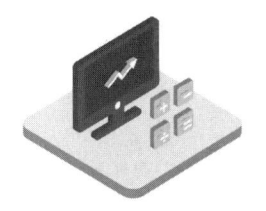

# 第三章
# 十大财务管理工具之资金管理

资金是针对企业运营的血液，企业经营中资金收支平衡的重要性不言而喻。因此，需要确保资金收支的风险可控。数字化赋能之下，资金管理不断实现智能化。支付宝、微信、POS、云支付、二维码等智能化支付方式虽带来便利性，但也带来支付的风险性。企业需要规避资金收支管理的风险，包括第三方支付平台自身的风险、金融数据泄露的风险、用户信息安全的风险。

此外，融资是企业进行财务管理的重要一环。在企业发展过程中，加强融资渠道、融资标准、融资模式的协同管理，有助于企业在关键时刻解决资金短缺危机。企业借助智能财务实现企业融资方案最优，对规避企业资金链断裂风险有非常重要的作用。

本章从货币资金，尤其是企业运营资金有效管控的角度出发，通过对资金管理的特点和防控对策的分析，制定资金管控的三种模式和四大合规对策，落实企业融资的四个渠道，分析资金危机的成因，以及资金管控的类型，制定应急对策，为企业系统解决资金管理问题提供参考。

## 第一节　资金管理的特点与三重防控对策

### 一、企业现金管理的特点与目标

#### （一）现金及现金管理

现金在财务会计领域的定义，从狭义上说，仅指库存现金，即企业为了满足日常生产、经营的需要而保留的部分现金，通俗来说就是流通的纸币、硬币等货币；从广义上说，企业的现金是现金及其等价物的总和，具体体现为库存现金、银行活期、汇票、本票存款、信用卡贷款、信用卡存款和信用证存款等，也可称为资金。

现金管理范围逐渐从早期的收款管理扩展至如今的现金存量以及现金流量管理两大类别，范围从简单的收款管理延伸至投资管理与流动性管理。现在的现金管理不再是简单的静态管理，而是将日常现金存量的静态管理与企业的动态现金流动过程统一集中的管理活动。

现金管理的重要性体现在企业的发展和运作中，实现了时代的跨越，从传统线下发展为线上线下一体化，收款的智能化。由于互联网的快速发展，在常规的B2C（直接面向消费者销售产品和服务商业的电子商务）、C2C（个人与个人之间的电子商务）、B2B2C（电子商务类型的网络购物商业模式，第一个B指商品或服务供应商，第二个B指从事电子商务的企业，C则是消费者）商业模式下，买家在线下单支付，卖家打包商品，找物流企业发出，由物流快递人员把商品派送到买家手上，完成整个交易过程，这种消费模式已经发展得很成熟，也被普遍接受。电商模式不断实现了服务业跨界到制造业等各个领域，在移动场景的生态圈以及生活圈之中解决企业和个体需求。使得需求无处不在的转化和及时解决能够实现，场景化需求的及时性解决使得线上线下一体化的O2O（线上线下一体化商业模式）企业的命脉不断成型，消费形态趋向体验消费，企业的现金管理需要结合 O2O 模式。现金的整体服务体系标准化程度越来越高，资金安全和智能化以及实时化的转化不断融入业务的管理体系、供应链体系、服务体系，信息化数据等越来越标准化、体系化，通过标准化、体系化来降低运营管理成本和资金管理有效性。

### （二）企业现金管理的目标

企业现金管理的主要目标已经不再局限于确定日常最佳的现金持有量，而是涉及事前、事中和事后三个维度。通过预算手段实现对财务数据的科学合理预测并对数据进行监控；通过预警系统的设立、完善的财务一体化平台，实现对企业现金流动过程的全程监控，随时灵活调整现金策略；事后评价基于对财务数据的分析与评估，剖析相关问题与风险。

企业的现金管理要实现时刻保证有足够的现金来支持经济往来业务，满足企业日常所需，规避现金流断裂的风险，同时尽可能减少闲置资金，把闲置资金利用起来，提供资金投资带来的收益，以充分扩大企业的盈利空间，达到动态平衡。

现金管理对于每个企业而言都是极其重要的一环。企业从事的各种生产经营和投资活动都需要现金，企业必须拥有充足的现金去满足日常所需，同时以备不时之需。所以，企业一定要制定一套合理的、科学有效的现金管理方法，准确掌握现金流量静态及动态情况，为正常经营提供有力保障；同时避免资金的冗余，赚取更多的利润。

现金管理的一大目标在于实现企业现金资源的动态平衡，协调好企业资金的流动性与盈利性之间的矛盾，使企业的现金流量维持动态平衡。避免企业因资金短缺出现各种运营问题，或者因冗余资金规模庞大出现资金浪费、管理不规范等问题，使企业的现金存量与现金流量之间实现良性循环。

## 二、企业现金管理常见的五类内控问题

### （一）企业现金闲置的效率问题

现金管理与企业资本的利用效率息息相关。现金的持有量需要维持动态平衡，要能够为企业的日常开支和资金周转提供保障，同时也要将企业所持

有的闲置资金最大化利用起来，避免冗余现金影响企业盈利。当前，很多企业中仍然存在现金冗余的现象，这严重影响了企业盈利目标的实现，是企业现金管理内控缺失的表现。

### （二）企业现金周转不畅的管理风险

若企业的现金周转出现问题，则很难吸引到足够多的劳动力支持企业的日常生产经营活动，投资活动受阻，难以实现规模经济，对企业的利润及效益造成不利影响。一些企业存在着存货管理和应收账款管理上的问题，过多的存货数量会占用企业资源，增加企业的负担与风险。企业内部存货管理水平低下必然会造成资金周转不畅，现金管理内控缺失严重。企业采用赊销的手段在一定程度上可以扩大市场增加销售收入，但这一行为也存在着一定的风险，一旦出现坏账，企业的资金运转将会面临很大的风险。

### （三）企业现金管理观念缺失的隐患

许多企业的管理队伍、财会人员对现金管理的认知水平严重不足。部分企业管理人员和会计人员误以为现金管理仅仅是为了控制成本，忽视了现金管理和现金使用效率的重要性。部分管理者"用了再说"的现金使用理念使得部分企业的现金管理松散随意，对资金的运用缺乏统一规划与控制，财务管理制度陷入困境。企业坐支现金情况严重，部分企业还存在"白条抵库"现象，这使得"账实不合"，管理混乱，严重影响企业财务管理机制的有效运行。

企业会计人员的职业道德与水平也对企业的现金管理水平及效果有着影响。在很多现金管理内控缺失的案例中，企业的会计人员缺乏应有的责任心与职业道德，对非法违规的行为视而不见无所作为，更有甚者自己参与其中，同流合污、弄虚作假。这将大大影响企业的现金管理秩序与日常运营，且埋下巨大隐患。

### （四）企业现金管理的内控缺失

企业的现金持有量一般需要满足企业的交易性需要、投机性需要及预防性需要。很多企业在日常经营管理中，都存在对资金支配随意、缺乏系统规划的问题。

在部分企业中，由于缺乏对现金管理的有效监督和完善的内控机制，甚至存在财务会计人员随意更改会计凭证内容、不按规定报账记账、私吞票款、更改原始凭证、会计凭证与原始凭证不一致的现象。还有个别企业工作人员利用职务之便，在工资表中虚增工作人员，套现资金用于个人消费。岗位分工不明确，没有做到相容职务岗位的分离也是很多企业现金内控出现问题的一大原因。尤其是在很多中小微企业中，会计和出纳相互串通或者由同一人担任出纳和会计两个职务，将大大增加财务造假、越权管理等行为发生的可能性，极易出现挪用公款和公款私存的现象。

### （五）企业现金管理缺少闭环流程

现阶段很多企业对于现金管理只注重事后分析，未注重全程控制，对现金管理的预期计划与管理过程的控制不足，使整体现金管理缺乏预见性和计划性。

只有企业全面掌握资金流动状态，企业资金的科学合理使用才能够得到有力保障。这需要企业在现金管理上做好事前的预测安排、事中的监控以及事后的分析。企业在做好相关财务预算以及管理之前，要同时对资金进行管理并进行数据的监控分析。只有实现对现金管理流程的全程控制，将各环节有机地统一，才能确保企业的正常运行与经营目标的实现。

## 三、风险防控管理领域与智能化三重对策

### （一）风险防控管理领域

智能资金风险防控管理系统通过数据仓库、数据分析、预警机制，对公司资金账户、资金运行等进行监控和管理。智能资金风险防控管理系统以合同管理为源头，以账户管理为依托，以统一结算通道为基础，以现金流量管控为支撑，可以为企业提供及时便捷的监控管理平台。

在企业资金支付流程中嵌入合规性自动预警机制，从付款金额、付款频次、付款用途、付款对象等维度设置预警参数，当触及预警和控制条件时，需要再次核实后才能支付。

通过设置敏感字眼筛查，对支付事项、支付对象是否存在违规违纪情形进行预警。对大额对公对私支付、同一月份同一客户多次付款等异常支付进行预警。对资金运营过程中的上述资金风险事项进行监控，对资金风险进行提前预警。通过资金风险监控系统，可以提升风险预警能力，降低资金风险，图 3-1 是结算流程中操作风险的识别。

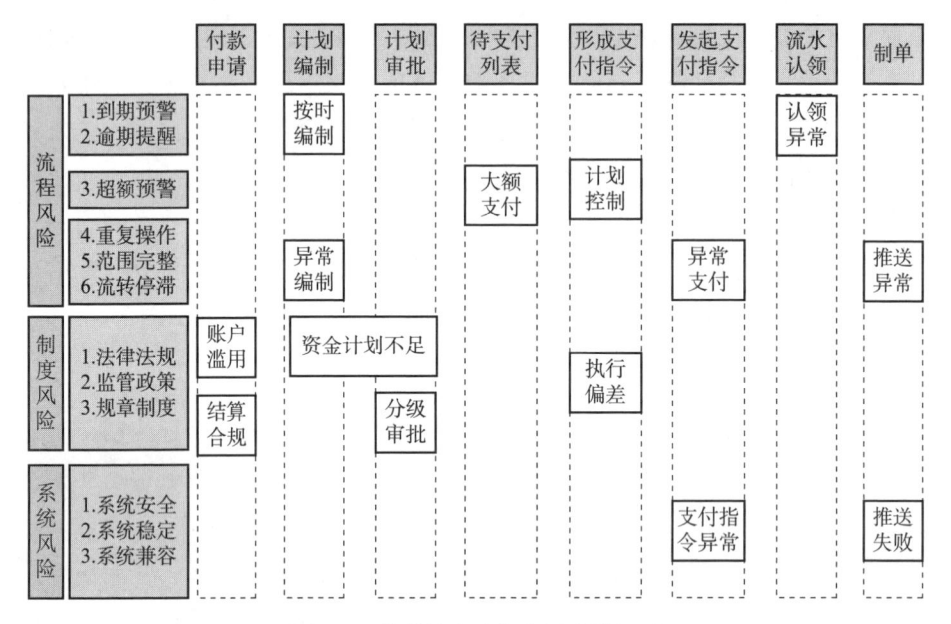

图 3-1　结算流程中操作风险的识别

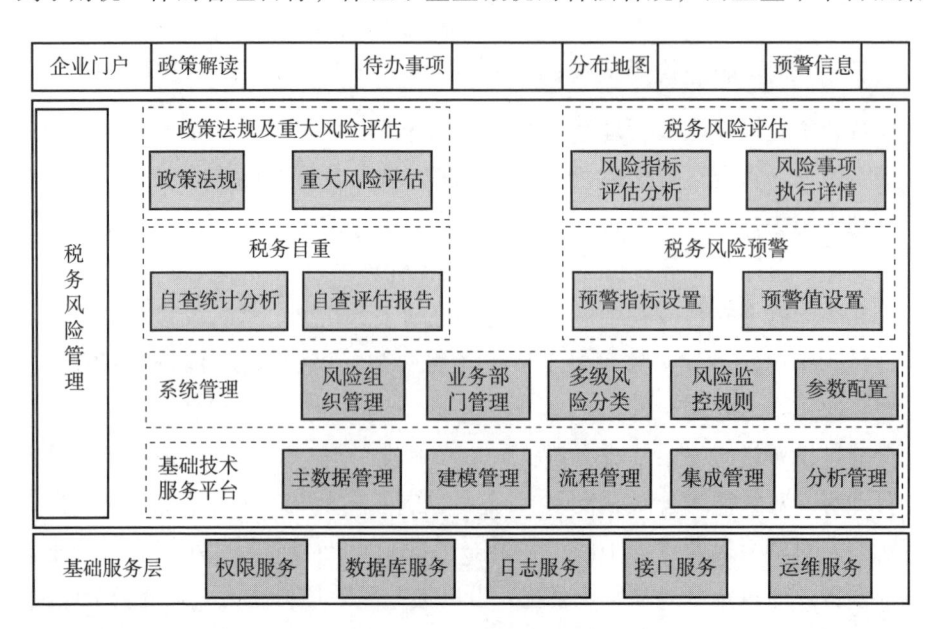

### (二) 税务风险管理系统

税务风险管理系统（见图 3-2）将涉税数据和事项统一汇总至平台，达到了财税一体的管理目标，保证了企业缴税的合法合规，而且整个平台汇集

图 3-2　税务风险管理系统

了企业所有的涉税事项，为企业税务风险分析管理提供了数据，为企业税收筹划打下了基础。

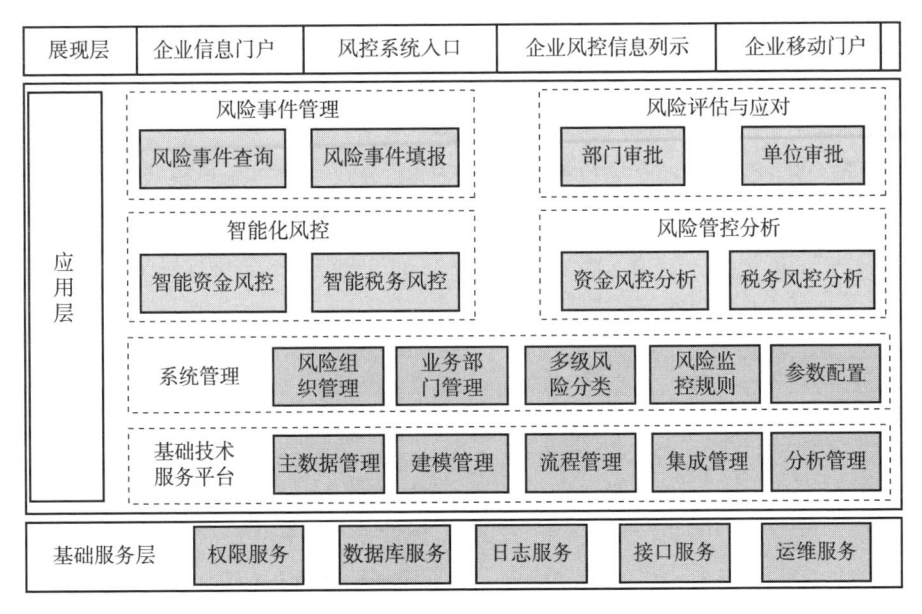

## （三）智能风险管理系统

智能风险管理系统（见图3-3）由基础服务层、应用层与展现层构成。基础服务层包括权限服务、数据库服务、日志服务、接口服务、运维服务等；应用层包括智能化风控、风险管控分析、风险事件管理、风险评估与应对、系统管理与基础技术服务平台。

建立智能风险管理系统，细化关键环节管控措施，完善投资风险、债务风险、资金风险、税务风险、汇率风险等各类风险管控体系，加强对重点业务的管控，针对不同类型、不同程度的风险，建立分类、分级风险评估和应对机制。采用信息化、数字化手段，建立风险量化评估模型和动态监测预警机制，实现风险"早发现、早预警、早处置"，为企业的健康发展提供保障。

图3-3　智能风险管理系统

## 第二节　资金管理的模式与选择

### 一、安全现金流量法的三种智能化模式

现在很多企业都将获取利润最大化作为目标，但是对于企业的现金管理却不是十分重视，为了能够在市场上从容地面对环境的变化、从容地面对企业发展遇到的困难，现金的有效管理是十分重要的。在激烈的市场竞争环境中，企业为了健康可持续发展、强化风险控制、提高资金利用率，对现金流量管理越来越重视。现金流量的管理需要方法，想要合理利用这些方法，企业需要先确定自己现金流量法的核心模式，特别是安全现金流量法的核心模式的确定是十分重要的。在"大智移云物"的大环境下，结合智能化的技术进行安全现金流量法核心模式的研究是十分重要的。

#### （一）现金流量法的核心模式

企业现金流量管理的核心模式为**组织模式和账户模式**，如图3-4所示，企业可以根据不同的组织模式选择相应的账户模式进行管理，以便达到现金管理的不同目的。组织模式有集权型、相融型以及分权型等；账户模式主要有账户分散模式、收支两条线模式以及账户集中模式。本书主要在智能化财务背景下去选择不同的模式，管理不同类型的现金流量，以便达到管理现金流量的目的。

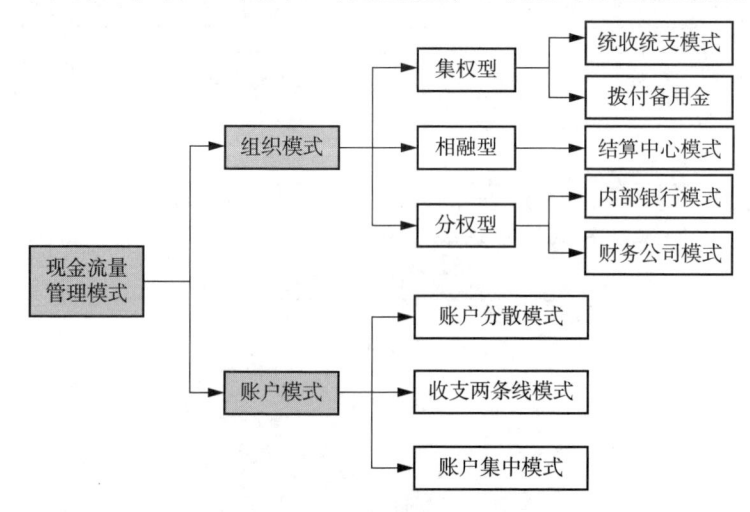

图3-4　现金流量法的核心模式

## (二）现金流量法的三种组织推动模式

**第一，集权型现金管理模式。**一是统收统支模式。该模式的主要特点是，所有的行为活动是由总部企业统一管理的，各个分公司以及下属企业是没有现金流量管理权力的。这种模式会降低分公司的决策效率以及应对变化的反应能力。最重要的缺陷是一旦总部决策失误，会使得全盘皆输，这种模式影响企业的快速发展。二是拨付备用金模式。此种模式先进行现金预算，然后交给分公司使用。下属企业有一定的决策权力，但是这种模式需要企业的总公司和分公司在相同的城市，因此此种模式属于传统的报账模式。所有的票据还是由总部管理。现在法国的某体育用品有限公司采取的就是类似模式，员工的打车报销、商品员工折扣报销等，都需要将原始票据寄到总部进行报销，浪费了大量的人力、物力、财力。最重要的是总部发生疫情的时候，这些报销活动将会停止。

**第二，相融型现金管理模式。**该模式下，企业主要的方式是设置结算中心。虽然这种模式能够在一定程度上满足企业对现金流量的监督与控制、审核下属日常备用金，并且企业分公司拥有较大的控制权和决策权。但是此种模式并不能得到有效的外部监管以及存在行政干扰严重等状况。还有一种是设置内部银行进行管理，但是这种模式并不适合现在企业的发展与使用，其主要针对的是大型国企。现在企业集团的组织结构和产业结构都发生了巨大的变化，不适合高度统一管理，致使银行的分职能作用不能充分发挥。

**第三，分权型现金管理模式。**财务公司是其主要表现形式，如图3-5所示。其主要的优点是筹资费用低、能够充分把握现有的机会，在环境发生较大变化时，能够快速做出反应，能够提高企业的现金利用效率以及加强企业对于风险的管理，从而提高企业的收益。财务公司能够成为企业的财务中心及企业信息集散地，但是财务公司的申请比较困难。

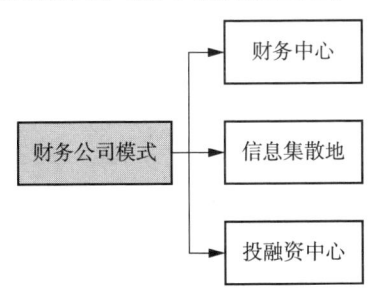

图3-5 财务公司模式的基本职能

### （三）现金流量法的账户集中模式

账户集中模式主要指，集团公司统一在银行开设集团公司账户和各下属企业的子账户，子账户不归各下属企业管理，统一由集团公司管理，各下属企业只在集团公司现金流量管理部门开设内部账户，各下属企业之间的资金收付相关业务只能由集团公司统一办理。在此模式下要求统一对外，内部分账管理。通过账户集中模式，可以最大限度地归集整个集团的现金流，减少无法集中闲散资金的情况或是归集资金不到位的情况，最大限度地提高了资金的使用效率，整体优势能够得到充分发挥。

## 二、智能化资金管理的模式选择

企业集团可以根据其特点选择适合自身的综合管理模式。但是在企业现金流量管理中，在现金流量管理的组织模式下可以采用不同的账户模式以达到不同的资金管理目的。企业在采取这些模式的时候，都会考虑到每种模式的缺点，在现有的技术条件下，特别是在智能化财务背景下，有很多模式的缺点都可以被克服。企业没有必要局限在一种模式上，可以依据企业的不同发展情况进行模式选择，且最大限度地对于模式存在的缺点进行规避，以便帮助企业实现最好的现金流量管理。在模式的选择上可以根据传统财务会计与智能化财务共享的业务财务不同进行选择。据表3-1可知，传统的财务会计已然不适应现在的大环境，智能化财务在安全现金流量管理上能够做到效率更高，且效果更好。智能化财务是为了企业的长远发展进行资金管理，而不是为了管理现金而管理现金。

表3-1　财务会计与业务财务的职能分析

| 传统财务会计 | 智能化业务财务 |
| --- | --- |
| 资金管控 | 经营报告与管理分析 |
| 税务核算申报 | 税收筹划 |
| 财务报告 | 财务监督与内部控制 |
| 财务分析 | 流程管理 |

理财方式的智能化转型，对于投资机构和企业来说同样重要。投资机构的理财产品大多需要较长的封闭期，不能满足企业的灵活性需求，而企业自身智能化理财体系的建设才是满足自身理财需求的合理方式，通过司库中心

建设就能在一定程度上满足企业的理财需求，见图3-6。

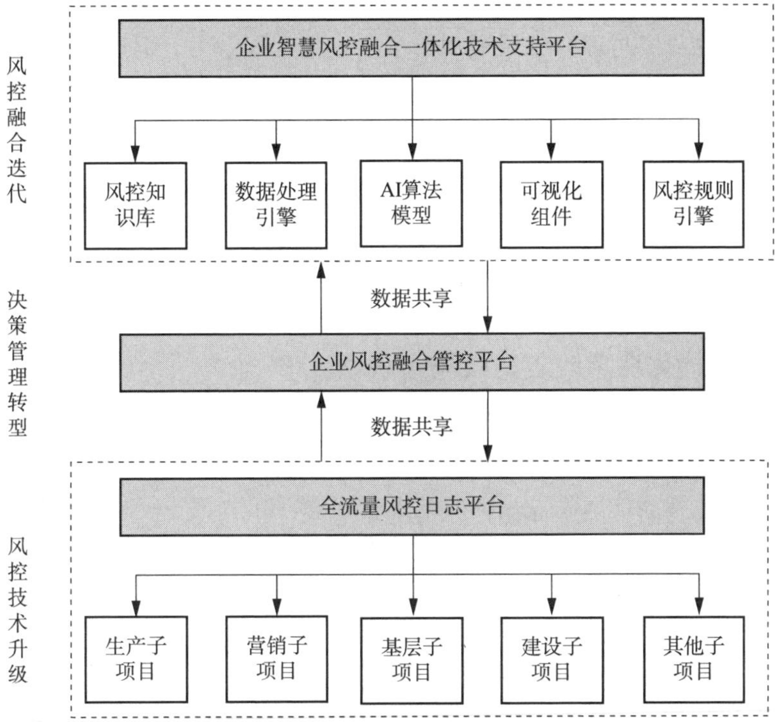

图3-6 企业智能司库中心平台路径

资金管理、费控管理与资金门户都可以通过设立资金共享平台来实现。通过系统化的标准接口，能够使企业资金流管理效率提升，逐渐将企业的资金共享中心向司库中心转换。司库的初级功能是解决企业内部资金集中管理的问题，通过优化账户操作与建立共享资金池提升资金集中管理的效率。进一步发展可以实现司库中心的高级转型，除了能对企业的存量资金进行管理外，还能够对资金的流动进行管理，同时统筹企业内部资金流动过程中的风险与收益，实现从资金的集中化处理到一体化输出的系统转型。

在司库中心的建设与转型过程中，企业还可以通过业财一体化过程中的财务共享模式实现资金风控中心的融合与植入，依据财务共享当中财务的附庸原则，将企业风险控制的核心功能模块植入到财务共享模块当中，满足财务共享过程中的资金风险控制需求。在业财一体化建设的过程中，通过风控中心的融入，实现企业智能化理财与风险控制的需求，为企业的业财一体化保驾护航。

对于企业来说，外部形势仍旧十分严峻，生存和发展是当下的主题。在这种形势下，企业对于资金的管控与投资风险的管理更为重要。人工智能技术虽然已经在投资与理财领域展现出了巨大的发展潜力，但智能化技术的出发点还是服务于人的需求。人工智能在资金管理领域还处在探索阶段，但企业理财方式的智能化转型已经成为一种必然趋势。

## 第三节　智能化资金收支的合规对策

### 一、智能化资金收支方式与模块设计

#### （一）智能化资金收支方式

随着人工智能技术的发展，智能支付概念浮出水面，智能支付常规定义是以人工智能等技术为载体进行资金的转移和支付。

在智能支付的基础上，衍生出了一系列支付方式即智能化资金收支方式。因此智能化资金收支方式的概念概括起来就是智能支付技术所支撑的现金收支的方法或者手段。表3-2描述了传统收支与智能收支方式的区别。

表 3-2　传统收支与智能收支方式对比

| 传统收支 | 智能收支 |
| --- | --- |
| 现金交易 | 线上交易 |
| 手动结算 | 智能结算 |
| 人工稽核 | 系统稽核 |

根据不同的收付形式，可以笼统地对智能化资金收支方式进行以下概括。

**第一，POS支付模式**。POS支付（特指销售终端支付）即使用POS机进行支付结算。销售终端把POS机安装在信用卡的特约商户和受理网点中与计算机进行连接，就能实现电子资金自动转账，它具有支持消费、预授权、余额查询和转账等功能。

**第二，二维码支付模式**。二维码支付是一种基于账户体系搭建起来的新一代无线支付方式。在该支付方式下，商家可把账号、商品价格等交易信息汇编成一个二维码，用户通过手机客户端扫拍二维码，便可实现与商家账户的支付结算。腾讯微信支付、支付宝支付等都主要采用二维码支付方式来

进行。

**第三，云支付模式。**云支付指的是基于云计算架构，依托互联网和移动互联网，以云支付终端为载体，为包括个人、家庭、商户、企业在内的客户提供以安全支付为基础的结算、金融业务、电子商务、垂直行业应用、大数据等各种云服务的新一代支付模式。与传统支付终端相比，云支付终端具有四大特点：①基于开放性的更好的智能操作系统。②以互联网和移动互联网为媒介。③支持触摸、大屏幕彩屏，有更好的体验。④有更强的业务展现能力和交互能力，支持更复杂的业务。

结合上述现金收支方式，可见智能化使得支付形式呈现多样化的态势，同时随着科技的不断进步，支付方式也逐步朝着精简化、便利化的方向发展。

### （二）智能化资金理财的转型运用

随着金融服务智能化程度的提高，在线金融迅速向智能金融转变，智能金融服务的市场规模将会持续稳定增长。

虽然智能理财在中国的市场规模逐渐增长，但发展道路还有待探索。中国现有的 ETFs（部分封闭的开放式基金）与美国市场的规模相比还差得远，这将极大地制约其投资组合的可操作性。此外，中国投资者对投资风险的重视程度较高，而对投资风险的认识不足，使得被动、稳健的投资策略很难为大多数人所接受。但是，随着中国资产市场的进一步发展和各类理财平台属性回归本源，智能理财将会是未来的一个热点。

智能理财服务的市场主体众多，按照平台的发展背景，可以将其划分为三种主要类型：传统金融机构线上平台、互联网一站式平台、垂直化平台，不同类型平台间的差异决定了其提供理财服务的智能化发展特点（见表3-3）。未来三大金融机构竞争智能理财市场，将逐渐实现用户精准和产品匹配。

表3-3 各类型智能理财服务商对比

| 项目 | 传统金融机构线上平台 | 互联网一站式综合平台 | 垂直化平台 |
| --- | --- | --- | --- |
| 服务人群 | 年龄偏大，资产多，信任传统金融机构 | 用户基础大，部分资产较少，用户增长潜力大 | 中产为主，投资理财经验丰富 |
| 获客渠道 | 传统金融机构的存量客户，主要通过线下网点进行转化 | 支付、现金管理等渠道的转化 | 投资社交论坛等渠道转化 |

续表

| 项目 | 传统金融机构线上平台 | 互联网一站式综合平台 | 垂直化平台 |
| --- | --- | --- | --- |
| 客单价 | 普遍较高 | 不同群体客单价差别很大 | 普遍低于传统金融机构线上平台 |
| 申购赎回费 | 高，普遍在1%以上 | 非常低，一般打一折，甚至免费 | 非常低，一般打一折 |
| 理财门槛 | 大部分理财产品门槛较高 | 非常低，几乎无门槛 | 比较低 |
| 技术/数据能力 | 具备获取多方数据的硬核实力，但数据利用率低 | 数据积累非常丰富，具备互联网基因的天然优势，技术能力强 | 积累大量证券账户和交易数据 |
| 代表企业 | 中国工商银行 | 蚂蚁金服 | 天天基金网 |

### （三）智能理财规划平台的三大模块设计

智能理财规划平台对于理财规划进行了抽象化和数字化处理，大体可以分为以下三大模块。

1. 财务数据调研模块

该模块设计的基本依据是：要收集客户的财务资料、进行风险测试、制定财务目标，并以此为依据，运用多种经济手段制定理财计划。在数据调研模块中，可以将用户的个人信息、资产、负债、收入、消费数据等资料进行汇总。

2. 智能理财规划模块

智能理财规划模块可以分为两个方面：一是现状分析，二是将来规划。该模块设计是根据收集到的资料，建立家庭财务指标，根据理财计划，对各项指标进行智能评估与分析。通过对现状的分析，可以清楚地了解目前的用户问题，并对后续的工作进行改进。

3. 报告呈现模块

报告呈现模块能够向终端用户显示财务计划的智能分析报告，且要求财务计划报告具有良好的视觉效果和互动经验，并且尽量用图形化的方式呈现，而非单纯的数据堆积。

## 二、智能化资金收支的三大创新与四类风险

智能化现金收支方式为收支交易带来便利性的同时也伴随着一定的风险。其载体基本为第三方支付。因此本书主要从第三方支付着手对智能化资金收支的创新和风险进行讨论。

### （一）第三方支付的概念

第三方支付是指具备一定实力和信誉保障的独立机构，通过与银联或网联对接而促成交易双方进行交易的网络支付模式。第三方支付平台可以分成两种：一是平台本身不卖商品，只连接买卖双方和银行；二是电商公司自己发起一个平台，第三方平台扮演一个担保中介的角色，既是信用中介也是支付中介。

就第三方支付现状来说，中国的第三方支付平台业务近年来取得了迅速的发展，这是对传统支付的突破，同时也为金融支付结算市场注入了新的活力。对于此类业务，现阶段市场通常有两种划分类型，即第三方移动支付和第三方互联网支付。它的迅速扩张和发展是推动中国货币电子化进程的有效手段。它被广泛应用于跨境结算、消费、个人应用、财务管理等领域。同时，它具有针对性，可精准安排线下、线上场景，全面覆盖相关支付。在此基础上，第三方支付也不断优化用户体验，推动货币电子化进程。

### （二）第三方支付的三大创新

相较于传统的现金收支方式，显然第三方支付有一定的创新性。具体来说，主要体现在以下几个方面。

**第一，提高安全性**。与传统的银行转账需要披露银行账户信息相比，第三方支付平台为客户提供了一个虚拟账户，客户可以把银行账户之间的转账通过虚拟账户进行，防范卖家的银行账户信息泄露，以此解决交易中的信息不对称问题。同时，与传统银行相比，网上支付不需要在公共场所出示重要证件，不需要携带现金、银行卡，大大降低了抢劫和银行卡盗窃的可能性。

**第二，节约成本**。第三方支付的成本节约特性主要体现在三方面：一是降低运营成本。与传统银行相比，第三方支付平台作为网络平台，不需要线下实体服务网点，节省了人力、物力、财力的投入，大大降低了运营成本。二是降低交易成本。第三方支付平台将多个网上银行支付整合到一个页面中，大大节省了商家跨银行转账的成本，方便快捷，也为用户节省了时间成本。

此外，第三方支付平台提供的虚拟账户加快了资金的清算速度，流动性高，降低了交易成本。三是降低了信息收集成本。在互联网背景下，信息收集的成本大大降低。

**第三，促进传播。** 第三方支付平台与传统银行相比，具有一定的社交功能，自然拥有大量的客户群体，因此具有广泛的传播效果，更像是一种社会行为。这种社会行为间接促进了第三方支付，会促使更多的用户了解和使用第三方支付平台。

### （三）第三方支付的四类风险

第三方支付快速发展的同时也附带了相应的风险，而这些风险集中体现在第三方服务商自身的风险以及系统风险上。总体来看，第三方支付的风险可以从以下几个方面阐述。

**第一，运营风险。** 运营风险是指在用户数量达到一定规模后，相关第三方支付平台的运营能力有限，无法与用户规模相匹配，甚至出现服务器崩溃、大量信息丢失等问题。该类问题往往出现在新兴技术快速扩张期间，系统的升级换代速度慢于需求的增长，在第三方支付技术发展多年后，该类问题已经得到了相当程度的解决。

**第二，管理风险。** 随着网络渗透率的逐步提升，第三方支付的通道被许多金融诈骗违法活动当作作案的通道。根据官方统计，至少70%的电信网络诈骗案件利用第三方支付平台转移赃款，开展洗钱活动。不同的第三方支付机构成立背景复杂、选择进入的业务领域不同、规模大小不一、人员素质参差不齐，从而导致部分支付机构风险管理能力不足、存在系统漏洞，给了犯罪分子可乘之机。

**第三，监管风险。** 近年来，随着我国金融市场的快速发展，相关监管政策密集出台，监管标准进一步强化。但与此同时，市场和技术的快速发展仍然导致原有的监管理念和监管口径不能满足监管的实际需要。此外，从监管体系的法律层面来看并没有专门针对第三方支付行业的立法，对第三方支付机构的约束力和威慑力较弱，在一定程度上削弱了监督的有效性。

**第四，数据风险。** 在数据时代，数据的重要性不言而喻。在使用第三方支付服务时，用户不可避免地会将个人信息交予服务商，而无法获知个人信息的后续处理，因此容易产生数据泄露风险，甚至平台内部人员也出现了利用信息换取利益的现象。

可以看到，智能化资金收支方式存在着不同形式的风险，而我国第三方支付发展还不够成熟，所以在这一阶段，积极地防范和应对风险能够为第三方支付的发展提供一个稳定安全的环境，进而保护人们的财产安全。

因此，应督促第三方支付企业加强内部控制，建立健全和完善治理结构，并成立专门的风险监管部门，积极预防和应对风险，在保障安全的前提下拓宽盈利的渠道。

### 三、企业资金管理的四大系统对策

#### （一）应用科技赋能企业资金的闭环管理环境

通过关联方交易进行财务造假的隐蔽性强，而会计系统是集中管理，如果无法得到有效运行将加大信息的不对称性，使内外部监管人员对企业财务问题的监管审查与核实取证存在一定难度。财务造假行为的发生，本质在于财务信息传递过程中存在的不对称性与可篡改性，为财务造假提供了空间与条件。

在某企业案例中，公司通过隐瞒关联方交易虚增收入，虚构业务活动，伪造销售合同、业务单据，虚构利润等均由会计信息系统完成最终的账务处理，直接反映在财务报表上，在取证和核查方面又呈现出难追溯、调查周期长、投入成本高等特点。因此亟须增加会计信息系统业务处理的公开透明度，加强监管，赋予数据不可篡改、易追溯等特征。

在当今的数智化时代，可以考虑利用金融科技来构建会计信息系统，借助科学技术和信息技术来提高财务工作的效率与安全性，实现业财融合，及传统财务向智能化财务的转变，将业务、财务流程打通，提供一站式服务，将财务管理上的风险和损失降到最低，表3-4详细论述了通过区块链技术解决现金管理问题的方式。

表3-4 财务智能化应用场景

| 序号 | 智能化应用场景 |
| --- | --- |
| 1 | 自动识别、抓取票据文字、数字、图片、编码、条码信息，票据信息自动录入 |
| 2 | 高清晰度的发票、文件、证件图片采集，其他物品图像采集，用于原始文件电子化保存、资产的拍照存档 |
| 3 | 发票处理、结算处理、核算流程、报表编制、档案自动归档、办公及其他工作流程自动化 |
| 4 | 系统云化，用户可以从安全终端随时随地登录、操作 |

续表

| 序号 | 智能化应用场景 |
| --- | --- |
| 5 | 电子会计凭证自动编制，自动导入电子发票并入账，自动下载电子回单并入账，自动对接电子合同并入账 |
| 6 | 自动归集电子凭证，电子凭证自动归档、编册，自动电子签章 |
| 7 | 费用申请自动审核审批，报销自动审核审批，合同自动审核审批，预算自动审核审批，凭证自动审核审批，报表自动审核提交，业务活动自动审核审批 |
| 8 | 内部系统之间，内部与外部系统之间自动对账 |
| 9 | 自动生成报表、报表附注、个人财务报表、报告，自定义范围报表、报告 |
| 10 | 自动分析进项和销项税额，自动税金计算，自动在纳税申报系统填报数据 |
| 11 | 生产成本自动核算，员工薪资自动核算 |
| 12 | 自动抓取企业相关关键词，自动检索企业负面信息，生成信息报告 |
| 13 | 发票自动对比核验，自动认证，自动开具发票 |
| 14 | 与银行、供应商之间自动支付审核，自动支付，交易明细查询，账目余额查询，电子回单查询，首付款格式文件生成和归档 |
| 15 | 单据和资产定位，数字证书，电子（CA）认证，电子签名认证，联网环境安全监测，数据传输安全加密 |
| 16 | 移动端扫码接入，包括扫码登录，扫码支付，扫码审批签名 |
| 17 | 自动财务分析，生成财务分析报告，自动财务风险预警 |
| 18 | 自动财务状况预测，自动财务模拟运营，自动资金预测，自动财务资金筹集方案设计 |
| 19 | 运营数据实时可视化展示，业务动作轨迹可视化展示 |
| 20 | 统计报表联网查询和追溯，数据分析图表穿透，报表数据溯源，各经营管理系统数据动态互联 |
| 21 | 私有云平台，智能财务共享平台 |
| 22 | 云查看，云编辑，云协作，云打印 |
| 23 | 自动语音语义识别和交互，语音助理，自动文字语义识别和交互，问题自动回复、知识分享 |
| 24 | 供应商信用、客户信用、员工信用自动评价，自动定级，自动权限设置 |
| 25 | 移动端指纹识别，人脸识别，用于系统登录，系统签名，系统授权 |

**1. 区块链基本原理**

随着我国金融科技产品的快速发展，现阶段已经有能力建立上市公司会计信息数据库系统，实现信息的一体化传播，使数据库系统逐渐成为国家对上市公司监督管理的主要手段。在区块链技术下，数据透明度和不可篡改性使财务会计信息不为个别人所拥有，包括公司高管层级的薪酬福利、重大投资决策、职务消费等数据均可实现公开透明，区块链的强去中心化信用所提供的鉴证服务将达成强有力的信任共识。分布式账本技术具有交易的不可撤销性、准确性、难以篡改性、可编程性、公开透明性等特点。有利于降低结算风险，同时降低监管及基础设施成本。区块链的特点使其成了一个统一的无须信任的记账式数据库，并能在未来应用于会计流程的自动化，减少交易间的不信任，控制财务风险等。

在识别上市公司财务舞弊行为的过程中，区块链信息系统可以实现智能跟踪，加强原始单据的可追溯性，对收入的真实性等问题进行高效的取证，从而维护市场的安全与公开透明。

2. 区块链技术下关联交易信息管理框架

关联方交易往来较为频繁，同时受公众所关注，因此宜选择公有链进行联合，企业将关联方单位信息上传至公有链平台。基于区块链的唯一性特征将关联交易合同附件作为唯一的数据通证形成事件节点加以使用，并签订智能合约，定义目标企业仅在该公有链实施关联交易往来，且信息应用平台数据处理与公有链节点信息相同时，信息系统才最终确认实施账务处理，否则该项交易活动将不被录入。为约束企业利用关联方虚构交易，重复交易，虚增收入，需在作为通证的合同上叠加用于防伪的总部认可通证，同时定义智能合约，一个通证只能在公有链上出现一次采购入库与出库记录，如果重复出现，则校验不通过，该笔交易将无法链入。为防止关联交易定价异常，可借助人工智能技术协助智能合约进行价格条件判定，减少人为干预（见图3-7）。

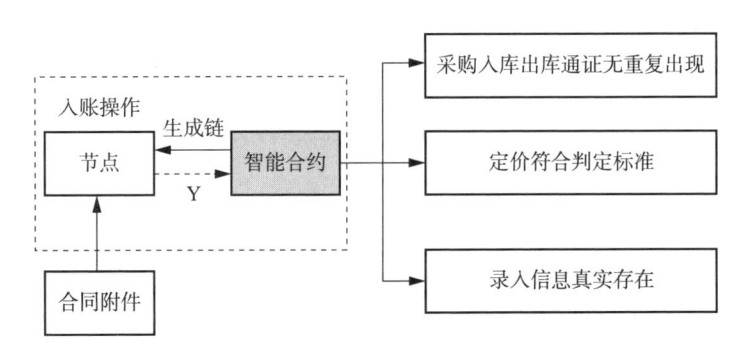

图3-7 基于区块链技术的关联方交易管理逻辑图

## （二）应用两大内控制度赋能企业资金管理的逻辑

内控制度是企业为提高经济利益，保证其经营管理的合规性及实现企业经营目标而设立的企业上下都应始终遵循的制度，能够更好地帮助企业实现发展目标。

首先，企业应该完善内部控制组织结构。要做好组织结构的搭建，对企业的制度流程进行梳理，为内部控制打造良好的管理环境。同时应考虑加强员工对内部控制流程的理解。企业需提供配套的培训和学习，以缓解内控制度执行时的压力。

其次，企业应着力解决岗位不相容问题。资金管理是一个比较特殊的管理项目，由于其涉及财物的流入和流出，所以在审核过程中一定要遵循"账实分开"、"操作与审核分开"，记账人员要对现金收付款人员的操作进行及时复核，收付款的操作人员也要对发起人员提供的支持性文件进行检查和审核。所以，企业应该及时杜绝审核人员和操作人员是同一个人的情况。

## （三）完善企业货币资金管控的量化指标

在企业的日常经营管理中，包括应收账款管理和存货管理，两者均属于资金管理的组成部分。它们通常反映企业资金管理的优劣情况。在资金循环阶段，每项业务的资金都必须充足，如果缺少资金，企业经营发展就会陷入停滞状态，严重时，企业甚至会面临严重的财务危机，如果处理不当甚至会破产。

依托于资产负债表和损益表内的数据，可以对资金周转期进行准确结算，数据中应包括存货周转天数、应收账款以及应付账款周转天数。企业相关管理以及工作人员在日常经营的过程中应对资金运转情况投入关注，完善资金预算，细化资金管理，保证企业的资金状况平稳。

## （四）构建企业资金管理的独立内部监管体系

加强监事会的独立性，扩大职权范围，通过扩大监事会的规模并从外部引进中小股东作为监事，更好地发挥其监督作用。建立监事会成员专业考核制度，定期对监事会成员进行培训和考核，从而更有效地对企业的财务状况和经营管理以及董事会决议事项进行监督。扩大监事会职权范围，将处罚、任命和罢免权与监事权相结合，增强监事会的监督职能。

完善审计委员会组成，将审计委员会视为独立于董事会的第三方机构，并建立与企业无利益关联的以独立董事为主体的审计委员会。授予债权人监督权，上市公司的债权人可以派驻一名财务监督员对上市公司的财务信息进行监督，并定期发布监督报告，制衡内部监管。

## 第四节　企业融资的四个渠道与融资管控的转型方向

### 一、企业融资的四个渠道

企业的融资渠道，实际就是资金杠杆，也就是通过负债方式撬动外部资金，资金杠杆越高，企业债务资金占比越高，利息支出越高，财务风险越大。对经济的向好与下行等不确定性因素来说，外部资金的输血并协助企业渡过难关就很重要。对拓展外部资金杠杆的来源而言，主要是有合适的债务资金，因此资金杠杆的渠道也就是债务资金的渠道。

#### （一）银行借款

银行借款是最为人熟知的一种债权筹资方式。即从银行或其他非银行金融机构通过签订借款合同借入资金。银行借款这种渠道的优点在于，银行及其他非银行金融机构资金量大，企业可以借入大量资金；银行借款与发行债券相比，所需的手续简单、办理时间较短；银行借款利息率比债券利息率低，并且不需要支付发行费用；可以在签订协议后，再次与银行商议还款时间与借款利率，灵活性较高。银行借款也有缺点，银行借款限制条件较多，在企业信誉不佳时，有些银行甚至会对企业的资产负债率做出要求，以此来控制风险。

#### （二）发行债券

发行债券是指企业按照法定程序，发行需要在一定期限内还本付息的有价证券。发行债券筹资的优点在于，与发行股票筹资相比，其不需要支付股利，因此筹资成本较低；与股票不同，发行债券不会分散企业的控制权，有利于保持企业控制权集中；如果发行可转换债券或可提前赎回债券，还有助于企业灵活调整资本结构。发行债券筹资的缺点主要是，按期还本付息会提高企业的财务风险；发行债券筹资的筹资规模受到法律限制，筹资体量一般要求在企业净产值的40%以下，且对企业的净资产有一定要求。

## （三）融资租赁

融资租赁是指出租人与第三方签订供货合同，出租人从第三方购买承租人需要的资产，然后再将该资产出租给承租人，承租人定期向出租人缴纳租金的一种融资方式。这种融资方式的优点是，承租人可以直接获得所需资产，而免去了借入款项再用借款去购买所需资产这一步骤，节约了成本；在租赁期结束后，承租人可以以较低的价格买入租赁资产。这种融资方式的缺点在于，资金成本比较高，定期缴纳租金会提高企业的财务风险，如果承租人没有购买租赁资产，则承租人无法享有资产的残值。

## （四）商业信用

商业信用是指商品交易过程中，因延期付款或延期交货而产生的企业间的借贷关系，是市场中最常见的一种融资模式。这种融资方式的优点在于，手续简单，不需要复杂的手续就能融资，限制条件少且容易取得。这种融资方式的缺点主要在于，如果放弃现金折扣，则企业需要付出较高的成本。

## 二、企业资金危机的四个财务成因

### （一）盲目扩张

很多企业因在发展的拓展期，甚至在发展的上升期，资金链条无法确保自有资金、外部融资资金的协同性，导致资金在支付层面由于资金链断裂而出现问题。常规资金稳定性的前提在于稳健经营，并在出现机会时及时推动投资或市场拓展。

但在这个过程中，不少企业由于未能摸清家底，对自身的融资能力和运营能力过于自信，对外部环境的变化无法提前筹划或进行系统的顶层规划，导致盲目发展，加大杠杆增加投资，拓展市场积压较大体量的资金。这些导致企业现金流的增长速度跟不上投资需求的增长，无法满足资金需求的快速增长。

### （二）过度负债

企业资本结构不合理，资产结构中长期性、固定性资产体量较大，短期运营的流动资金不足，长期性的经营现金流短缺，资金无法及时通过营销快速回流。企业通过银行等金融机构融资，以短期和长期融资方式来解决应收账款的积压问题。

由于外部经济环境变化过大，企业没有及时调整商业模式，导致经营无法按照原定方式获得现金流，且无法持续改善应收款的及时收款。或是企业的产品或服务无法按照原定方式提供导致主营业务出现问题，而企业无法及时采取商业模式转型等措施改善运营状况导致资金链不足。

因此，企业采取多种方式进行融资，甚至采取短期融资方式解决商业模式迭代需要的资金等问题，由于转型的风险和尝试的不确定性，企业负债增加，资产结构存在较大问题，从而因为过度负债资金链断裂。

### （三）现金流管理混乱

企业要想稳定发展，一定要有一个良性的资金运转机制。企业的市场拓展和产品生产、材料采购、员工薪酬等都需要有稳定的现金流支持。

企业需要结合实际，提前做好顶层设计的测算，尤其是针对企业拓展市场形成的一揽子全部资金需求的测算。测算需要包括市场拓展周期、材料采购周期、产品制造周期、产品运输周期和安装周期、客户回款周期等一揽子过程的时间，如果全部过程占用的资金和市场带来的客户定金无法承担上述周期的资金积压，需要采用银行或其他金融机构的资金融资，这个就得一并考虑融资成本，以盈利水平和现金流平衡作为市场拓展的核心。

在任何经营时期内，"现金为王"体现在企业的流动性和抗风险能力方面，活下来的企业都是现金流好的企业。如果企业的经营现金流入无法覆盖经营现金流出，现金流结构不合理，经营活动现金流为负或者较小，那么企业在未来的发展中抗风险能力就会大幅减弱，可能会因不可预见的事项带来危机。许多中小企业在外部风险波动较大的情况下，很可能因为现金流短缺出现经营困难或者破产，甚至在国家出台大量优惠政策和减税降费的激励下依然扛不过周期，不能有效缓解现金流短缺问题。

### （四）融资不当

企业在持续运营过程中，融资需求主要体现在如下几个方面：一是企业的市场拓展需要。由于企业扩大销售需要提前生产产品和提前进行市场营销，就会投入更多的人力成本和资源成本。二是企业的转型发展需要。由于企业的传统模式需要转型，市场的变化和客户生存状态的变化，可能导致企业客户的授信发生变化，也可能导致企业营销模式需要调整和转型，在企业的转型期间，需要针对新市场和新环境支付新的转型成本。三是企业的扩张。针对市场爆发式增长的业务，企业在扩张时缺少拓展市场的资金。

因此，针对上述融资问题，如果企业无法落实合适的银行融资方式，也无法获得性价比合适的其他融资渠道，就会造成资金链断裂。

## 三、融资管控的转型方向

企业构建智能财务体系，有助于优化企业的资金杠杆。表3-5描述了智能化与传统财务报表分析的区别，相比于传统财务报表分析，智能化财务报表分析更加简便。构建具有优化资金杠杆功能的智能财务体系要达成几个目的：财务分析智能化、资金杠杆渠道分析智能化、风险管理智能化。可以利用大数据等手段，搭建智能分析平台，将智能抓取数据和人工输入数据相结合，一次达成上述三个目的，自动得出关于资金杠杆的建议和风险水平分析。

表3-5　智能财务体系与传统财务体系特点对比

| 智能财务体系特点 | 传统财务体系特点 |
| --- | --- |
| 效率高 | 效率低 |
| 准确度高 | 有人工参与的环节准确度低 |
| 建造成本高，运行成本低 | 主要为人力成本 |

如果通过财务分析判断企业偿债能力良好，并且预计未来成长状况较好，能够利用资金杠杆实现进一步的扩张，则可以进行资金杠杆渠道分析。根据公司现有的资金杠杆渠道进行结构合理性分析，判断结构是否合理的标准可以通过文献资料、国家政策、行业情况、管理层偏好等综合判断得到。这个标准也可以通过智能化的手段来确定。图3-8展现了智能提出资金杠杆建议的逻辑：自动抓取数据库中的相关文献，及行业中公开的数据，再通过手动输入管理层的资金杠杆渠道偏好和国家政策规定，以加权平均的方式，自动计算出最适合本企业的资金杠杆结构，再结合企业资金杠杆结构现状，给出资金杠杆渠道建议。

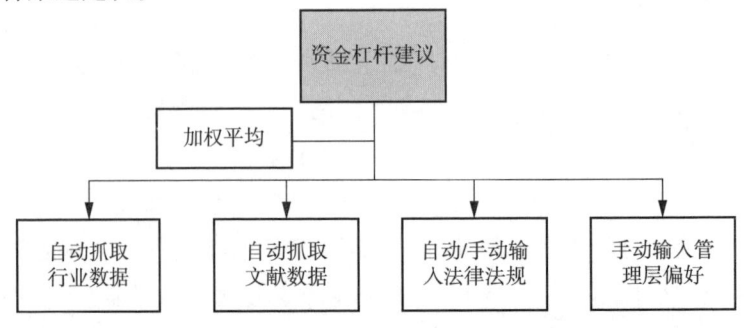

图3-8　智能提出资金杠杆建议的逻辑

提出资金杠杆渠道建议后，还可以通过智能财务体系自动模拟出取得杠杆资金后企业的财务风险及财务状况分析。最后输出结果，以便管理层分析决策。

除了优化企业资金杠杆以外，还可以利用智能财务来简化取得杠杆资金的手续。比如，与银行合作构建智能贷款平台（见图3-9），将大量手续移至线上，既可以减少银行的成本，也可以减少企业的成本。再比如，企业发行债券融资时，可以在证监会、证券交易所、券商等机构之间构建线上审批平台。这也可以大大降低交流成本，同时提高工作效率和准确率。

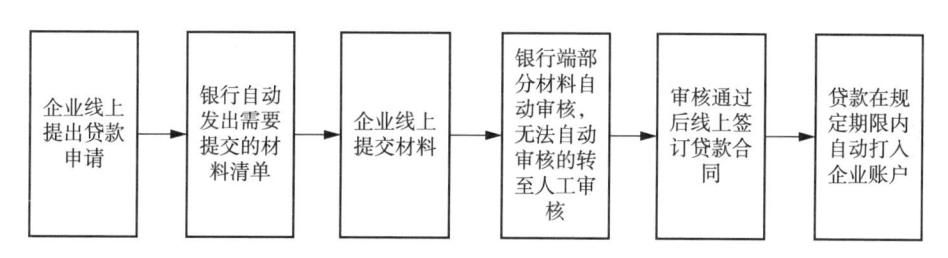

企业线上提出贷款申请 → 银行自动发出需要提交的材料清单 → 企业线上提交材料 → 银行端部分材料自动审核，无法自动审核的转至人工审核 → 审核通过后线上签订贷款合同 → 贷款在规定期限内自动打入企业账户

图3-9 企业—银行间智能贷款平台构想

很多企业存在资金杠杆结构不合理等情况，这非常容易导致企业陷入财务危机，而资金杠杆结构的严重失调正是陷入债务危机的重要原因之一。通过构建智能财务体系，可以为企业取得杠杆资金提出更加合理的建议，即使企业最终没有选择智能化手段计算出的最佳建议，但这个建议依然可以给企业一个警示，让企业能够更加重视资金杠杆问题。

要看到可以通过智能化手段降低取得杠杆资金的成本的可能性。通过智能化手段优化借款、发行债券等渠道的手续及流程，不仅降低了成本，而且提高了效率和准确率，同时也提高了银行、证监会等机构的经济效益。

## 第五节 资金链管控的六大类型与六种智能化对策

从资金链断裂的具体情形来说，可能是由于企业商业模式的步伐过快，或是由于企业运营模式管控不足，抑或是由于商业环境发生变化但企业未采取顶层设计等前瞻性措施来改善运营，并借助科技赋能的手段，比如引入智能财务赋能企业规避。

## 一、资金链管控的三个闭环流程与六大类型

### (一) 资金链管控的三个闭环流程

资金链是一家企业日常生产活动的必需品,是企业的血液。资金链的基本元素是现金与现金等价物以及其他可以迅速变现的流动资产。一条完整的资金链主要包含三个方面的内容,分别是资金投入、资金运营、资金回笼。

**一是资金投入**。资金投入主要与企业筹资有关。这一环节的安全能力保证主要受一家企业的筹资能力影响,筹资包括股权投资和债券投资以及夹层融资工具。一般企业规模较大,业务稳定或富有发展潜力更容易获得融资,而中小企业由于企业规模较小,融资途径也受到限制,近年来小微企业"融资难"的问题更是受到了较为广泛的关注。

**二是资金运营**。资金运营是一个公司资金链的灵魂,资金运营链是企业业务运营在资金链上的反映。如果资金的运营出现问题,偿债能力的关键指标低于正常值,比如流动比率、速动比率过低,无法满足偿还到期债务的需求,就会导致资金链的断裂。

**三是资金回笼**。资金回笼反映了企业资产能否增值,是资金链的重中之重。企业能否完成资金的顺利回笼,关系到企业日常经营,反映了企业的造血能力。如果资金只进不出,不能完成资金循环的闭环,那么无疑会诱发资金链的断裂。

### (二) 资金链管控的六大类型

资金链管控的六大类型也是特指资金链断裂的六大类型,具体如下。

第一,**库存增加型资金链断裂**,指的是企业库存过度增加,占用大量现金所带来的资金链断裂。企业的库存是企业的生命保障,保证合理的库存容量,是企业日常经营的基本要求。但是,如果企业库存量过大,超出日常经营所需,那么就会占用较多的仓库,增加仓库管理成本,而且也必然占用企业的流动资金,导致资金流动性下滑或降低,带来资金链断裂隐患。另外,存货作为一种流动性较高的资产,也因类型不同面临着贬值的风险。这也是资金链管理应该思考的重要问题。

第二,**价值泡沫型资金链断裂**,指的是由于市场经济的失衡,许多产品的价格含有较大的泡沫,比如股票、房地产等,在此背景下,如果企业扮演了投机者的角色,出手了较多的投机性资产,那么可能会遭受资产下跌时的

惨重损失，导致资金链断裂。

第三，**资本运作型资金链断裂**，指的是企业通过并购、重组、包装等方式扩大企业规模，并吸引外部投资者。在一般情况下，资本运作并不是一个贬义词，而是一种正常的市场行为，企业进行资本运作，可以合理地整合资源，促进企业的发展壮大，提高公司价值，促进股东权益最大化。但是，如果资本运作手段出现异化情况，用少量资本来运作巨量资产，会使得企业的资金链异常脆弱。企业的抗风险能力很差，一旦日常经营受到波动，资金链可能就会面临困境。

第四，**委托理财型资金链断裂**，指的是在信托业务中，由于受托人缺乏资信要求和操作能力，导致资金流动性出现问题，造成委托理财的爆雷。比如闽发证券的委托理财，该券商深陷信用危机，且饱受资金链断裂之苦，缺乏及时兑付各种机构债务的能力。理财型爆雷也是资金链断裂的重要类型和组成部分。

第五，**资金担保型资金链断裂**，指的是当担保行为超过担保人的承受能力，一旦受信方无法偿还债务，担保方就会被迫承担债务责任，卷入债权债务关系中。近年来，企业之间形成了复杂的担保网络，互相授信的行为日益复杂化，随之而来的是担保风险的扩大。担保人一旦被处罚，巨额的担保资金很可能抽干企业的流动资金，带来巨大的资金链断裂风险。

第六，**关联方占用型资金链断裂**，指的是企业之间由于业务来往频繁，而且互相持股，形成了复杂的债务链条和资金链条。关联方之间如果可以合理地运营资金，那么会给企业带来积极影响。但是如果关联方恶意占用资金，那么可能会导致关联方回款存在问题，继而导致资金链爆雷，引发资金链断裂。

## 二、资金链管控的细分运营模式

### （一）利用大数据技术建立信用评定体系

在现金流不足，企业需要及时获得现金补缺的危难关头，如果企业没有一定完善的信用评定体系（见图3-10），则很难及时拿到资金渡过难关。当下很多中小企业就没有完善的信用评定体系。因此，利用互联网大数据技术建立信用评定数据库显得尤为重要。建立数据库不仅可以改善银行等金融机构的偏见，而且企业可以利用互联网融资模式满足自身的资金需求。同时完善信用评定体系可以使企业重视自己的资信情况,完善财务管理机制,更好地进入互联网金融模式。企业信用评定体系的建立,还可以实现中小企业金融信息的交换,改善平台间金融机构的横向沟通,增强风险防控能力。引导中小企业养成按时还款的习惯,避免因过度负债而导致资金链断裂。

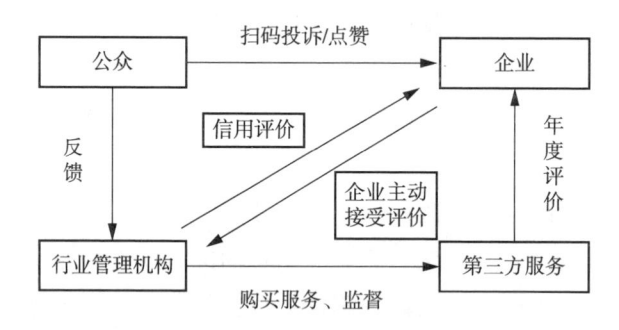

图 3-10　信用评定体系

### (二) 可以操作的细分运营模式

互联网金融模式为企业提供了多种融资渠道,对互联网金融进行技术方面的投入是十分必要的,并且要进行符合企业项目融资模式的真实研究。当企业经营的财务状况和结果不明显时,商业银行的信贷就很难取得,只能从自身获得内部融资。

由于传统的银行借贷规模受到很多限制并且贷款成本较高,互联网金融产品又持续出现爆雷事件,因此,合规化的互联网融资方案在国家引导之下不断规范。常规来说,合规的线上融资方案,供需双方通过互联网平台直接连接资金,双方可以在平台上看到对方的相关信息,签约等事项也均在互联网平台上进行。这样既可以减少融资成本,也可以使资金来源更安全可靠。

第三方支付快速发展,已成为全面覆盖互联网和线下的支付工具。第三方支付公司的运营模式包括以下两种:一种是第三方付款模式在电子商务网站上提供担保,如财付通和支付宝;另一种是以快钱为代表的独立第三方支付模式,贷款信息在线提交、审批、发放,审批程序简化,审批周期短,贷款快捷,可以有效应对企业资金链断裂时应急资金的及时发放。

### 三、资金链管控的顶层设计节点与六种智能化对策

#### (一) 资金链管控的顶层设计节点

在企业经营的过程中,当资金供给与需求不匹配时,资金链就会断裂。

资金是公司的根基，资金链断裂相当于企业的经济危机，这将导致企业面临经营困难甚至破产。

因此，在资金链断裂之前，企业寻找应急救命钱是十分迫切的。企业间的竞争越来越激烈，略微的不小心就会使自己陷入艰难境地，所以在出现资金流不足的情况下，一定要有及时应对。图 3-11 为传统财务决策流程与基于大数据和云计算的财务决策流程的对比。

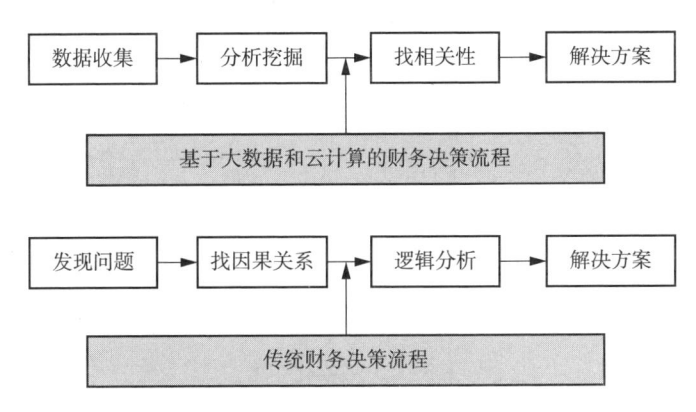

图 3-11　财务决策流程对比

企业需要利用大数据优势，构建新型财务决策流程，分析企业的经营和财务管理，及时了解企业的发展状态。

### （二）资金链管控的六种智能化对策

企业存在着多种资金链断裂情形，如何进行合理的监控，用智能化手段对相关指标进行监测和预警可以采取如下对策。

第一，对于库存增加型资金链断裂，可以采用数字赋能仓库管理系统（WMS）进行自动监测（见图 3-12）。在新冠肺炎疫情散点暴发的背景下，企业的供应链面临着较多的威胁，如何能够在保证企业日常经营所需的情况下，不使存货过多地占用企业资金，是需要解决的重要问题。加强顶层设计，打通企业前台、WMS 和财务系统，实现数据的互联共享共通，是智能化数字化背景下可以利用的手段。传统企业在进行存货管理时，如何进行存货储量的预测，合理制定最佳经济订货量是核心痛点。智能化财务系统可以借助存货数据和财务数据，为企业精准分析各类型存货的最佳经济订货量，实现每日的动态更新和汇总，并及时调整订货量，尽量减少资金的占用。

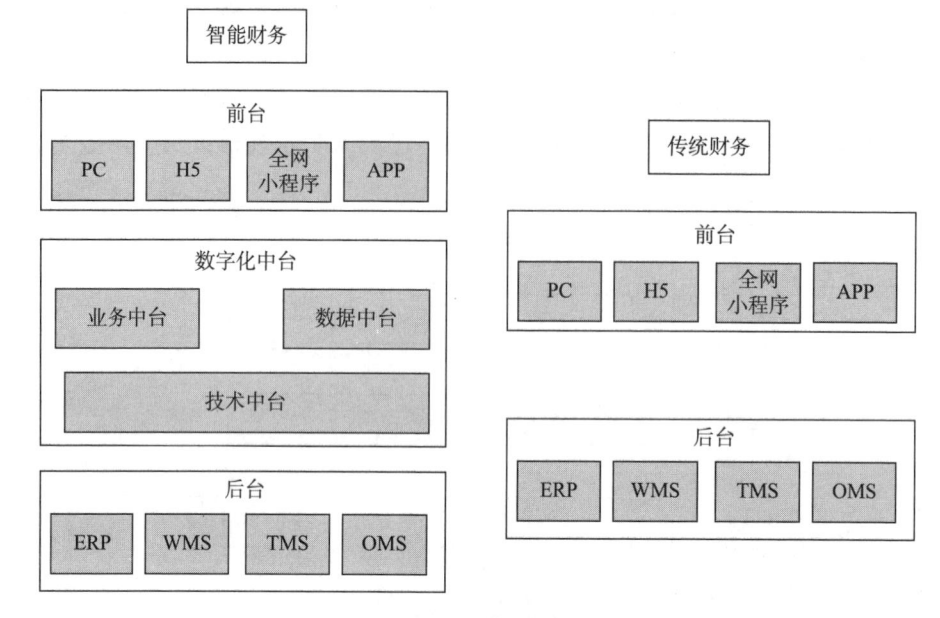

```
           ┌──智能财务──┐
           │           │
    ┌──────前台──────┐
    │ PC  H5  全网   APP │
    │        小程序      │                ┌─传统财务─┐
    └──────────────────┘
                                    ┌──────前台──────┐
    ┌────数字化中台────┐             │ PC  H5  全网   APP │
    │ 业务中台  数据中台 │             │        小程序      │
    │     技术中台       │             └──────────────────┘
    └──────────────────┘
                                    ┌──────后台──────┐
    ┌──────后台──────┐               │ ERP WMS TMS OMS │
    │ ERP WMS TMS OMS │               └──────────────────┘
    └──────────────────┘
```

**图 3-12　数字化中台**

第二，对于价值泡沫型资金链断裂，应当关注企业购入资产的价值情形。可以在智能化系统里引入智能评估模块，实现估值的智能化。所谓泡沫，即资产市价高于资产价值的情形，对资产价值进行合理评估，可以有效识别泡沫情形。当泡沫过大时，应该及时处置资产，防止泡沫破裂影响企业资金链。

第三，对于资本运作型资金链断裂，应当对企业资本运作进行监控。企业如果进行较大规模的资本运作，投入较多的资源购买资产，比如过量并购，消耗了流动性，会使资金链变得十分脆弱。企业对资金链进行监控，就需要对自身的扩张速度、资产的变现能力、供应链的安全性进行全流程监控。当企业扩张过快，但是人员、供应链等无法及时推进时，会出现运营困难，导致企业回血能力减弱。智能化财务系统在实现业财融合时，更要注重打通人力、供应链等信息通道，对企业日常运营的各方面进行监控。要关注企业运行的底层逻辑，将各方有机整合起来，满足企业在资本运作、企业扩张时的需求。

第四，对于委托理财型资金链断裂，要从多个角度预防风险的发生。一方面，可以利用区块链技术，核实机构背景，降低风险；另一方面，可以利用智能化系统，设置关键指标，当外部环境和受托机构发生资金周转困难时，及时预警，尽量减少委托理财型资金链条的断裂情形。

第五，对于资金担保型资金链断裂，要对企业的担保债务进行综合梳理。在智能财务、智能云的背景下，将资金担保作为一种模块嵌入企业系统。可以设计专门模块进行合理监控，企业应该关注被担保方的实际经营情况，通过智能化系统，自动抓取被担保方的财务信息，对其他关键的偿债能力指标进行跟踪监控。一旦发生偿债风险，应该主动联系被担保方，确认其经营状况，做出针对性预案。另外，由于各个企业存在着错综复杂的担保状况，应将各个担保业务进行综合管理，并和企业当前的流动性进行比较，确认企业的经营风险，防范资金链的爆雷。

第六，对于关联方占用型资金链断裂，需要利用智能化系统建立起对关联方财务数据、运营数据的监控。在关联方发生资金问题、无法偿还占用资金前进行合理预警，做好应急预案。另外，在区块链技术的应用下，可以搭配区块链技术，扩大智能合约的使用范围，当关联方符合还款条件时，自动完成还款支付，防止还款资金被占用，降低关联方占用型资金链断裂的风险。

通过上述分析可知，企业的资金链断裂情形之间可能存在着相关联系，且出现多种爆雷情形。这就对智能财务提出了更高的要求，将点串联成线，将线串联成网，从顶层设计出发，全方位覆盖企业各条运营流程，实现对业务模块的常态化监控，才能真正有效地保证资金链安全。图3-13展示了传统财务与智能财务在并购业务及后续运营方面的对比。

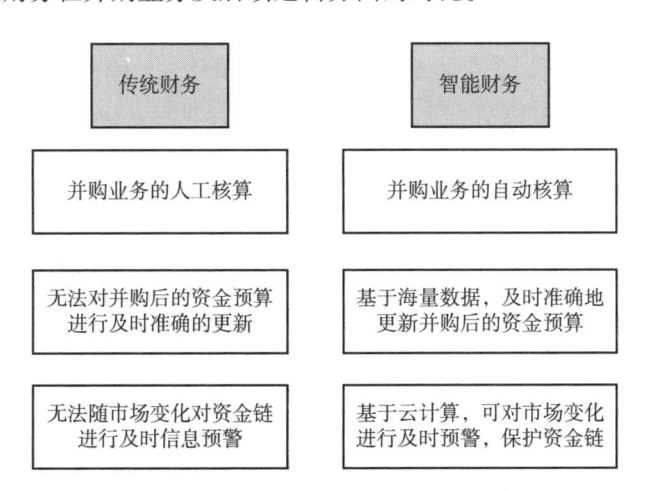

| 传统财务 | 智能财务 |
| --- | --- |
| 并购业务的人工核算 | 并购业务的自动核算 |
| 无法对并购后的资金预算进行及时准确的更新 | 基于海量数据，及时准确地更新并购后的资金预算 |
| 无法随市场变化对资金链进行及时信息预警 | 基于云计算，可对市场变化进行及时预警，保护资金链 |

图3-13 传统财务与智能财务在并购业务及后续运营方面的对比

## 四、资金链管控成功转型的案例

受制于外部环境和企业内部核心竞争力的打造等因素影响,企业的日常经营活动要确保按既定战略目标执行,资金链安全就成为核心问题。在此背景下,数智化转型对于保护企业资金链的安全就显得十分关键和重要。传统治理方式带来一个又一个的信息孤岛,无法挖掘数据所蕴含的海量信息,且无法对企业资金的管控提供有效的支持。现代的数智化治理方式可以打通企业的各个信息孤岛,发挥出海量信息的作用,实现科学化、实时化、精准化、动态化、可视化的预测,促进企业资金链治理水平的综合提升。

### (一)新能源民营 Z 企业传统财务对策与智能财务对策的融合赋能

新能源民营 Z 企业于 2005 年成立,其集新能源前端的生产、研发和销售于一体,并成功申请高新技术企业认证。企业主营业务涵盖了新能源原料的生产与加工、高纯度新能源基础材料的生产销售以及组件的生产制造。

Z 企业创办初期,当地政府在各方面给予了广泛的支持,在资金、人才、用地等方面给予了一定的政策优惠,企业也在政策支持和光伏赛道火爆的情况下实现了跨越式的发展。

虽然 Z 企业实现了快速扩张,但是在高速成长的背景下,企业也埋下了诸多的隐患。首先该新能源企业扩张速度非常快,往产业链上下游延伸,试图实现一体化经营。但是快速扩张也带来了资金链脆弱的问题。2009—2010年,受外部环境影响,企业的毛利率出现较大波动,业绩也跌宕起伏。另外,由于快速市场扩张和产能过剩,叠加欧美等国对我国光伏产业的"双反"调查和关税政策变化,企业成本急剧上升。

2009 年,Z 企业的资产负债率达到 80%,2011 年达到 91%,2012 年达到 110%;同时,流动比率长期处于 5% 以下,企业的偿债能力受到重大威胁。虽然该光伏企业的偿债情形已经非常糟糕,但由于当地政府的支持与背书,债权人并未实质性重视,且企业一直维持在最低运营状态中。

从企业内部造血能力来看,企业的盈利能力也在 2010—2012 年出现较大幅度的下降,原因在于推行一体化战略后,资源分散且核心业务资源流失,原材料价格不断下降,虽然进行了一体化供应,但并没有合理地压低原材料成本。多种原因导致该企业的盈利能力出现大幅度下降。

2013 年起,Z 企业开始利用信息化方式不断增强企业管控,至 2015 年期间，智能财务手段赋能企业，在实现对资金链的有效监控和安全保证问题上，企业采取了如下措施。

首先，2013—2015年加快业财融合进度，打通各个系统的数据接口，推进业财一体化的实现。在实现前台业务与后台财务打通的情形下，2015年底初步实现了对企业的资源统筹，有序规划。同时企业通过预算管控的精细化和信息化，对企业运营实现动态管理，精准做出预算调整，为企业现金流的管控打下了基础。

其次，2016—2018年，Z企业开始使用智能化、数字化财务系统，进行日常运营的预警分析，打通各个系统的数据端口，建立关键指标预警分析系统，实现对偿债能力的常态化监管。偿债能力指标是衡量企业日常运营是否能够维持资金链正常运转的重要指标。通过智能化资金管控财务系统的建设，实现偿债能力指标监控的标准化，使企业的偿债能力得到更直观的反映，是防止资金链断裂的重要环节。

再次，2018—2021年，Z企业对营销与采购进行顶层设计的联动管理，加大成本端尤其是采购环节的监控。由于新能源下游的补贴滞后，为确保企业本身采购环节不出现问题，以及吸取2009—2012年没能采取降本和现金流管控的有效方式的教训，2013—2022年采取转型调整方式，在企业利润稳定的同时，采取多样化方式将应收款等进行精益化管控和智能化测算，并采取妥善的贴现等方式确保现金流。针对现金流的痛点，借助银行承兑等方式改善企业采购业务资金占用，确保尽量较少地占用企业资金。

2020—2022年，Z企业搭建数字化平台，实现已经完善的采购流程与营销流程的智能化和一体化，使得采购部门的信息按照标准化制式，同物流、仓储、生产、财务部门实现有效对接，打通各种数据端口，打破信息孤岛，提高采购部门的系统性和科学性。同时，采购数字化也推动了企业组织的变革，由于数字化能力的逐步渗透，采购人员节省出更多时间，可以关注市场行情和动态，为企业制定更加符合自身战略的采购政策，综合降低采购成本，并延伸至营销端的前端。

最后，2021年迄今，Z企业针对平台的打造，不断优化业务链条，重组链条各个环节，不断实现模块化迭代，包括拆分与合并，确保历年企业的管理优化在最小的试错范围进行，从而打造新数字化发展平台的相应模块。在此基础上，企业推动资金司库的建设，推动资金共享，不断使得企业资金管理从成本中心向利润中心转型。

这家新能源领域的企业，以集成模块分拆的方式，不断将各个模块进行系统化的设计、优化，并不断将其建设成一个可迭代、可链接的企业数字化平台，切实维护企业资金链的正常运转，并为同类企业的资金管控提供了很好的参考。

### （二）"金融+科技"企业的销售创新案例

S基金于2015年9月成立，2016年2月获得了基金销售资格，截止到2020年10月，其基金产品涵盖股票、混合型、债券、货币等50余种。S基金致力于打造金融科技基金销售服务平台，开发"金融+科技"的营销创新模式（见图3-14），不断完善业务，开发智能定投、目标盈、智投等智能产品及服务。

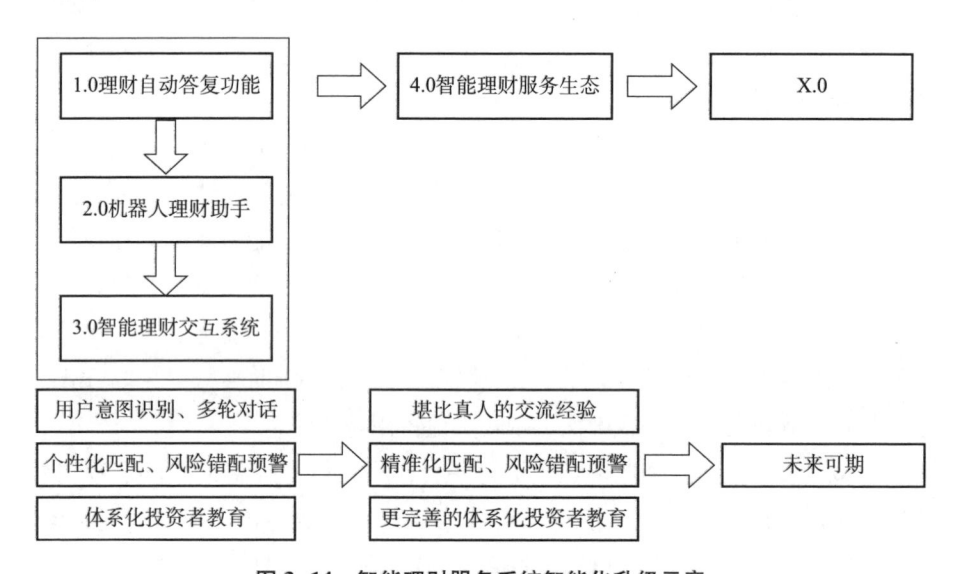

```
┌─────────────────┐      ┌─────────────────┐      ┌─────────┐
│ 1.0理财自动答复功能 │ ==> │ 4.0智能理财服务生态 │ ==> │  X.0    │
└─────────────────┘      └─────────────────┘      └─────────┘
         ||
         vv
┌─────────────────┐
│ 2.0机器人理财助手 │
└─────────────────┘
         ||
         vv
┌─────────────────┐
│ 3.0智能理财交互系统 │
└─────────────────┘

用户意图识别、多轮对话          堪比真人的交流经验
个性化匹配、风险错配预警  ==>   精准化匹配、风险错配预警   ==>   未来可期
体系化投资者教育              更完善的体系化投资者教育
```

图3-14 智能理财服务系统智能化升级示意

S基金从设立时起就布局智能投资，这也是其核心亮点，S基金根据用户的个人理财需要，通过算法和产品，实现传统的人工提供的理财顾问服务，为广大投资者提供便捷、高效、安全的投资咨询服务。

S基金不断优化，经过多年发展，从原来的风险评估、组合购买等业务，逐步发展到了拥有资产配置、业绩归因、组合再平衡等多项功能的闭环投资体系。S基金通过"人工专家+智能算法"为一般投资者提供了一种兼具专业性、个性化、低成本的投顾服务（见图3-15）。

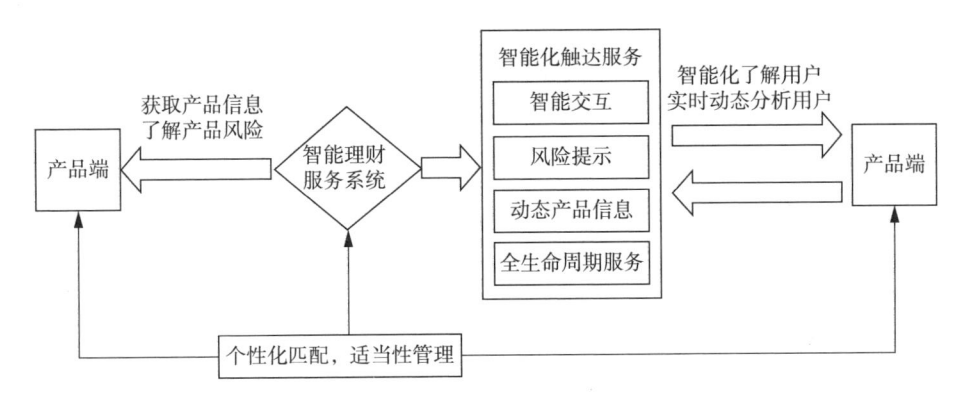

图 3-15　智能理财服务示意

S 基金的"组合盈"金融理财平台是 S 智投下的一项重要业务。"组合盈"是针对不同客户的风险偏好和投资周期而定制的资产投资组合。在过去的半年时间里,"组合盈"的所有组合都比沪深市场表现出色。

随着监管机构的进一步支持、行业竞争日趋激烈、数据技术的飞速发展以及理财用户数量的迅速增长,S 基金通过有效的智能理财服务,在智能交互体验、投资者教育等方面持续升级,S 基金针对理财服务的客户和产品间的匹配也越来越精确。S 基金通过满足客户的智能理财服务需求,在 2020 年之后,实现了对经济下行期的产业预判,并在细分赛道上实现了针对大健康产业从制造到服务,从医疗服务到医药创新研发服务领域的关键性赛道切换,在新能源赛道的光伏能源方面做到了系统的布局,使得客户的资本金得到了保障,客户的新需求持续激发,实现了客户资金保本下的稳增长。

## 第六节　本章小结

无论经济与科技如何发展,资金作为企业管理的重中之重,对资金支付的智能化和资金管理的风险措施要求越来越急迫。如果不能有效地对现金流进行管理,会对企业的经营管理产生十分不利的影响,甚至让企业陷入财务危机。

智能化的管理可以使企业资金管理更加高效准确,信息也更为透明化,但与此同时也会带来新的风险。智能化支付方式带来了新的资金管控问题。智能化资金收支需要持续完善合规性来规避风险,尤其规避第三方支付这类智能化资金收支风险。

资金管理涉及融资环节，企业在做好融资顶层设计的前提下要用好融资渠道，规避企业资金链断裂风险。在系统设计和运营之下，企业非常有必要采取智能化方式解决融资问题，系统防范资金链断裂风险。企业在进行融资时需要考虑自身以及外部的情况，防止资金链断裂。此外，在科技不断升级的情况下，智能财务如何防止企业资金链断裂的发生，促使企业财务管理向更加智能的方向升级，成为保护资金链的重要探索。

## 本章参考文献

［1］袁秀挺．互联网第三方支付市场的发展与规制［J］．人民论坛，2021（07）：82-85.

［2］顾奋玲，申慧慧．数字时代的内部控制：发展与展望——中国会计学会内部控制专业委员会2019年学术年会综述［J］．会计研究，2019（10）：93-94.

［3］王鸣，魏下海．不同制度规范下工会独立资金账户对企业劳动关系的影响——基于佛山南海2016年雇主—雇员匹配数据［J］．华南师范大学学报（社会科学版），2019（03）：112-120.

［4］曾建中，刘桂东，庞睿．CEO财务专长、内部控制与企业绩效——基于中国上市公司的经验证据［J］．国际金融研究，2022（05）：87-96.

［5］刘娅，干胜道．财务共享、内部控制质量与企业绩效［J］．财经问题研究，2021（05）：93-101.

［6］姜婷凤，易洁菲．数字经济时代降低小微企业融资成本的路径——信息对称与风险分担［J］．金融论坛，2022，27（05）：62-72.

［7］张金昌，范瑞真．资金链断裂成因的理论分析和实证检验［J］．中国工业经济，2012（03）：95-107.

［8］王江．"资金链"断裂：理论解析与启示［J］．山东社会科学，2005（07）：38-42.

［9］张英，韩德明，徐彬．现金流量管理与企业安全经营［J］．科技进步与对策，2003，20（17）：174-175.

［10］张玉缺．基于财务共享的智能财务大数据分析模型构建［J］．中国注册会计师，2022（06）：52-58.

［11］夏天添，张振铎，万鹏宇，等．数字金融促进小微企业融资模式创新［J］．技术经济与管理研究，2022（05）：61-66.

# 第四章
# 十大财务管理工具之往来管理

往来管理是企业运营的常态。企业之间提供销售或服务一般会形成往来款的结算，及企业员工与企业之间的拆借与结算。这是收付款与企业业务不能实时同步导致的，也使得企业由于支付方式不同形成多样化的资金周转形态。资金周转的速度则体现了企业总体运营的质量。针对往来的财务管理是企业提升资产质量和实现资产创造性的重要环节。为做好往来管理，必须解决好应收类往来款的及时收现，落实好应付类往来款的合理支付。

为提升企业的资产流动性，针对往来的内部精益化管理问题，企业内部借助授信资信类工具，加强应收账款管控，规避坏账损失，加强应付账款的账期管理，规避潜在债务等，都是企业有效的往来管理的方式。针对应收类往来的变现管理，企业可以采取资产证券化和保理等方式加速收现，降低资金周转期。针对应付类往来的合理支付问题，企业可以推动供应链金融来促进供应链端的生态成员企业的资金支付，借此盘活外部资源以实现持续发展。在应付类往来的管理上，供应链智能化可以使企业在资金流、信息流、物流和知识流上都得到不同程度的收益，可以实现降本增效，系统缓解资金压力。

因此，企业需要针对往来风险涉及的四大成因，落实五个传统对策，对解决传统对策升级为智能化管控的手段和节点进行明确，探索供应链环节闭环往来管理模式与三大协同效应，并落实三种共享模式和两种财务协同路径。

# 第一节　往来风险的四大成因及五个传统对策

传统融资方式包括应收账款融资、库存融资和预付款融资，特别是应收账款融资作为供应链金融融资方式之一，能够有效地降低融资成本、缓解中小企业融资的难点和痛点，进而为银行提供新的发展机遇。中小企业在进行应收账款融资时，核心企业及中小融资企业资质、融资项目风险是影响其信用风险的重要因素，银行等金融机构在做出决策前，应重点关注核心企业及中小融资企业资质与融资项目风险，着重考察应收账款的质量，同时也不能忽视宏观环境及行业因素的影响。在往来风险的防范中，只要信息的沟通及时准确，就能解决许多内部问题，还可以建立预警机制，使企业的风险得到有效防控。

## 一、往来风险的四个关键点

企业往来账的管理，涉及应收账款、应付账款、其他应收款、其他应付款、预收账款、预付账款等。在往来款中，隐含费用类性质需要费用化的项目，隐含已经实质形成坏账的资产类项目，也隐含尚处于风险需要计提配比坏账的往来项目，还包括由于确认数据不准确隐含的潜在损失等。此外，往来款风险点还包括坏账引发的资金风险、异常结转、关联企业之间的往来款项等。

当企业的往来出现异常现象，常规会被认为内部控制存在缺陷，如果被税务机关通过金税系统锁定，则会导致对企业经营规模、人员构成等的深入调查。如果企业不能给出合理的解释，不仅影响正常经营，还会影响企业信誉。往来风险的四个关键点具体如下。

### （一）隐匿或延迟确认收入

企业通过往来款，借助往来藏匿收入，形成隐匿收入。

首先，延迟确认收入，或是直接不确认收入导致偷税漏税。隐匿收入偷税漏税是指企业利用对私账户逃避缴纳税款，或采取企业对企业转移之后再采取企业对私人逃避缴纳税款等方式。

其次，确认往来挂账，但收款不确认收入，成本确认支出，通过长时间挂账方式形成实质性的涉嫌逃税。具体分为企业账户转股东个人或员工个人两个层面。这些形成的往来长期挂账，日积月累导致企业风险。

对公账户转股东个人账户：长时间不收回，税务机关可视为分红，需缴纳企业所得税和个人所得税。对公账户转员工个人账户：长时间不收回，税务机关可视为员工的工资薪金，需补缴个人所得税。

### （二）隐匿坏账损失

企业应收账款、其他应收款、预收账款管理不善都可能存在坏账损失风险。一方面是客户资信管控漏洞，这导致客户无法偿还或无法支付货款引发企业坏账损失，另一方面就是企业管理决策的连锁反应，尤其是企业商业模式的连锁反应，为企业持续发展带来危机。

企业坏账引发的损失性质很严重，所有应收类账款的损失都是企业重大性质的风险。若企业对往来款项的管理不到位，在对款项进行清账或是入账时，可能会有因处理不及时而形成的坏账，这样的坏账可能会影响到企业的资产真实性。因此，企业往来款的质量决定了企业盈利的质量。

真实的往来款项未能即时、准确地反映到管理层，则会最终影响到投资决策的判断。同时往来款项包括应付和应收。企业可能为了粉饰报表而对应付科目进行虚假填报，此举会带来负债率提高的风险。不能按时偿还债务会在未来给企业带来比资金链断裂更大的后果，而企业内部对自我资产质量判断的报表错误，也容易导致企业管理层依据报表错误而产生决策失误。

### （三）隐匿费用化支出

企业应付账款、其他应付款、预付账款也都可能存在坏账损失风险，一方面是客户无法偿还或无法支付货款引发的企业坏账损失，另一方面就是供应商评价体系和内部管理质量缺失引发的管理风险。

企业坏账引发的损失性质很严重，因坏账导致销售形成的收入无法收回，成本无法弥补，损失需要靠新增销售形成的利润抵补发货造成的损失。因此，所有应收类账款的损失都是企业重大性质的风险。若企业对往来款项的管理不到位，在对款项进行清账或是入账时，可能会有因处理不及时而形成的坏账,这样的坏账可能会影响到企业的资产真实性。因此,企业往来款项的质量决定了企业盈利的质量。

### (四) 涉及一类行政及刑事责任

确认往来方面,企业资金持续转出挂账,形成应收类账款,而无实质性收入形成,类似企业对企业的转账、企业对个人的转账,都可能由于频繁大额的转账操作而被认定为涉嫌洗钱。在需要提供支持证据链和业务合理解释时,类似定金、保证金、押金类公对公或公对私模式,其他转账过于频繁而无业务支撑,或长期挂账且客户单位可疑的企业,则可能引起税务机关的注意以及稽查和约谈,如果对公账转私账无法提供充足依据,则容易对企业造成负面影响,且存在洗钱的风险。

## 二、往来风险的四大成因

### (一) 不恰当的赊销政策

企业过于宽松的赊销政策与其抗风险能力并不匹配,企业不具有足够雄厚的资产和稳定的营业收入去弥补由应收账款导致的直接或间接损失。其中,直接损失指的是款项逾期未收回的资金成本及相关附加收账费用和坏账损失。间接损失是企业需要补充额外的流动资金垫付各种税金和费用,进一步加速现金流出。同时,企业未能要求供应商和客户分别为预付款、赊销资金提供合适的担保增信措施,设置的保证金比例不足以涵盖风险,不对等的赊销额度及期限也体现了企业在关键政策制定中的不足。

### (二) 客户资信跟踪管理缺位

企业在业务开展的过程中,为了快速促成合作,对客户的背调不充分,针对背景和实际运营未做系统落实。问题主要体现在:一是没有穿透底层的业务链条、厘清上下游交易对手方的关联关系;二是没有多渠道、多角度进行交叉式的信息验证,例如采纳金融机构收集的客户征信信息,利用专业机构的资信调查、同行业评价、以往交易情况等。

信用管理缺位,财务部门与销售部门在动态追踪款项上职责不清,延误了定期与客户互通互联、提醒其按时还款的工作。没有及时更新客户的经营状况和信用变动,从而无法对后续还款意愿做出准确估计,导致超过期限时被动计提坏账。

### （三）股东关联借款跟踪管理缺失

企业担保条款较为单一，根据相应的持股份额提供应有的借款支持，相应的抗风险能力有限，缺乏对起到主要担保作用的应收账款质量的追踪，没有根据抵押品的流动性变化动态地调整风控措施，并考虑是否应该采取补救手段。

关联借款的核算不当。通常情况下，对子公司的借款应该计入其他应收款，并与子公司报表上的其他应付款相对应，将与子公司的非经营性往来资金列示为一年内到期的其他流动资产，说明企业对借款的重视程度不足，对款项收回情况持盲目乐观的态度。

关联借款的信息披露不足。在应收账款出现逾期迹象之前，并没有通过定期报告或者是临时公告等充分披露巨额关联借款的信息，资金流转信息不透明，受到内外部的监督有限。

### （四）保理融资手段滥用

企业应收账款出质给金融机构进行保理融资，才能获取足够的资金进行高比例的预付。这种模式正常运转的前提是客户能够按期足额付款。下游客户违约，以应收账款作为底层资产的保理融资也会出现坏账。

企业重复利用应收账款进行融资，但是却对往来款项的风险管理和内部控制不够谨慎，内部对于保理融资基本逻辑理解不足，缺乏严格的审批和限制制度，对真实贸易背景的核查不够，导致坏账带来损失。

## 三、往来风险的五个传统对策

### （一）闭环流程系统的节点管控

在事前预防阶段，财务部门需要配合企业发展目标，制定销售应收账款的内部考核奖惩机制。此外，销售部门在根据企业整体销售指标制定销售方案时，财务部门提供专业的支持和服务。

在事中控制阶段，销售部门与财务部门需交叉核对合同条款，明确双方权责义务，销售部门根据客户的履约情况开展采购和配货；财务部门负责开具发票、审核业务、证据链留档并进行会计核算、账龄分析、计提和确认坏账；销售部门与财务部门期初对应收账款进行金额和账龄的核对，安排人员到客户企业对交易频繁、金额较大、金额有差异或者账龄较长的应收账款进行重点核对，并将记录情况形成总结报告反馈给主管经理。

在事后管理阶段，可分为两种情况，一是正常回款，财务部门将回款时间和方式与合同条款进行核对，记录回款并进行账务冲销；二是账款逾期时，财务部门向销售部门发出通知，督促销售部门相关责任人催收货款，如果造成实质性损失的，按制度规定相关责任人受连带处罚。

上面三个流程结束后，通常还需要进行回溯分析以调整信用政策，例如对那些规模较大，信用记录良好，偿债能力较强的客户可考虑给予更高水准的赊销额度；对违约的客户要在结合事故原因和担保条件的基础上，考虑赊销额度和信用期限的调整；对于履约表现较差的客户，尽量不赊销，可以给予一定的现金折扣加速回款。

### （二）建立信用管理的专项路径

传统的往来款管理通常是由销售部门和财务部门合作开展，其中财务部门负责应收账款记账工作，同时与市场拓展部对账、监督账款回收过程，管理合同和客户档案。销售部门负责制定催收政策、销售政策、销售合同管理办法，并直接与客户对账，维护好客户关系，定期进行账款清收工作。

双方工作并不是完全互补的关系，既有交叉也存在完全空白的部分，容易出现重复低效和无法充分涵盖风险的情况，故应该设立专门小组（部门），掌握信用管理的各个环节，根据客户实际情况确定信用政策，综合分析由管理、产品和财务状况等因素产生的风险，匹配行之有效的风险防范措施，对应收账款管理工作实施全程信用监督。

### （三）完善信用管理体系的必备程序

**第一，全面深度进行资信调查，建立客户档案。** 资信调查应该围绕还款能力、还款意愿以及外生影响等多个维度开展，详细的背调内容包括客户工商信息、经营业绩、资产情况、与银行等金融机构往来、历年纳税情况、过往诉讼。针对老客户还应考虑包括订单业务量、货款结算情况、违约记录及原因等历史履约表现。在资信调查完成后要进行归纳整理，每个客户对应构建一份完整档案，包括静态信息和动态追踪记录，按地区、销售量等进行分类和排序，采用信息化归档模式方便及时调阅，并根据前端业务专员收集的变动信息对资料进行补充和更新。

**第二，完善信用评估体系。** 体系构建过程是层层递进式的，包括指标筛选、数值标准化、计算权重、等级划分。对收集到的各种文本、数据、图片、语音等形式的信息要统一进行标准化处理，才能进行批量的深度分析，因此需要设立一套定性和定量相结合的指标体系，并设定好指标定义和具体的计算规则。通过统计软件和机器学习的技术将非结构化的信息进行标准化运算，输出每个指标的分值并加权计算得到每个客户的信用分值，作为客户档案动态信息的重要组成部分。根据具体得分将客户进行直观的分级以实现高效的分类管理，针对不同等级客户制定不同的信用政策。

第三，制定行之有效的信用政策。通过综合考虑客户的资信评分、企业的销售计划和财务预算、库存成本、宏观经济状况等，决定是否允许客户申请赊销、赊销的额度和还款的期限。首先，应该根据客户的分级确定信用标准：最优等级的客户授予最宽松的还款政策并长期维护合作关系，中间等级的客户要严格限制额度和期限，最低等级的客户应采取现款交易并寻求替代客户；其次，信用额度的设置不能仅依靠主观，应该考虑在企业整体周转率的基础上，结合个别客户的特性加以分析确定；最后，信用条件设定包括还款期限和现金折扣，除了参考客户信用，还应该结合企业的资金管理情况、市场竞争对手的有关政策、行业惯例等进行确定。

（四）完善权限动态管理的流程

**第一，控制赊销审批的权限并规范流程。** 在管理模块中设置部门相关人员的信用审批额度和相互制衡的规则，并且根据职责开放不同的查阅资料权限。制定申请电子单据填写模板，保证格式统一，必填的内容应该详细，包括企业全称、开户银行、经办人电子签章、有无担保等信息。通用的规则应该是合同规定的赊销金额越小，审批负责人的职级越低，权限越小，审核流程越简单，反之则应经过多层级的上报审批，系统中的浏览记录和审批记录自动生成且不可篡改以供事后追责，各参与方自动成为该笔账款的负责人，从而实现内部相互监督。

**第二，规范合同管理。** 往来款管理涉及的部门应根据过往经验，合作提炼出标准化合同模板，并上传至智能财务系统，尽量全面具体囊括合法合规的合同要素，用语准确避免歧义。在正式签订一份合同时，要基于通用条款进行修改，根据客户信用情况，增加特殊条款，保证合同条款的全面、清晰和具有针对性。对于口头合约，一定要在发货之前落实到纸面并签字保证效力。对于条款的变更，要附加书面的申请，对比前后具体变动的项目。合同签订之后及时分类整理并建立共享信息台账，使得财务、销售、信用三个部门之间可以灵活获取信息并实时加以监督。

第三，应收账款动态跟踪。由于商业环境日益复杂化，单纯的定期对账和账龄分析对往来款还是不够的，应当将实时监控融入日常管理中才能更早地发现问题，降低风险，具体包括客户信用追踪、质量分析和风险预警。信用追踪是指在规定账期内，及时计算并更新信用额度消耗情况，避免出现不加限制引起的超额授信情况，重点关注赊销金额高、信用期限长的客户在款项未收回期间的财务、经营、合法合规等的变化，确定其还款能力和意愿是否有变。同时公司不能只限于履行法定的合同义务，应主动进行客户关系管理，多联络多关切，例如询问货物交付的及时性、有无损坏、配套服务是否到位等，在确保无售后问题的基础上提醒其付款。此外，企业还应随时关注自己的资金水平和偿债能力，不能以牺牲流动性为代价争取订单，应建立整体应收账款风险预警机制，划定应收账款最高限额，一旦超过该限额则需要加强催收，控制授信。

### （五）优化风控制度的规范模式

第一，制定清晰的可能涉及风险客户的增信措施、授信额度，并就因市场环境变化引发的客户经营情况的调整和变化，制定清晰的逾期账款催收制度。通过分析违约客户的特征，归纳逾期的具体原因。针对违约原因、金额、客户等级、期限等采取有区分性的追收策略。可采用包括多种催收方式的应对措施。催收应以快速回款和降低损失为目的。对于资金暂时短缺的客户，在补充了抵押或者缴纳部分保证金的条件下，可一定程度延长信用期限或者采取其他手段进行债务重组；对于恶意违约的客户，要多手段多途径频繁催收，及时披露最新进展，并终止货物供应，调整等级和信用政策；金额较大，账龄较长的客户是催收的重点对象，应该多次面谈。

第二，合理适度应用应收账款融资。以应收账款作为债权质押给金融机构，从而融集资金是缓解资金问题的一个重要手段，主要有应收账款保理、质押和证券化。需要注意的是，这种风险转移的手段是一把双刃剑，优势在于能够缓解供应链中游企业资金短缺的问题，并分散企业自身的风险；劣势在于如果作为底层资产的应收账款出现问题，那么企业会面对金融机构要求贷款提前到期的巨大压力，以及重复融资所带来的叠加性赔偿。因此，需要更加注意对应收款的质量、业务和贸易的真实性、主体信用等的管理，可考虑引入保险公司做担保，利用其在风险承担和信用评估管理方面的经验优势。

## 第二节　往来风险智能化管控的手段与节点

### 一、往来风险智能化管控的手段

#### （一）财务共享模式应收账款的优化管理框架

现代的 AR 管理平台应该同时具备精细化、自动化、智能化、灵活自定义的特征，并能够与内部 ERP、发票系统、外部网银、第三方平台实现无缝对接。一方面，借助系统的功能优势融合技术、业务及财务管理过程；另一方面，充分利用现有的大数据、人工智能、移动通信、云网络、物联网、区块链等技术积极实现企业整体应收账款的管理需求。

数据智能化技术为底层服务构建应收账款管理平台，首先要有效地将涉及的各管理环节加以闭合，构建发票流、资金流、合同流、货物流的合并监督，实现规范化和完整化跨系统管控的全管理链条。

应收账款管理优化具体从账务处理过程优化和风险管理细致化两方面来实现，机器人流程自动化技术可充分应用于重复性强、程序琐碎、附加值低且易出错的流程中，而风险管理则应该是一种全流程的管理，应该涵盖业务合作的完整周期，这就需要对信息进行全方位且深度的挖掘，通过统计手段加以量化，并采用可视化的技术加以呈现。传统财务和智能财务进行应收账款管理的主要区别如表 4-1 所示。

表 4-1　传统财务和智能财务进行应收账款管理的主要区别

| 项目 | 传统财务 | 智能财务 |
| --- | --- | --- |
| 客户信息采集 | 手工收集，内容形式单一，非标准化信息 | 机器人辅助+平台批量导入，信息兼具广度和深度，生成标准化档案 |
| 客户信用分析 | 普及程度有限，体系不健全 | 聚类分析生成模型、定义规则、自动生成 |
| 对账与收款 | 半自动化流程，多通过电话、邮件跨部门协作 | 全流程 RPA 应用，基于信息共享平台和个人终端开展点对点的合作 |
| 账期内管理 | 滞后性强、信息更新不及时、风险补偿措施不到位 | 实时更新应收款业务数据库、精细化风险监测并定期报告 |

续表

| 项目 | 传统财务 | 智能财务 |
|---|---|---|
| 账款催收 | 多为人工操作，业务量较大，效率较低 | 根据客户分级匹配不同催收方案并自动执行 |
| 违约事件应对 | 诉诸法律、被动性强 | 构建公司级预警系统，对失信客户异常行为和资金动向进行监控 |

## （二）基于信息共享和数据挖掘的事前尽调路径

事前尽调是信用管理的源头，很多企业在此方面往往是心有余而力不足，背景调查的广度和深度受到渠道单一和成本高企的限制，但是受益于各种私人或者官方搭建的征信平台，除了到客户企业实地调查，企业还可以通过人工采集输入、RPA（特指机器人流程自动化）自动收集输入、API（特指信息系统接口）对接外部平台批量导入等形式收集关于客户企业的各方面信息。

新客户入库前，需要全方位评估其信用。通过内外部、线上和线下多渠道，利用数据挖掘技术、SQL数据查询技术深度全面地采集全景信息；通过NLP（特指自然语言处理）等技术对结构化、非结构化数据进行标准化、数量化处理；在共享服务系统建立不同类型的数据模板，使用RPA将系统数据库中的标准化数据自动填充至数据模板，形成系统性的业务数据库；应用智能算法构建信用评估指标体系，综合计算六维度评分和合同违约指数，智能分析客户实力与历史风险发生概率，辅助信用部门对客户情况做第一轮初筛。

符合资质和信用的客户，仍需要深挖其自身风险、关联风险或其他风险。可对目标客户的主体关系、上下游关系、黑名单关系等进行深度透视与排查，如与上下游或与黑名单中的某家企业有关联关系，则需要谨慎选择该客户，并及时采取不准入措施。

## （三）事中风险监测管理的智能化对策

信用评估和赊销政策匹配只是做好应收账款管理的第一步，目前大部分企业真正缺失的其实是账期内的动态监控，如合作中发生经营异常或其他原因导致付款滞后的情况，也可能对企业的资金回收造成损失。

在传统财务的处理中，很多企业受限于成本和技术只能做到定期通过电话或者邮件进行沟通，实际上对客户的风险变动情况一无所知。需要密切关注合作客户的风险变化情况，包括对客户经营状况、资产情况、财务状况、企业信用、涉诉情况等多方面的跟踪。

可以借助对外部的 AR 平台进行改造，将其嵌入内部财务共享系统的应收账款管理模块中，根据前期资信分级进行精细化风险监测管理工作，搭建一般客户、重点关注客户等分组管理体系。借助 BI（特指商业智能）工具对客户"经营风险、司法风险、经营变更等风险提示项目"进行动态监控和可视化呈现，必要时生成风险动态报告，以供企业进一步的决策和分析。

### （四）账款催收与失信客户行为的监控对策

往来账款是由赊销等经济行为产生的应收、应付、暂收、暂付等款项，是企业资产负债表的重要组成部分，直接与资金流动性、经营绩效、财务风险等密切相关，甚至直接关系到企业的存续。因此，在企业的经营管理中，往来账款的管理工作非常重要，除了定期开展往来账款清理、加强应收款项回收、维护企业既得权益外，在财务智能化转型升级的时代，企业应当开放思路，更多地使用数智化技术建立并强化对往来款项事前、事中、事后的全面管理和控制，尽可能地降低往来风险对企业生存发展的负面影响。

首先，通过联通客户档案，在 AR 管理模块中添加自动提醒项目并自定义设置提醒机制，减少人工操作，采用 RPA 自动接收发送提醒。同时采用 BP（特指神经网络）构建企业级的坏账风险预测模型，结合企业销售和资金管理模块的数据，对目前的 AR 管理水平做出评价，考虑是否应该对催收政策等做出调整以降低财务风险。

其次，如果客户发生了实质性违约，企业要警惕违约客户的异常行为，主动跟踪违约客户的财产线索，及时掌握违约客户的资金流向，辅助催收工作开展。通过 BI 技术展示违约客户资本、股权、动产、不动产、商业收入、无形资产、涉诉资产、对外债权等 8 大类资产类型的疑似流入、流出情况，更新违约客户的信用档案并评估回款难度。必要时采取诉讼等法律手段，提高案件的审理和判决效率，并辅助有关部门开展强制性惩戒手段，减少滞后性、降低损失。

## 二、往来风险智能化管控的节点

随着我国资本市场的规模日渐扩大，企业之间的竞争日益加剧，即使是母子关系的企业也会在交易方面存在许多风险。此外在审计工作中，企业之间的往来款项往往也是被重点关注的项目。引起企业之间往来风险的因素有许多，如内部控制的不完善、审核机制存在漏洞、风险评估不到位、信息沟通不顺畅等。

借助数字化赋能的信息系统，企业能够加强对往来风险的管控，对数据进行加工、分析，增强入账时的审核和风险预警等，从而减少风险。通过数据中台对信息的处理，企业内部与外部分散的信息能够进行整合，对数据源也能进行筛选整理，进一步提升企业无形资产的价值。同时将关联模块的数据进行集合，对数据资源进行构建处理，以便面对风险时能及时找寻应对方案。

### （一）往来风险智能化管控的四个节点

往来风险的存在归根结底是企业的财务管理出现了问题，在进行财务管理之前要进行风险管理。

往来风险经常会表现为关键点中提及的如企业资金的流转、预期收益无法实现、资金无法按期收回、资金利用率低等问题。针对这些问题节点应进行智能化风险管理，包含信息收集处理、风险评估应对、风险事件管理与统计分析。

**第一，往来风险管理顶层设计**。从风险收集开始，由集团总部进行风险识别问卷的设计，然后由下属子公司进行填制。在风险识别报告收回后，对财务风险进行分类标签化，区别一般风险和专项风险，针对不同的风险设计不同的报告，最后进行风险事件与风险报告的云端存储。

**第二，风险评估与应对方案设计**。评估收集到的风险，可从风险发生的概率、风险波及程度与经济后果等方面进行量化处理，从而更好地对风险进行识别。针对量化的各个方面进行评估并制定相应的措施，降低企业风险程度，提升风险承担能力。

**第三，风险事件分类管理**。筛选存储在风险库中的风险，选择特别的、重大的风险进行上报，由集团总部针对性地开展工作，如风险处理、与其他子公司分享等。

**第四，系统对接与统计分析**。由前述步骤生成报告，包括风险汇总分析、单位风险清单等，为管理层提供更加准确的信息，从而做出科学合理的决策。

### （二）低成本财务共享的细节

财务共享可以很好地解决集团之间信息不对称的问题，在发现风险、信息存储与信息传递方面有很大优势。财务共享以管理会计为主，并没有改变企业原有的商业模式和管理方式。因此，财务共享要利用企业现有的 ERP 系统、资金管理系统等来搭建财务共享平台。将财务共享平台与数据中台结合起来，借助 ERP 的处理，传输到财务共享平台与数据中台中。具体如表 4-2 所示。

表 4-2　外围系统与财务共享平台在周边系统上的定位对比

| 周边系统 | 外围系统定位 | 财务共享平台定位 |
| --- | --- | --- |
| OA 系统 | 企业门户 | 财务业务审批 |
| ERP 总账模块 | 核算记账、非付现账务处理 | 凭证生成、手工账发起、审批等 |
| 资金系统 | 资产卡片台账、资产财务账 | 资产变化、流程发起及审批、凭证生成等 |
| 专项业务管理系统 | 业务活动管理、专项费用业务流程发起、审批 | 预算管控、资金支付等 |

### （三）数据中台的闭环设计对策

数据中台的作用是通过连接整合等服务，更加充分地发挥集团企业之间数据挖掘的价值，有效实现各类基础业务的赋能机制。将往来账项之间零散的、分散化的数据进行整理加工，利用共生协调等思路，将企业内外部多种分散的、异构的数据，通过数据采集、加工、分析等步骤进行可视化处理，更便于企业的决策管理。

数据分析可以为客户进行更深层次的分析，如贴上标签、进行个性化的画像等，还能通过智能化监控对客户进行智能化推荐。

数据共享平台的构建可将各企业之间的数据进行融通，并在业务执行过程中对各个节点进行有效的管控处理。有 OCR 技术作为基础，票据的格式规范、上传、智能填制等的效率都可进一步提高。大数据、云计算、区块链等互联网技术能使信息的传递与沟通、事件的处理等更加迅速。

## 第三节　供应链的共享模式与财务协同

### 一、供应链的共享模式与三大协同效应

供应链管理中，重点包括供应商准入审核和评价管理、招标供应商准入

审核和评价管理、自采供应商准入审核和评价管理。供应链管理中，针对供应商管理的完整业务流程包括注册、审核、变更、年审、评价、不良行为管理等。供应商报价业务流程包括发布招标信息、供应商报价等。

### （一）供应链的共享模式

供应链共享的实质是通过共享和整合供应链信息资源，降低库存水平和运营成本，快速响应需求，提高经济效益和顾客服务水平，必要时可以重新配置资源，优化运作流程和服务方式；同时供应链各成员企业通过多轮讨价还价后，彼此相互信赖，能够公平诚实地合作，并遵守相互达成的合同或协议条款，共同面对未来的不确定性。

现有研究在对共享信息流动分析的基础上，根据供应链节点企业间信息共享的功能特点，建立了供应链共享的结构模型，并将信息共享模式划分为三种不同的结构类型。

**第一，对称共享模式**。对称共享模式是指供应链上的节点企业各自建立自身的内部信息库，信息直接在提供方和需求方之间相互传递，不需中间数据转换，从而在相互传递信息的两个企业间共享信息。如供应商—制造商、制造商—销售商、销售商—客户之间进行的两两信息传递。

**第二，三角共享模式**。三角共享模式是指在供应链节点企业间建立服务信息库，存放企业的共享信息，由专业化的第三方企业信息服务商负责管理。信息服务商根据不同的业务类型为供应商、制造商、分销商分配不同权限，依据权限实现信息共享。

**第三，集成共享模式**。集成共享模式是对称共享模式和三角共享模式的有机结合体，能够根据不同的条件灵活选择不同的信息共享模式。对信任度高的长期合作伙伴采取三角共享模式，共享大部分对供应链产生直接或间接影响的信息；对短期合作或交易的企业则采取对称共享模式，只共享部分企业愿意共享的信息。集成共享模式通常需要建立一个核心信息服务平台，它由四个模块（信息搜集模块、信息分析模块、共享模式选择模块、信息共享水平评价模块）构成。

### （二）供应链的三大协同效应

企业为了实现资源的有效利用和合理配置，寻求整体效应的发展和最大化的过程就是企业的协同。根据产生效应的对象不同可以分为内部协同效应和外部协同效应。对于上下游供应链企业而言，为了提升竞争力、创造价值最大化等目标，应当积极发挥和利用外部协同效应的作用。协同效应一般分为三类，分别为经营协同效应、管理协同效应和财务协同效应。

第一，**经营协同效应**针对供应链企业而言的优势是纵向一体化效应，通过纵向协同缩短供应商、生产商和销售商之间的信息和商品流转时间，降低交易成本和销售费用。

第二，**管理协同效应**通过协同供应链企业的管理效率，促进低效率管理企业管理水平的提升，降低了企业的管理费用，利用了高效管理企业过剩的管理资源和人力资源。

第三，**财务协同效应**的产生，一方面促进供应链企业财务水平的提升，提升了财务工作效率；另一方面通过财务资源的整合，能够实现企业间闲置现金流在投资、筹资、融资等方面的再利用，优化财务协同效应。协同效应在上述三方面目标的达成，需要通过基于供应链管理的财务共享服务中心的建设和优化，促进企业的长远发展。

## 二、财务共享衍生对策

随着企业间经济业务联系的日益密切，企业的边界出现了模糊化趋势。供应链企业要想获得更大的竞争优势，需要站在战略管理的角度考虑供应链企业间的协同管理。基于供应链管理优化企业财务共享服务中心，能够加强企业间信息、资金、人才等资源的交换，实现与其他企业的信息交流与共享，满足企业对供应链财务信息的战略需求。

供应链企业间的财务共享服务，可以划分为企业内部的财务共享服务和供应链上下游企业间的财务共享服务。

第一，**企业内部的财务共享服务**，将企业集团内部的标准化、流程化的基础财务业务（会计核算、费用报销、资金管理、成本核算等），从企业集团下属机构中抽离出来，统一归集到财务共享服务中心处理。下属单位可以把原始凭证通过实物邮寄或者影像系统扫描的形式传送到财务共享服务中心，以电子录入的形式接受中心提供的财务服务。财务共享服务中心的工作人员对原始电子凭证进行审核和电子存储，实现了企业内部的财务共享。

第二，**供应链上下游企业间的财务共享服务**，是指在独立借助财务共享服务中心处理内部财务业务的基础上，利用先进的计算机网络技术，在事先协定的共享时间和空间范围内上传财务信息，形成共享数据库，为包括供应商、制造商、销售商在内的上下游供应链企业服务。

### 三、企业往来管控案例

#### （一）W民营企业供应链管理的业财融合转型案例

W企业是成立于20世纪90年代的民营制造企业，历经几十年发展，当前拥有超过50家子公司，其中制造类子公司20余家，销售服务公司30余家，业务以"生产制造+销售连锁"一体化为主，辅之以区域代理模式。总资产接近400亿元。

1995—2005年，W企业采取传统的治理模式，人员以分散于各个子公司的模式为主。在经济革新背景下，为了降低企业成本、提高企业竞争力，2005—2010年，W企业采取业务共享模式，按产品线分设各个事业部和业务共享服务中心，为企业的发展和标准化打下基础。2010—2014年，W企业开始针对内部业务共享的分条线模式进行条块化客户和供应商管理，并采用了不同事业部和业务共享模块各自独立的、多样的共享业务管控模块。2014—2018年，W企业开始建立集团范围内的财务共享中心，加快进度推进业财融合。W企业从局部到整体不断升级和优化系统，使业财融合下的财务共享中心模式得到不断完善，并获得很多先进的实践管理经验。在原有信息系统基础上，在不断优化迭代之下，各项流程与标准不断加强，W企业搭建了更加系统化的财务共享信息系统，以此对财务总体架构和财务共享架构不断优化，并细化到具体岗位，实现了整体财务共享中心的3次优化迭代，不同岗位的优化迭代率达到了5年3次且没有出现重大问题。

在架构转型和迭代之下，财务共享服务中心结合每位员工的综合能力评估结果，使分工更加明确、恰当，实现了队伍的全面转型。

2018年之前，W企业就实现了全企业财务共享系统的建立与应用，在费用控制、资金司库、基础报表层面全面应用，在RPA实践等各个细分场景实现了突破，总体而言，提升了企业的整体效率和竞争力。2018—2022年，为提升供应链管理的智能化协同，提升制造业的竞争力，该企业财务共享服务的内容从传统的费控资金和基础报表、往来报表向供应链、营销链延伸，并不断以价值链创造作为发展目标。与业务、产品价值创造相关的各个环节都成了企业的关键管控点。

W企业在此基础上，强调供应链管理模式下的业务和财务一体化，力求挖掘其中隐含的价值。互联网的发展也极大地推进了供应链管理系统的完善，使企业基于供应链管理思想，做到了物流、资金流和信息流的高度统一，其优势在于可以在提高企业管理能力的同时有效地控制企业经营成本，并帮助企业实现价值最大化。

从供应链服务延伸框架与融合效果来说，W企业从财务管理的角度出发，完成供应链管理，并构建了财务供应链管理信息系统。财务供应链管理信息系统将业财融合视为最终管理目标，系统中涵盖了订单完成的每个阶段，同时也将企业的人力资源系统、财务管理系统等涵盖在内，以此实现全环节的信息共享，做到全方位的信息对称。这有助于不断完善企业业务结构、提高资金透明度、有效规避管理决策风险并挖掘其潜在盈利能力。这些能力体现在落地上，W企业对供应链管理系统框架做了系统设计，并细分模块为4个部分。构建了业务管理系统、财务管理系统、一体化数据库、集团管控系统。

W企业供应链管理系统的优势在于将各个环节细化得很明确。在业务管理系统中，采购管理依据采购订单、委托代销、采购退货单、采购换货单等；销售管理依据零售单、销售订单、销售退货单、委托代销等；库存管理依据内部领用单、库存盘点单、赠送单、报损单、报溢单等。在财务管理系统中，依据会计凭证、损益表、科目明细账、转账单、费用单、固定资产管理、发票管理等。在集团管控系统中，依据应收账款增加单、应收账款减少单、退货通知单、预收账款管理、库存报表、销售费用等。根据系统的统一要求，该企业实现了各个分公司的独立业务操作，同时也保证了它们之间的数据互联，方便进行统一管理。

基于顶层设计规划的角度，W企业的系统实施效果主要是融合与协同。该集团企业根据自身特点和经营模式设计和研发了供应链管理系统，实现了业财融合的目标。依托互联网技术，打破了"信息孤岛"困境，大幅提升了总公司与各分公司之间的协作效率，有效降低了经营管理风险，同时也提升了总公司的管控水平，进一步适应了新时代的要求。供应链多环节下的信息协同共享模式也为整个企业降低了采购、管理、生产、销售等成本，提高了企业整体经济效益。

**（二）H民营制造企业往来风险的补救与实现案例**

H企业是智慧能源制造型民营企业，主业聚焦智慧能源和智能制造业务，旨在提供工业级的绿色智能系统解决方案。但 H 企业出现了管理疏忽，导致应收账款爆雷事件。H 企业控股子公司 A 的应收账款大部分逾期，回款不及时导致资金流出和股东利益损失风险较高。

子公司 A 主营信息科技领域内的技术开发、技术咨询等，生产并销售设备及产品。公告披露：随着通信公司的业务发展，A 公司对其加大了资金支持，但从 2021 年起，A 公司陆续发现通信公司应收账款普遍逾期，经催讨，其客户均发生不同程度的欠款行为，回款停滞。

为降低账款无法收回带来的巨额损失，A 公司已经付诸法律手段提起了多起诉讼，请求判令其下游 5 家客户按照合同约定，分别向 A 公司支付累计涉及的不含违约金的应收账款 5 亿元。

截至 2021 年底，结合诉讼最新进展、外部律师的专业意见以及与诉讼相关的资产保全情况，通过计算不同情景下应收账款的合同现金流与预期能收到的现金流之间差额现值的概率加权金额，A 公司累计计提预期信用损失高达 7 亿元，其中 2021 年全年计提 7 亿元。应收账款无法收回导致的损失最终通过合并报表的传导，引起股东权益损失和股东借款损失，反映在财务报表上则是归属于 H 企业的股东净利润大幅下降。具体如表 4-3 所示。

表 4-3 截至 2021 年 12 月 31 日 A 公司应收账款及坏账准备余额　单位：万元

| 名称 | 期末余额 账面余额 | 计提比例（%） | 坏账准备 |
| --- | --- | --- | --- |
| 应收账款 1 | 35200 | 100 | 35200 |
| 应收账款 2 | 23600 | 50 | 11800 |
| 应收账款 3 | 17000 | 100 | 17000 |
| 应收账款 4 | 12000 | 50 | 6000 |
| 合计 | 87200 | — | 70000 |

数据来源：根据 A 公司的 2021 年年报整理。

H 民营制造企业的子公司 A 的往来内控缺失问题如下。

1. 不恰当的赊销政策

首先，从应收账款的绝对规模和周转率来看，A 公司 2020 年末的应收账款和应收账款融资的合计数达到 6 亿元，但是考虑到 A 公司 2020 年的营业收入为 3 亿元，赊账金额相当于其整整两年的收入，应收账款的周转率小于

0.5，表示A公司的信用政策是十分激进的。

其次，从A公司与母公司的横向比较上看，截至2020年12月31日A公司总资产达10亿元，净资产达1.3亿元，只占母公司整体规模的30%左右，但A公司应收账款的融资规模已经超出母公司应收账款融资总额的50%。同时鉴于母公司在2020年的营业收入为13亿元，应收账款及应收账款融资合计数额为4亿元，赊销收入只占到30%。

综合而言，A公司过于宽松的赊销政策与其抗风险能力并不匹配，公司不具有足够雄厚的资产和稳定的营业收入去弥补由应收账款导致的直接或间接损失。其中直接损失指的是款项逾期未收回的资金成本及相关附加收账费用和坏账损失。间接损失是公司需要补充额外的流动资金垫付各种税金和费用，进一步加速现金流出。同时公司未能要求供应商和客户分别为100%的预付款和90%的赊销资金提供合适的担保增信，设置的保证金比例不足以涵盖风险，不对等的赊销额度及期限也体现了公司在关键政策制定中的主观臆断性较强。

2. 客户资信跟踪管理缺位

由于A公司对客户信用管理缺乏持续性和深入性，导致A公司的5家下游客户同时出现应收账款逾期，A公司内部和会计师事务所外部的双重保证依然无法提前锁定风险。

一方面，对5家公司累计5亿元的应收账款余额，会计师事务所进行了谨慎的审计程序，出具了A公司标准无保留意见审计报告。另一方面，A公司负责业务拓展的人员会在前期通过实地访谈、规模评估、偿债能力评价等流程，编写风控报告。但是在实际业务开展的过程中，A公司对客户的风控评价履行程序不完整，没有对这5家客户的业务链进行穿透式审查，没有厘清上下游交易对手方的关联关系；没有多渠道、多角度进行交叉式的信息验证，例如采纳金融机构收集的客户征信信息，利用专业机构的资信调查、同行业评价、以往交易情况等进行验证。

因此，A公司的事中信用管理是缺位的，财务部门与销售部门在动态追踪款项上职责不清，从而延误了定期与客户互通互联，提醒其按时还款的工作。没有及时更新客户的经营状况和信用变动，从而无法对其后续还款意愿做出准确估计，只是在超过期限时被动地计提坏账，但"亡羊补牢，为时已晚"。

3. 股东关联借款跟踪管理不到位

A 公司应收账款无法按期收回给母公司带来的影响首先是减少了合并报表上的利润，其次是通过业务往来垫支形成的股东关联借款无法收回。由于一揽子问题，使得 H 企业总体面临持续的续贷授信评级和新的偶然拿工资风险。

首先，关联借款几乎用于"补充流动性资金"。虽然已采取了权益质押和资产抵押等措施，但是主要还是以质押 11 亿元的应收账款对主债权进行第一顺位的担保。H 企业的其他股东没有根据相应的持股份额提供应有的借款支持，相应的抗风险能力有限，同时，由于缺乏对起到主要担保作用的应收账款的质量进行追踪，并没有根据抵押品的流动性变化动态地调整风控措施，是否应该采取补救手段无法形成有效决策。

其次，借款的核算不准确。通常情况下，对子公司的借款应该计入其他应收款，并与子公司报表上的其他应付款相对应，但是 A 公司在年报中将非经营性往来资金列示为一年内到期的其他流动资产，体现 A 公司对借款的重视程度不足，对款项收回情况持盲目乐观的态度。

最后，对关联借款的信息披露不足。在 A 公司应收账款出现逾期迹象之前，母公司并没有通过定期报告或者临时公告充分披露巨额关联借款的信息，资金流转信息不透明，因此关联借款受到内外部的监督是有限的。

4. 保理融资手段的滥用

根据公告文件，A 公司采取的销售模式为：下游客户支付不到 20% 预付款，剩下款项在货物交付且其他义务履约完成后，按事先商议的安排进行偿付，但同时 A 公司需要全额预付款项给上游供应商。因此，A 公司通过将应收账款出质给金融机构进行保理融资来获得资金。这种模式正常运转的前提是通信公司的客户能够按期足额付款。但由于下游客户违约，以应收账款作为底层资产的保理融资也产生了坏账。同时 H 公司在发生坏账时，只能继续提供借款帮助 A 公司回购向金融机构的借款。

母公司和子公司重复利用应收账款进行融资，但是却对往来款项的风险管理和内部控制不够谨慎完善，说明 H 企业内部对于保理融资基本逻辑理解不足，缺乏严格的审批和限制制度，对真实贸易背景的核查不够，从而放大了坏账带来的损失。

## 第四节 本章小结

本章说明了往来风险形成的原因,并根据应收类往来、应付类往来分别明确了风险集聚的成因,针对风险采取传统管控应对对策。

通过对往来款延迟引发的爆雷现象的智能化识别,往来管理可以分为两类管控智能化手段,并在四个节点提供控制,尤其是企业为顺应科技与时代发展的智能化控制与防范措施。

在供应链类往来管理上,针对供应链的共享管理模式、三大协同效应与共享衍生对策,企业可以形成系统的管理应对。

对于企业需要采取的往来风险的补救与实现来说,为规避企业应收账款爆雷风险,企业要谨慎采取应收账款的融资方案,并需要结合全方位、多角度的案例详情来支持应收账款的有效管理。

同时,针对传统应收账款管理的系统优化,可以采取妥善的智能化手段优化往来管理,以技术手段实现事前与事中的监控和管理。

### 本章参考文献

[1] 黄炳艺,吕玉洁,Ben Sopranzetti. 银行往来关系与企业融资约束——基于中国民营上市公司的经验证据 [J]. 厦门大学学报(哲学社会科学版),2019 (02):70-81.

[2] 董捷. 中小企业信用风险评价及其方法——基于应收账款融资模式的分析 [J]. 江汉论坛,2022 (03):22-28.

[3] 唐诗璐. 传统企业应收账款风险调查及管理思路 [J]. 财会学习,2018 (31):7-8.

[4] 温喜平,上官鸣. 基于财务共享服务模式的应收账款管理系统设计与应用 [J]. 财务与金融,2019 (02):37-40.

[5] 蒋梦莉,姚树俊. 供应链管理中信息共享机制研究 [J]. 生态经济,2011 (04):114-117.

[6] 王霄. 面向供应链管理的财务共享服务中心运行模式 [J]. 现代商业,2017 (04):143-144.

[7] 胡煜,王迪. 业财融合嵌入企业预算管理的思考 [J]. 现代商业,2018 (15):164-165.

[8] 汤谷良,夏怡斐. 企业"业财融合"的理论框架与实操要领 [J]. 财务研究,

2018（02）：3-9.

[9] 张威. 我国中小企业供应链管理模式研究：评《供应链管理》[J]. 商业经济研究，2021（07）：2.

[10] 刘毅，孙秀兰，芦絮飞. 往来账款风险识别及防范措施[J]. 中国内部审计，2017（12）：56-58.

[11] 侯云春. 借助ERP系统加强电力企业往来账款内控风险管理[J]. 财讯，2020（10）：107.

[12] 覃宁. 基于RPA技术的财务智能化对账应用[J]. 电子技术与软件工程，2019（21）：238-239.

[13] 王晓刚. 企业财务共享平台建设实践[J]. 财务与会计，2021（21）：21-24.

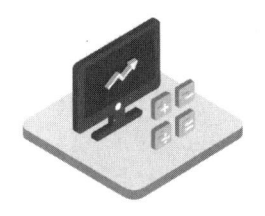

# 第五章
# 十大财务管理工具之成本管理

成本管理是提升企业竞争力的关键。通过成本端的精益化管控可以系统实现企业的降本增效。要达成降本增效的目标，企业首先需要针对现有成本管理问题，进行顶层设计的传统对策优化，并针对实现的路径进行数字化赋能。

企业通过传统方式，实现企业的成本端管理需要做好流程和节点的管控。在企业管控目标实现上，通过建设成本信息库，明确操作流程，落实生产管控节点，设计规划最优生产批次和产能，降低生产损耗，系统解决企业生产环节的效率，系统达成有效降低采购、生产、销售、库存、环境及安全成本，优化成本管理节点的目标。鉴于企业成本管理不断向设计端延伸，设计环节的前置性因素决定了最终的制造成本，企业在进行成本管理时应该更注重内部价值链的信息双向流动与外部价值链管理范围的拓展，从闭环成本角度全面考虑成本管理，从而进一步降低企业损耗，提升企业产品质量，优化并改善企业制造环节，为落实规模化产能打好基础。

智能化财务成本管理模式，可以实现成本管控的自动化、智能化、数字化，系统解决企业降本增效和企业价值最大化问题。企业通过数字化平台的建设，可以系统提供全面、联通且精准的成本管理数据，充分利用这些数据，从不同维度进行分析得出更多的制造成本信息，更加快速便捷地促进企业不断优化成本管理。

## 第一节　成本管理的问题与传统对策

### 一、成本管理的三大传统问题

#### （一）粗放管控的漏洞

不少企业存在对原料、半成品、产成品的粗放式管理问题。一方面，生产制造和仓储部门针对原料和半成品领用管理过程粗放，在制品的工序管理过程粗放，生产过程中的料、工、费未进行人力成本的准确统计，人力使用和计划性管理存在随意性，派工和领料损耗环节监管缺失。另一方面，财务部门未针对生产制造环节的成本管控采取妥善方式核算，对原料的消耗和损耗无法准确统计，半成品核算无法就材料、人工、制造费等采取妥善的方式核算。之后只能采取统包方式，尤其是人力成本和制造费用，无法采取妥善的方式进行分配，不分业务节点进行推动，且无法系统设计每个节点的对标成本和成本核算预警要求。

企业生产流水线需要针对性成本管理，成本核算的精益化要求与管理过程无法按节点分解导致核算过于复杂形成矛盾。企业半成品完工程度因初期无法做好从领料到生产过程的节点管理而无法实现精确核算。尤其是存在跨期在产品的企业的成本管理很难做到精细化控制。成本精细化管理需要企业增加成本管理方面的预算投入与人力资源投入，但企业实施成本管理精细化获得的绩效与其投入很难成正比，因此很多企业会放弃成本管理的精细化。

#### （二）成本数据失真

不少企业除了粗放式管理之外，成本数据还存在如下问题。

第一，在企业实际生产管理过程中，原料、半成品的领用和消耗等成本原始数据录入滞后或统计缺失；在原料采购的多批次采购过程中，核算加权平均成本方式未妥善落实；在生产产品的过程中，就人力管理和用工耗时未及时统计或遗漏，总体直接制造成本的统计缺失；需要分摊的共性物料、水电、维修公共设施费用未及时确认；生产过程中质量未及时把关导致的残次品等潜在损失无法及时记录。

第二，生产过程中的半成品等因有效期等问题无法继续使用等成本管控的缺失。上述问题叠加管理过程中的人为破坏等，导致成本结算的各种疏漏，或产品不入库即被紧急出库销售，或延迟结算等因素导致企业成本数据失真。

第三，原材料出库与实际生产车间消耗数据记录不同步也会导致企业成本数据失真；人工工时勾结虚报、工时工费汇总不及时等因素也会导致企业成本数据失真。传统成本管理的各个环节都存在成本数据失真的风险，甚至成为管理层操控企业产品成本的手段。

**（三）流程缺失的风险**

在传统成本管理方法下，很多企业的成本数据管理流程不规范，成本数据的集成性、及时性及准确性受传统成本管理流程的限制存在很多不足。

第一，成本管理的精确性与市场拓展的重要性相比，成本管理往往放在不重要的位置上。传统成本数据难以支持企业实现快速的财务核算。

第二，成本管理没有提上重要议程，传统模式下，依赖于直接管理者管理经验的方式依然普遍存在，基于有效管控和确保质量的管理过程无法形成生产制造与财务管理的协同，使得成本管控准确性的流程优化无法达成。因此，也就无法系统实现生产过程的流程化管理和基于市场导向的生产成本管理。

## 二、成本管理转型的三大潜在问题

**（一）数字化成本管理思维尚未形成**

现有大多数企业对于数字化转型下的成本管理理念及方法与数字化平台的应用均处于探索阶段。

第一，企业对于数字化下的成本管理理念转型的探索不足，仍采用原有的以生产为主的价值链管理模式；第二，企业管理人员更多的是思考数字化对业务模式的改进，尤其是对市场端的改进，在市场端推动电商与线下地推的协同，实现线上线下一体化的融合。

**（二）数字化战略财务管理端的执行缺陷**

企业的数字化战略转型在分解实施的过程中，在财务管理职能上的执行仍存在缺陷。由于投入产出不明显，内部管理的成本核算与市场投入带来的产出无法有效衡量，企业投入市场的意识优于内部管控的意识。因此，更多企业的数字化战略体现在市场一线的精益化管控，企业治理的管理层面和后勤层面均比较滞后。因此，作为后台支持的财务部门转型压力和动力均不足，更多是处于原有部门的原有岗位上，做岗位职责内设定好的工作，各项创新设计尚未落实。财务部门下属的成本管理小组仍按原本的思路进行考核和分析，尚未对环节及内容做出实质性改变。

### （三）成本核算与数字平台脱节的风险

企业搭建了全方位的数字化平台，可以获取各个部门的数据，但各部门相互之间信息的交流与利用水平仍需提升。数字化平台中基于时间维度的数据未被充分利用，在数字化平台建成后，各个部门的职责范围并未发生改变。

虽然平台的构建使得各部门可以更加迅速、便捷地使用数据，以往不方便量化的考核数据如今都能用更直观的数据来展示，但企业并未充分利用平台中的数据，且企业正处于平台刚搭建运行的起步阶段，暂时未能开发出新的数据资产的利用方法。

第一，企业成本管理不能反映总体成本核算。企业的成本管理与企业战略缺少衔接，仍然是以追求成本的绝对降低为目标，对从价值链角度的成本管理运用得不够全面。第二，成本管理较为被动，事前控制缺失。现有企业的成本管理多为事中控制与事后核算，很难真正做到事前的有效控制。

## 三、降本增效的三大传统对策

### （一）降本增效的闭环流程与集成管控

成本节约集成法，主要是针对企业生产工艺的改进优化成本结构，通过精益化管控提升成本投入产出效率，减少损耗和提升合格产品的转化，或是提升服务效率的转化。针对生产的规模和批次，企业需要实现设备运转效率和效能的提升，使企业的产出效果最大化，结合生产全部流程节点明确各个环节。

因此，成本节省是通过消除浪费和改进工作方式，节约本可以发生的成本支出。这是降低成本的最基础并且最简单的形式，实现成本节约的两个重要的方法就是"成本维持"和"成本改善"。成本节约集成法就是在企业原有的业务操作和生产要素再分配的过程中引入成本节约。成本节约集成法主要是为了解决多系统成本割裂状态，尽量减少不必要的步骤，提升工作效率，降低企业成本。具体如图 5-1 所示。

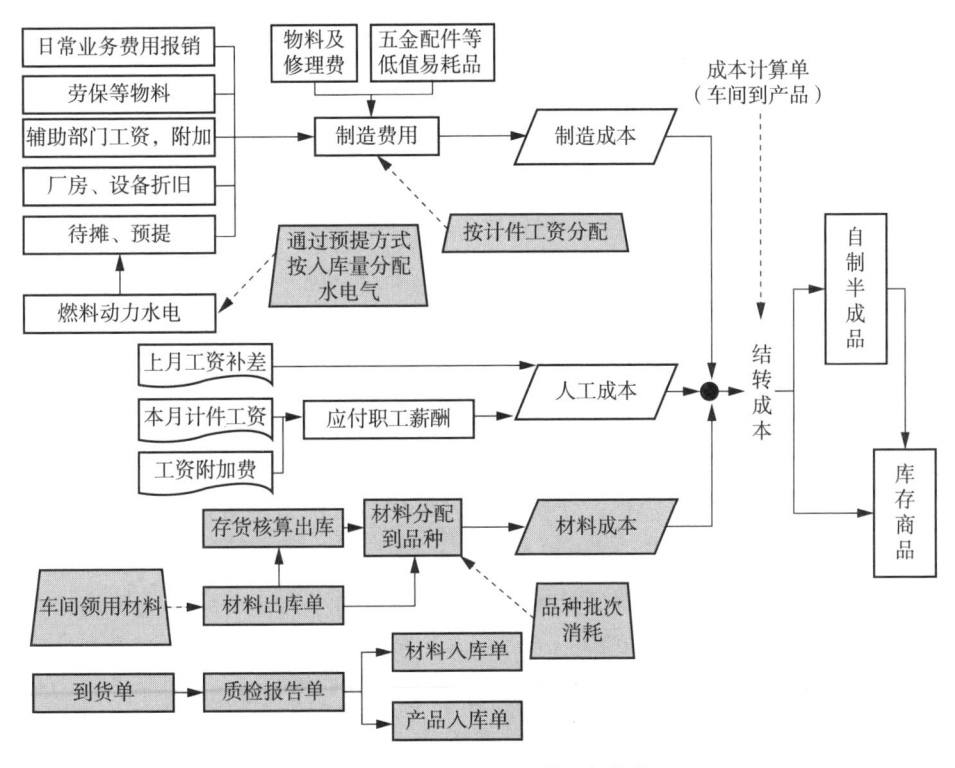

图 5-1 传统成本流程管理与优化

## （二）顶层设计方式实现成本优化

成本优化俗称砍成本。顾名思义就是企业节省开支、压低成本。砍成本主要的方式为：砍机构、砍成员；砍费用、砍预算；砍供应商、砍材料成本（见图 5-2）。从提升效果来说，企业应加强事前对成本的预算与控制。基于全面预算分解和针对成本管控的精益化要求，在管控的设计上，需要精准地记录各个客户的购买使用情况，包括购买频率、数量等，通过制定相应的算法能够更加准确地预测出客户的需求。设置专人进行行业情况的对标与分析，通过抓取影响价格的各个变动因素，能够分析主要产品未来的销售价格。

因此，通过这些前端的顶层设计，并借助成本端的优化，在管理端加强成本损耗，并从生产工艺、劳动用工、规模产能和产量、产品仓储等角度，制定精细的生产计划，防止存货大批量堆积产生大量库存成本，实现以销定产、产销协同。

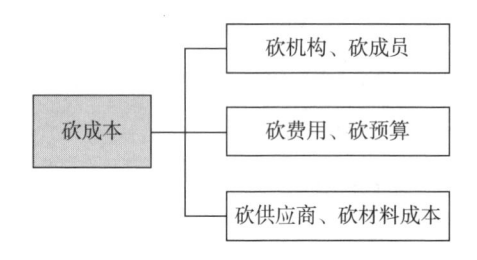

图 5-2　传统砍成本的三种方式

### （三）系统落实三个节点的成本优化对策

**第一，落实组织机构与人才优化对策**。组织机构与人才的优化会提高企业的管理效率以及管理质量，传统模式下，企业在进行砍机构、砍成员后将业务进行专业化外包或分包，并确保不降低生产力与服务质量，在人才优化时，企业要充分考虑机构是否冗杂，是否与其他机构重复，把相同或者类似的机构合并。

**第二，费用与预算精益化管理与优化对策**。对于费用的精益化管控和优化来说，首先需要对费用进行明确的细分，分解固定与变动费用，之后进一步细分优化空间，减少固定费用的支出，实现变动费用的使用效率和针对性。

预算的优化，更多情况下指生产预算与售后预算，生产预算的降低需要落实损耗程度，需要确保产品的质量在可控之下的有效运营，此外，确保售后服务质量也是提高企业客户忠诚度的重要方式，降本不能降低售后服务的水平，不能影响企业的口碑。

**第三，供应商及材料成本优化对策**。传统模式下的成本节约需要综合考虑采购集成化与采购价格优化，确保供应价格之下的优质供应商的存续和竞争力。传统企业的供应商是企业降低成本新的创新点，供应商是企业有机整体的一部分，合理的供应商利润是企业持续性发展的根本核心点。

## 第二节　成本管理的智能化优化与趋势

企业财务成本管理智能化的必要性，主要体现在现今财务智能化在企业实际应用中的便利性、增值性，以及财务智能化对企业财务各节点舞弊的规避性。

第一，财务智能化在实际应用中的便利性与增值性。智能化财务在财务管理、财务会计、财务核算等阶段的应用都具有显著的便捷性。基于财务共享服务模式的战略财务、业务财务、共享财务板块在企业的应用中具有降低成本、提升服务质量、提高效率等积极效果，智能财务的应用可以为企业提供及时有效的分析报告，为企业带来增值效用。

第二，财务智能化在企业实际应用中对财务各管控节点舞弊的规避作用，尤其是在采购、销售、成本管理阶段对各管理节点舞弊的规避作用。财务智能化的共享财务合理布局可以有效防控各舞弊事件的发生，避免因人为舞弊因素导致企业业务流与财务流不一致的情况发生，具有加强企业风险管控的作用。

## 一、成本管理的智能化优化

传统的成本节省模式在企业竞争环境下呈下坡趋势。"大、智、移、云、物"等数字技术的不断深化应用，为企业成本管理提供了更多的创新视角。比如可以通过模型的建立来对成本进行管理（见图5-3）。采用传统的成本节省模式会让企业陷入成本节省绝对值的尴尬境地，从而使企业脱离了行业主流。顺应时代的潮流，实行新的智能化财务的成本管理方法与模式，才是企业扩大市场占有率、提高销售、提高核心竞争力及降本增效的最有效的方法。

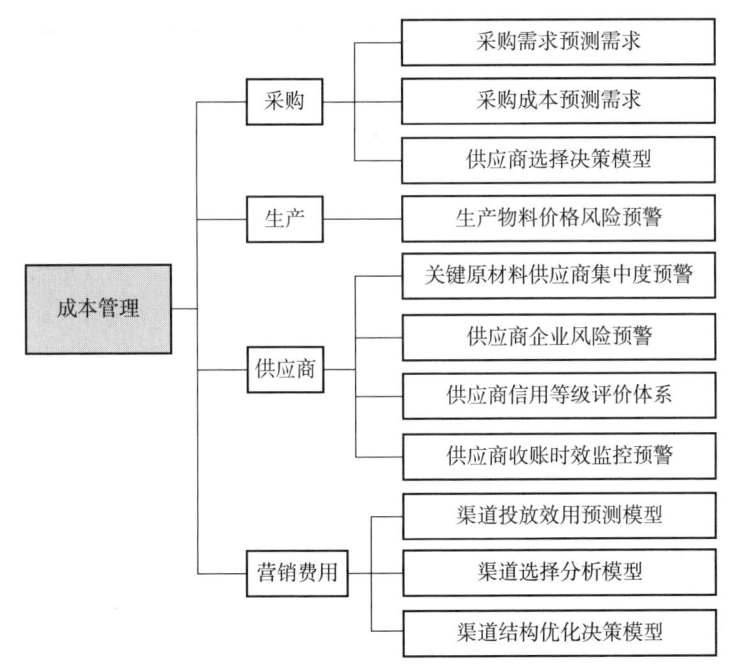

```
                    ┌── 采购需求预测需求
         ┌── 采购 ──┼── 采购成本预测需求
         │          └── 供应商选择决策模型
         │
         ├── 生产 ──── 生产物料价格风险预警
         │
         │          ┌── 关键原材料供应商集中度预警
成本管理 ┤          ├── 供应商企业风险预警
         ├──供应商──┤
         │          ├── 供应商信用等级评价体系
         │          └── 供应商收账时效监控预警
         │
         │          ┌── 渠道投放效用预测模型
         └─营销费用─┼── 渠道选择分析模型
                    └── 渠道结构优化决策模型
```

图 5-3　成本管理模型以及评价体系设立

数字化转型对企业成本管理的影响主要体现在对成本管理理念的影响、对成本概念边界的影响和对企业价值链的影响。传统的成本管理注重成本核算中的各成本生产科目，对于价值链上的其他环节关注度较低，数字化则有效针对企业价值链产生影响进而影响企业成本管理的范围与重点。此外，数字化对成本管理体系产生影响，体系的构建与重塑能更好地促进成本管理；数字化对成本核算方法产生影响，为标准成本的制定和核算提供更多的数据信息，使得核算结果更加精准。

企业可以采取有效措施进行成本管理的数字化转型，优化自身的成本管理效率。首先，企业应探究数字化成本管理理念，不应只简单地考虑采购及生产环节，应将目光扩散到全价值链管理领域；其次，企业应建立成本管理体系，制定静态、准确的成本管理节点，实施动态、灵活的成本数据分析，在数据分析处理、资产管理、风控管理和绩效评估四个维度优化业务流程，进一步推动智能工厂的建设，并将业务及财务人员融入管理体系之中，促进全员数字化。此外，数字化平台提供了全面、贯通、精准的数据，充分利用这些数据，从不同维度进行分析可以得出更多的信息，更好地进行成本管理并促进企业内部各个部门、各个生产环节之间进行沟通交流，间接降低营业成本。

## （一）组织机构与人才的优化

组织机构与人才的优化会提高企业的管理效率以及管理质量，但在传统模式下，企业在进行砍机构、砍成员时并没有以一个长远的目光去完成这些活动。砍机构后企业会将自己的业务外包，砍人员更多的情况下会降低生产力与服务质量，这并不是一个优秀企业应该做的事情。人才优化时，企业要充分考虑机构是否冗杂，是否与其他机构重复，是否能把相同或者类似的部门进行合并。

这些传统企业砍成本时没有考虑到的情况，智能化财务能充分考虑，从而促使企业做出正确的抉择。智能化财务通过前中后台一体化，实现部门以及人员的全面检测与控制；通过人工智能收集信息找到可以合并的冗杂部门，实现部门的精简；通过 RPA 技术让更多员工从基础又重复的工作中解放出来，或通过收集的信息实现对底层员工的精简；通过一定数据的收集，根据具体情况还可以计算出企业未来的发展趋势，帮助企业更好地对部门以及人力资源进行管理。

## （二）费用与预算的精益化管控

费用的精益化管控，首先需要对费用进行明确的细分，分解固定与变动费用，之后进一步细分优化空间，减少固定费用的支出，实现变动费用的使用效率和针对性。如果在人工费用削减时削减员工福利，同时增加员工加班概率，会导致员工忠诚度、主观能动性及工作效率的降低，继而导致企业的工作效率低下，企业竞争力降低。此外，营销费用的降低对于企业影响也十分重大，毕竟最直观的营销就是销售及市场占有率的增加，这些指标代表了企业的行业地位以及竞争能力的强弱。

第一，在预算的优化上，更多情况下指生产预算与售后预算。生产预算的降低容易导致企业要么是生产的产品不足要么是产品的质量不行；售后预算是提高企业客户忠诚度的重要方式，降低售后预算的水平，很容易导致企业口碑下滑。

第二，智能化财务在降本与执行效果不匹配时，通过数据预警方式，提示优化节点，提示费用支付效果下降的领域，并且通过数据的统计与分析，预警内部流程优化可能带来的效果下降，提示需要重新改善的新的内部流程和预计费用支出，给出量化测算结果，事前提示优化和降低费用路径。

第三，在营销费用方面，企业可以通过对产品的定位、对市场的细分、对目标客户的分析，通过本企业产品受众群体使用的媒介进行营销，从而降低企业的营销费用。

第四，在获客成本提升、线上电商的公域流量红利下降之时，企业借助打造私域流量的方式，系统增强客户黏性，持续改善运营投入与产出效果，实现细分市场内的流量转型，并进一步挖掘消费者潜在需求，实现企业私域流量的持续转化，及企业独立系统的 IP 打造。

## （三）供应商及材料成本的优化

传统模式下的成本节约体现在企业与供应商的供货量和供货成本管控上。成本与供货量的平衡达到一定程度之后，采购单价的下降空间有限。确保优质供应商的持续合作需要创造新的合作模式和成本管控方案。

企业通过建设生态链上下游供应商和销售商服务体系，针对供应商的供应端完成账期设计与协同，针对销售商实现产品销售的协同。通过智能化财务量化和预警方式，优化供应商供应材料的周期，做好系统的供应商原料供应的精细化规划，针对销售端产品的销售市场预期，做好账期管理，形成从销售到供应的一体化智能化管理，可以减少企业资金压力。

智能化财务可以帮助企业确立自己的战略成本，以一个更高的视角对成本进行管理。因此，可以采取区块链技术智能化财务管理系统，形成供销两端的协同一体化，双向压缩供应时间和销售时间。

凭借分布式架构、数据加密以及时间戳保证财务数据录入区块节点且不被篡改。与此同时，区块链技术下的智能合约促使财务数据得到智能化预测和分析，为智能化财务管理人员提供及时且有效的决策依据。

通过区块链技术的应用可以帮助企业找到价格和质量最合适的供应商。企业与供应商通过技术的加持，形成深层战略的合作。企业与供应商之间互帮互助，企业可以使用自己多余的资源帮助供应商更好地发展，供应商也可以为企业提供更多资源，从而为企业提供质量更好的原材料，加深企业与供应商的联系，进而通过建立同盟分散企业风险，提高企业的可持续竞争力。

## 二、成本管理的智能化对策

### （一）原料成本数据的闭环智能化路径

基于企业的业财一体化构建，企业购买原材料可以通过 B2B 模式（企业对企业的电商模式）实现，即企业可以实现与原材料供应商的直接数据对接，避免交易过程中采购人员虚报材料成本的情况发生（见图 5-4）。

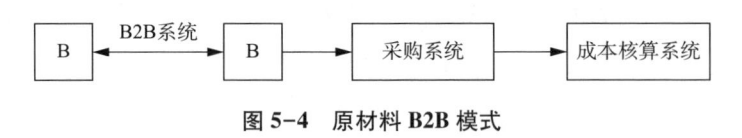

B → B2B系统 → B → 采购系统 → 成本核算系统

**图 5-4　原材料 B2B 模式**

由图 5-4 可以看出，通过 B2B 平台实现企业与原材料供应商的直接对接，企业的原料采购系统可以直接将原材料报价、付款条款、订货优惠条款等数据传输至财务的成本会计核算系统，成本会计核算系统通过数智化技术对成本数据进行汇总分析记录。采购系统的原材料成本数据直接传输，可以有效缩短数据传递时间，达到降低成本、避免采购人员虚报成本或收取提成等情况的发生。

原材料购入后，可使用 OCR 识别技术，直接将原材料的规格信息、供应商、付款条款、成本数据、材料损耗等数据信息识别到企业的材料采购系统中，系统经过自动化核算确定材料的单位成本。数据经过处理后为企业的经营决策提供支持，实现成本数据精确化。

### （二）人工成本的流程自动化评定方案

传统的人工成本在登记过程中经常出现与管理员勾结虚增工时等情况，财务智能化可以完美地解决这类问题。企业生产部门人工成本的数据收集工作可以采用 LBS 技术（特指基于位置的服务），实现员工上下班打卡，确认汇总员工工时数据与生产的产量数据，打卡系统将每天收集的员工工时数据传输至财务部门的成本核算系统，实现数据传输的及时性。

此外，生产部门还可以采用 OCR 技术（特指文字识别系统），实现员工工作的定时抓拍，对员工的工作状态实行图像识别，用以评定员工的工作效率与工作专注度。此类数据可用于企业对员工的绩效考核、工资分配、产品成本分配等工作（见图 5-5）。

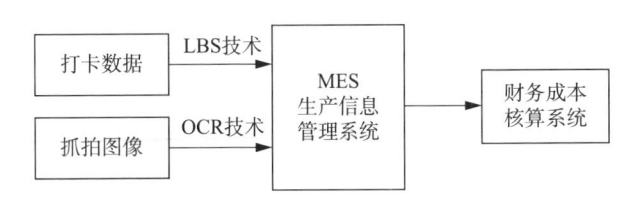

图 5-5 人工成本流程自动化

### （三）制造费用的智能化收集分配方案

生产部门的制造费用主要有生产车间的间接材料、车间水电费、折旧、车间管理人员工资、季节性停工损失等。

对于车间水电费、折旧、车间管理人员工资等可溯源的制造费用，可以在发生时直接录入 MES（特指生产信息管理系统）。车间水电费可使用 RPA 财务机器人和 OCR 识别技术直接识别水电费的费用发票或物业方寄来的费用单，提取识别出数据信息、发票或印鉴验证信息、时间区间信息等，把相关数据传输至财务部门的成本核算系统，并直接生成对应凭证。对于制造费用的间接材料成本，可以在领用时在采购系统中输出相对应的材料成本，在系统内直接生成相关凭证。对于季节性停工损失等需要系统进行估计列报的成本数据，可以利用数字化编程技术，选取近两年内的相关数据并采用合适的数据处理方法，对季节性停工损失进行估计评定，可以更精确相应的成本数据。

### （四）以产品为中心的自动化方案

企业内系统以产品为中心进行布局，既可以实现各模块间数据的区别保存，又可以实现系统间的数据传输。月末汇总产品成本核算时，可以直接在会计系统中的成本核算模块中汇总输出成本。

首先，在原材料领用时，采购系统中的原材料成本数据直接输入到以产品为中心的各成本核算系统中。

其次，月末成本核算系统自动化汇总出人工工时、人工工资等成本数据，并按照合理分配方法分配到各类型产品中。生产车间制造费发生时，利用OCR技术识别成本数据信息，月末汇总制造费用成本数据，成本核算系统根据预定的分配方法合理分配到各产品中心。

最后，以各产品为中心的成本核算系统汇总各分配来的成本数据，自动确认各产品中心的产品线总成本，形成完整的成本数据链，使各组成部分的成本数据有完整的证据链源头可追溯。

### （五）成本分配的智能化路径

各个以产品为中心的成本核算系统汇总产品成本后，需要在该产品的产成品与半成品之间进行再分配。成本核算系统提取之前一段时间的历史数据，利用特定的数据处理方法对各产品中心中的半成品的完工程度进行合理估计。半成品的完工程度完全以历史数据为模板，以现有数据进行核算，可以有效避免人工估计完工程度的不严谨性及数据的不精确性。成本核算系统智能化分配产成品与半成品的成本，可以实现成本核算分配过程完全依据精准数据，脱离专家估计的模糊性。

## 三、传统成本管理模式的智能化趋势

现代企业之间的竞争愈演愈烈，特别是改革开放后，更多的外企进入中国使得国内企业的竞争压力逐步增大。面对竞争如此激烈的市场，通过节约成本来提高企业生存能力，用同样的钱制造更多的产品、制造更多质量高于其他企业的产品，势必会增加企业的竞争能力。特别是当下的市场环境，提高企业的成本竞争优势刻不容缓，需要每一个企业重视起来。智能化财务成本管理相较于传统砍成本在多个项目上具有优势（见表5-1）。

表 5-1 智能化财务成本管理与传统砍成本对比

| 比较项目 | 传统砍成本 | 智能化财务成本节约 |
| --- | --- | --- |
| 管理周期 | 一年 | 三年 |
| 管理频率 | 定期进行 | 持续不间断进行 |
| 管理目标 | 降低成本绝对值 | 增强企业核心竞争力 |
| 管理观念 | 企业内部成本 | 同盟成本 |
| 管理形式 | 被动反应 | 事先行动与事后行动兼顾 |

由表 5-1 可以看出，智能化财务成本管理的管理周期更长、频率更快，在管理目标和管理理念上更注重从企业整体角度出发，管理形式也从被动反应转向事先与事后行动兼顾，使得管理更加全面。

# 第三节 成本管理数字化转型的对策与设计方案

## 一、成本管理数字化转型的对策

### （一）成本管理类型界定转型方案

数字化转型下成本管理不是简单地对生产成本进行核算，而是基于企业战略的全价值链的管理。数字化促使企业的管理模式朝着协同模式和生态战略方向不断拓展，成本管理的横向范围扩大，能够覆盖更多的业务信息；成本管理的纵向深度拓展，参与到整个企业管理中并提出相关的意见。成本管理的信息更加多元化，与业务更加贴切，有助于企业业财融合的进一步优化。

成本管理理念随数字化转型而转变，所涵盖的范围越来越大，除原本的生产成本管理外，还扩大到供应商和客户关系的管理，以及同行业企业的关系管理。在成本管理中，管理的对象为企业生产经营中付出的全部资金，研发工作的资金支出也应纳入成本管理的考虑，加大研发资金的合理投入，研发更合理的生产工序及智能化、高转化率的生产设备，从而降低成本。

在企业生产基本活动中还需加入对客户的需求认知这一环节，通过数字化平台能大量积累客户数据、快速挖掘客户信息，在这一环节的支出能降低后续的销售成本。

## （二）构建数字化成本管理的价值中心

数字化成本管理的核心是数据中心，用来储存企业内部和外部与成本相关的数据，并对此进行加工和分析。数据中心收集数字化平台中的数据，用各种分析模型对数据进行多维度的分析，能够实时地将数据转化为信息，展现企业生产经营中涉及的与成本相关的信息，在前端清晰、明了地展示出分析结果，有利于管理者对成本管理进行及时的监控、把控企业运营走势，从而做出有效的决策。

资产中心是成本管理体系中对实物资产进行管理的平台。资产中心能够实现企业内部资源的优化配置，提升资产利用率以及工作效率，从而提升企业的经营效益。

风险与绩效中心是成本管理体系中的重要组成部分。利用数据进行分析和考核是成本管理的重点，通过事后的评价能够对下一期的生产经营进行指导。基于资产中心、数据中心与风险绩效中心，形成了价值管理中心。结合业务与财务的众多信息，能够对价值链进行优化，形成一个通畅的信息传达、分析、改进的体系，充分利用数据信息。

## （三）加强对销售环节数字化的系统运用

企业成本管理的理念和思维仍是以采购和生产管理为主。企业应将成本管理的思路放在价值链整个环节上，尤其是加强销售环节的数字化转型理念。

企业可以进一步扩大协同发展的下游企业，扩大销售的范围和终端客户的比重。企业通过丰富销售渠道拓展终端客户，并将其作为经营分析的一项在年报中进行披露。企业在销售环节可以充分记录客户的数据，详细记录其购买行为中体现的各项数据。此外，销售人员还需要对已购买客户进行售后跟踪和对潜在客户进行需求挖掘，形成全面的客户与潜在客户信息库，利用这些信息能够进行精准销售。

# 二、成本管理数字化转型的设计方案

## （一）设计一个标准成本信息库

企业全面数字化平台建设给企业内部各个部门的沟通与交流提供了平台。数字化转型前各部门的数据是割裂存在的，财务部门很难获取全面的生产指标，难以实现业财融合，各个部门对信息的统计还可能存在重叠，导致作业无法产生增值作用。在此状态下，信息很难双向对等地流通，每经过一个环节都会产生不可回溯的信息流失，不能为决策提供全面、有效的信息。数字化转型后预期数据可由所有相关部门共享，数据可以逐级扩大，形成决策有用信息库，有效支撑成本管理。在整个价值链上的各项价值活动之间都可以实现信息的双向流通，形成虚拟的信息价值链。

数字化平台上线后在系统中进行的每一项操作都是数据的积累与沉淀，深入挖掘并分析数据能够进行业务溯源，从根本上降低成本。除此以外，系统也应搜集外部数据，形成丰富的成本信息库，从而提升多个部门的运作效率。例如，采购部门即时更新原材料价格的涨跌情况可以让预算更加准确，使企业管理者尽快掌握最新的信息，对未来进行规划和防范，保证企业决策的正确性和有效性。

### （二）建设一条数字化业务溯源降本路径

在原有的采购模式下，采购业务完成后即完成了该项工作任务，难以得到有效的信息反馈，通过对数字化平台的利用则能大大提升采购环节的工作效率与采购质量。

采购的原材料及机器备件入库后，即由仓储部门在平台上记录验收情况，包括入库时间、原材料数量及质量等，从而量化其发货速度、产品质量。原材料及企业备件等出库使用后，生产部门在生产中也要随时反馈、记录其使用中的情况。机器设备和备件的使用情况也由生产部门及检修部门记录，从而实现信息的双向流动。固定资产管理系统中记录各项固定资产的运行情况，除了通过实时数据反映当前使用情况、及时对资产进行维护及有效利用外，还能通过数据的沉淀，对比不同固定资产的使用年限及故障率。分析数据异常是人工导致还是设备本身质量问题导致，从而指导生产过程中对设备的使用，或将信息备注连接到相应的供应商，从而指导采购环节，这就能从采购源头上解决问题。

根据上述理念，企业能够建立完备的供应商信息系统和供应商选择标准。采购部门、仓储部门、生产部门及检修部门随时记录采购商品的相关信息，系统将其自动链接到供应商信息上。基于上述信息将其打分量化，从各个维度考虑，进行综合评价。

数字化平台给供应商选择的量化提供了便利，能够获取供应商的最优解，从而降低采购成本。同时这一量化操作将减少采购人员的工作量，也会降低采购过程中所发生的费用。

### （三）生产系统标准化与流程化的提升重点

与生产相关的管理仍然是成本管理的重点。数字化平台的搭建使得生产环节的管理效率提升。

在生产环节，企业采用了智能生产系统，意图打造智慧工厂，争取在各个环节都能实现机器设备智能化操作与监控。因此，生产效率取决于工艺流程中设备的生产能力与其使用情况。企业将充分利用数字化平台对生产过程中机器设备的使用进行管理与监控，以期提高生产效率。

数字化平台可以积累数据信息，可以利用其建立人工操作手册，将作业标准化，提升人工效率。在具体工作流程中，设备出现不同问题时对应着不同的处理方法，不同分析结果的操作内容都一一记录在数据库中，从而形成了完备的操作手册，将工作内容标准化，提升工作效率、降低工作出错率。

### （四）实现成本管控协同降低综合成本

综合成本包括库存成本、环境成本与安全成本等一切与成本相关的内容。除采购、生产、销售的业务链条外，库存、环境、安全问题也对成本产生影响。

生产、采购与库存管理之间信息的相互流动能降低不必要的库存支出。企业通过实时监控能获取到库存数据及生产数据，据此可以计算匹配出最优的库存数量，能够及时地进行采购，真正实现JIT（特指准时制生产方式）和零库存，或者通过批量采购尽可能地获得更多的价格优惠。

企业利用数字技术打造生产过程管理系统，对生产中环境、安全问题进行监控。一方面通过实施循环经济，发挥协同经济效用，对企业生产过程中的安全性进行有效管控；另一方面通过技术改造、建造各种环保设施等方式加强"三废"的处理，减少各种废弃物对环境的污染。

数字化可以一定程度上解决安全问题，降低潜在的由于安全问题导致的支出。为此，企业需要重视安全生产并制定严格的制度，建立风险、隐患双重管控体系，明确企业及个人的责任，形成安全闭环管理模式。在这个过程中，可以利用虹膜识别系统，实现人员的统一管理，记录人员数据，监控人员的运行轨迹，保证人员安全。此外还可以通过数字化平台的数据分析，对各项机器设备进行即时检修，降低安全隐患，间接地降低生产成本。

## （五）精益化细节管控优化核算模式

首先，企业采用品种法进行核算，数字化平台可以实现对成本核算方法的优化。对于企业而言，针对成本数据，按会计准则及传统科目要求进行传统的成本核算，基于成本效益原则，企业可以在传统模式之上优化并使用作业成本法等其他现代核算方法，使用数字化平台后可以使得各环节耗用数据的记录更加精准，提升成本核算的精确度。

其次，除优化企业成本核算系统外，数字化平台对企业成本分析也有着积极作用。企业原有的成本分析工作由财务部门下设成本管理组牵头进行，仍需要人力资源部门协助提供人工费项数据，采购部门协助完成与生产相关的调研并给出建议，由于部门之间信息不对等，需要进行大量重复的工作，难以实现真正的业财融合，成本分析也不够精准。数字化平台形成的信息库中有生产经营中的全部数据，信息需求部门可以随时调用，在部门之间实现信息对称。进行成本分析时，可以从平台内提取需要的与业务相关的一手数据，能够提升工作效率，成本分析直达底层数据，更加直观，分析结果更加准确，建议和措施更有针对性。

# 第四节　本章小结

本章分析企业在数字化转型背景下，内部的数字化环境以及现阶段的成本管理状况。结合成本管理方面仍存在的不足，企业应建立成本管理体系，制定静态、精准的成本管控节点，进行动态、灵活的成本数据分析，从数据分析处理、资产管理以及风控与绩效评价三个维度分析、优化作业流程，进一步推动智慧工厂的建设，同时优化企业成本管理方法。

首先，通过识别成本管理失控表象，探寻企业数字化转型过程中存在的问题，如果发现企业在形成信息库实现降低成本的同时，管理思维及战略分析并不到位，且对数据理解不够充分，可以通过重新划分成本对象、构建数字化成本管理体系、加强销售环节数字化应用、加强事前成本控制等方法解决问题。

其次，通过阐述成本管理料、工、费问题，结合企业成本管理财务智能化背景，将传统财务成本管理料、工、费中存在的问题进行系统阐述，包括管理粗放、数据失真等，继而引出智能化转型的重要性，将业财一体化分为业务一体化、财务一体化及业财一体化分别进行分析，整合成本管理料、工、费智能化财务应用。

最后，对成本节约集成法的砍成本模式进行具体分析，将传统砍成本与智能化财务节约成本模式相比较，指出在管理周期、频率、目标、观念、形式方面，智能化财务节约成本模式都有着不同程度的提高，运用成本智能化模型可以有效降低企业管理成本、提升企业核心竞争力。

### 本章参考文献

[1] 许汉友，岳茹菲，赵静. 财务共享智能化水平对企业绩效的影响研究 [J]. 会计之友，2022（7）：141-147.

[2] 杨功金. 铅锌矿山成本精细化管理研究与实践 [J]. 矿业研究与开发，2022，42（4）：193-198.

[3] 覃姣玲，苏松，秦国锋. 汽车企业构建数智财务的探索与实践 [J]. 财会通讯，2022（6）：161-166.

[4] 岳宇君，顾萌. 智能化转型、竞争战略与制造企业成本粘性 [J]. 统计与信息论坛，2022，37（5）：64-75.

[5] 郑勇华，孙延明，尹剑峰. 智能化转型、智能化能力与制造企业转型绩效——战略匹配的调节作用 [J]. 科技进步与对策，2021 期：10.

[6] 康彧. 医院财务智能化转型路径分析 [J]. 财会月刊，2021（13）：36-41.

[7] 刘景广. 基于区块链的医院智能化财务管理框架设计 [J]. 会计之友，2021（3）：147-153.

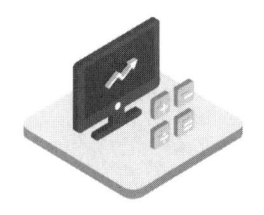

# 第六章
# 十大财务管理工具之费用管理

费用管理主要是企业针对期间费用的管控。企业费用管理的目标从传统的纯粹节约费用的支出，转型到提升费用支出的效果，从而协同支持企业的可持续发展。费用管理效果的好坏，体现在商业模式的设计和费用支出的协同设计中，并按照预算管控的要求，合理分配到企业运营的价值链中，按照价值创造的逻辑进行有效的支出。

传统的费用管理模式不断按照企业顶层设计的管控要求实现转型，传统模式的费用管理面临诸多环节管控的问题，通过智能化转型，费用管理还可以挖掘企业费用管控的制度执行效果、预算管控效果，进行费用支出预测、费用项目智能化分析，使得企业获得费用管理和前瞻性判断的更多实用的数据。在企业实际的财务工作中，借助数字化手段对这些数据进行挖掘和分析，应用相应技术明确固定费用和变动费用，明确费用使用效果，匹配费用与产出结果，能够为企业管理者在进行企业决策时提供实时、准确的决策意见。

因此，为达成上述目标，企业需要针对费用管理的痛点问题，建立管理体系，明确智能化管控对策，落实智能化转型对策，规避企业一揽子费用管理风险，从而系统实现企业费用管理的有效性、针对性。

## 第一节　传统费用管理的痛点问题与四大对策

### 一、费用管理的管控领域与常见问题

#### (一) 费用管理的管控领域

费用管理是企业针对流通费用的管理，是企业财务管理节税降费的重要部分。企业的费用从狭义角度，主要包括管理费用、销售费用、财务费用、研发费用。企业的费用从广义角度，除了狭义费用外，还包括生产成本类费用（见图6-1）。

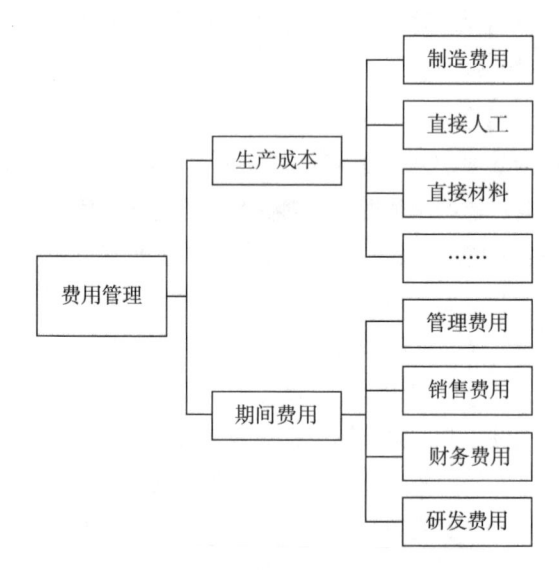

图6-1　费用管理的宏观管理主要内容

费用管理的任务是通过制定制度，编制预算，分解费用项目，落实费用支付流程，实现基于预测、计划、控制、核算、考核和分析的过程，减少不必要的费用支出，从而挖掘费用使用的效果，最终提高企业的经济效益。

企业对费用的具体管理工作通常有三方面：①由财务管理部门对企业全部费用支出及费用水平实行综合管理，按照企业内部组织的分工，实行分口负责，分级管理；②对各费用开支项目，根据其不同的特点，采用不同的管理方法，如费用的定率定额管理、费用包干节约提成制、内部资金券贴现等。企业设置总会计师或精通管理业务的主管经理，也可实行总会计师或主管经理一支笔批示后才能列支的管理方式。

企业在进行费用管理的过程中，应当结合自身经营的状况和未来的发展目标，合理判断当前各分类下的费用是否合理，并进行妥善的预算决策以缩减费用来节约成本，或是加大相关投入以配合发展需要，从而使得费用的支出真正适配企业的实际情况。要满足这样的需求，就需要企业的费用管理不再只是财务系统的数值计算，而应当与企业的实际业务进行结合。

### （二）费用管理的六类常见问题

在费用管理中，与经营管理成本有关的福利费、业务招待费以及车辆保养费等都是管理的重点。相关问题如果没有采取妥善的内控措施，容易造成企业潜在和实质性损失，常规的管理方案是实行预算管理，具体项目及常见问题分解如下。

**第一，业务招待费**。在业务招待费的管控上，需要确保支出的必要性、合理性，确保是与企业生产经营活动相关的合理招待费用。业务招待费可以设置事前申请单，需要明确标准，落实事由，明确项目承担主体，纳税抵扣上限不得超过规定。

**第二，车辆费用**。车辆费用指与汽车有关的费用，如汽油费、维修费等。企业需要提前明确企业不同职级员工享有的汽油费标准、报销频次、报销时间，制定公车使用标准和私车公用制度。从企业精益化管理角度，企业需要制定有关汽车的租用协议或制度，明确相关车辆费用的支出与企业实际业务活动的关联性。车辆费用报销范围一般涵盖保险费、养路费、年审费、汽油费、过路费、停车费、打的费、保养费、洗车费等。每次报销附车辆行程及费用分摊表，表中行车里程与所报销的出车补贴里程数相符。企业内控常规需要针对报销的汽油费测算百公里耗油量，超出常规的要进行核查。报销单据统一使用差旅报销单，公车的所有行程报销原始单据必须与"车辆行程及费用分摊表"对应相符，按财务规定分类明细填写。

在汽车保险费报销范围上，提前做好据实报销类的交强险、车辆损失险、第三者责任险、全车盗抢险、车上责任险、基本险等报销。

第三，差旅费。差旅费的报销需要完整的证据链材料支撑。差旅费申请单和报销单均需要包括出差员工的名称、地址、日期、时间、提供发票单据等以确认其业务真实性。差旅费的支持材料要确保各项事项的合理性，住宿标准和不同区域标准匹配，并符合企业差旅制度要求。差旅补助和地方规定的额度要匹配。常规而言，差旅费需要根据员工职级、出差地分类分别确定可乘用的交通工具、住宿的最高标准、伙食费标准、市内交通费及通信费报销标准。住宿费必须凭发票报销，住宿费发票中应将企业全称、入住和离店时间、住宿人数填制齐全以达到内控管理的要求。

第四，薪酬绩效与五险一金。企业员工薪酬分为固定薪酬和浮动薪酬。固定薪酬需要按照企业的规章制度执行，确保核算准确，按部门分配准确。管理人员和市场人员的浮动薪酬的发放，需要结合企业绩效制度规范测算准确后，按照内控的要求核决执行。

五险一金的计提，需要按照员工薪酬及绩效的总额计提并缴纳。员工教育类经费的列支范围，主要包括岗位培训以及专业技术继续培训等费用专项列支。企业工资福利费的开支，应当注意在合理的列支范围内。

第五，市场推广费支出。企业为拓展市场，需要针对市场开发、市场调研、市场维护、会议会务、广告宣传、招投标服务、售后服务和其他营销费用支出做好安排和规划，确保费用支出有政策支持，有规范确定，有具体的服务或实际的产出结果支撑。其中，企业需要针对广告宣传费做好税前列支的税前抵扣安排，做好上述费用支出的支持证据链安排，确保费用支出可控。

第六，研发费用支出。研发费用支出项目主要包括研发费用支出的整体流程的执行和定义、研发费用费用化和资本化逻辑、费用支出的顶层设计和规范。在这个过程中，研发费用支出体现在流程管理人执行和监督各相关部门完成流程所规定的会议、文件等内容中。具体来说，会议包括例会和按需召集会议；文件包括项目初筛备案文件和立项调研申请、项目立项申请、进展备案文件、研发和生产系统新产品开发备案文件。

## 二、传统费用管理的痛点

大量企业后勤支持部门的费用管理流程烦琐，预算规划的水平也并不高。这使后勤支持部门费用的管理成为企业财务管理中的一块"短板"，增加了大量不必要的费用，也给财务人员增加了工作量。在这种现状下，利用大数据、云计算、软件系统等技术平台，实施财务共享，可以在提升经济效益的基础上，控制成本费用，优化费用审批报销流程，对企业或单位的可持续发展有着重要的作用。

此外，大部分传统企业在费用管理方面都存在一些缺陷，使费用管理不能很好地服务于企业的发展，难以达到理想的效果。传统企业费用管理工作主要存在以下痛点。

### （一）成本费用管理的观念和制度缺失问题

缺乏成本费用观念是企业无法实现成本精细化的重要原因之一。在过去管理精细化还未普及时；企业员工仅仅了解自己的工作职责，工作内容单调，缺乏创造性，在追求业绩的同时没有承担成本管理的责任。管理人员也为完成业绩指标更注重运营效率而忽视成本费用管理，没有把成本费用精细化融入企业管理中。

在经济社会快速发展的过程中，许多企业都在努力争取扩张和发展，不可避免地会为了抢占市场份额而进行大规模的资金投入。然而，由于费用管理制度的缺失和理念的错误，合理适当的支出有时会转变为不必要的铺张浪费，从而损害企业的实际利益，带来适得其反的效果。同时，对于一些由多家子公司组成的企业而言，其费用管理体系将更难在各方面找到平衡。倘若一些子公司费用高企，就可能需要其他子公司进行弥补；相反，如果一些子公司资源过剩，就需要通过集团的统一调配进行转换和利用。这也对传统的企业费用管理体系提出了更高的要求。

### （二）费用管理体系缺失预算管控流程

随着外部环境的变化，企业的业务范围越来越广，费用管理的理念和方法也随着经济科技的不断进步，发生了较大的变化。尤其是在新兴的经营模式下，如电子支付、电子采购、电子订单等迅速发展，给传统的费用管理体系带来了巨大的冲击，对其提出了更高的要求。在未来，伴随着经济和社会的进一步发展，这种冲击和挑战还会愈演愈烈。

传统的费用管理体系依赖人工进行数据的收集和处理，因此可能存在着很多漏洞，将对管理分析结果的真实有效性产生严重的影响。诸如重复报账、乱开发票、收取回扣等乱象的存在，会使得费用管理分析的数据基础并非企业的实际运营情况。基于这种基础对企业的财务运营情况进行分析不具备实际的意义，因此传统费用管理模式的有效性不能得到充分的保障（见图 6-2）。

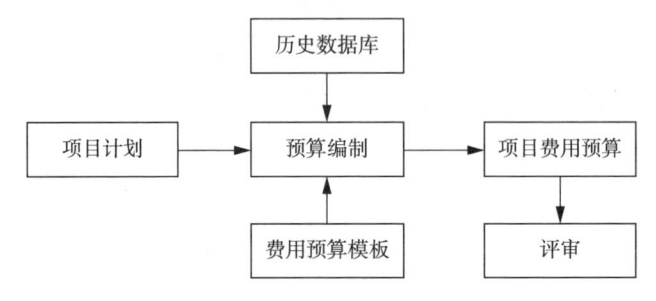

图 6-2　传统费用预算流程

### （三）费用管理体系缺失内部监管流程

优异的企业费用报销制度能使员工出差更便捷，财务流程简化，企业运行效率提高，但是不健全的费用报销制度会导致企业费用支出失控、企业资金浪费、会计信息造假，给企业带来极大的经济损失。图 6-3 为企业传统的费用报销流程。

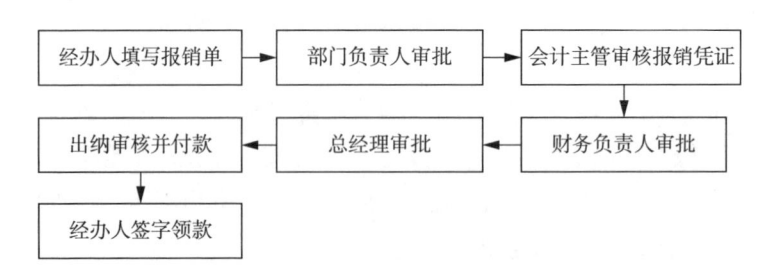

图 6-3　企业传统的费用报销流程

图 6-3 所示的单线程的费用报销模式虽清晰有逻辑，但容易产生各种问题，比如人为手段导致的凭据造假、越权审批报销凭证、虚报费用、重复报销等，这种报销模式会导致企业财务信息失真，企业资金流失，而领导审批缺乏严谨性，很容易导致费用报销中的监督机制失效，企业需要优化报销流程，设立更智能的审核系统和财务管理机制。

### （四）费用管理体系滞后的管理理念问题

落后的成本费用管理理念也是传统费用管理模式的主要痛点之一。一些企业在试图通过收入增长寻求利润增加不顺利之后，就转为选择降低成本的路径。然而这种只是盲目追求成本降低的模式，一方面会导致财务战略不能良好地服务于企业的发展规划需要；另一方面，倘若为了追求扩张而对成本费用的增长缺乏关注，会使企业的成本上升，损害企业的实际利益。同时，部分企业的成本费用管理更多侧重于对经营过程中费用的核算，追求的是准确性而没有考虑到通过费用管理来辅助战略制定。

## 三、传统费用管理的四大对策

在传统费用管理下，企业因为缺乏精细化管理概念，一度实行粗放管理，往往导致企业主营业务成本过高，销售利润下降，产品质量参差不齐，最终使得企业竞争力下降。精细化的费用管理是基于传统管理模式的一次改革和创新，它细化了企业费用管理目标，将集体工作职责分配到个人身上，员工按照精细化管理标准工作，缩减了企业成本开销，使企业获得更高的经济效益。

### （一）建立标准化的费用管理体系

费用标准化体系是借助网上报销系统，结合降本增效采取的措施，企业想实现智能化财务，可以从六个方面梳理，并建立统一规范的费用管理体系，如图6-4所示。

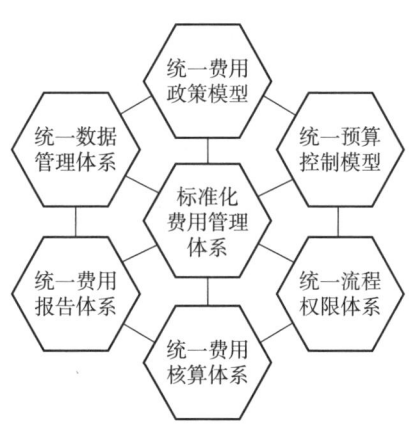

**图6-4 标准化费用管理体系的构成**

由图6-4可看出企业可以通过建立统一数据管理体系、统一费用政策模型、统一预算控制模型、统一流程权限体系、统一费用核算体系、统一费用报告体系来实现企业的标准化费用管理，同时为企业专业化管理和扁平化管理提供解决方案。统一数据管理体系是指制定统一的费用相关数据标准，包括费用预算项目、费用类型及供应商等，为企业整合管理建立基础；统一费用政策模型是指统一企业的费用标准，建立费用政策模型，由系统自动进行费用控制；统一预算控制模型是对超出规定预算的业务特别审批或者拒绝审批；统一流程权限体系是对企业业务审批流程制定统一标准，对审批权限统一规定，提高审批效率；统一费用核算体系是形成财务业务一体的自动会计核算流程；统一费用报告体系是统一企业报表的模板和格式。

## （二）加强市场营销费用的精细化管理

市场营销系统是企业营销组织架构的重要组成部分，通常包括产品市场部、品牌宣传部、市场推广部，在企业日常运营中占据重要地位。市场部门的主要职责有制定营销策略，推广企业产品，协调企业产销，处理客户投诉，建立营销信息库等。市场一线部门在开展营销活动或市场调研时往往会产生差旅费、维护费和一些特殊费用，企业的费用控制和预算控制也因此显得尤为重要。

因此，市场营销费用的精细化管理意味着企业落实管理责任，将责任具体化、明确化，落实到责任部门、责任人身上，当天问题当天解决，把每一个工作细节都做到位。衍生到企业费用上则是指管控业务费用，进行成本控制，做到管理精细化，加强预算管理和控制费用支出。随着时代发展，企业层面的降本增效能力不断提升，但是仅靠人工采集数据、单据审批和按照经验预算管理都极大拉低了企业工作效率，此时企业可通过数字化实现财务管理智能化。

## （三）提升成本费用管理的信息化路径

企业管控成本费用时经常存在信息不对称的问题，要加强精细化视角下企业管控成本费用的问题分析。

企业在进行管理时，往往根据不同部门提供的预算方案来进行核算工作，各部门为维护自身的利益会向财务部门争取尽可能多的预算，财务部门因为难以了解和管控所有部门成本费用的支出细节，容易批准过高的预算，导致企业预算管理松散，造成成本管理漏洞，做出错误的决策。这就需要企业共享各部门财务信息并建立统一规范的费用管理体系。

## （四）提升费用管控的内控与人员协同度

企业管理人员做出决定通常都需要根据财务部门工作人员提供的各方面

财务管理信息，针对企业内部控制做好设计，结合细节优化内控手册，针对性地进行人才培养和管控能力的锻炼。

此外，在人才培养层面，财务人员的质量会直接影响企业决策是否正确。企业要想实现管控成本费用的精细化，就需要在人员协同度方面加大信息化软件和"大智移云"技术财务管理人员的知识储备。这类复合型人才在企业层面普遍不足，岗位流动性低也会导致企业财务人员仅仅了解基本的财务知识，无法实现职能转型成为复合型财务管理人才。因此，企业应设定目标和协同度，提升人力资源储备和制定人才培养计划，从可持续发展角度持续落实精益化费用管控。

## 第二节 费用管理的管理体系与管控对策

### 一、智能化费用的管理体系

费用管理智能化可以通过以下几点措施，发挥自身优势和特点，解决传统费用管理体系中存在的一些痛点（见表6-1）。

表6-1 智能财务体系针对传统费用管理模式问题的解决方案

| 传统费用管理模式问题 | 智能财务体系解决方案 |
| --- | --- |
| 制度不完善、流程不清晰 | 进行清晰的流程设计，将经营过程中发生的费用合理划分到每个流程中 |
| 费用过高过低难以界定，依赖事后反馈 | 进行标准化成本控制，建立各种成本定额并完善预警体系，在业务过程中及时反馈 |
| 集团与子公司各自为政，难以协同 | 通过智能财务费用管理平台的建立，统筹协调各方资源。既保障整体，又保障个体 |
| 发票造假等问题导致成本高企 | 通过智能防伪识别、信息录入等模式，代替人工审核，规避造假问题。同时提高工作效率，用机器代替简单重复的信息采集和计算工作 |

### （一）顶层设计融合流程智能化设计

在搭建了智能财务体系之后，企业可以对日常经营业务活动的全过程进行设计。从产品最开始的设计，到原材料的采购、生产、销售、售后等全过程，企业都可以实施控制，从而规范各个环节中可能产生的费用。智能财务体系下的全流程管控体系，可以在企业生产前就对可能出现的结果进行预测和分析，从而良好地规避原有体系下各经营环节中不规范行为导致的成本费用上涨。在传统的费用管理体系中，由于各业务环节的流程缺少规范化，会导致各环节产生的费用不统一。混乱的业务流程会使各环节产生的实际成本费用无法被良好地归类划分，不利于企业在后续进行成本费用节约时有针对性地进行优化和调整。

（二）标准化成本的管控控制方案

成本标准化的方式是通过建立各种成本定额，例如采购的成本定额、生产工艺定额、劳动工资定额、销售成本定额，来使得企业各业务行为中产生的成本可控。在结合了智能财务体系之后，这种成本控制的行为将变得更加智能。例如，通过费用预警等手段，可以让系统在经营活动中出现异常情况时，及时将相关信息反馈至管理人员，从而对实际情况进行针对性的处理，在事中就进行良好的反馈，而不需要等到全部业务都执行完毕之后才发现其异常所在。因此，智能化费用管理可以帮助企业对自身生产经营情况进行实时的监测，规避可能存在的问题。

（三）统筹安排调控的设计平台

通过搭建智能化费用管理平台，企业管理层可以实时监测各子公司在费用管理方面的表现，从而进行资源的调配和管理。在传统的企业费用管理模式下，企业往往只关注自身的经营发展情况。虽然对于单个企业而言，能妥善处理好自身的费用管理事宜就已经足够，但对于规模较大的集团企业而言，其需要考虑的不仅仅是自身作为一个整体的成本费用管理情况，还需要考虑各个子公司之间的协调平衡，从而既保障个体又保障整体的良好发展。智能化财务体系下的费用管理能很好地解决这种问题。

（四）加强内部稽核规范流程的过程管控

在传统的企业费用管理过程中，时常会有造假行为的出现。诸如伪造发票、使用其他不相关事项开具的发票进行报账，而在智能化费用体系搭建之后，可以很好地规避这些问题。通过对发票防伪的识别、票号的判断等手段，规避原有体系下需要人工判断记录而存在的低效、真实性难以保障的问题，节约了企业人力成本、时间成本的同时，规范了企业费用数据的收集过程。

## 二、智能化费用管理的对策

### (一) 传统财务实现智能化转型的方案

以往的财务管理是分散型、封闭式、手工作坊的运营方式。复杂的交易活动不断地挤压在会计科目里，而任何一种挤压都造成了信息价值的浪费，导致企业财务部门丢失了最能实际体现经营运作情况的关键信息，只记载了企业经营的主要成果，而不能提供客观可信的经营信息支持（见表6-2）。

表6-2 传统财务与智能财务对比

| 传统财务 | 智能财务 |
| --- | --- |
| 业务财务分散 | 业务财务融合 |
| 部门封闭信息传递差 | 大数据平台高效互通 |
| 无法提供客观可信的经营信息支持 | 业财融合，经营信息客观可信 |

由表6-2可看出，随着计算机技术与互联网信息技术的蓬勃发展，大数据分析对经济社会发展的驱动效应越来越强，大数据分析的集成和分析在企业计划实施、风险管理、效益提升方面起到的作用日益显现，信息技术与财务管理进一步融合，为财务管理和经营一体化提供了信息技术支持。业财一体化，即业财融合，是指服务标准化、生产过程智能化、数据管理一体化、数据结构化、经营模式可视化、系统一体化。业财一体化的迭代是管理会计发挥作用的根本和基础，它能够持续处理与各种传统行业经营和财务管理脱节，又无法及时得出正确结论的各种负面问题，从而做到企业经营数据与财务管理信息同步、同源、统一。业财一体化系统可以将所有销售端和生产端的主要风险与控制点导入一套数字化管理系统中，从而形成了一套数据中心，一套全途径的营销平台，以供应链管理和财务作为两个主干，实现前台、中台、后台统一控制，使企业运营中的每一个环节都有规范化的清晰流程，并且实现各个环节互联互通、实时反馈与更新。人员、部门对需要进行的任务、正要进行的任务、已经进行的任务，及其节奏一目了然，易于监视与实施。

### (二) 促进管理与财务整合的路径

在业财一体化的大环境下，企业推进智能财务的深入实施，可以使得财务部门更高效系统地作业，同时与企业各部门的关系更为密切，信息利用效率更高。企业管理人员同时也要意识到，企业发展和资本流动费用消耗之间的相互关联,需要有效推动业财融合积极功能的实现。

在数据驱动中,流程标准化逐渐发展进步,通过智能化及数据驱动,最终实现数字化(见图6-5)。

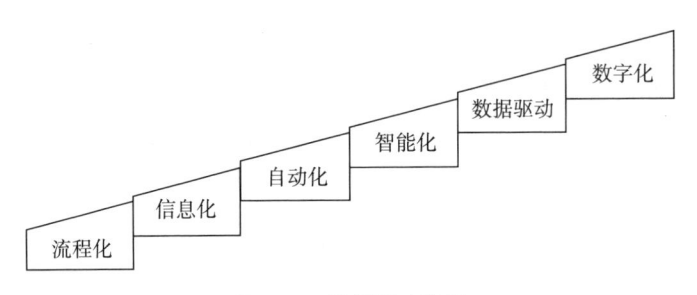

图6-5 数据驱动发展

### (三)建立统一的费用管理体系

企业应该制定统一的费用数据标准,包括费用预算项目、费用类型、银行账户和供应商等,为企业整合管理建立基础,实现统一的整合分析。然后建立统一费用政策模型、统一预算控制模型、统一流程权限体系、统一费用核算体系以及统一费用报告体系(见图6-6)。

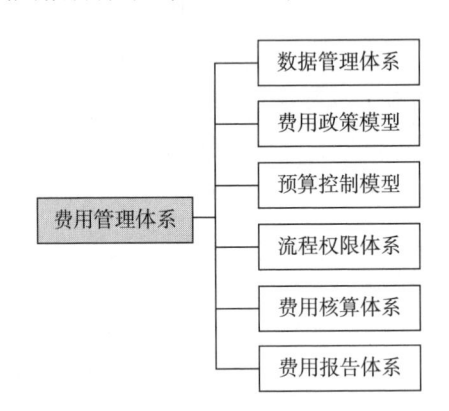

图6-6 费用管理体系构成

### (四)建设费用全流程闭环系统的细节

企业为了保证系统的连贯性,可以从八个细节建设智能化财务费用系统,即**申请费用、费用产生、费用报销、领导审批、财务审核、快捷支付、推送记账、合并报表**。其中申请费用要保证费用预算可控,费用产生确保及时记录,费用报销时要有标准控制;财务审核可直接线上操作,提高效率方便快捷，最后在整合报表时每一个过程的好处都得以体现，实现了总体高效管控，细节也得以呈现（见图6-7）。

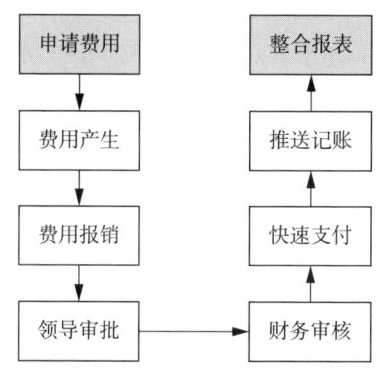

图6-7 费用全流程系统

## 第三节 智能化费用管理对策与精益化管控模式

### 一、企业实现智能化费用管理的对策

#### （一）组织转型与财务共享服务中心的基础标准

财务共享服务中心是指以企业内部财务制度统一化、流程标准化、岗责专业化为前提，将财务工作中大量重复的、简单易标准化的基础工作集中至一个信息系统平台进行处理的财务管理服务平台或财务管理服务内设机构。财务共享服务中心一般为企业各个部门提供标准化的财务基础性服务。

企业可以通过**数据基础、组织基础、制度基础**这三大基础标准来推动财务服务的转型，并实现财务共享服务中心这个组织的建设。财务共享服务中心的显著特征包括建立统一的数据标准，进行数据汇聚、数据开发、数据治理和数据服务。

财务共享服务中心能够根据财务共享项目收集到的数据，结合企业业务实际情况评估各数据，将紧迫程度高、建设价值高的数据加入主数据的管理；将费用类型、业务类型等不符合主数据管理基础的数据作为标准数据来管理。为建立企业财务共享服务中心，企业也需要建立完整的内部控制管理体系，对固定资产进行实时管理，利用财务共享服务中心，实现对固定资产的合理配置和高效管理，明确企业各个部门员工的责任，对其工作绩效进行考评，建立良好的组织基础，做好投资项目的风险分析，利用财务共享服务中心做出合理预算，实现项目收益最优化。

因此，建设财务共享服务中心的过程是对企业管理模式改造的过程，通过对企业制度、流程、组织、人员、岗责、信息系统等方面进行系统性的资源整合、治理及重组，财务共享服务中心可以借助各类科技提升服务的效率和效果。

### （二）推动企业财务会计转型的路径

在数字化飞快发展的 21 世纪，企业越来越依赖数据分析来规避企业风险、提升企业效益，传统的财务会计所做的基础记账审核和纳税申报已经无法满足企业发展需求，因此企业在加强自身费用管控系统和财务共享服务中心等基础设施发展的同时，也要加强对人才的培养，推动企业财务会计向管理会计的转型升级，如图 6-8 所示。

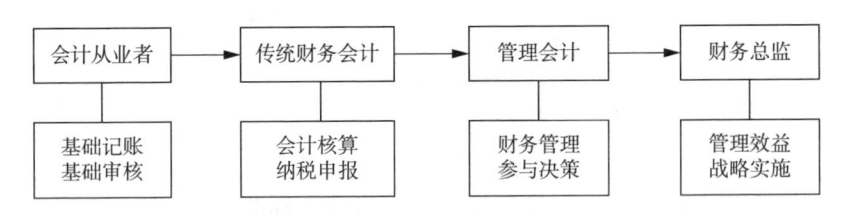

```
会计从业者 → 传统财务会计 → 管理会计 → 财务总监
    │            │            │          │
 基础记账      会计核算     财务管理    管理效益
 基础审核      纳税申报     参与决策    战略实施
```

**图 6-8　会计从业者发展**

由图 6-8 可知，企业要积极提升财务人员的数据分析能力、新软件和技术的适应能力，对已有人才进行培养和教育，鼓励人才学习相关知识，提升自身学历，同时推动财务人员结构优化，吸纳更多精通财务知识和信息化技术的复合型人才，推动企业全面发展。

### （三）设计费用控制智能审核系统的节点

优秀的费用控制智能审核系统是企业建设财务共享服务中心的一个重要条件，传统模式下的费用管控主要依靠手工，这种模式效率低下、管理粗放、费用控制成效低下，员工日常费用报销存在审批时间长、程序烦琐、报销周期长的问题，因此要将费用管控和信息化相结合，实现费用管控的自动化和智能化。在采集信息方面，企业可以采用 AI 技术实现语音识别和发票识别，发票识别系统能够自动验证发票真伪、录入发票金额并按照费用类型出示，并且与企业财务系统直连，可以实现费用数据的 24 小时随地提取，不受制于人工，企业财务人员也能通过智能费用控制后台一键生成凭证来提升企业财务工作效率。

企业针对财务共享服务中心的费控模块建设来提升费用管理的效果，并克服传统模式下费用控制的风险。在财务共享服务中心系统建设并实现费用报销系统或者核算系统的费用报销模块。企业的财务共享服务中心的费用管控系统可以针对全流程的费用管控模式，并结合企业管控具体实施，如图6-9所示。

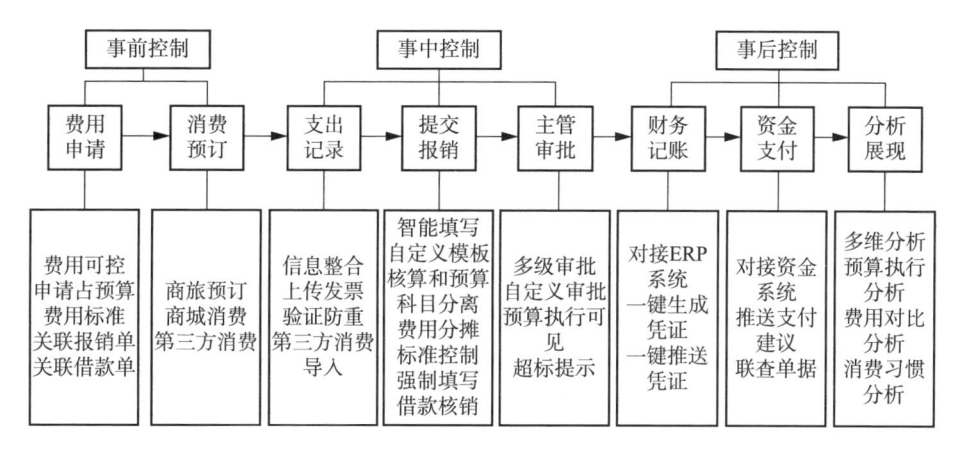

| 事前控制 | | 事中控制 | | | 事后控制 | | |
|---|---|---|---|---|---|---|---|
| 费用申请 | 消费预订 | 支出记录 | 提交报销 | 主管审批 | 财务记账 | 资金支付 | 分析展现 |
| 费用可控申请占预算费用限值标准关联报销单关联借款单 | 商旅预订商城消费第三方消费 | 信息整合上传发票验证防重第三方消费导入 | 智能填写自定义模板核算和预算科目分离费用分摊标准控制强制填写借款核销 | 多级审批自定义审批预算执行可见超标提示 | 对接ERP系统一键生成凭证一键推送凭证 | 对接资金系统推送支付建议联查单据 | 多维分析预算执行分析费用对比分析消费习惯分析 |

图 6-9　全流程费用管控模式

由图6-9可看出全流程的管控可分为事前管控、事中管控和事后管控。在费用发生之前，员工进行预算审批时，系统可自动计算申请占预算比例和企业费用限值标准，审批通过事项可通过系统进行信息整合和智能填写，经过多级审核和财务批准后付款，事后系统会自动对比过去消费标准，并再次与预算对比来判断费用审核批准是否合理，大大减少了不合理费用批准的可能性。费用控制智能审核系统还能采用价税分离的机制，细化费用科目，拓展费用支出项目具体内容，实现管理费用的精细化。

## 二、共享费控模块改善费用精益管理

"开源"和"节流"是所有企业提升经济效益、实现可持续发展的两个重要因素。其中"开源"主要靠销售部门提升，而"节流"则需要所有的部门节约开支、降低成本和提高工作效率。俗话说"兵马未动，粮草先行"，后勤支持部门费用在总成本支出中占有相当的份额。管控有效的方式是加速推动智能化转型和精益化管理。

## （一）增强后勤支持部门费用预算管控的路径

预算规划是做好后勤支持部门费用管控的关键。优秀的后勤费用预算管控可以在为集团提供有力的后勤保障的前提下保证后勤费用管控效率，合理分配资金，提高资金的利用率。总之，后勤支持部门费用预算管控的目标就是用较少的费用来为企业提供有力的后勤保障。

在传统的后勤预算管控模式下，预算部门无法实时收集到与后勤部门预算相关的数据。这是因为其收集预算所用到的数据采用的是纸质方式或电子邮件形式，而数据的汇总方式主要采用 Excel 电子表格等简单的管理软件。运用这种模式编制的预算，时效性很低，准确性也不高，预算报表即使形成，往往也会不停地改动，影响了预算编制的质量，继而也影响了后勤支持部门费用的预算管控。此外，各部门缺乏统一的、标准化的、系统的内部控制制度，使得预算重复审批、审批进程缓慢、预算下拨迟滞等，进而造成流程管控失效。

以信息系统为依托的财务共享服务中心，可以直接形成后勤费用的预测数据、当期数据以及历史数据，也可以实时更新数据信息。数据集成共享得以实现，对后勤费用预算分析全面性、准确性以及及时性的提高产生了明显作用，使预算编制的依据更加可靠与科学，管理者也可以通过滚动预算对后勤费用的预算设置进行及时调整。该系统也从时间层面上为预算的完整性与连续性提供了保障，为每个环节信息数据的快捷、顺畅流转简化了预算流程，使其高效管控的功能得以最大化发挥。

## （二）加速后勤支持部门费用管控的标准化进程

企业在实施财务共享服务模式之前，对后勤费用的管理是相对分散的，费用报销的操作方式、流程、管理制度和信息系统都会因为地域和人员的不同而不同。财务共享服务中心将原来分散的后勤支持部门费用进行整合，为报销流程的标准化以及各项数据的统一与管理提供了平台，也为企业的费用管控奠定了基础。与此同时，通过对流程标准化与精细化的管理，减少了重复作业，为财务人员减轻了负担。

# 三、智能化费用管理案例

## （一）P 制造企业财务共享费控模式的应用案例

P 民营医药制造企业于 2007 年设立，经营品类以医药制造为主，并向互联网健康管理和互联网医院管理发展。P企业向互联网健康方向推进后，几个药品品种通过了国家药品的集采，除了药品制造，P企业拥有超过20家健康管理门店，药品销售涉及全国百余个办事处或分公司。

P企业计划通过财务共享的费用管控模式来整合费用管理，提升市场费用效果，改善药品集采带来的销售费用压缩问题，借助费控系统实现企业的集中式管理。因此，P企业借助财务共享中心来实施费控管理的价值赋能，如图6-10所示。

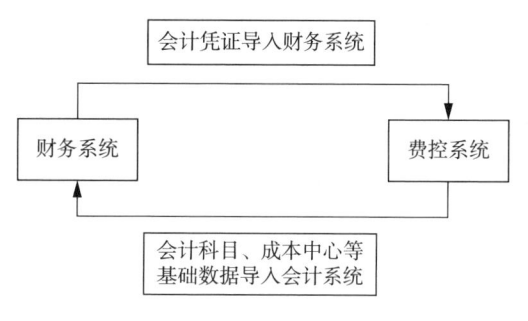

**图6-10 业务价值体系**

由图6-10可看出，P企业主要是将财务系统和费控系统相结合，为P企业创造价值。第一，两者结合为员工和财务部门提供了费用报销和财务报账的办公工具，使得工具更加电子信息化；第二，实现财务业务流程的电子化管理，在降低财务人员工作压力的同时，减少了出错率；第三，审批人可以直接通过移动设备办公，有效缩短了审批时间，提高了员工的满意度；第四，使用信息登记进入费控系统，方便了后期对费用的跟踪、管控和稽核；第五，辅助财务中心进行预算控制、制账和记账，提高工作效率；第六，为预算编制、费用控制的决策提供部分数据作为支撑，为企业提出更好的经济决策添砖加瓦。

P企业财务共享费控模式的应用，为其财务过程中的数据信息提供了数据中心，同时凭借子系统的协调配合才使得各项信息能够准确高效地传递。

P企业实施财务共享费控模式所建立的费用预算管控系统是以ERP（特指企业资源计划）等信息系统为基础并不断优化升级来实现的。这个过程中，P企业建立了四大板块：跟踪分析、预算管理、费用申请和费用报销，同时可实现四大功能，即预算管控、费用审批、跟踪稽核、数据集成，四大功能均可运用在后勤支持部门费控中。具体执行情况如下。

## 1. 预算管控

预算管控功能可以针对预算的数据、控制规则、使用明细、使用进度和执行统计情况进行分析，从而使后勤预算发挥出更多更大的作用。企业可以按照"先计划，后发生"和"先申请，后报销"的原则进行预算的管理和规划。

首先是预算编制，其对后勤支持部门费用的预算编制，是在结合历史数据的基础上对本年的费用进行的整体规划。其次是预算审核，审核编制有没有过分夸大或者紧缩，检查是否合理。确定无问题后将后勤费用预算入库形成预算数据，为之后费用的申请、报销形成依据，方便管控。预算数据主要包含三方面的内容：其一是预算控制模式、预算控制策略以及预算控制的维度和细度；其二是预算总额、占用额度、已使用额度和可用额度；其三是预算的使用进度。

## 2. 费用审批

费用审批主要是针对后勤费用的申请、报销、审批、预算和标准控制等一系列的流程进行了统一的规范，便于监管。

员工报销前需要进行信息通信，其优点是便于共享中心的工作人员开展后期的准备工作。后期的具体操作如下。

首先，登录企业门户系统，按照要求填制申请单并提交，先由部门负责人进行审批，审批的重点是关注事项的真实性和合理性。紧接着由预算人员进行财务审核，查看是否合理，是否在后勤支持部门费用预算范围内，如果不在，会及时对后勤预算数据进行调整，反之则可以进行费用申请。

其次，在进行费用报销前，需要将原始票据邮寄到财务共享服务中心的票据岗进行统一收集。在收到票据后，有必要对原始凭证进行一个简单的分类审查，检查单据相关要素是否合规，并根据要求进行审计，重点关注附件的完整性和发票的真实性。随后归类、整理、扫描。

再次，票据扫描岗将对原始单据进行全部扫描。扫描时，影像系统会根据报销单据上的条形码自动排序，并将其转换为图像存储，继而对扫描的图像分批实时或定时上传至服务器。此外，在费用报销系统中，报账人员提交的电子单据和扫描后的图像将自动匹配并触发下一个审批流程。部门主管可以直接在线审批。

最后，经部门负责人审批的电子单据和图像将进入财务共享服务中心的调度池中，系统将根据前期设定的调度规则对文件进行分类，并随机分发给审核员。审核员对报销单据是否符合外部监管的要求，是否符合企业的制度等问题进行最后的审核。在审核无误后导入到 ERP 系统，系统会将这些支付信息转换成为与资金系统接口兼容的标准文件输出，完成支付。与此同时，报账人员会接收到相应的短信提醒，录入相关的财务信息，形成会计凭证。后期，复核人员可以直接使用 ERP 系统进行对账、查账。

3. 跟踪稽核

主要是针对数据的关联性，对财务处理流转状态进行跟踪和稽核，后期的跟踪分析则主要是针对各类台账，如预算台账、报销台账，以及预算执行情况分析表等进行深入分析，从而核对后勤预算，并对预算进行及时调整。

4. 数据集成

主要是针对系统的高扩展性，规范与支付系统和主流金融系统的对接。

从 P 企业财务共享费控模式的实施效果来看，实施财务共享费控模式之后，P 企业进一步加强了对企业费用的预算管理。在财务共享费控模式系统中，实施 P 企业本部及所有下属公司的后勤资金预算，并确保预算资金的量化执行和进度，对 P 企业预算进行及时、合理的跟踪调整。

P 企业财务共享服务中心的建立，不仅增强了各类费用报销支持部门费用的预算、完善了支持部门的费控标准化流程，还有利于整个企业的信息化，提升服务质量及运作效率，实现资源共享，为企业发展提供战略支持，优化财务管理能力，有助于企业实现综合实力的扩充和市场价值的提升。

### （二）Q 电商企业智能化费用管理案例

Q 民营电商企业于 2010 年设立，经营品类主要为消费电子产品等。Q 企业向互联网零售方向推进后，线下拥有超过千家门店；线上通过自营、跨平台运营，跻身 B2C 前列。通过财务共享服务中心整合业务、调整结构，使得业务进一步扩大，运行效率得到了大大提升。Q 企业的财务共享系统架构包括费控中心、报表中心、核算中心、资金中心，表 6-3 为建立财务共享前后单据处理的运行效率对比。

表 6-3 建立财务共享前后单据处理运行效率对比

| 项目 | 建立共享前 | 建立共享后 |
| --- | --- | --- |
| 人均核算处理效率 | 82 单/天 | 622 单/天 |
| 平均每单核算处理时长 | 4 天 | 1 天 |

续表

| 项目 | 建立共享前 | 建立共享后 |
| --- | --- | --- |
| 账务处理及时率 | 93% | 99% |
| 资金支付及时率 | 80% | 99% |
| 报表出具时效 | 5天 | 2天 |

Q企业财务共享服务中心下的费用"证据链"执行如下。

在发生费用业务时，Q企业首先对供应商清单进行筛选，并编制请购单、采购单，接下来正式与供应商签订交易合同，然后供应商通过企业向财务共享中心提供货物发票，由财务人员审核无误后记录该笔费用，并将费用业务保存在系统中。在此过程中，完整的"证据链"包括供应商筛选清单、请购单、采购单、合同协议、发票、付款凭证，而企业具体的审批流程仅包括发票扫描和审核、数据录入和处理、银行支付、供应商反馈。由此可见，Q企业在财务共享服务中心缺少对费用业务申请过程的呈现，内部单据流转信息在系统中展现得不够全面。

由于Q企业经营范围大、分支机构多，内部员工的费用报销也是费用管理的重要组成部分。Q企业的费用报销主要采用SOA费控报销系统。首先，员工将需报销的票据传递给票据中心，由扫描岗通过影像系统扫描后上传至SOA费控报销系统，由共享中心接收数据，财务岗进一步审核业务单据，结算岗收到支付指令后办理费用支付业务。档案部门负责匹配原始单据、打印凭证并进行归档处理。传统的费用报销与智能化费用报销流程对比见图6-11。

Q电商企业优化前的费用"证据链"问题与症结体现在如下方面。

**第一，原始单据未实现分类分级，"证据链"不完整**。在智能化财务体系的前提下，智能化软件将代替财务人员审核费用业务的真实性，以确定交易的真假。在Q企业的财务共享服务中心中，单据多而繁杂且无规律性，未设置分类别的模块，无法形成完整的费用"证据链"。"证据链"追踪不完整，一方面会导致无法及时应对突发情况，如当请购需求有变化时，业务部门人员无法在IT系统上准确反映其需求，沟通不畅的弊端便显现出来；另一方面在税务机关的检查中，可能会缺乏有力的证据维护自身利益。

**第二，分公司原始单据影像扫描尚未实现**。在费用管理中，对原始单据的收集与识别、凭证和账目的审核与录入是Q企业财务共享服务中心共享的重要内容。虽然Q企业已拥有单证共享中心，但其各分公司仍以手工处理原

## 费用报销流程

- 报账申请
  - 填写单据
  - 初审岗
- 报账审批
  - 纸质翻阅
  - 签字审批
- 财务核算
  - 复核岗
  - 财务核算
- 资金收付
  - 通知银行支付

## 费用报销流程

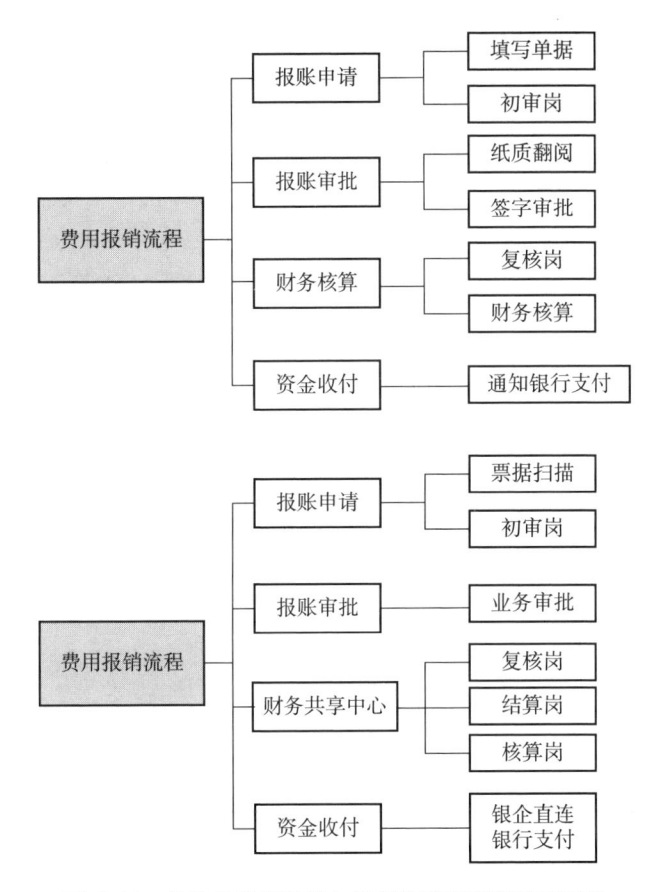

- 报账申请
  - 票据扫描
  - 初审岗
- 报账审批
  - 业务审批
- 财务共享中心
  - 复核岗
  - 结算岗
  - 核算岗
- 资金收付
  - 银企直连银行支付

图 6-11 传统的费用报销与智能化费用报销流程对比

始单据作为主要方式。各分公司将业务部门填制整理的单据文件交由分公司领导审核真伪，分公司相关领导将全部文件审核通过后，由专人邮寄至共享中心，再由共享中心集中处理。图 6-12 展示了企业分公司的单据处理流程，由此可见，人力依然是企业处理基础财务单据的必要因素。

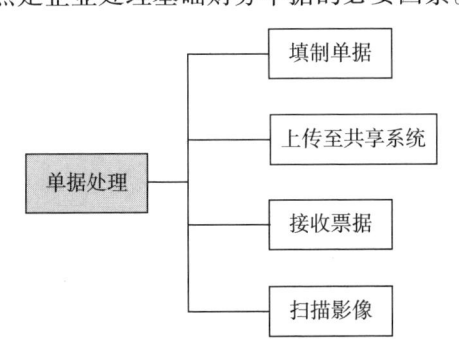

## 单据处理

- 填制单据
- 上传至共享系统
- 接收票据
- 扫描影像

图 6-12 Q 企业分公司单据处理流程

第三，凭证自动生成未系统化实现。原始单据与相关资料所形成的"证据链"先由财务共享服务中心的初审财务人员审核，通过后再由复核财务人员审核单据的合法性与合规性，再次通过后交由支付岗财务人员确认金额。若金额不符，则不允许在系统中录入账目，若相符则可以录入。由此可见，人工录入仍是共享服务中心支付岗财务人员录入账目的基本方式，除了一些必要的人工审核外，财务共享系统未能实现全自动化，当业务繁多尤其是临近期末时，人工效率和效果都会受到影响。

通过以上分析与列举，在智能化财务共享背景下解决费用管理的支持"证据链"问题所要达成的三个目标如下。

首先，深度探究费用业务中相关凭据的所有内容，形成完整的"证据链条"。一方面，辅助企业监控所有费用业务，提高管理能力、减少不必要支出；另一方面，预防费用报销作假、降低财务风险。其次，实现分公司的线上原始单据审核，设置完备的分公司共享处理模块，实现在系统中接收、汇总与审核原始凭据，提升母子公司之间的沟通效率。最后，通过智能化系统自动检测凭据存在的问题，并实现准确智能审核、准确录入，以合法性检查为主，辨别作假为辅，提升审核速度和质量。

Q电商企业费用管理的支持"证据链"智能化管控方案的落实有以下几个步骤。

**首先，利用OA系统、RPA技术实现费用业务按级处理**。利用OA系统、RPA技术，在系统内设置优先级的规则，申请人点击后，系统就会按预设流程节点进行运转，并根据费用业务的等级和重要性统一处理。如在费用审核业务中，对信用级别较高的合作方可以免除一定级别的审核，提升管理效率；在费用报销阶段，对信用较低的人员设置警示提醒和多重校验，降低虚假报销的可能性。最后将所有单据和辅助资料，如合同编号、类型、关键人员、业务金额等重要信息按流程自动保存在业务库中，以形成完整的"证据链"，增强业务合规性、降低业务风险。

**其次，对票据进行OCR扫描、影像处理**。对于子公司或分支机构的费用凭据，通过OCR技术进行数据化处理。在财务共享服务平台中，通过扫描直接上传标准化发票。对于标准程度较低的辅助资料，如会务审批单、出席签到单、费用预算单、付款证明等，通过OCR识别技术进行分析处理，同时OCR还能将发票进行归类和错误筛除，更高效地处理费用交易的"证据链"。图6-13展示了智能化下的单据处理方案。

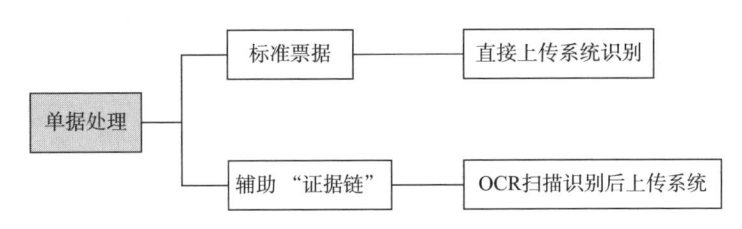

图6-13 智能化下的单据处理方案

**最后，利用智能报表系统记录费用"证据链"。** 通过智能报表系统，将与费用相关的活动设置成独立板块，并基于工作流自动进行数据导入与最终生成。利用系统提供多样化的数据分析、生成详细的数据报告等。当相关人员有查看需求时，只需选中费用板块便可查看与具体业务相关的完整"证据链"以及相关的智能分析。在智能报表的辅助下，企业能够改善费用管理中的具体环节，降低成本，提升效率。

Q企业费用业务以及相关证据链处理改善流程如图6-14所示。

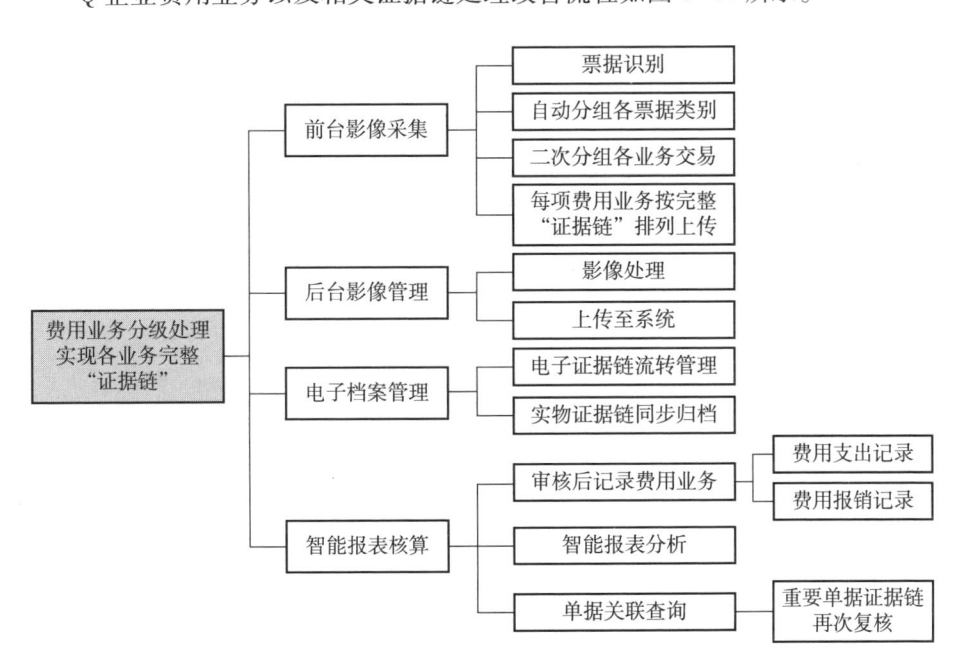

图6-14 Q企业费用业务以及相关证据链处理改善流程

## 第四节　本章小结

费用管理是企业节税降费的重点领域，也是企业精益化的基础。费用管理在广义层面包括企业成本费用和期间费用，在狭义层面仅包括期间费用。费用管理一方面针对重点费用做好分类管理，另一方面需要完善企业费用支持的证据链协同管理。

传统模式的费用管理面临诸多环节管控的问题，因此，传统费用管理模式成形之后，需要将传统费用业务的管理模式固化，并按照智能化发展方向提升费用管理的效率和效果。具体包括企业费用管控的制度执行效果、预算管控效果、费用支出预测、费用项目智能化分析等层面。

费用精细化管理是企业管控成本的窍门之一，财务共享的费控中心设计，可以实现财务系统和费控系统的结合，为企业创造价值。通过费控中心的智能化费用管理流程体系建设，可以统筹协调各方资源，有效降低成本。

因此，智能化的费用管理，可以使得企业获得费用管理前瞻性判断的更多实用数据。在企业实际的财务工作中，借助数字化手段对这些数据进行挖掘和分析，应用相应技术明确固定费用和变动费用，明确费用使用效果，匹配费用与产出结果，提供企业费用支出实现的企业管理效果评价，以夯实费用层面的管控基础。

### 本章参考文献

[1] 张紫霄，杨梓涛，杜国良. 智能制造背景下S钢铁集团成本管理优化研究 [J]. 财会通讯，2022（4）：163-169.

[2] 王刚，王峰，张美娜. 电网企业"业、财、管、监"四融合的成本报告系统探究 [J]. 财务与会计，2021（19）：52-54.

[3] 陈芸. 价值链视角下上市公司成本费用管理研究——以家电行业为例 [J]. 会计之友，2016（6）：112-117.

[4] 杨柯. 宏观经济视角下施工企业成本控制研究 [J]. 税务与经济，2021（4）：87-92.

[5] 赵团结. 加强成本管控促进企业降本增效——读《管理会计公告：战略成本管理》的启发 [J]. 财务与会计，2022（8）：87-88.

[6] 周婧. 浅析企业管理中的成本控制 [J]. 中国市场，2020（28）：98-99.

［7］王鑫．税收激进度、盈余管理策略与企业费用粘性［J］．财会通讯，2021（22）：64-68．

［8］徐雅琴，李明．数字经济背景下制造企业成本管理的特征与创新［J］．财会通讯，2021（20）：172-176．

［9］周勇．通威股份基于RPA+AI技术的智能财务体系构建［J］．财务与会计，2022（7）：38-41．

［10］靳庆鲁，朱凯，曾庆生．数智时代财会人才培养的"上财模式"探索与实践［J］．中国大学教学，2021（11）：28-34+45．

［11］邹有鑫．浅析企业财务管理数字化转型［J］．财务与会计，2021（23）：80-81．

［12］赵丽锦，胡晓明．企业财务数字化转型：本质、趋势与策略［J］．财会通讯，2021（20）：14-18．

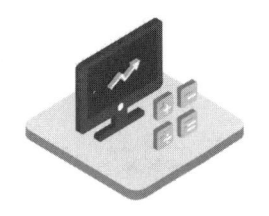

# 第七章
## 十大财务管理工具之资产管理

　　经济的发展、竞争的加剧以及技术的进步，给传统商业模式带来了巨大的冲击，这使得企业的资产价值不断重构，传统的有形资产和设备以及旧专利资产等在新时期的转型模式之下，不断发生资产价值的下探，导致资产被重新定义和重新估值，而在数字资产价值化和传统资产价值下探等协同之下，企业一方面需要针对传统资产，包括存货管理和设备资产以及专利等历史资产进行重估，并衍生出资产的管理问题，另一方面还需要针对企业传统资产管理设计财务智能化对策。此外，企业还需要针对新兴的数字资产进行估值和管控。

　　通过采取新时期资产管控的解决对策，包括针对资产管理的权益处置、资产评估、人才激励、容错机制等方面的改进。同时，设计可应用于数字类资产在内的新兴资产的估值和管控模式。通过实践的评价和监测机制，确保企业实现并遵循资产管理的"强监督、防流失、增值保值"的原则。

　　因此，针对企业的资产管理，做好资产管控与精益化管理的方案，探索资产管控实施路径，制定企业管控的模式和协同的智能化资产管控方案，系统推动企业资产管理从传统升级至智能化。

# 第七章
十大财务管理工具之资产管理

## 第一节 传统资产管理问题与改善对策

企业在财务管理过程中通常最关注的就是收入和利润,对于资产习惯于盲目扩张,忽视了资产的精细化管理。

资产根据流动性可以划分为流动资产和固定资产。流动资产管理主要包括:资金项目管理、短期投资管理、应收账款以及预付款项的管理、存货管理等;固定资产主要包括:房屋、建筑物、机器等与生产经营活动有关的设备、器具、工具等。固定资产具有价值高、使用周期长、使用地点分散、管理难度大等特点。固定资产是企业赖以生产经营的主要资产,企业通常对于固定资产进行粗放性管理,导致固定资产利用效率不佳。

### 一、传统资产管理的问题

#### (一) 传统固定资产管理的问题

传统企业在进行资产管理,尤其是固定资产管理时,存在如下问题。

首先,企业资产配置的执行与企业业务需求配套难度较大,业务开展的资产需求,企业生产线生产的产品的事前、事中、事后的量化管理需求,资产价值的及时重估和数字类新兴资产模式的价值确定需求,均存在大量的管控真空,导致企业的资产资源配置缺失。

其次,数据信息化不完善。例如,资产管理流程出现明显的价值确定和验收迟滞,资产已经投入使用,但在财务账上仍未有体现。此外,针对数字化资产类的价值确定存在管理滞后,这都导致资产的核算和价值确定的内控缺陷,资产核算不够准确也会给企业的资产价值管理带来潜在损失。

再次,不少固定资产可能存在粗放式管理问题。尤其是企业在改扩建的过程中,经常会拆除一些闲置机械设备,这种陈旧固定资产数量随着改造项目的增加而不断积累,如果不能对其剩余价值进行挖掘和利用,其功能会逐步丧失,最终成为报废物资。企业考核体系及资产管理体系,只注重利润、现金流量基本的考核指标，没有注重充分利用闲置资产，设备的寿命缩短，不必要的投资成本增加。维护费用高，加大了无形的损耗，增加了企业财务负担。

最后，未充分发挥资产的效用。从资产转移、调拨、盘点和报表统计方面来说，固定资产管理过程常常缺乏信息系统支持，缺乏对资产全生命周期如安装、移动、调拨、报废、维修等环节的跟踪管理，缺乏历史记录。并且，没有和资产逐一对应的设备编码，资产状态无法跟踪。由于财务人员对实际业务了解不充分，资产长期闲置时很难得到及时处置，也很难被财务人员得知，每项资产所在的位置以及每个位置的资产数量也无从得知。由于数据缺乏，折旧计算繁复，准确性差，导致固定资产流失。

企业在资产管理的过程中，较少考虑由于物理损耗和无形损耗给传统资产带来的影响，也忽略了数字资产的估值以及其对现有有形资产的协同价值的影响，因此会有大量资产体现不出价值，可能导致错误判断，这无形中加大了企业的资产估值损失。

### （二）传统存货资产管理的问题

经济的发展、竞争的加剧以及技术的进步，给传统商业模式带来了巨大的冲击。层出不穷的商业模式和与时俱进的信息技术对企业财务模式及信息系统建设提出了新的要求。随着线上与线下融合的新思想在企业运营中被广泛采纳，传统的以事后处理为核心的财务模式无法保证存货等各类有形资产的管控效果。具体问题如下。

1. 采购业务环节可能存在缺陷

①企业在采购环节是否存在职责不清问题，导致不能有效预防舞弊的发生；对采购需求的真实性和必要性可能审批缺失，导致库存管理不善和增加存量。②各部门是否存在沟通不到位，导致销售没有及时跟进到后续工作，从而导致原材料库存过剩或短缺。③销售订单变更是否存在没有及时反映到生产环节的情况，从而导致在产品库存和产成品库存不断增加。④是否存在缺失供应商审核环节，导致供应商选择单一，不能完全体现采购职能。⑤是否存在由于企业采用滚动销售预算和历史经验相结合的方式计算物料需求，需求计算的准确度有待提高。⑥是否存在对缺失订单的及时管理，延迟交货和质量问题时有发生。⑦是否存在企业缺失供应商年度价格修订标准，导致企业被动接受供应商通知，不利于成本控制和优化。

2. 仓库管理及存货盘点可能不规范

①企业在库存管理环节是否存在职责不清的问题，导致存货水平与库存管理系统中记录的水平之间存在偏差。②物流数据是否不可靠，仓库和库存地点的管理水平是否欠佳。是否存在未明确区域负责人和物理储位的情况；存货往来是否存在错误记录，导致账实不符；是否存在没有控制存货的账龄，导致发生存货过期变质的情况；企业存货是否在移动环节时常发生交付差异；是否存在对系统录入数据的核查缺失；是否存在对特殊物料的领用授权缺失。③在发货环节，是否存在货物短缺的情况，导致后续索赔并影响供应商评定结果。④企业是否存在定期盘点制度实施不到位的情况；存货是否存在储备量过多，库位空间不足，盘点难度大等问题。⑤是否存在盘点差异不与个人绩效考评挂钩，差异调整比较随意的问题。

3. 存货成本核算可能不准确

①企业存货价值的评估准确度是否存在偏差；材料价格设置是否不及时；库存数量是否不准确导致存货价值失真。②是否存在工艺路线错误导致在制品、产成品的成本计算错误的情况。③是否存在人为导致的错误，比如错误的发出量、错误的单价输入等也会导致存货价值失真。④是否存在企业对呆滞库存定义不明，对呆滞存货控制仅停留在每日的库存金额汇报层面，并未对存货进行控制，尤其是未对呆滞库存的控制提出切实有效的改善措施的情况。⑤是否存在其他问题需要进一步优化改善，需要针对存货管理的各个节点进行改进，以达到企业存货管理优化的目的。

## 二、传统资产管理的三大改善对策

### （一）建立健全资产内控体系

一方面，资产管理要从实际出发，尤其是对固定资产的管理，企业应制定科学、详尽的资产管理内控体系及操作流程，使资产管理有制度可遵循，如资产采购制度、资产管理制度、资金授权审批制度、岗位定期轮换制度等相关制度。尤其是高风险领域更应采取相应的控制措施来进行管理，如资产购买前应先申请和审批，对外投资前应先进行可行性分析，大额资金使用、对外投资等重大事项必须经过集体讨论才能做出决定，不相容岗位不得由一人全权负责等。

另一方面，每一个控制措施内容必须细化，明确相应的操作程序，以便于实施。企业还应将与资产相关的制度和流程印制成册,发放给有关人员,以便于相关人员了解资产管理政策并按照流程操作,提高资产管理效率。

### (二) 资产内控制度与流程优化

首先,对于资产的保管应采取专人保管制,资产保管人退休或离职应办理好交接手续,对某些重要的资产应由专门的保管室加以保管,并安装监控设备以加强防盗。如果资产的所有权存在变更要经过严格的审批,并完成资产变更登记手续。

其次,对资产采取定期清查的方式。通过资产清查,及时发现资产数量的异常变动,并通知财务部门对资产的变动进行账务处理,同时更新资产台账信息。

最后,还要及时更新老旧、脱落的资产标签,对已报废的资产应根据国家相关规定上报有关部门,进行审批后按照流程处理,对于因保管不善而导致的资产损失,应追究相关人员的责任。

### (三) 系统设计盘活资产的方式

企业传统的资产管理需针对性落实企业的资产类型,高质量运营资产需确保资产良性运转和维修检修,确保资产管理的延续性。针对转型需要淘汰或无形损失导致设备在完好状态下闲置等问题引发的损失,企业需要采取积极的应对方式解决资产保值问题。

首先,企业应定期安排清查以便及时掌握设施设备现有的使用状态。对于通过维修维护可以继续使用的资产,应定期安排维护以延长其使用寿命。对于已损坏或已过时而无法使用的资产应报有关部门审批后及时处理。

其次,针对闲置的房屋或设施设备等资产,可通过建设与企业主业匹配的新生产线或新设其他同类型盘活设备的营销类机构盘活资产,甚至可采取出租方式提高资产的使用效益和使用效率。

## 第二节 资产管理工具与精细化方案

### 一、固定资产的管理工具与精细化方案

按照固定资产的生命周期管理企业固定资产是最佳管理方案。无论是传

统的解决方案还是改进后的智能财务化的解决方案，都需要完成固定资产生命周期过程中不同的工作。固定资产的生命周期各个环节如图7-1所示。

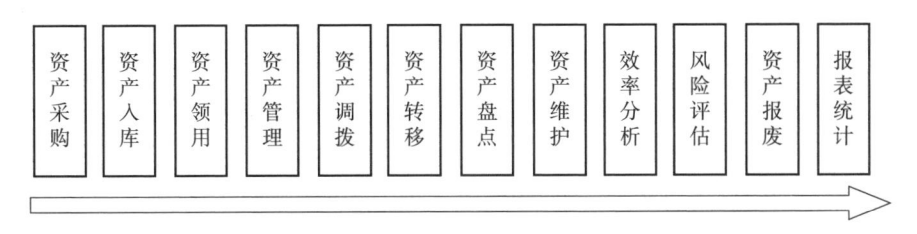

资产采购 → 资产入库 → 资产领用 → 资产管理 → 资产调拨 → 资产转移 → 资产盘点 → 资产维护 → 效率分析 → 风险评估 → 资产报废 → 报表统计

图7-1 固定资产生命周期的各个环节

针对固定资产管理过程中存在的痛点和问题，逐渐出现了许多帮助企业实现精细化管理的工具和方案。

### （一）固定资产管理的四类工具

按照标签类别的不同，固定资产管理工具主要分为以下四类。

**第一，条码管理系统。** 企业每购入一项固定资产，就将其信息录入计算机，将自动生成的条码粘贴在固定资产上，盘点清查时使用条码扫描仪即可获取固定资产相关信息。条码中包含的信息可以由用户自主决定，通常包含部门、类别、购买时间等。通过此条码编号，可以有效识别资产，后续的资产领用、借用、报废、调拨、盘点等流程也会更加方便、快速、准确，可以大大提高清查工作的效率，保证信息流和资产实物流的对应。

**第二，二维码管理系统。** 二维码系统与一维条码原理类似，但其功能在一维条码基础上有所改进。二维码记载的信息量更大，可靠性更高，修正错误能力更强；另外很重要的一点是，二维码是建立在广域网之上的，不需要再额外添加网络硬件或者终端软件，只要有操作系统和浏览器就可使用；也可以将管理系统直接建立在浏览器上，通过更加丰富和直接的表现方式与用户交流。

**第三，RFID固定资产管理系统。** RFID（特指一种自动识别的射频识别技术）系统包含三个部分，即读写器、电子标签和数据管理系统。将RFID电子标签粘贴在固定资产上（事先录入的固定资产信息），标签接收阅读器发出的射频信号，凭借感应电流所获得的能量发送存储在芯片中的信息，阅读器获取到信息并解码后，传送给中央系统进行数据处理。

与条码和二维码逐个盘点的方法有所区别，RFID可以实现远程、快速、批量识别和盘点，一分钟可识别上百个固定资产，识别距离 6 米。在固定资产存放区域内走一圈即可完成批量盘点。对于那些位置比较隐蔽的固定资产，RFID 远距离识别的优势凸显，另外由于使用了无线射频技术，也可以穿透包装读出数据，对于资产存放环境有更高的兼容性。有源 RFID 还具备固定资产的监控功能，便于管理一些高价值的实物资产。

**第四，UWB 固定资产管理系统**。UWB（特指超宽带技术）的技术原理是通过超大宽带和低发射功率，实现低功耗水平上的快速数据传输。由于其技术特性，UWB 也可以采用高精度定时来进行距离测算。UWB 定位方案由基站、标签、定位引擎组成。标签发射 UWB 信号，定位引擎在本地服务器或云服务器，运行定位算法即可实时获取标签坐标位置。用户可以在终端上看到标签的位置。在工业场景中，UWB 系统可以对实物进行实时定位，进行物资管控。在仓储物流的场景中，UWB 系统能实现作业人员、物流车辆、固定资产的精确定位和合理调度安排。

不同固定资产管理工具的对比如表 7-1 所示。

表 7-1　不同固定资产管理工具的对比

|  | 条码技术 | 二维码技术 | RFID | UWB |
| --- | --- | --- | --- | --- |
| 扫描方式 | 逐个扫描 | 逐个扫描 | 批量读取，比条形码清查速度快 6.5 倍 | 批量读取 |
| 数据存储 | 信息有限，局域网 | 广域网，终端可查看 | 信息链接数据系统 | 信息链接数据系统 |
| 读取方式 | 近距离 | 近距离 | 远距离 | 远距离 |
| 投入成本 | 低 | 低 | 高 | 高 |
| 解决的关键痛点 | 一物一码；资产管理工作无纸化 | 可以通过任何终端随时查看 | 批量盘点，速度快，对高价值资产定位 | 批量盘点，定位 |
| 适用场景 | 资产价值较低 | 价值较低，资产存放环境方便近距离扫描 | 较为恶劣的资产存放环境，固定资产仓储管理、院校中心机房设备管理和重要仪器设备管理方面应用 | 精准定位，低延迟，速度更快 |

## （二）固定资产管理的七个精细化方案

实现固定资产精细化管理的解决方案应当是对资产运营全生命周期进行统筹管理，精细化资产运营，引入固定资产管理系统，实现资产管理信息化全流程控制。固定资产管理各个环节不再相互割裂，全流程信息可追溯、可验证。

**第一，资产采购。** 各个部门按需发起资产申请，形成采购计划，采购部门依据制度执行相应的资产采购流程。利用流程引擎落地资产管理标准，规范企业管理制度。

**第二，资产入库。** 运用条码、二维码或者标签记录资产相关信息，采购入库流程完成后，系统自动生成资产卡片，连接终端直接打印后可贴置于资产上，详细记录资产配置、维保、处置等信息，可供后期盘点使用。支持Excel（特指微软办公软件的表格处理系统）批量资产入库，实现对资产"一物一码"管理。

**第三，资产领用。** 通过线上申请完成资产领用，实现身份确认，明确责任归属，人员离职或使用到期前系统自动提醒。资产领用、退回、调拨、借用、归还、报废、维修等申请可以实现电子化审批，保证资产使用的规范和安全。

**第四，资产管理。** 随着预算一体化工作的推进，资产管理、会计核算信息系统嵌入到同一个平台之中，实现数据映射、信息共享。资产管理系统按照平均年限法自动计提固定资产月折旧，生成月折旧报表。可实时了解当前单位所有资产信息，了解每个资产的存放位置、使用人、入库时间、使用状态等，并可进行条件查询和导出电子报表，掌握资产实时信息。

**第五，资产盘点。** PDA手持盘点，资产管理员前往盘点地点，扫描资产上二维码标签，即可实时采集盘点数据，效率快、准确率高。盘点完成后，可生成盘点、盘盈和盘亏报表，做到实账一致。根据组织需要生成盘点任务，通过标签扫描完成固定资产的识别和盘点，操作便捷，数据真实。

**第六，资产处置。** 全面监控资产全生命周期，详尽记录企业资产变动情况，包含资产盘盈、盘亏、报废等处置方式，确保业务合法合规。

**第七，资产报表。** 按角色配置资产报表，多维度、多样式展现资产信息，为企业提供详尽的资产分析数据。可以根据不同单位、部门、时间等条件查询固定资产报表，直接导出打印报表结果。

固定资产管理方案新旧对比如表 7-2 所示。

表 7-2　固定资产管理方案新旧对比

| 项目 | 过去 | 现在 |
| --- | --- | --- |
| 资产管理 | 单向，业财分离 | 闭环，业财融合 |
| 资产采购 | 纸质需求审批，单据模糊、遗失 | 在线申请 |
| 资产入库 | 手工记账，容易账、卡、物不相符合 | 条码信息入库，"一物一码" |
| 资产领用、转移、调拨 | 资产状态无法跟踪 | 线上申请完成资产领用，实现身份确认 |
| 资产盘点 | 手工盘点，资产位置难以确认，环境受限 | 批量盘点、定位 |
| 资产报表 | 折旧计算繁复，准确性差，与业务分离 | 数据处理中心随时查询资产状态，自动形成报表相关内容，结合业务实际 |
| 资产报废处置 | 无法及时处理 | 充分发挥剩余价值 |

## 二、非数字类、无形类资产的精细化管理对策

无形资产是企业具有产权的，可以用货币计量的，能够给企业带来收益的，没有实物形态的可辨认的资产。无形资产确认入账的两个要件：经济利益很可能流入企业；资产成本能够可靠地计量。

无形资产的管理基于无形资产的形成方式和个性化生命周期模式设计方案，且需要结合单个无形资产的特点和无形资产的功能性特点进行规划设计。

### （一）无形资产管理的三个细节

**第一，外购无形资产**。对于外购的无形资产，一般的会计处理是采用无形资产的交易价值作为入账价值，而摊销一般使用直线法，资产的有效年限一般情况下是按照合同中规定的可使用年限，没有的一般按照法律和税法中的要求进行确认。

**第二，自制无形资产**。对于自制的无形资产，入账的价值就是成本。但是对于知识产权类的无形资产，入账时要区分费用是否可以资本化，只有可以资本化的费用才能够计入无形资产的价值当中。后续进行摊销时，无形资产的使用年限一般按照法律和税法的规定来进行确认。

**第三，无形资产的日常管理**。对于无形资产比重较大的企业，应该时刻

关注无形资产所属行业的动态，关注技术进步的趋势，对无形资产进行价值管理，保证企业中的无形资产的价值动态能够被快速捕捉，并以此作为企业决策的依据。

### （二）无形资产的两类特性

无形资产作为企业中一种十分特殊的资产，具有与其他资产迥然不同的特性，这些特性也决定了无形资产管理的困难性，只有正确认识无形资产的特性，才能够准确抓住其特点，对症下药。

1. 功能特性

**附着性**。附着性指的是无形资产必须依附于企业既有的有形资产才能发挥其固有的功能。这说明，无形资产在企业中的价值以及未来可能给企业带来的效益都需要结合企业和无形资产的关系的具体表现形式进行分析，从而合理评估无形资产的重要性，在入账管理以及摊销处理上更加合理。

**共益性**。共益性指的是无形资产可以作为企业的共同财富，为不同的主体所共享。这一特性的具体体现，最直接的例子就是商标的授权，后续的案例将进行详细阐述和分析。共益性会使得无形资产产生较多的"交流"，有可能在这个过程中威胁到无形资产制造者的权益，从而产生产权纠纷，给无形资产的管理带来困难。

**积累性和替代性**。积累性指的是无形资产的作用往往建立在其他成果的基础上，其自身的发展也有一个不断积累的过程。替代性则是指一种无形资产总会被更新的无形资产所取代，这取决于技术进步和无形资产的创新。这两个特性，都说明了无形资产是在不断发展变化中的，一个来自内部，一个来自外部，这就要求财务管理人员必须关注这两部分的影响，结合无形资产变化的动态，合理确定无形资产的管理措施。

2. 成本特性

**不完整性**。参与构建无形资产相对应的各项费用是否计入无形资产的成本，是以费用支出资本化为条件的，而财务制度一般会将科研费用列支，因此企业账簿的无形资产成本是不完整的。同时，对于一些研发周期较长的资产而言，其前期的一些费用可能并不会计入资产的成本。这些原因共同导致了无形资产的成本本身就是不完整的，这种规定给财务处理带来了很大的自由度，同时也有可能带来潜在的监管风险，因此需要财务人员合理化处理这部分费用，避免监管风险。

**弱对应性**。由于资产成果的出现具有随机性、偶然性和关联性，开发的费用很难一项一项明确对应到某一个无形资产上，而在现实的财务处理当中只会一次性处理，不能够体现费用发生时的明细情况，没有办法做到较精准的监控，反馈的信息也比较有限。

**虚拟性**。无形资产的成本往往是相对的、虚拟的，只有象征意义。比如商标权的制作成本、知识产权的研发成本，对于企业而言，这个成本并不能像其他资产的成本一样，比较真切地反映无形资产的价值和当前变现的成果，这部分成本反映的信息在进行无形资产管理的过程中应当得到重视。

### （三）无形资产的价值管理特征

无形资产相对于其他资产的一大特性就是，其价值来源于未来可能为企业带来的收益，所以无形资产在持有的过程中，甚至可能会出现价值的增值，因此，平时对无形资产的价值管理体现出如下特征。

**第一，研发中的无形资产**。对于处于研发中的无形资产，进行价值管理的目的是合理化研发进度，并进行研发方向的调整。企业可以建立数据库，实时监测相关竞品的研发进度、研发成功后的价值，从而对目前企业内部的无形资产的研发进度进行调整，同时也可以根据已有无形资产的价值变动趋势，调整研发方向。无形资产在研发的过程中往往投入较大，这对于企业而言是一笔较大的成本，通过检测的跟踪方式，辅助企业决策，最大限度避免企业在这个过程中可能产生的损失。

**第二，完成购买或研发的传统无形资产**。企业无形资产尤其是知识产权类的资产，需要和具体的有形资产和业务相结合才能发挥作用，因此在进行这部分资产的管理时，可以和企业现有的财务系统进行对接，建立无形资产和相关业务之间的联系。通过关联业务动态，分析继续持有无形资产将会带来的收益或者损失，适时发出预警。对于未形成系统生态的专利系统无形资产，可以在单体专利贬损之前完善专利的完整性申请或快速变现，或持续研发创造和迭代。对于价值产生增值的无形资产，可以考虑对相关业务进行扩张，同时进行一些授权和外包等转化，实现价值最大化。

**第三，完成积累的数字化无形资产**。在企业数字化管控过程中，企业的数据不断形成资产，企业为使用数字类无形资产，进行数据的汇总、分类，并持续将数据标签化，进行"数据拆分"与整合，形成标签体系，之后推动企业的数据资本化转化。在企业的数据资产形成之前，完成企业数据的标签，包括客户标签、产品标签、员工标签、项目标签、供应商标签、合同标签、区域标签等，形成系统标签化操作。在这个过程中，针对数据进行系统整合，借助企业的数据中台功能，实现企业数据标准化，实现数据业务化与量化的有效融合，实现线上线下数字化管理和业务场景与量化融合的模块化。甚至针对性进行数据资产的功能模块组合，功能模块包括：供应链管理模块 SCM、基础业务管理模块 BMS、会员管理模块 CRM、仓储管理模块 WMS、物流配送管理模块 TMS、财务辅助管理模块 FAS、数据报告管理模块 RPT 等，从而实现数字化应用功能模块的系统化。系统化之后，也意味着企业不必为了支持核心业务采购不同供应商的软件，使得企业以更少的时间和成本投入系统对接，支出更少的维护成本。

数字化无形资产的建设，当前尚没有完善的规范和制度，但全场景数据视图已经可以在数字化无形资产的赋能之下成为可能，也为大数据支持的未来智能化打下基础。

### 三、数字类无形资产精细化管控的细节方案

在经济发展和科技赋能之下，企业的数字化资产也不断成为企业的无形资产。

#### （一）数字类无形资产的核心价值

数字类无形资产是指企业或个人拥有或控制的，以电子数据形式存在，在日常活动中持有的非货币性资产（简称数字资产）。数字资产的产生依托数据采集。

数字资产需要通过转化实现可见性。通过数据的转化，数字资产具有采集加工稳定性、内涵可理解性、资产开放可用性、资产可维护性、资产可运营性、资产成本效益性等**六个特征**。通过数据中台，企业还可以大幅提升大数据应用效率。从技术体系上支持企业发展，为企业的业务创新提供源源不断的动能。

数字资产是通过科技赋能形成的企业个性化无形资产。经过科技赋能，可以融合"大智移云物区"等科技，包括实现 NLP（特指自然语言处理）融合的 KG（特指知识图谱），可对原始数据进行智能结构化。通过数据的清洗形成标签库，同时为用户构建专业的业务或个人画像，实现管理类数据应用和风险预测类数据应用。在这个过程中，企业可以结合市场的转化需要，专

业提炼相关核心算法，以数值的形式规范业务行为，并动态持续改进，为企业管理提供系统的开发应用，实现引擎支持。在这个过程中，企业还可以集中对数据资产进行分类，建设数据应用前台、数据支持后台，并通过数据中台的衔接，实现数据的快速标准化复用。

### （二）数字类无形资产的中台复用管控模式

所谓数据中台，是一套持续的能让数据快速应用的机制。数据中台是为了解决相对稳定的数据模型和快速迭代的数据场景的开发效率不高和管理不透明的问题。因此，数据中台是一种战略选择和组织形式。数据中台需要结合企业的资源禀赋，且融合科技，并贯穿企业业务模式和组织架构，形成一套数据，服务于业务的交换机制。

数据中台是把业务生产资料转变为数据生产力，借助财务管理的量化过程，实现数据生产力反哺业务。通过这个过程的不断迭代循环，实现企业数据驱动决策、运营和财务管理。数据中台聚合和治理跨域数据，集成财务分析和量化功能，提供给前台以业务价值的逻辑，从而系统提高企业响应力。

## 第三节　资产管理的智能化对策与实现路径

### 一、资产管理设计思路与智能化对策

在信息技术背景下，企业可以充分利用信息技术来解决资产管理问题。通过传统的资产管理与信息化手段深度融合，建立起高度信息化的资产管理全流程平台。资产的预算配置、采购计划审批、执行到登记建账、投入使用、报废处置等每一个资产流动的信息，都能够在资产管理数据信息体系中进行传递与交换，形成管理闭环。资产管理智能化对策如下。

### （一）设立智能资产财务专员模式

可以设置资产财务专员岗位，并提升企业财务 BP 模式（特指基于对业务的了解，运用专业的财务知识在业务单元内提供整体的财务管控以及财务解决方案和支持服务的财务人员）。通过针对性设置资产类财务 BP，解决在传统预算制定时，业务人员只提供业务思路和数据表格，财务人员机械地进

行数据转换和填报,造成业务规划和财务预算脱节的问题。

通过建立资产管理的财务 BP,可以有效消除部门之间的隔阂,深度参与预算编制、绩效设定等工作,进而支持管理决策。

### (二)资产管理的数字化模式

如果企业固定资产规模庞大,业务数据和文件复杂,可以使用以 RFID 技术为基础的数字化管理模式。对于密闭空间等环境,RFID 显示出更强的适应性。首先将资产相关信息写入 RFID 标签内,将标签信息上传至企业服务器,与企业 ERP 系统绑定,使每一项资产都有了"身份证"。借助 RFID 的射频功能,业务人员和财务人员能时刻掌握高价值且易移动资产的定位情况。资产从入库、盘点到维修和报废处置,全部信息均可追溯查询。

此外,资产管理全流程平台,需要解决从设备资产的购入审批到报废报损一系列问题,涵盖资产全流程的闭环管理,实现固定资产全过程、一体化的动态管理。这样的资产管理模式拥有较强的数据分析与挖掘能力,能够对数据进行深入、多维的分析,实现资产的高效利用。

### (三)搭建智能资产管理平台

如果企业当前还是以手工处理数据信息,应搭建电子化资产管理平台,与企业资源管理系统对接,涵盖资产从购入到退出的全生命周期,将纸质单据转化为电子数据传递。从资产购入、入库、领用到申请报废,全部使用电子表单申请和审批,需要多方业务人员参与审核。实现资产管理和财务管理的紧密结合,提升业务流程效率和透明度。

固定资产管理系统的总体结构设计如表 7-3 所示。

表 7-3　固定资产管理系统的总体结构设计

| 应用层 | 网络层 | 感知层 |
| --- | --- | --- |
| 资产管理应用系统 | Wi-Fi | RFID 识别器 |
| 数据库管理系统 | 公司局域网 | RFID 标签 |

对于资产管理应用系统而言,其主要是在后台的服务器上运行。通过技术完成资产的清点、定位以及显示等功能,弥补传统资产管理软件的不足。

固定资产管理的智能系统如图 7-2 所示。

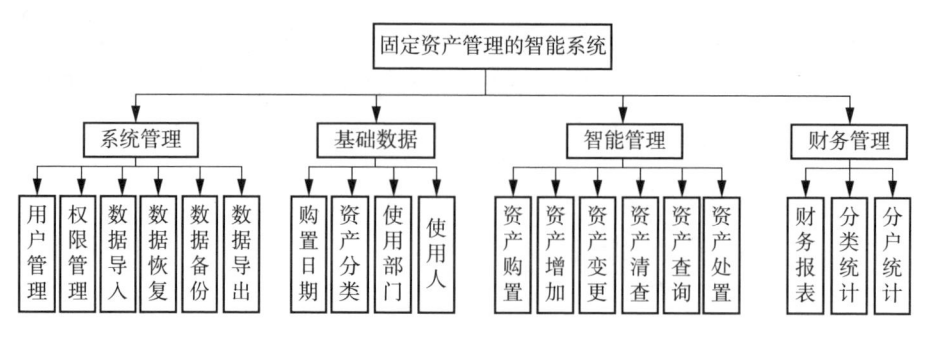

```
                          固定资产管理的智能系统
           ┌──────────────┬──────────────┬──────────────┐
        系统管理         基础数据         智能管理         财务管理
     ┌────┬────┬────┐  ┌────┬────┬────┐  ┌────┬────┬────┬────┬────┐  ┌────┬────┬────┐
     用户 权限 数据 数据 数据  购置 资产 使用 使用  资产 资产 资产 资产 资产   财务 分类 分户
     管理 管理 导入 恢复 备份 导出 日期 分类 部门 人  购置 增加 变更 清查 查询 处置  报表 统计 统计
```

图7-2　固定资产管理的智能系统

企业固定资产较多时，对固定资产的清查是一项非常重要且复杂的工作。针对如此情况，企业可以采用RFID的射频识别技术，该技术是监测固定资产实物动态和实现跟踪管理的关键，可以实现对固定资产生命周期的全程管理。利用RFID条码打印设备对资产实行条码管理，利用已有的固定资产数据资源和网络资源，由RFID阅读器实现特定时点的实物信息采集，实现以账对物或以物对账式的资产清查。

## 二、存货管理的智能化对策

智能财务的核心是在业财融合的基础上进行管理分析、风险监测控制等。存货管理是智能财务管理的一个重要方面，智能财务通过对产品进行需求分析、订单预测、库存调配等优化存货管理。

基于智能财务的存货管理平台使企业保持一定规模的存货数量，以维持供求平衡，为企业保持良好的信誉，同时降低存货积压给企业带来的资金成本和财务风险。基于智能财务的存货管理并非对传统存货管理模式的颠覆，而是与企业自身发展相适应，使得存货管理更加合理化的模式。

### （一）构建集成共享模式

建设基于智能财务的存货管理平台的底层逻辑在于构建中台架构（见图7-3）。通过数据中台、财务中台和业务中台的连接，使得直接面向市场、能快速捕捉客户需求变化的前台（如销售部门）和强调标准与规范、运转速度慢的后台（如采购、财务部门）能更好地协同。数据、财务和业务中台运作的基础是对各方面的数据进行收集、处理，其中最基本的数据来自前台销售终端。运用智能财务所依托的大数据技术，企业下游的客户可将需求产品的数量、类型以及相关订单信息反馈给企业销售部门和财务部门，智能财务系统对采集到的客户购买需求、产品偏好等标签性数据进行挖掘，根据客户购买产品的总量、频率划分出不同时间、空间的客流量，由此创建不同的产品销售分区。

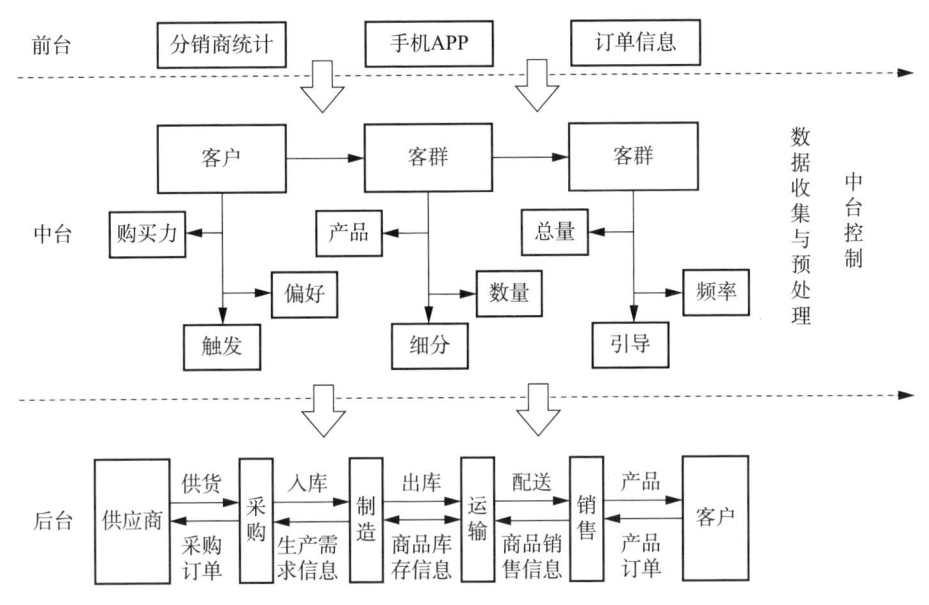

**图 7-3 基于智能财务的存货管理平台**

存货管理平台可根据不同分区的销售特点，初步制定有针对性的存货管理方案。结合财务部门上传的仓储和物流成本数据，存货管理平台据此规划最优化的仓储地址和运输路径。智能财务系统横向整合企业上游供应商、下游客户、第三方物流公司的数据资源，下游客户实时将产品的销售量、销售价格等数据上传至智能财务系统，为企业生产决策提供数据支撑，优化存货管理水平，使得企业的存货管理更加具有针对性、准确性。各个环节的存货管理信息可依托智能财务实现实时共享。企业生产经营的各个环节可打破独立性与分散性，建立整体、统一、智能的需求预测系统，使得采购、生产、运输、销售环节相互匹配，提高存货管理的效率。

## （二）存货管理的实现方式

在传统的存货管理方式下，由于仓储部门和财务部门使用不同的系统导致存货盘点的难度加大。智能财务系统下存货盘点采用统一的存货管理平台，财务部门实时掌握存货盘点的具体情况，财务数据更加精确。传统的存货管理依赖于仓储人员，仓储人员职责划分不明确或是工作懈怠等因素容易导致账实不符的问题。在智能财务基础上构建的智能仓储系统在入库、盘点、出库等环节采用自动化技术，可有效避免此类问题。智能财务系统分析生产经营活动中采购、制造、物流和销售各个环节的存货管理信息，同时进行账务处理以达到业财融合的财务目标。存货管理层可根据财务信息的反馈制定各个环节对应的存货管理方案。存货管理层各部门的协作流程见图7-4。

存货管理层

| 采购 | 制造 | 运输 | 销售 |
|---|---|---|---|

采购部门 → 采购策略 / 供应商平台 → 自动发出采购清单，确认订单 → 进料检验及入库

制造部门 → 制定生产计划 → 原料是否充足？ 否：发出采购通知；是：组织生产

运输部门 ↔ 调拨请求/仓库信息；仓库A ↔ 仓库B，调拨结束，仓库C；完全共享策略、最小费用策略 → 调拨请求

销售部门 → 发出需求信息 → 商品是否充足？ 否：库存预警 → 通知制造部门生产；是：配送出库

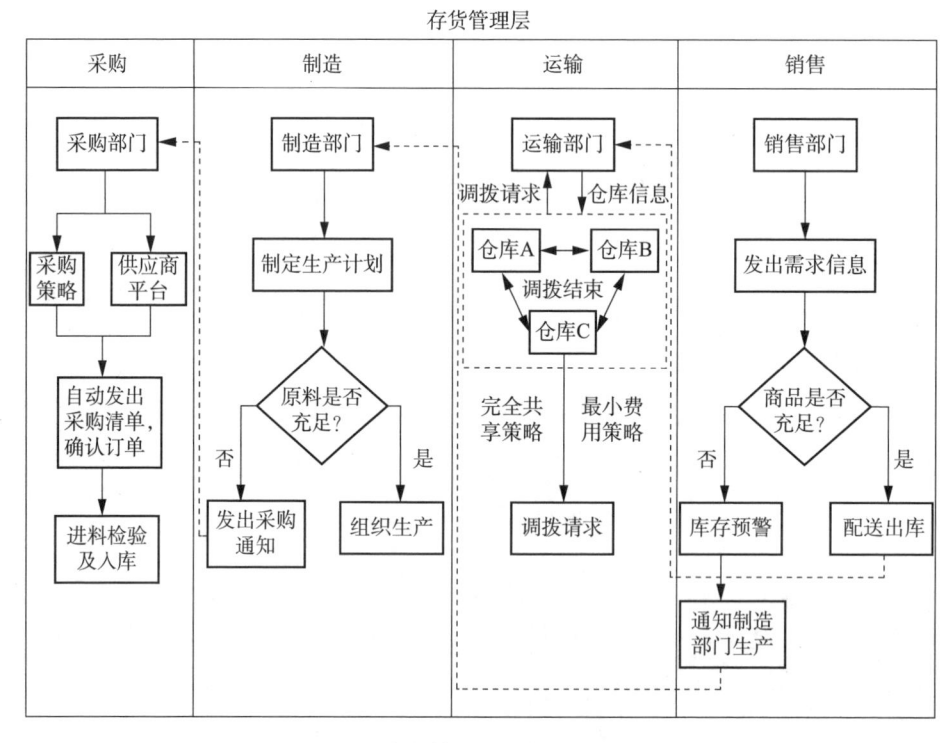

图7-4 存货管理层各部门协作流程

## 1. 采购管理

**供应商选择与采购策略制定。**在采购环节，智能财务平台对企业的历史采购计划、存货水平、现有生产能力等因素进行分析，做出成本预算、生产预算、销售预算，并由此预测出采购数量、时间；根据企业历史采购数据以及往来供应商的信用程度、支付期限、产品价格、质量等构建供应商评价体系，智能财务平台可推荐出最佳采购策略和最优供应商。后台采购部门可根据智能财务数据制定采购计划，供应商也可提前接收到采购订单，这一过程不仅提高了订单的准确性，还保证了供货效率。由于采购过程中可能出现不可控因素，财务人员需利用平台实时更新的数据对采购计划不断进行修改完善。

**采购清单发出**。在财务处理上，采购人员可通过 SAP（特指企业管理解决方案系统）等智能财务系统自动审批在采购成本预算之内的采购申请单，将采购订单及时反馈给供应商，供应商发货验收合格后，各个部门通过平台提交入库单、银行回执单、付款单、发票单等凭证给财务部门。智能财务系统根据其会计期间应付账款、预付账款等往来账项制定采购资金预警，当采购资金超出预算时，财务部门通过智能财务系统及时将采购资金预警反馈给后台采购部门，存货管理平台再一次结合采购部门给出的数据制定采购计划。由此，采购部门可在实现业财融合的同时保质保量地完成任务，在采购这一环节保证存货管理水平，避免缺货断货的风险。

2. 仓储管理

**货物检验入库**。货物检验入库阶段，智能仓储系统先根据不同货物的特点设置对应的合格率，再利用 RFID（射频识别）技术进行货物信息自动抓取、自动识别，从而实现非接触式货物出入库检验、问题货物标签信息录入、检验信息上传至数据中台。将数据库中的货物信息与预先设置的合格率进行比对，若合格率不在范围之内，企业可将数据实时反馈给供应商，及时制定补货或换货策略。财务部门运用智能财务系统对入库的每一环节进行记录，作为日后建立供应商评价体系的依据。

**货物盘点**。货物盘点阶段，库管员持移动式阅读器完成非接触式货物盘库作业，可缩短盘库周期，降低盘库人工成本，盘库信息上传至数据中台，与已有信息进行自动校验。

**货物移库**。货物移库阶段，智能仓储系统可实现仓储货物在调拨过程中的全方位实时管理，准确快速定位移库货物，提高移库工作灵活性，通过对移库货物的移库分析，找出最佳货物存放地点。

3. 销售管理

**发出需求信息**。智能财务平台通过采集客户需求信息推动企业所有生产经营活动。前台销售部门接到客户订单并将数据上传至智能财务平台，通过中台数据运算向最佳后台仓库下达调货配货指令。在财务处理上，当前台销售部门发生销售活动，财务人员直接将发货单通过智能财务系统反馈给仓储部门，仓储人员和质检员检验产品无误后将出库单上传系统，并将出库单随货发出。收到客户回执后，财务部门对此开具发票并处理账务。

**库存预警与计划调整**。当订单量过大，库存商品不足以提供订单需求时，可自动向制造部门发出预警。此外，智能财务平台根据收集到的客户数据，对客户特点以及历史销售数据进行分析，预测未来一段时间内商品需求量变化和存货管理水平变化情况，适时调整企业的商品定价策略，并制定相应的营销、促销策略。

**产成品配货出库**。销售部门接到物流部门的配货指令，完成配货。产成品出库环节在智能财务系统的处理下公开透明，有效规避各部门人员贪图私利的行为。SAP录入扫描出库的产品信息，客户收到商品将信息反馈给企业，整个出库流程依托SAP系统实现信息共享，推动企业业财融合。

存货管理智能化前后效果对比如表7-4所示。

表7-4 存货管理智能化前后效果对比

| 管理项目 | 存货管理智能化前 | 存货管理智能化后 |
| --- | --- | --- |
| 采购管理 | 公司采用滚动销售预算和历史经验相结合的方式计算物料需求，需求计算的准确度有待提高 | 智能财务平台对企业的历史采购计划、存货水平、现有生产能力等因素进行分析，做出成本预算、生产预算、销售预算，并由此预测出采购数量、时间 |
| | 缺失供应商审核环节，导致供应商的选择单一 | 根据企业历史采购数据以及往来供应商的信用程度、支付期限、产品价格、质量等构建出供应商评价体系 |
| | 缺失对订单的及时管理，延迟购货和质量问题时有发生 | 采购人员可通过SAP系统等智能财务系统自动审批在采购成本预算之内的采购申请，将采购订单及时反馈给供应商，供应商发货验收合格后，各个部门通过平台提交入库单、银行回执单、付款单、发票单等凭证给财务部门 |
| 仓储管理 | 未明确区域负责人和物理储位；存货往来的错误记录，导致账实不符；对于存货的账龄没有控制，导致经常发生存货过期变质的情况 | 在存货检验入库阶段，智能仓储系统先根据不同存货的特点设置对应的合格率，再利用RFID（Radio Frequency Identification，射频识别）技术进行货物信息自动抓取、自动识别，从而实现非接触式货物出入库检验、问题货物标签信息写入、检验信息上传至数据中台 |
| | 公司的定期盘点制度实施不到位；存货储备量过多，库位空间不足，导致盘点难度大；盘点差异不与个人绩效考评挂钩，差异调整比较随意 | 在存货盘点过程中，库管员持移动式阅读器完成非接触式货物盘库作业，可缩短盘库周期，降低盘库人工成本，盘库信息上传至数据中台，与已有信息进行自动校验 |

续表

| 管理项目 | 存货管理智能化前 | 存货管理智能化后 |
|---|---|---|
| 仓储管理 | 公司存货在移动环节时常发生交付差异 | 在存货移库过程中，智能仓储系统可实现仓储货物在调拨过程中的全方位实时管理，准确快速定位移库货物，提高移库工作灵活性；通过对移库货物的移库分析，找出最佳货物存放地点 |
| 销售管理 | 销售订单变更没有及时反映到生产环节，从而导致在产品库存和产成品库存不断增加 | 智能财务平台通过采集客户需求信息推动企业所有生产经营活动。前台销售部门接到客户订单并将数据上传至智能财务平台，通过中台数据运算向最佳后台仓库下达调货配货指令 |
| | 在发货环节，时有发生商品出现短缺的情况，导致后续的索赔 | 销售部门接到物流部门的配货指令，完成配货。产成品出库环节在智能财务系统的处理下公开透明，有效规避各部门人员贪图私利的行为 |

### （三）制定效果评估方案

在信息技术快速发展的今天，传统的存货管理方式已不适应企业（尤其是制造业）数字化管理的需要。智能财务在存货管理方面的应用有效克服了传统存货管理方式存在的问题，基于智能财务构建的存货管理平台根据不同标准对数据进行分类汇总，使得企业与外部的供应商、客户建立联系，财务数据更加清晰直观，上下游企业的信息共享更加快捷，企业存货管理效率因此提升。

智能财务建立的存货管理体系包含效果评估层，通过库存模拟、销量预测、财务指标分析等发现存货管理中的问题并制定应对策略（见图7-5）。智能财务根据历史数据预测分析存货管理各环节中可能出现的状况。通过采购、调拨、分销、退货等有关存货管理的模拟，检测企业的库存管理策略是否合理有效，进而根据模拟结果对存货管理做出修正完善。智慧仓储平台实时监控企业各类存货在生产经营各个环节的库存数据，财务部门根据智慧仓储平台提供的数据分析采购、物流运输、分销活动对管理成本的影响，并结合预算成本设置最佳存货预警值，降低存货管理成本。智慧仓储平台预测出未来存货的现货率、周转率、周转天数等财务数据，帮助企业找出滞销商品，企业在经营过程中可及时制定促销、减产、停产等政策。

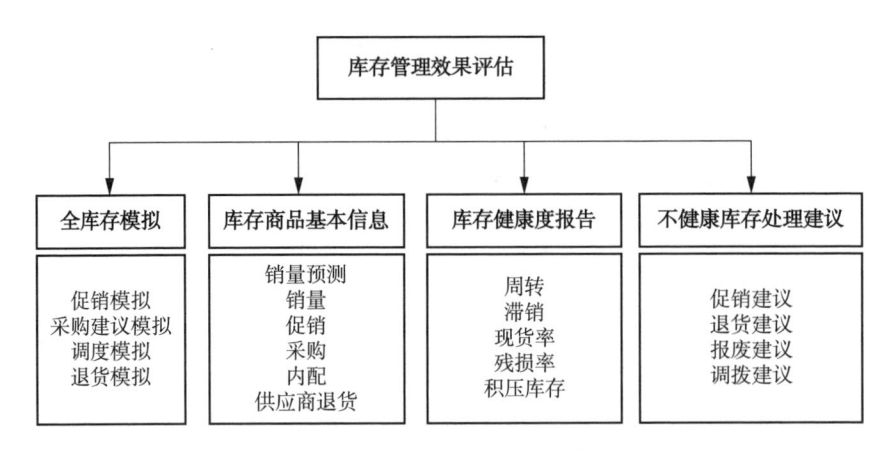

```
                    ┌──────────────────┐
                    │  库存管理效果评估  │
                    └──────────────────┘
         ┌──────────────┬──────────────┬──────────────┐
┌────────────┐ ┌────────────┐ ┌────────────┐ ┌──────────────────┐
│  全库存模拟  │ │库存商品基本信息│ │ 库存健康度报告│ │ 不健康库存处理建议│
└────────────┘ └────────────┘ └────────────┘ └──────────────────┘
│  促销模拟   │ │  销量预测   │ │   周转     │ │   促销建议   │
│ 采购建议模拟 │ │   销量     │ │   滞销     │ │   退货建议   │
│  调度模拟   │ │   促销     │ │  现货率    │ │   报废建议   │
│  退货模拟   │ │   采购     │ │  残损率    │ │   调拨建议   │
│            │ │   内配     │ │  积压库存   │ │              │
│            │ │ 供应商退货  │ │            │ │              │
└────────────┘ └────────────┘ └────────────┘ └──────────────────┘
```

图 7-5　库存管理效果评估

从企业内部管理来看，智能财务下的存货管理实现了信息在各个环节的共享，有效规避人为数据登记失误，同时降低存货积压的潜在风险。基于智能财务的存货管理模式更加精准化、智能化，使企业生产经营的整体能力通过存货管理水平的提高得以改善。可以参考的存货管理模式如图 7-6 所示。

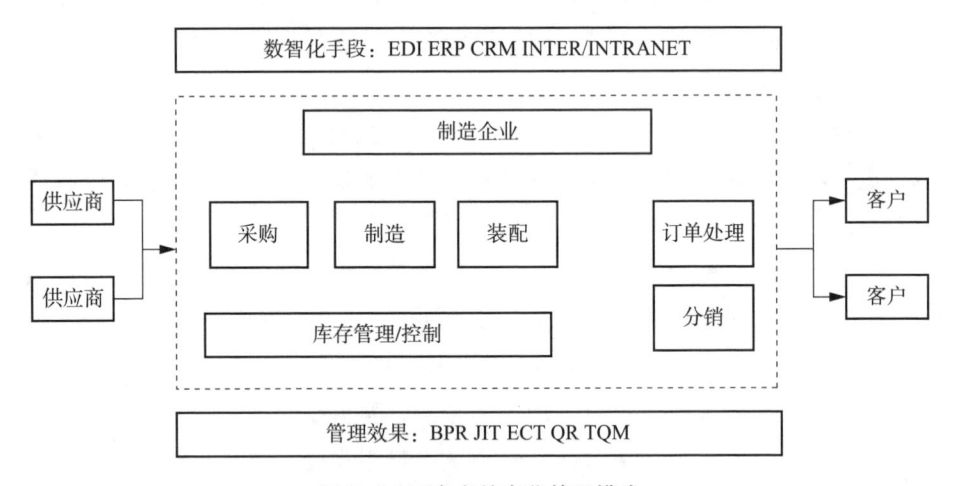

```
        ┌─────────────────────────────────────────────┐
        │ 数智化手段：EDI ERP CRM INTER/INTRANET       │
        └─────────────────────────────────────────────┘
                      ┌──────────┐
                      │  制造企业 │
                      └──────────┘
   ┌────────┐    ┌──────┐ ┌──────┐ ┌──────┐  ┌──────┐   ┌──────┐
   │ 供应商 │───▶│ 采购 │ │ 制造 │ │ 装配 │  │订单处理│──▶│ 客户 │
   └────────┘    └──────┘ └──────┘ └──────┘  └──────┘   └──────┘
   ┌────────┐                                 ┌──────┐   ┌──────┐
   │ 供应商 │                                 │ 分销 │──▶│ 客户 │
   └────────┘                                 └──────┘   └──────┘
              ┌───────────────────────┐
              │    库存管理/控制       │
              └───────────────────────┘
        ┌─────────────────────────────────────────────┐
        │ 管理效果：BPR JIT ECT QR TQM                 │
        └─────────────────────────────────────────────┘
```

图 7-6　可参考的存货管理模式

## 三、无形资产管理的智能化解决方案

### （一）无形资产管理模式的对比

无形资产入账时，在传统的外购和自建无形资产管理之外，加入数字化无形资产管理。

无形资产管控面临的主要问题就是成本和摊销的合理确定，以及对于无形资产价值的跟踪管理。

对于外购的无形资产，引入智能财务系统之后，企业可以在资产入账相关业务发生之后，先用数据平台对其进行追踪，通过结合企业已有的相似无形资产的状况，进行定量化的分析，对其价值的合理性进行分析，为企业的业务谈判提供一定的依据。同时，在确认入账之后，将其信息上传到系统之中，在和以往的无形资产进行比对之后，可以合理确定其摊销期，避免人为操作可能带来的差错而导致的监管风险。

对于自制的无形资产，在入账时应当考虑资本化和费用化的比例如何确定。同时，无形资产的成本费用化和资本化的比例也会影响无形资产入账价值和真实价值之间的关系，因此，通过建立数字化平台，将所有自制的无形资产的信息进行汇总，用定量分析的手段给出无形资产费用化和资本化的合理比例，避免监管风险，提升无形资产财务信息的有效性。

在无形资产管理中传统财务和智能财务的对比如表 7-5 所示。

表 7-5　在无形资产管理中传统财务和智能财务的对比

| 渠道 | 传统财务 | 智能财务 |
| --- | --- | --- |
| 外购 | 直接入账，不参与无形资产的交易 | 可以基于数据算法为企业的谈判提供一些建议 |
| 外购 | 人工处理摊销 | 智能化处理，避免差错 |
| 自制 | 资本化、费用化固定比例 | 通过数据算法，合理确认二者比例 |
| 自制 | 财务造假频发 | 比例合理，监管风险小 |

## （二）无形资产的成本管理路径

无形资产的成本具有弱对应性，尤其是对于自制无形资产数量较大的企业，这一特征的体现更加明显。传统财务管理没有办法保证所有的分摊费用都能够以最合理的方式分配到无形资产中。但通过智能化手段，企业可以通过建立无形资产研发和财务数据库之间的联系，来解决这个问题。

第一条路径是通过定量分析的方法，基于历史数据的积累，分析这部分费用的合理分配比例，让体现在账面上的价值较为合理。

第二条路径是通过智能财务，达到数据的实时监控。在无形资产的研发中，企业随时可以调取数据，查看每一笔费用和哪几个无形资产的研发是息息相关的，避免了在传统财务中因为一笔带过而导致没有办法反映历史信息的情况，具体如图 7-7 所示。

| 传统财务 | 智能财务 |
|---|---|
| 无形资产价值、费用的人工核算 | 无形资产业务的自动核算 |
| 无法对成本做出很好的分析 | 直接定位到具体的每一次支出，更加清晰地反映无形资产成本结构 |
| 无法随市场变化对无形资产价值变动发出预警 | 基于云计算，优化无形资产价值管理，适时作出预警 |
| 无法解决授权业务中的纠纷问题 | 基于区块链技术，业务对内部最大限度公开，有效避免风险 |

图 7-7　智能财务与传统财务对无形资产进行处理的对比

## 第四节　资产管理的模式与协同方案

### 一、研发共享模式与智能化

#### （一）研发模式的演进

随着时代的进步和科技的发展，研发模式也发生了质的改变，其演进主要经历了五个阶段，分别为感觉型研发、目标型研发、战略型研发、创新型研发和云端型研发，具体如下。

**第一代：感觉型研发**。感觉型研发也称为直觉型研发，20 世纪 50 年代末，并没有"项目"的概念，因此这是一种放任式的研发管理模式。这种时代的来临是因为发达国家有足够的技术和财力，他们必须要有足够的技术人员来开发自己的产品，以增加自己的市场份额。对于研发的目标处于比较模糊的阶段，认为成功与否是由外界因素决定的。

**第二代：目标型研发。**这个时期大约处于 20 世纪 70 年代，企业之间的竞争非常激烈，项目管理的方法论也在这个时候逐渐形成。处于这个背景下，目标导向的研发受到了很大程度的认同和追捧，开始认识到研发具有明显的"项目"属性，即一次性、周期性、目标性等特有的属性。

**第三代：战略型研发。**从目标型研发到战略型研发，是由时代发展决定的，在这个时期（20 世纪 90 年代）科技发展更加快速，要求产品迭代的生命周期越来越短，一项刚引进的新技术可能在不久之后就面临被淘汰的风险，那么如何在高层面、战略规划的指导下进行有目的、高效率的研发就成了迫切的需求。这个阶段企业的高层保持着紧密合作、持续交流和推进，保证企业长期的发展。

**第四代：创新型研发。**进入 21 世纪后，企业之间的竞争更加激烈，如何为有效的创新和决策创造更适宜的环境，是企业一直在追求解决的问题。在这个过程中，创新如何被识别和概念化就变得尤为重要。处于创新型研发模式的时代下，除了做好这个研发模式下的创新创造外，更多是为下一个时代的来临做好准备。

**第五代：云端型研发。**这是一种新型的研发模式，当然也有人认为在达到这种模式之前，应该会经历知识共享的动态网络阶段。注重协助创新，构建动态网络，这个阶段直接被融合定义为最终形态下的云端型研发模式。在这种模式下，研发的整体形态将会发生质变，从而提升研发效率，降低研发费用，并将企业的创新能力和迭代速度提升到一个新的层次。

### （二）传统研发与共享研发的对比

随着信息技术的普及，国内企业越来越重视产品创新和研发管理，但是很多企业采用的仍是传统研发模式，也有不少企业开始采用共享研发模式，传统研发模式与共享研发模式的对比，如表 7-6 所示。

表 7-6 传统研发模式与共享研发模式的对比

| 特征 | 传统研发 | 共享研发 |
| --- | --- | --- |
| 研发成本 | ①软件技术人员门槛、工资人力成本高<br>②需求从沟通到落地需要反复、长链路沟通，导致沟通成本高<br>③基础设施成本等运维成本高 | 共享研发平台可以按照需求进行选择分配，能够节约较大的成本 |

续表

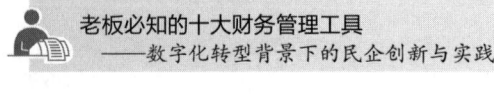

| 特征 | 传统研发 | 共享研发 |
|---|---|---|
| 研发周期与安全性 | ①除业务功能开发外，有大量与业务无关的通用技术能力的开发<br>②软件架构和规模复杂度越来越高 | ①研发共享平台可以减少不必要的技术能力的开发，提高了研发效率<br>②研发共享平台在服务器安全方面更可靠。云服务器都有专业人员维护，避免问题的发生 |

### （三）共享研发模式的智能化协同

共享研发模式的智能化协同能够提升研发能力，从而满足企业业务快速发展的需要。从业务的视角来说，业务人员期望提出的方案或想法能快速上线进行验证，同时从技术团队的视角来说，需要把业务和产品提的需求在最短的时间内高质量地交付上线，甚至在业务提需求的时候，可以不写代码就实现。

首先，从业务的视角来看，业务人员期望提出的需求是有用的需求，也就是说在需求上线后，要能实现当初设定的目标，因此将其称为"有效价值"，这需要以用户价值为核心来探索、分析和规划产品。

其次，从协作视角来看，业务提出的需求，产研团队需要能快速高质量地上线。这就需要打破效率困境，从关注资源效率转变到关注流动效率，即关注需求的快速高质量流动。同时，要从提升局部效率走向高效交付，以流动效率为核心，提升团队的持续交付能力。

最后，从工程和技术的视角来看，既需要高质量的领域模型和架构，还需要卓越的自动化测试、持续集成、持续部署、持续交付等自动化实践。高质量的领域模型和架构可以提升业务的响应能力，卓越的持续交付能力可以提升软件的交付质量和速度。所以从这三个方面来看，共享研发模式的智能化协同总结起来就是：让团队具备持续、顺畅、高质量地交付有效价值的能力。

## 二、资产共享模式的问题与智能化协同

### （一）资产共享模式的四大问题

**第一，无形资产涉及较少。** 资产共享模式主要集中在固定资产，也就是有形资产，对于无形资产的共享模式少有涉及。

**第二，资产共享模式狭窄**。对于企业而言，实施共享模式的资源通常是离单位较近的资源，这样就有可能因为组织模式更倾向于互惠互利的情况，导致资源的使用效率不高，而且也要考虑共享模式实施过程中的报酬问题，防止因为没有报酬导致过程无法计量。

**第三，共享范围较小**。我国企业由于本身缺少有效的管理机制，导致很多设施一直没有进入共享范围，使资产共享模式的实施存在一定困难。

**第四，共享平台建设不完善**。大部分企业没有建立真正的资产共享平台，有的共享平台也只是提供临时资产。这种情况的产生是因为资产管理的统筹安排工作没有落实到位，而资产共享平台需要将闲置的资产再利用，实现供需循环，所以共享平台的建设还需要进一步努力。此外，大部分企业只是在内部实施资产共享，如果仅仅是在单一部门实施资产共享的话，资产的使用效率仍然不会得到提高。

### （二）资产共享模式与智能化的协同

智能化、数字化转型的过程，归根结底就是要将资产共享模式与智能化协同发展，主要采取如下方式实现二者的协同发展。

**首先，资产数据全面智能化**。企业资产管理信息系统的数据还没有实施智能化，预算、采购、出租等系统和信息系统都是分开运行的，这样就无法实施全面管理。财务部门和其他的管理系统之间标准不一致，就无法实现智能化转型，耗费了大量的人力物力。

要完善资产共享平台的建设，将信息管理系统与其他系统相互连接，所有资产信息全部导入系统，实施智能化管理，这样就有了完备的信息基础。

**其次，资产共享平台的相互连接**。当前各部门的共享平台是单独存在的，这样就与整个智能化管理流程的理念相悖。所以应该开发一个共享共用的模块，将资产共享平台相互连接起来，实施信息化、智能化管理，这样可以清晰全面地了解不同部门的资产情况，并且加以监督。

## 三、Z企业固定资产智能化的管理案例

### （一）Z企业固定资产管理的问题

Z企业是成立于20世纪90年代的民营汽车配件生产企业。该企业作为乘用车配件制造行业的领头企业，拥有近50亿元的固定资产，作为一家重资产的制造业企业，如何有效管理固定资产，使固定资产效力发挥到最佳是其需

要持续关注的问题。与大多数企业相似，在固定资产管理方面，Z企业也存在着各方面的问题。

**首先，业财分离**。财务没有真正参与到业务开展的事前、事中、事后当中，且较少关注业务的执行效率，业务目标和财务目标相分离，不利于企业的资源配置。

**其次，数据信息化不完善**。例如，资产管理流程出现明显的验收迟滞，资产已经投入使用，但在财务账上仍未有体现。这种资产管理滞后的情况会导致资产不能及时计提折旧，资产核算不够准确，会有潜在的损失。

**最后，未充分发挥资产的效用**。企业在资产管理的过程中，较少考虑对由于改扩建拆除的旧有物资的利用，因此会有大量固定资产其效用未得到充分发挥就被报废处置了，加大了企业的费用和财务负担。

## （二）Z企业资产管理的四个解决方案

基于资产管理过程中存在的问题，Z企业需要引入新的管理方案。Z企业的资产精细化管理可以从以下角度入手。

**第一，财务BP**。首先，针对业财融合问题，Z企业建立财务BP模式。在传统预算制定时，业务人员只提供业务思路和数据表格，财务人员机械地进行数据转换和填报，造成业务规划和财务预算脱节。建立财务BP，可以有效消除部门之间的隔阂，深度参与预算编制、绩效设定等工作，从而支持管理决策。Z企业采用的管理模式是集中制，管理决策集中在母公司，但分公司的大量资产很难被有效管理和利用，在分公司嵌入财务BP模式，各个分公司的财务BP对所属资产的全生命周期进行管理控制，财务人员更加贴近业务，可以有效实现业财融合。

**第二，资产管理数字化**。Z企业固定资产规模庞大，业务数据和文件复杂，使用以RFID技术为基础的数字化管理模式较为适宜。对于冲压车间，涂装密闭空间等环境，RFID显示出更强的适应性。首先将资产相关信息写入RFID标签内，将标签信息上传至企业服务器，与企业ERP系统绑定，使每一项资产都有了"身份证"。借助RFID的射频功能，业务人员和财务人员能时刻掌握高价值且易移动资产的定位情况。资产从入库、盘点到维修和报废处置，全部信息均可追溯查询。

**第三，搭建资产管理平台**。Z企业目前还是以手工处理数据信息。搭建电子化资产管理平台，与企业资源管理系统对接，涵盖资产从购入到退出的全生命周期，将纸质单据转化为电子数据传递。从资产购入、入库、领用到申请报废，全部使用电子表单申请和审批，需要多方业务人员参与审核。实现资产管理和财务管理的紧密结合，提升业务流程效率和透明度。

**第四，结合区块链技术。** 传统的资产管理主要是将资产信息通过数据库进行管理，只要系统管理员具备数据库操作权限，即可对资产数据进行任意修改（见图7-8）。通过区块链管理平台与资产管理系统相结合的方式进行管理，依靠其区块链的去中心化、不可篡改等特性，保障存储数据的完整性和不可更改性（见图7-9）。

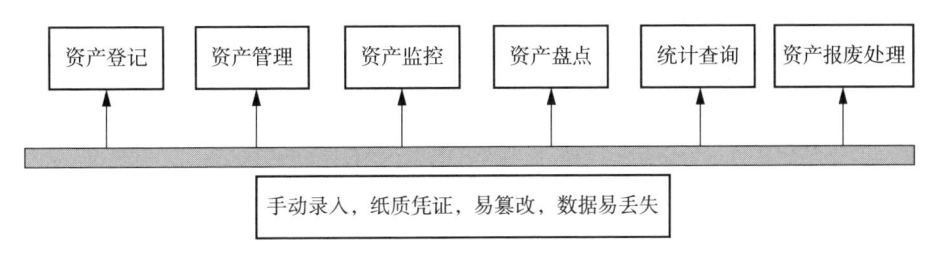

图7-8 传统资产管理模式

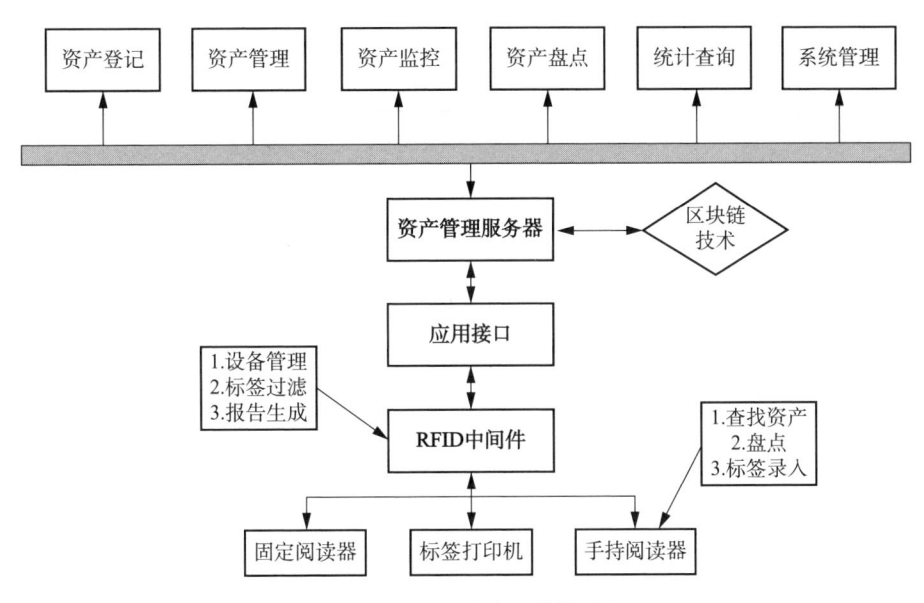

图7-9 RFID结合区块链应用

企业管理过程中需要着重关注资产存在的问题，资产管理中的问题主要是由于粗放性管理引发的，需要寻求精细化管理的工具和解决方案。随着科学技术的发展，数字化流程再造和业财融合的观念不断发展，资产管理出现了新的解决方案，帮助企业更加规范、有效地管理资产，同时提升资产的利用效率。

## 第五节　本章小结

在企业资产管理中，确保资产质量，提升资产应用效果，可实现资产管理的保值增值，改善和提升资产创造价值的能力。同时，随着科学技术的发展，通过科技赋能企业，实现资产数字化和数字化资产的赋能，并系统提高资产的使用效益，是企业对包括固定资产、非数字类无形资产、数字类无形资产管理的重点。

企业通过协同针对各类资产的融合转化，提升资产的使用效益，不断转化无形资产对企业发展的驱动力，改善企业有形资产的效用，确保企业存货类资产和固定类资产的价值。在系统提升企业资产的价值管理的过程中，企业还可以通过共享资产模式，解决企业的资产利用效率和利用效果问题。形成资产共享的同时，提升企业资产的智能化管理，改善企业在传统模式下资产管理的乱象及资管纠纷。借助企业采取的资产管理智能化转型模式，突出传统模式的弊端以及智能化模式重视精细化管理的优势。

### 本章参考文献

[1] 王官禄. 高校资产管理与财务管理融合的实践思考 [J]. 会计之友，2020（20）：100-104.

[2] 张彰，张登，杜娟. 人大监督企业国有资产管理评价指标体系的设计和应用 [J]. 财政科学，2022（6）：47-61.

[3] 赵晴，李慧. 高校固定资产管理绩效考核评价研究 [J]. 山西大学学报（哲学社会科学版），2020，43（1）：139-143.

[4] 刘梅玲，黄虎，佟成生，刘凯. 智能财务的基本框架与建设思路研究 [J]. 会计研究，2020（3）：179-192.

[5] 李闻一，于文杰，李菊花. 智能财务共享的选择、实现要素和路径 [J]. 会计之友，2019（8）：115-121.

[6] 计紫藤，肖鹏. 宝洁公司的商誉和无形资产管理探析 [J]. 海南大学学报（人文社会科学版），2017，35（5）：68-72.

[7] 刘梅玲，黄虎，刘凯，沙光前. 智能财务建设之智能财务会计共享平台设计

[J]．会计之友，2020（15）：142-146．

[8] 张太悦．无形资产成本分摊协议税收问题研究［D］．昆明：云南财经大学，2020．

[9] 何轩，马骏，李胜文．企业竞合关系中企业家精神配置的双重均衡——基于广药与加多宝"王老吉"之争的案例研究［J］．管理学报，2014，11（7）：959-971．

[10] 谢志华，杨超，许诺．再论业财融合的本质及其实现形式［J］．会计研究，2020（7）：3-14．

# 第八章
# 十大财务管理工具之税收筹划

企业需要结合企业资源禀赋做好税收筹划，尤其税收筹划的顶层设计很重要，针对金税工程的不断升级和智能化，企业在纳税环节的及时性、完整性、准确性很重要。同时，企业针对国家和地方政府部门提供的税收优惠及时享受也很关键。企业在传统模式之下，应该做到该缴纳的经营税收应缴尽缴，同时做到该享受的税收优惠应享尽享。

随着科技的不断发展，税收筹划的智能化融合有助于企业规避税收风险，做好税收筹划确保企业税收安全，可以实现系统的节税降费。因此，企业的健康运营需要做好税收筹划的设计。企业如何走上税收筹划的"正道"需要系统安排和规划，甚至包括企业业务外包实施的灵活用工、个独个体等筹划方式和技巧，在企业流转税和所得税等税种层面做好设计，并积极借助税收洼地解决地方财政税收优惠。

因此，针对企业端的税收筹划，需要做好两类方案界定，明确筹划的作用，解决企业的症结困境，实现金税系统的升级，在智能化财务下实现税收筹划的"正道"，明确企业税收筹划的传统对策和智能化安排。

# 第一节　税收筹划落地方案的界定与重要作用

## 一、税收筹划落地方案的界定

### （一）税收筹划的四大特征

企业纳税本身具有强制性、无偿性、固定性特征，由企业经营的业绩决定。税收产生的本质是基于企业的经营业务，通过企业的收入和利润产生。在企业全生命周期过程中，税收的形成是由收入引发，由利润形成。

因此，经营在前，纳税在后。经营的体量规模和盈利规模，决定了企业的纳税税负，企业在缴税之前，可以根据国家颁布的税收法律法规和优惠政策，提前进行筹划设计，利用纳税筹划专业知识，提前规划经营地、经营行为、经营结构、经营方式，从而达到合理合法节税降费的目的。

提前进行的这个筹划设计，也就是我们所说的税收筹划。税收筹划又称为纳税筹划，是指在遵循税收法律法规的情况下，企业为实现价值最大化或股东权益最大化，在法律许可的范围内，自行或委托代理人，通过对经营、投资、理财等事项的安排和策划，以充分利用税法所提供的包括减免税在内的一切优惠，对多种纳税方案进行优化选择的一种财务管理活动。

税收筹划具有四个显著的特征：**不违法性、筹划性、目的性和普遍性**。税收筹划与偷逃税有着根本的区别，税收筹划的大前提是不触犯法律，在此前提下，纳税人根据生产经营的实际情况结合税收优惠政策等做出纳税筹划的决策。筹划性是指企业在事前进行税收筹划的工作，企业根据过去的生产经营数据和目前掌握的资源对未来做出财务预测，在合理评估的前提下，提前进行税务安排，选择低税负的决策选项。目的性是指企业进行税收筹划都是以降低税负为目的的，这也是企业整体财务目标的一部分。普遍性是指由于各个税种规定的纳税人、纳税对象、纳税地点、税目、税率、减免税及纳税期限等一般都有差别，给广大纳税人提供了税收筹划的机会。

## (二) 税收筹划的"正道"与"歪道"

在我国财政收入中，税收是重要来源，企业的税收更是重中之重。企业通过税收筹划的实施，既能使其税收得到合理的减少，又能保护经济效益，从而为股东提供最大化的投资收益，进一步为以后的经营活动提供有利的环境。

对税收筹划进行深入研究后，发现某些企业的税收筹划存在不合理的情况，例如多数中小企业缺乏专业的税收筹划人员，这对其自身的经营和今后的发展带来了很多不确定性和风险，而且还可能会产生严重的税务风险。一些企业甚至发生了违法行为，走上了税收筹划的歪道。有关企业要改变观念，正确理解税收筹划，根据自身的实际情况和有关税法来制定合理的税收筹划策略，并且通过应用共享化和智能化的企业智能税务管理系统，达到有效税收筹划的效果，从而降低纳税成本，为企业的持续健康发展创造条件。税务机关也要对企业进行更严格的监管，纠正企业的违法行为，帮助企业的税收筹划走上正道（见表8-1）。

表8-1 税收筹划的正确模式与其他"伪筹划"的区别

| 概念 | 比较 |
| --- | --- |
| 偷税 | 纳税人通过伪造、变造、隐匿、擅自销毁账簿凭证或在账簿上多列支出或不列、少列收入，或经税务机关通知申报而拒不申报，或进行虚假的纳税申报，不缴或少缴应纳税款的，属于偷税 |
| | 偷税属于违法行为，是税法惩罚的对象 |
| 避税 | 纳税人利用税法的漏洞、缺陷，或利用税务部门监督成本太高，不易发现其违法行为的机会，借用非违法手段减轻税收负担，获取税收收益 |
| | 避税属于非违法行为，但不符合立法本意，有避税，就存在反避税 |
| 纳税筹划 | 纳税人在遵守国家税法的前提下，通过对经营活动的事先筹划，尽可能减轻税负，以获取税收收益 |
| | 税收筹划合法，与立法本意不冲突 |

结合表8-1我们可以发现，税收筹划"正道"与"歪道"的不同之处包括以下方面（见表8-2）。

从法律上讲，税收筹划的正道应是正当的、合法的，而偷税这类的歪道则是非法的，必须依法惩处。

从目的上讲，税收筹划的正道应是以经济利益最大化为目的，税收利益只是其中一方面，而税收筹划的歪道目的则是直接减少税负。

从发生时间上来看，税收筹划的正道行为是发生在纳税义务之前进行的，它是通过事先的选择和安排来实现的，而歪道行为则是在纳税义务发生之后进行的。

从后果上来看，正道的税收筹划对于国家财政收入是有益的，而歪道则是有危害的。

从国家对两者的态度上来看，国家对于正道的税收筹划是提倡的，而对于歪道则通过立法等手段进行规范和约束、禁止。

表 8-2 税收筹划的"正道"与"歪道"的区别

| 区别 | 正道 | 歪道 |
| --- | --- | --- |
| 法律 | 合法的 | 违法的 |
| 目的 | 经济利益最大化 | 减少税负 |
| 发生时间 | 纳税义务发生前 | 纳税义务发生后 |
| 后果 | 有利 | 有害 |
| 态度 | 鼓励 | 禁止 |

## 二、税收筹划的作用

企业纳税筹划是当下的大势所趋，国家出台的降税大礼包，推出的降税减费政策系统，也是为激发企业活力采取的基本措施，截至 2022 年现阶段，对于国家推出全系列涉及方方面面的为企业节税降费措施来讲，如果企业不充分进行纳税筹划，对国家的税收引导的这些优惠政策视而不见，那么国家出台的税收优惠政策就得不到充分利用，也就给企业带来潜在的损失。因此，针对国家支持企业创新发展、支持服务业发展、支持重点群体就业创业而言，做好当下的税收筹划，对于企业可持续发展而言很有帮助。

税收筹划区别于合理避税，纳税筹划的根本原则是以国家法律法规为基础，合理合法进行筹划，严格按照法律进行，从而没有法律风险，符合国家税收征管方向。纳税筹划是确保企业该交的税准确、及时、完整缴纳；企业该享受的税收优惠政策准确、及时、完整享受。进而，企业达成依法纳税、节税降费、合理减负的目的。

### （一）减少企业经营压力

在企业成本中，税费是主要的且必需的开支，而且在企业的各种支出中占有很大的比例。尽管很多企业的收入看起来很高，但实际上却没有多少利润，不仅是因为产品成本和人工费用的逐年增加造成企业利润下降，税费的支出相对沉重也是造成企业效益不佳的一个重要因素。因此，税费支出是具有弹性的费用支出，合法、高效的税收筹划对企业的健康发展起到积极作用。通过将各种不同的税收筹划手段有机地结合起来，可以减少企业的纳税成本，增加企业的收益，创造更多的利润，从而推动企业的发展。同时，它还能使国家经济健康发展，提高国家的税收收入。所以在制定合理的税收筹划时，充分地利用与企业实际情况相适应的税收优惠，既能减轻企业的纳税负担，又能大幅度地降低企业的经营成本，缓解运营压力。

### （二）提升财务管理水平

在企业的财务管理中，税收管理对提升管理效率具有重要作用。若想要提高企业的财务管理水平，那么必须采取制定合理的业务、科学的工作程序、健全的内部控制制度体系等措施，同时还要加强对税收风险的控制。通过对各种税收政策的及时掌握，并且合理地分配企业的资源，使其在投资、融资、技术改造等方面达到最优配置，实现有效的税收筹划，从而为企业带来更大的收益。因此，通过对企业进行资源配置和税收筹划，可以有效地提升企业的财务管理水平，进而提高企业的治理效率，促进企业内部的资源配置和产业结构的优化，增强企业的核心竞争力，为企业的可持续发展提供有力保证。

### （三）降低企业税务风险

在企业的经营和发展中有很多的风险，而税务风险就是其中之一。企业的税务风险不但会损害公司的声誉，而且会产生巨额罚款，从而造成企业的税收负担，进而影响生存和发展。税务风险是企业风险管理的一个重要内容，它存在于企业生产经营的各个方面，若不能有效地减少税务风险，不仅会被处以数倍的罚金，而且还会对企业的声誉造成不良的影响。以金税系统为例，其中的税收信用等级对税务机关的税务信誉评价起到了举足轻重的作用。合理的税收筹划，既能为企业解决日常的涉税问题，又能分析、评估、处理涉税行为中的各种问题及后果，从而从根本上规避税务风险给企业带来的负面影响，提升企业信用。

### （四）协同税务机关的有效管理

充分理解和运用国家各类税收法规，强化企业的税收筹划，规范企业的纳税行为，尽量减少其税后管理，将其转化成税前防范，既可以增强企业的风险自控能力、降低税收风险，也可以降低税收征管机关的税收征管成本，提高税收征管效率。一般情况下，征税者和纳税人是一种博弈关系，即收税者维护国家利益，而纳税人维护自己的利益，想尽办法以"合理避税"的名义，通过"合法、合理"的方式来降低或避免交税。在这种博弈中，一方面会造成政府的资金无法按时入库，另一方面又会使纳税人在不知不觉中违法，这不但会让企业走入歧途，而且还会影响到国家资源的利用效率，从而造成企业与国家的双重经济损失。所以，开展专业化、合法化的税收筹划工作，既可以为企业减少税务负担，也可以提高税务机关的工作效率。

## 第二节　金税工程的升级路径与税收筹划问题症结

### 一、金税工程的升级监管历程

金税系统目前发展到了第四期，也就是说，当前的第四期，是国家在1994年推行的金税工程计划的第四个阶段计划，可以说其是在第三个阶段计划上更加完善的版本（见图8-1）。第四期实现了发票电子化改革，金税工程与人工智能、智能财务的结合，催生出"智慧税收"，一种通过大数据、云端、税务链等多种先进技术与理论结合在一起的税收管理方式。"金税四期"可以帮助国家税务部门建设以大数据应用为引擎、以智能物联网为支撑、以法律为保障的税收治理体系，运用大数据，共享大数据，促进税收机关依法征税。因此，从企业税收筹划的角度来说，立足税收筹划的本意和正道，并就筹划的风险领域及时规避和防范，可以使得筹划企业遵守法律义务纳税，相关各方遵法协税，不断提高企业风险应对能力，降低税收成本，促进企业的发展质量不断改善，并不断推动企业的可持续发展。

在进行"税收筹划"的过程中，有一些企业只想着偷逃税，还有一些企业是在事后，也就是一个项目已经落地快要缴税的时候才想到要进行税收筹划，但为时已晚，便走上了"歪路"，进行一些违法活动，例如通过虚开增值税发票、延迟确认收入、虚假列支成本等违法手段进行"税收筹划"。这对企

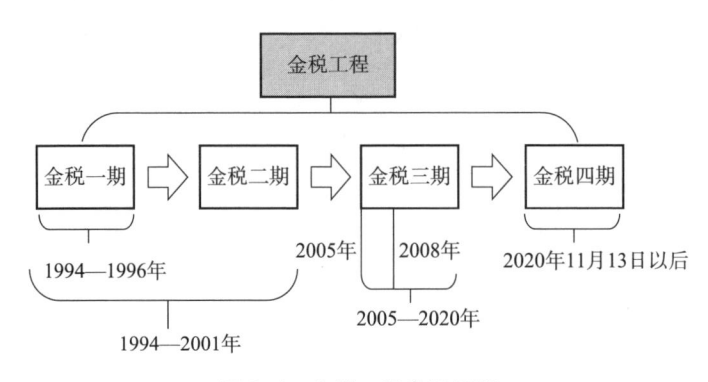

```
                    ┌──────────┐
                    │ 金税工程 │
                    └──────────┘
   ┌────────┐   ┌────────┐   ┌────────┐   ┌────────┐
   │ 金税一期│⇒│ 金税二期│⇒│ 金税三期│⇒│ 金税四期│
   └────────┘   └────────┘   └────────┘   └────────┘
   1994—1996年              2005年   2008年   2020年11月13日以后
         1994—2001年              2005—2020年
```

图 8-1　金税工程发展历程

业的声誉造成了恶劣影响，有的企业因此一落千丈、再起不能，甚至有牢狱之灾。

### （一）金税三期的智能化监管特征

金税三期工程于 2008 年正式启动，其总体目标是建立"一个平台、两级处理、三个覆盖、四个系统"。由表 8-3 可以看出，金税三期与传统税务的办税方式在国税和地税系统、税收征管及管理和税收执法上有着显著不同。

表 8-3　金税三期与传统税务的对比

| 项目 | 金税三期 | 传统税务 |
| --- | --- | --- |
| 办税方式 | 线上办税，方便纳税人 | 线下实体办税 |
| 国税和地税系统 | 共用一个征管系统，联合办理事项，实现全国征管数据集中，覆盖所有税种及税收主要环节 | 国税、地税分离 |
| 税收征管及管理 | 税务局依托现代信息技术和网络技术，改造传统的税收征管，使税务局的决策过程更加科学正确，税收监控将更为及时有力，极大地提高税务工作效率和税收征管质量。实现对一般纳税人经营情况的全程监控和掌握其动态变化情况<br>对于纳税人而言，可以更加方便地利用计算机进行申报，可以采用预储税款、自动扣缴的办法，充分运用税评软件系统，开展税收稽核评税工作，促进纳税申报质量提高 | 税务局无差异化管理纳税人，征收效率和征管质量较低；对于纳税人来说纳税申报效率较低 |
| 税收执法 | 税收信息更加公开透明，税收分析比对更加高效便捷，有助于行政权力的公开透明，减少税收执法的随意性。通过其网络发票系统可以杜绝虚开、代开发票等违法行为 | 税务发票的犯罪丛生，企业的合法经济利益难以保证 |

在传统的政府治理中，由于信息的不透明和不公开，导致了不同程度的信息不对称。大数据可以有效地减少其中存在的信息不对称性，降低公共信息和税务信息等的获取成本。对于事前预防和事中控制，金税三期系统从纳税人和第三方机构处获得相关的税务资料，再利用金税三期系统对企业的涉税数据进行分析、整理，并将其反馈给各个市场主体，形成了一个信息流动的闭环。金税三期还可以实时、动态地监测企业的涉税数据，既能全面地追踪到企业所有发票的交易轨迹，还可以通过纵向对比同企业不同年度、横向对比同行业和同地区、联合对比供应链上下游，来进行均值与波动区间的对比测算，分析企业涉税数据是否存在偏差与错误。同时，在事后惩戒和社会治理方面，系统还会定期将税务违规情况和处罚结果进行公示，并向社会公开列示税务违规的黑名单。金税三期的一体化系统还实现了企业内部的业务、财务、税务、发票等资源的集中，避免过去"以票控税"的现象。

## （二）金税四期的智能化监管特征

金税四期在金税三期实现国地税合并统一的基础上，还纳入了"非税"业务，实现对业务更全面的监控；掌握企业更多财务数据、纳税数据，监控也呈现全方位、立体化。国家实现从"以票管税"向"以数治税"分类精准监管转变；对纳税人进行全面监控，对失信人员执行五年禁止数字交易，同时纳入征信，不予贷款等，对于高净值人群来说，伴随着自然人纳税识别号的建立和新个税中首次引入反避税条款，个人的资产收支更加透明化；上线企业信息联网核查系统，将各部委、人民银行以及银行等相关机构之间的信息共享、核查的通道构建了起来，能够对企业有关人员的手机号码、企业纳税状态、企业登记注册信息进行有效核查；实现全国范围内的税收业务通办，实现税收业务云端化，为智能税收和智能监管奠定基础；加强监管，数据孤岛被打破，信息透明度加大，假账错账将会浮出水面，违规偷税漏税行为将被严惩。

金税四期工程将使我国税收环境发生极大变化，在很大程度上优化我国的税收环境，金税四期的要求与规范在各行各业、各地方各政府都不能一概而论，既需要将预期理论与后期实践很好地结合，又需要用后期实践来完善理论研究，具体问题具体分析，实事求是才能发挥出金税四期工程的最大优势。

金税四期就是建设"智能税收"系统的最好时期,是将税收云端化、链条化的最好时期,经过金税工程一二三期的经验积累与信息整合,金税四期数字化、智慧化的条件已经成熟,为智慧税收提供了监管、经济、国内和国际四个方面的便利条件(见图 8-2),这也是实现国家治理体系和治理能力现代化迫在眉睫的工作。

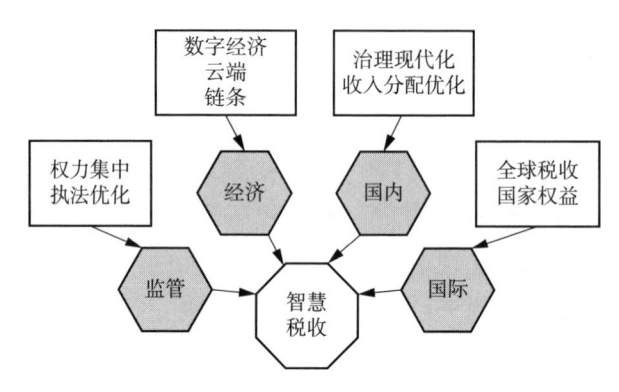

**图 8-2　金税四期为智慧税收提供的条件**

通过金税工程类监管一体化系统,企业面临的筹划领域聚焦在更好地进行税收筹划工作前期准备以及筹划,并且企业在遵守国家税法的前提下,通过对经营活动的事先筹划,尽可能减轻税负,以获取税收收益的方式筹划是解决筹划的重要方式。

同时,企业灵活运用智能化的财务手段,创新企业税务的管理方法,提升企业税务的抗风险能力和管理水平,合理利用大数据信息,构建一体化体系,为企业和国家的税务管理打造一个坚实的基础。

企业可以建设智能财税服务系统,将税务管理中的人工稽查、风险判定等工作尽量交给系统,将财税和票据相结合,建立统一的管理流程,实现流程共享、业务共享、数据共享,做好智能化接口,在这个严监管领域,做好规范和提高税务管理效率的协同。企业端加大财务共享的税收共享子平台建设,在稳固支撑业务发展的同时,最大化减少人为操作的可能性、压缩管理成本,同时尽可能地提升税收筹划的信息来源可靠度,以实现有效的、合法的税收筹划。

## 二、税收筹划问题的症结

随着国家税收征管不断给企业降低税负和规费,同时也对企业用非法手段降低纳税成本的路子严加监管,以"合理避税"为幌子的造假模式风险越来越大,选择纳税筹划来实现节税降费、化解纳税风险是明智的战略之举。出现税收筹划问题的原因如下。

### (一) 从业人员税收筹划的12个关注点

一些纳税人对税收筹划的理解不够准确,产生了错误的税收筹划理念,把税收筹划与偷税漏税、非法避税等同起来,在日常业务经营过程中钻法律的空子,最终害人害己,走上违法的道路;还有一些企业存在着逃税现象,严重违反了市场经济的规则,对国家的利益造成了严重的伤害。例如,有些经营者会故意少计,甚至不计收入,增加支出费用,以减少应纳税费计税;还有的企业会出现账外业务一套账,而实际的业务情况却是另外一套账的情况。

近年来,我国出台了许多新的税收政策,法律法规也在不断更新。由于外部环境的迅速变化,税务部门对税务工作的专业性、时效性要求都很高,因此从事税收筹划工作的相关人员必须具备一定的税务、会计和税法等方面的知识,但是由于我国许多企业受困于资本等原因,很难雇用到符合要求的员工,从而导致了税收风险的识别与控制困难。我国企业的会计工作大多只是做账,有的还身兼数职,同时兼任出纳等其他岗位,在精力有限的情况下,难以对税务风险进行事前预防和事中控制,经常是在有关税务部门要求补缴税款或罚款时,才会发现日常业务处理中的错误。

因此,按照金税工程的监管要求,企业在税收筹划及提升专业能力时,相关从业人员需要注意如下几点。

①企业应当生产经营销售与自己企业相符合的产品,品类适格;

②企业确保增值税筹划后平稳,不得出现类似增值税长期留抵、税负偏高或偏低,增值税专用发票用量变动异常等现象;

③企业不应该自开业以来将成本持续高于收入的纳税持续零申报,也不能有因为常年亏损导致所得税纳税额超出行业规范的长期极低税负;

④企业确保公对公的对公账户进行合法合规交易,规避现金交易等敏感事项,往来账户挂账应该给予体量的控制;

⑤企业不能以税收筹划名义而实际用过多存货方式偷税;

⑥企业所取得的发票应该考虑四流一致的要求且有效、合理;

⑦企业的开票项目与实际经营范围相符,如跨界运营需完成经营范围的

申请；

⑧企业的纳税申报表填写逻辑性和实事匹配度需提前设计；

⑨涉及盈利筹划的，连续三年以上盈利需要考虑向企业股东分配股利；

⑩企业增值税的进项和销项充分考虑各项进项发票税率税点的不同和及时完税手续，不能出现疏忽导致的异常；

⑪企业的员工个人所得税应该与企业所得税工资总额相符合，不能出现员工在同一企业同时拥有工资薪金所得与劳务报酬所得等情形，不能以税收筹划的名义去筹划少缴或者不缴社保的问题；

⑫企业不能伪造无证据费用词汇或会计科目。

### （二）税收筹划需要智能化解决的13个问题

企业税收筹划的智能化水平不足，信息技术在税收筹划中的应用仍存在缺陷：首先，数据的安全不能得到充分的保证，造成企业的经营数据被泄露，严重的甚至会导致企业的经营出现危机；其次，由于我国的风险管理体系暂不完善，导致了我国部分企业对其所涉及的税收风险不能及时监测；最后，由于企业的业务并不是一成不变的，国家关于税务的政策更新也日新月异，因此信息化的应用难以迅速地适应变化。

由于大数据的广泛使用，信息技术已经渗透到企业的经营活动和内部管理中，不管是生产、销售方面，还是税收筹划等方面，都离不开信息技术的运用。企业纳税筹划行为需要大力推动，且需要与企业偷税行为尤其是企业避税行为区分。从规避上述非税收筹划的行为来说，需要用企业内部智能化方式来锁定合规的税收筹划方式，具体需要智能化解决的问题如下。

①通过顶层设计安排股本金与债务资金，设计金融融资方案，从而少缴企业所得税。

②通过合并与分立方式，选择设立分公司的方式，合并或分拆收益与亏损，从而少缴企业所得税。

③通过合理控制广告费投入、业务招待费额度、其他限额类费用额度，从而少缴企业所得税。

④通过设立研发企业或加大科研创新力度，加大创新投入，以研发加成抵扣方式提升额度少缴所得税。

⑤通过顶层设计，针对企业特殊重组适用特殊税务重组方案，获得税收优惠政策。

上述这些领域需要系统地通过智能化税控平台锁定,并提供系统的平台化支持。此外,针对企业偷税行为,用智能化方式规避的偷税问题如下。

①规避企业通过接收"虚开"增值税专用发票少交增值税和企业所得税。

②规避企业通过少列收入、账外收入、虚增或多列成本费用少缴所得税。

③规避企业通过其他应付款等往来方式隐匿收入少缴流转税和企业所得税。

④规避企业通过报废资产、将非研发支出调入研发费支出加成抵扣所得税。

此外,企业避税行为尤其容易与企业税收筹划混淆,用智能化方式规避的避税问题如下。

①利用不同区域下属子公司的不同税收政策,以自主定价方式,通过关联方产品转移定价少交税。

②采取减少名义工资收入、提高职务消费、列支外部费用方式,达到少缴或不缴个人所得税的目的,并降低社保五险一金基数。

③通过测算将个人工薪收入在跳升税率之前进行设计,减少应纳个人所得税额。

④通过改变费用属性,从薪酬变费用,从资产支出变费用支出方式转化避税。

因此,从企业角度而言,由于企业可能受制于规模和投入产出,往往没有能力研发相关应用,即便采用了信息化手段,也只能采用非客制化的方法。这使得信息技术不能与企业的业务活动相适应,从而使之与税收筹划有关的信息化建设失去作用。合理的税收筹划智能化支持、偷税的智能化防范、避税的有效识别及协同设计方式改变都是非常必要的。

## 第三节 税收筹划的传统对策与智能化对策

从企业税收筹划的角度,企业需要立足商业模式,从营销模式、生产运营、供应链一体化出发,从生产经营过程中产生的税源点开始,结合企业流程,深入系统,针对实际经营制定合理合法的解决方案。从以企业商业模式实现的"四流一致"的业务形态出发,确保合法合规税收筹划的实现。

## 一、我国税收筹划的传统对策

从传统模式而言，企业的税收筹划需要顶层设计，针对企业的商业模式实现来展开。这里需要的业务链条依据是"四流一致"体现企业经营的动态过程，结合增值税、所得税等税种落地，结合运营模式和财务管控方式，实现企业生产过程的业务流程梳理和流程再造，使得税收筹划模式完全符合国家节税降费的法律法规，从而使企业的税收筹划方案与企业的实际经营融合，确保企业的发展长治久安。

从税收筹划角度而言，税收筹划的四流一致特指：货物流、合同流、资金流、发票流一致，是在"三流一致"（资金流、业务流和发票流）基础上发展起来的，"四流一致"体现为企业的精益化管理和金税四期的精益化监管，四流一致和三流一致的区别在于"业务流"拆分并延伸拓展为"货物流"和"合同流"。

### （一）传统财务下的完整税收筹划路径

在传统财务背景下，税收筹划的流程如图8-3所示，先确定财务目标，然后由企业税务部门进行研究，学习相关政策，进行可行性分析，经过计算评估之后提出税收筹划的方案，在审核筛选等一系列的过程之后正式实行。但在现实中，按照这样的流程进行税收筹划，真正有效合规合法地降低了企业税负成本的情况很少。有很多企业纳税意识淡薄，说到税收筹划，只想着偷逃税，还有很多企业是在事后，也就是一个项目已经落地快要缴税的时候才想到要进行税收筹划，但为时已晚，便走上了"歪路"，进行一些违法活动，例如通过虚开增值税发票、延迟确认收入、虚假列支成本等违法手段进行"税收筹划"，结果可想而知。由此，传统财务下的税收筹划亟须改变。

### （二）传统财务下的税收筹划专项措施

企业需要依法筹划节税的税费，从这个角度而言，企业可以采取合并或分立方式系统顶层设计节税。

首先是企业合并模式。企业通过合并且设立税收洼地的方式，形成企业的销售规模体量，提升企业话语权，加大地方财政返还力度和营商环境的支持力度。

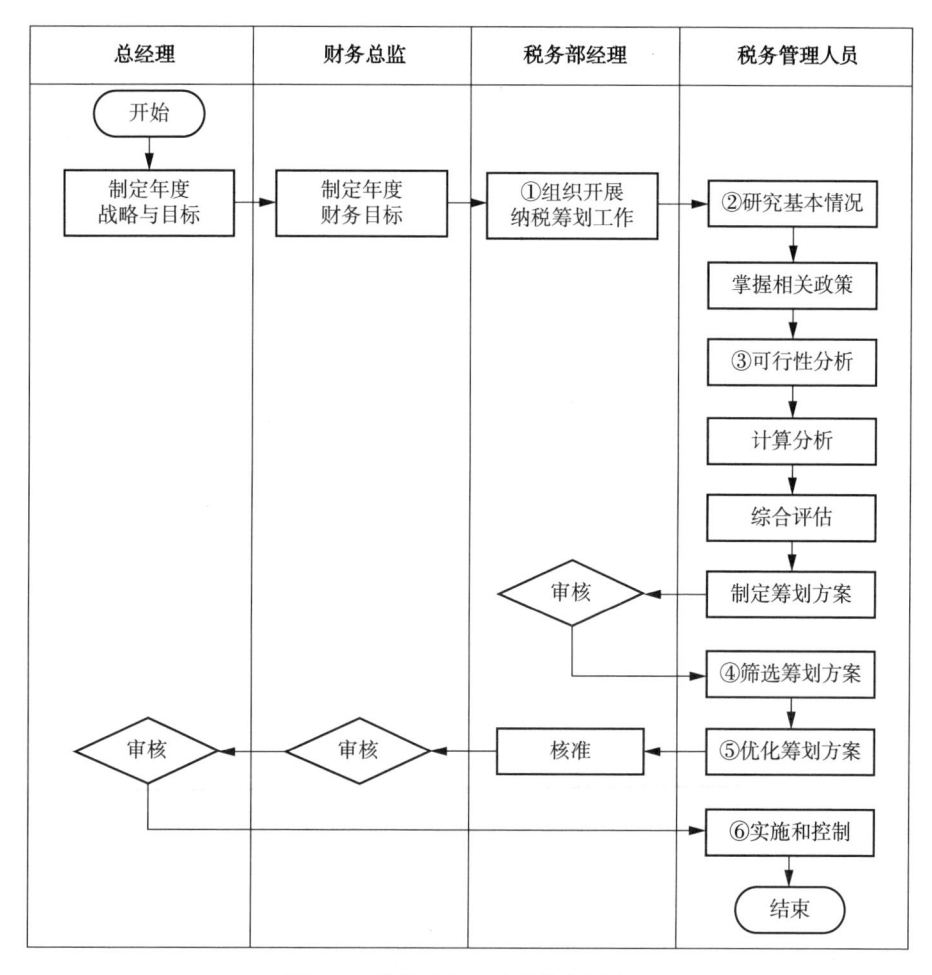

图 8-3 传统财务下的税收筹划流程

其次是企业分拆模式。企业通过分立且进行税收洼地筹划方式，将系统一分为二或打散分拆。包括在税收洼地设立小微企业子公司等操作，通过一般纳税人与小规模纳税人、小型微利企业、个体工商户的企业类型转化，延伸并推动扩大减免政策适用主体范围、延长阶段性税费缓缴政策，实现企业从合并主体到分拆为小微企业后所得税优惠政策的系统设计与顶层规划。

最后是综合模式，针对合并与分拆进行整合设计，充分落实企业可以获得的资源税、城市维护建设税、房产税、城镇土地使用税、印花税（不含证券交易印花税）、耕地占用税和教育费附加、地方教育附加等优惠。

为此，企业需要匹配合适的纳税筹划专项措施协同推动，专项措施包括税基类专项措施和加成类专项措施。同时，企业需要完善财务核算和精益化管控，如表8-4到表8-6所示。

表8-4 纳税筹划的专项措施

| 目标 | 专项措施 | 方法 |
| --- | --- | --- |
| 降低纳税税率 | 各税种因国家政策、区域、行业不同税率高低不同 | 选择税收优惠或税收洼地注册公司，类似海南或西部大开发项目等，实现降税 |
| 缩小课税基数 | 各税种因增值额、营业额、所得额等计税依据不同，在税率不变的情况下，缩小税基可以少缴税 | 在合法范围内，减少收入计税基数，或增加扣除额或扣除数等，实现降税 |
| 直接减少纳税 | 各税种按税法规定减征或加成抵扣一定比例费用从而少缴税 | 利用地方"税收减免"税收优惠政策或特殊支持政策等方式实现降税 |
| 减少重复课税 | 相关税种按主体结构不同设计以避免重复征税 | 将课税主体与个人主体尽量设计一致，或尽量采用税前利润列支等方式实现降税 |
| 延期缴纳税款 | 通过加速折旧，成本分摊方式或收入确认方式等选择谨慎会计政策、谨慎会计估计等延期纳税 | 选择加速折旧方法、选择合适存货计价方法，选择分期或一次性确认收入等方法延迟缴税 |

表8-5 纳税筹划的税基类专项措施

| 方法 | 具体措施 |
| --- | --- |
| 免税策略法 | 在法律允许的范围内，使纳税人的业务行为或业务范围成为免税人或全额退税人，或使纳税人从事免税活动或可以全额退税的活动，或使征税对象成为免税对象的方法 |
|  | 在中国境内创办软件、芯片、"卡脖子"技术类企业，经认定后享受"减免"政策等 |
| 减税设计法 | 在法律允许的范围内，结合国家因疫情等外部因素使纳税人减少应纳税而直接节税的方法 |
|  | 疫情影响减税和国家政策引导产业目录内减免税收等 |
| 税率差异法 | 在法律允许的范围内，利用地区、行业、企业等差异税率税而直接节税方法 |
|  | 在海南相关优惠区域投资企业，可享受15%的企业所得税率和15%的个人所得税率封顶的税率 |

表8-6 纳税筹划的加成类专项措施

| 方法 | 具体措施 |
| --- | --- |
| 合并分立法 | 在法律合法范围，将亏损与盈利的独立公司进行合并，或就设备与软件企业进行分立，或就获得收入在两个或多个纳税人之间进行分拆而直接节税的方法 |

续表

| 方法 | 具体措施 |
| --- | --- |
| 延期纳税法 | 在法律合法范围，纳税人延期缴纳税款，获得相对资金周转从而节税的方法。包括特殊重组方式实现的延期纳税，包括采取加速折旧，加速摊销等方式延期纳税 |
| 退税返还法 | 在法律合法范围，按地方税收规定，税务机关退还已纳税款而直接节税的方法。或就缴纳的税收，获得区域地方财政奖励返还等 |
| 加成扣除法 | 在法律合法范围，通过控制限额的广告费、业务招待费等支出额度和比率，通过增加创新投入，实现研发加计扣除额增加，直接降低税基而节税的方法 |

## 二、我国税收筹划的智能化对策

企业的管理人员要充分认识到纳税的法定性、义务性和强制性，在经营活动中，要坚持依法纳税，提高企业的核心竞争力，避免盲目提出减税的诉求。企业的管理层要树立科学的税收筹划观，不能错误地认为税收筹划的工作只是局限在一个模块、一个部门，要从全局出发，建立全面化视野，增强纳税意识，严格遵守税收法规，同时把构建科学的税收筹划制度作为企业长远发展的战略目标。

由于受资金和规模的制约，大部分企业在控制运营成本的同时，不能在财务部门以外建立或聘用与税收有关的专业人员。大部分企业的税收筹划都是依靠财务人员来完成，因此企业税收筹划的好坏是由财务人员来决定的。由于税收筹划部门不能完全独立，因此，必须加强对财务人员的培训，其不但要掌握财务管理的相关知识，还要加深对税收风险控制和国家税收政策的理解，可以及时掌握国家有关税收的最新规定并应用。

### （一）建设智能化税务管理系统

企业依靠信息技术进行税收筹划是必然趋势，企业要加大对税收筹划智能化建设的力度。建设企业智能税务管理系统，主要目的是对核心业务系统进行改造。通过建立一个完整的税务管理与监控平台，实现与业务系统管理的统一化、数据收集规范化。实行信息一方输入，多方使用，数据来源清晰，可追溯所有业务、税务及发票的具体内容、流程、处理时间节点、处理人员等信息。通过这种方式，既可以提高企业的文档数据存量和流程管理水平，又可以为接下来的税务稽查、分析、预警等风险控制功能奠定基础，还可以支持企业更加高效、充分地应对税务机关和各种外部机构的税务稽查、检查，如图8-4所示。

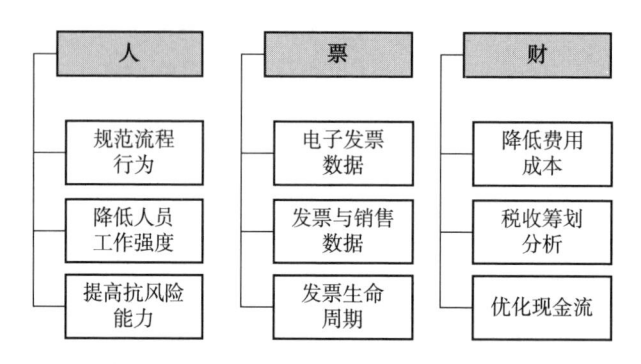

```
人                    票                    财
│                    │                    │
规范流程              电子发票              降低费用
行为                  数据                  成本

降低人员              发票与销售            税收筹划
工作强度              数据                  分析

提高抗风险            发票生命              优化现金流
能力                  周期
```

图8-4　企业智能化税务管理系统

## （二）智能化财务下的四流一致税收筹划对策

在实现"业财税一体化"的智能财务的基础上，企业的税收筹划流程如图8-5所示。财务共享中心下的税务子系统可以给企业提供税务服务，在税务子系统的模块中集成了税务申报、税务预警、税务大数据、税收筹划提示、发现税收洼地、自动收集税收优惠政策等功能。可供企业参考的是，采购中心和销售中心可以建立在税收洼地，由企业在税收优惠区域建立公司，享受税收优惠。

税务分析与规划、税务管控这两个部分是传统财务和智能财务下税收筹划所共有的。这部分顶层设计是没有改变的，改变的是进行顶层设计以及做出战略决策之下的税务管理系统。在智能化财务下，税务管理系统可以直接进行智能化的税务报表管理、税源地管理，同时，可以将接口接入税务局自动验证发票真假，从而系统管理税务风险。在智能化财务下，由云支持系统带来的云企直连、税企直连还解决了企业内生的管理效率问题，减少了传统财务下由于人工工作发生错误的概率。

在智能化财务下，可以实现合同流、资金流、发票流、货物流四流一致。借助智能化财务中先进的科技手段实时取证，账实匹配，自动验真发票，从而避免企业员工虚开发票等涉税违法犯罪问题，这也与偷逃税式的"税收筹划"有着根本区别。

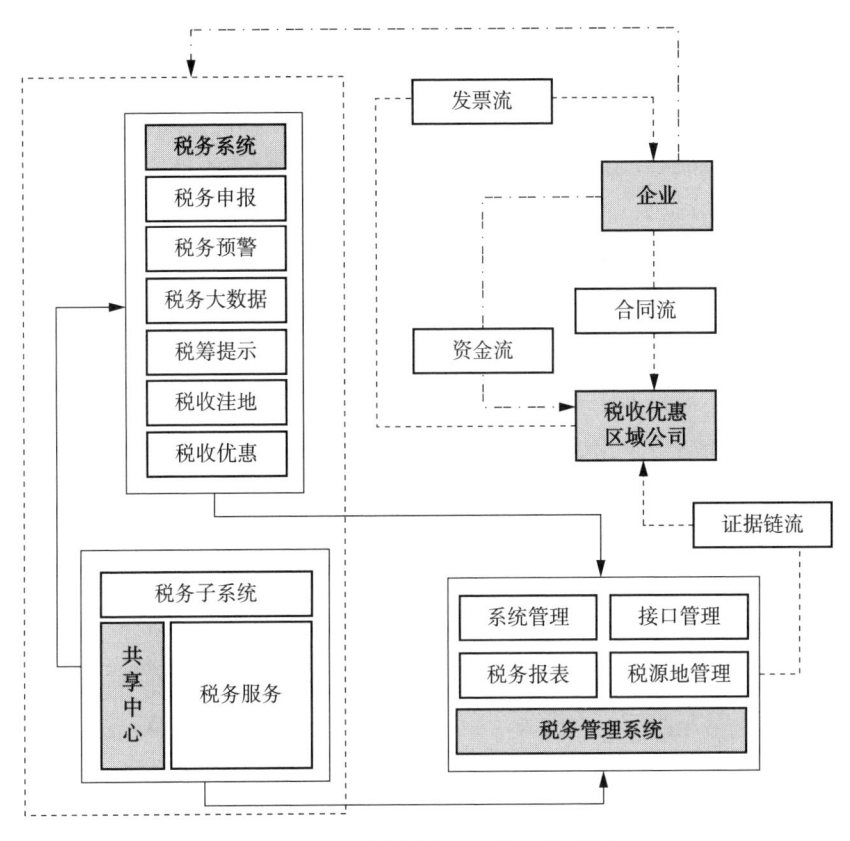

图 8-5　智能财务下企业税收筹划流程

## （三）传统财务和智能化财务下的税收筹划区别

传统财务下的税收筹划和智能化财务下的税收筹划主要有四点区别（见表 8-7）。

表 8-7　传统财务下的税收筹划和智能化财务下的税收筹划对比

| 区别 | 传统财务下的税收筹划 | 智能化财务下的税收筹划 |
| --- | --- | --- |
| 四流一致问题 | 难以保证 | 能够保证 |
| 工作效率 | 效率低下，在不断"找票"的包袱叠加下出错的概率很高 | 省去财务和税务人员的重复劳动，借助OCR等技术实现了智能化自动化管理，杜绝假发票等现象 |
| 方案成本 | 税务部和税务管理人员的人工成本或税务咨询中介的咨询成本 | 建设智能财务系统的成本 |
| 监督成本 | 人工执行、人工监督，有勾结受贿的可能性 | 人工执行、智能化监督，证据流明晰杜绝腐败 |

一是在四流一致的问题上，传统的税务管理系统很难做到，并且有很多企业利用这一点走上了税收筹划的"歪路"，利用四流不一致的管理漏洞可以偷逃税，甚至骗取税收优惠、出口退税等。智能化财务下的税收筹划首先就接入了税务局的接口，保证了发票的真实可靠，并且能够留存完整的证据链条，实现四流一致，避免了税收筹划中企业的合规风险，保证了税收筹划走在政策支持、合法合规的"正道"上。

二是在工作效率的问题上，增值税发票的管理是企业发票管理中非常重要的一部分，传统财务中要靠人工贴发票、人工录入、人工核验、人工找票，效率低下并且十分容易出错，还给了一些业务人员利用发票违法犯罪的机会。智能化财务下的税收筹划省去了财务和税务人员在发票方面的重复劳动，借助 OCR 等技术实现了智能化自动化管理，杜绝了假发票等现象。

三是税收筹划的方案成本。传统财务下税收筹划需要税收管理人员时刻关注税收政策的变化，花大量的时间精力去筛选和研究税收政策，有的企业可能还会咨询税务服务中介来制定一套税收筹划方案。智能化财务下税收筹划方案的成本就是企业建设税务子系统的成本，智能化财务能够利用 KG（特指知识图谱）自动搜集政府政策文件，查找符合企业的税收和扶持政策，省去了收集和筛选政策文件的成本。

四是税收筹划方案的监督成本。传统财务下的税收筹划由人工执行、人工监督，既无法保证四流一致，也不能保证所有税务管理和监督人员都廉洁自律；智能化财务下的税收筹划方案执行虽然仍由人工执行，但监督过程能够实现自动化、智能化，在保证四流一致的基础上，最大限度减少人员参与，系统程序是"刚正不阿"的，不能随意"做手脚"，自然能够杜绝腐败现象。

由此可见，智能化财务下的税收筹划可充分发挥现代科技手段在税收治理中的创新驱动作用，建设更加智能、更加全面的便利办税环境。

### 三、财务共享灵活用工平台案例

K 企业成立于 2018 年，注册地在 Z 省 H 市。K 企业立足于提供现代化服务，作为注册资本 3000 万元的民营服务类企业，立志于拓展包括物业、养老、导诊、陪护等服务类型项目。通过建设线上线下平台，企业已经为超过万人提供线下和线上支持服务。K 企业作为服务类企业，大量应用个人劳动，由于基本处于企业外包和个人外包模式，K 企业大量启用对个人的劳务外包项目。

  K 企业通过灵活用工的税务筹划，将传统的劳动者与 K 企业作为受雇单位之间的直接劳动关系，变为第三方平台公司与 K 企业之间的劳务合作关系。这降低了 K 企业的用人税负成本，同时在国际形势严峻的情况下，为 K 企业带来宝贵的税后净利润增长点。

  K 企业启动该项目后，在灵活用工平台的任务中心注册相关信息，每个项目都有独一无二的编码，注明了项目预算以及企业名称。K 企业安排服务的个人在灵活用工平台注册一个账号，然后进行实名认证，绑定银行卡，通过 OCR 技术和人脸识别技术，将身份证和银行卡拍照上传之后就可以自动读取相关信息，然后进行实时人脸验证。在实名认证之后，个人与灵活用工平台签订合同，平台与企业签订合同。

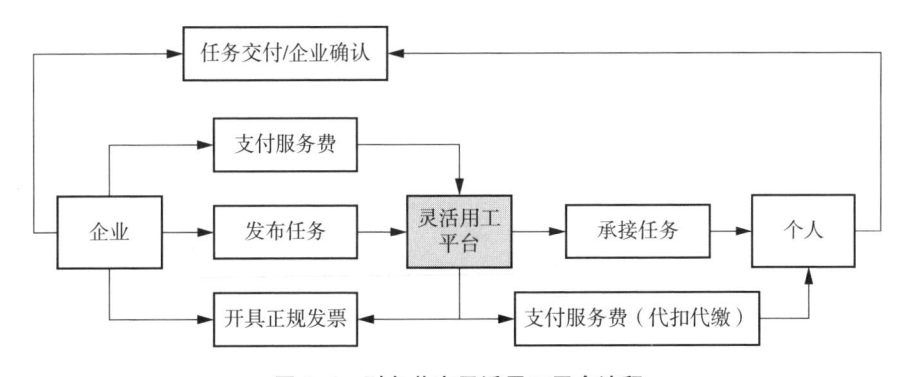

图 8-6　财务共享灵活用工平台流程

  整个逻辑和流程见图 8-6，K 企业与灵活用工平台合作，在平台上发布任务并支付服务费，灵活用工平台上的个人用户承接任务。在个人完成任务交付并且 K 企业确认之后，由 K 企业和灵活用工平台开具正规发票，由灵活用工平台支付给个人服务费并承担代扣代缴义务。

  如果个人的综合年收入在免征额范围内，就先不考虑要缴纳的个人所得税，只考虑 K 企业的税负。在传统的直接与公司签订劳务合同的情况下，K 企业雇用员工并支付劳动报酬，不属于增值税应税项目。

  在实现 K 企业员工分类规划之后，在灵活用工平台做了税务筹划的情况下，由于个人与 K 企业没有建立事实上的劳动关系，K 企业支付给个人的报酬应作为劳务费，以收款凭证或劳务费发票在企业所得税税前扣除，但不得以职工福利费、教育经费和工会经费的形式成为企业所得税税前扣除限额的计算基数。这样处理，企业一方面无须支付社会保险费并履行代扣代缴义务，避免了用工责任，另一方面还能够作为税前扣除有效降低企业所得税税负，企业实现了用人层面的多元化和用人成本的降本增效。

## 第四节　本章小结

经过多年的税务经验积累与信息整合，金税系统形成了智能化和系统化等智能数控类税务管控的特征。

企业应该缴纳的税费包括流转税、所得税等类型。企业依法纳税的强制性、无偿性、固定性等特征使得企业必须做好税收筹划。针对税务系统建设的以大数据应用为引擎、以智能物联网为支撑、以法律为保障的金税系统的税收治理体系，企业需要做好企业层面的税务管理，提前设计好注册地，落实税收洼地，明确可以持续的税收优惠。针对国家和地方政策的税收引导，综合考虑在企业雇员模式和劳动合同协同模式之下，系统解决企业劳动用工的降本节税。

企业需要系统改变观念，正确理解税收筹划的正向作用，明确税收筹划的领域。企业根据自身的实际情况和有关税法来制定合理的税收筹划策略，达到税收筹划的效果，在落实传统模式的税收筹划路径的同时，借助智能化平台实现系统的智能化税收筹划方案，降低企业综合运营成本。

### 本章参考文献

[1] 谢波峰. 智慧税务建设的若干理论问题——兼谈对深化税收征管改革的认识[J]. 税务研究, 2021 (09): 50-56.

[2] 卢奕. 拥抱未来：对数字化时代税收征管改革的理解与展望[J]. 国际税收, 2021 (10): 27-32.

[3] 赵福忱. 关于建筑施工企业完善税收风险防控的思考[J]. 税务研究, 2019 (09): 118-122.

[4] 谢清华, 周志勇. 区块链赋能税收征管与税收筹划的动态博弈[J]. 税务与经济, 2021 (04): 40-47.

[5] 王素荣, 袁芳. 投资中东欧国家的税收筹划及税务风险研究[J]. 山东社会科学, 2021 (11): 99-105.

[6] 姜英兵, 李星辰, 班旭. 企业供应链占资与税收筹划：调节效应及影响因素的分

析与检验［J］.商业研究，2020（07）：26-35.

［7］万佩刚."放管服"环境下建筑企业涉税风险及应对［J］.税务研究，2018（12）：126-129.

［8］朱凯，潘舒芯，胡梦梦.智能化监管与企业盈余管理选择——基于金税三期的自然实验［J］.财经研究，2021，47（10）：140-155.

［9］刘兴文，周泉.智慧税务背景下大企业税收征管问题研究［J］.税务研究，2021（08）：135-137.

# 第九章
# 十大财务管理工具之预算与分析

财务预算管理与财务数据分析是财务管理工作中的重要内容，业务形态的线上线下一体化和持续性的业务模式转型，给企业财务的预算分解和数据分析对比提出了更高的要求。一方面预算的科学性需要结合企业的业务形态细化到终端业务场景，另一方面针对业务终端的业务分析和层层汇总的数据还需要不断加工和智能化转型。这使得企业的预算分解与分析模型的融合尚未成熟，不仅要强化企业全面预算的准确性，同时还要按照预算的分解不断匹配财务分析的有效性。

因此，在预算层面，企业需要解决传统模式的难题，落实解决对策，实施预算数字化转型。针对分析层面，明确分析智能化转型的细节，落实对策，针对智能化分析的特点，落实建设转型方案。

# 第九章
## 十大财务管理工具之预算与分析

# 第一节　全面预算管理的难题与对策

## 一、全面预算管理的类型与闭环控制模式

从预算管理的发展而言,企业需要基于整体的运转要求对企业进行预算管理,而这个预算管理的落脚点,从全面性、全局性、完整性角度来看,全面预算管理相比行为预算和专项预算等,依然是当下预算管控方式的最佳实践和最佳方案。

### (一) 全面预算管理的两个类型

全面预算管理是企业以发展战略为指导,通过整合企业内部资源和外部信息,对一段时间内的所有经济活动做出预算安排,通过预算的编制、执行和考核,联结企业供、产、销各个业务环节,促进有限资源的优化配置,调动员工的积极性,最终实现年度经营计划和企业战略落实的预算管理方式。

全面预算管理一般分为经营预算与管理预算,也就是需要兼顾经营目标和管理目标。**经营预算**是高层次的全面预算,以企业的综合财务指标为主,经董事会审议通过,并报股东大会审议批准。**管理预算**是为了确保企业经营预算的落实而制定的执行预算,是以相关部门为单位的部门(或单项)管理预算。

### (二) 全面预算管理的闭环控制模式

全面预算管理囊括了企业所有的经营活动,包括经营预算、投资预算和财务预算,形成相互勾稽的预算体系,通过全员参与编制和执行加强预算考核的激励作用,并经过年复一年的编制、执行、控制、考核、奖惩、反馈形成监督闭环,从而实现综合管理。全面预算管理作为集团企业统筹规划和动态控制的重要手段,对企业强化控制管理过程具有重要作用。大数据、云计算的出现为集团企业全面预算管理的平台化和信息化应用提供了良好的技术

环境，对预算编制模式的变革、预算流程的优化以及数据中心的形成均产生了深远的影响。具体如图 9-1 所示。

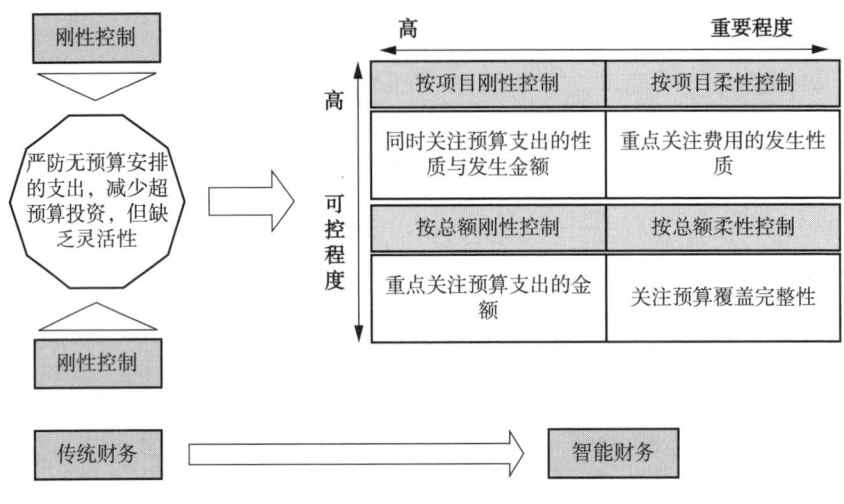

图 9-1 智能财务灵活预算控制模式

## 二、全面预算管理的五大难题

从预算管理而言，传统的预算管理在落地层面采取全面预算管理方式，企业的全面预算管理涉及预算编制、执行、分析、评价等各个环节，具体难题如下。

### （一）预算管理的全局性和完整性

全面预算管理是针对企业未来某一特定期间全部经营活动的财务计划，以实现企业的目标利润为目的，以销售预测为起点，进而对成本、费用及现金收支等进行预测，并编制预计损益表、预计现金流量表和预计资产负债表，反映未来期间的财务状况和经营成果。全面预算管理的过程是企业目标分解、实施、控制和实现的过程。因此，在全面预算管理贯彻实施的传统方式中，企业全面预算通过逐步推算，得出未来一段时间的财务状况和经营成果。但这项管理活动往往受限于历史数据的准确性和企业持续发展的稳定性，也受制于全员动员的有效性，信息数据分解的可行性，财务部门协同和预算管理委员会类似组织的有效性，涉及全部部门和人员，因此，组织与协调需要有较强的执行力，任何一个环节的疏忽，都容易导致企业全面预算的偏差，甚至出现与业务环节严重脱离的情形。

此外，企业的预算一般都会包括损益类预算、资本（投资）预算、现金流量预算、财务状况预算和其他预算。在这些基本预算之外，还涉及经营预算和管理预算的分解与落实。因此，涉及管理需求的管理报表分析与预算落实，兼顾预算类型和管理需求的完整性难度较大。

### （二）预算管理的流程化与程序性

企业推动全面预算的编制一般都采用"自上而下、自下而上、上下结合、分级编制、逐级汇总"的模式。企业发展战略和预算期经济形势的初步预测是预算管理的起点。董事会根据企业本期经营状况和发展规划，提出经营目标（短长期目标），经高层领导讨论通过，确定为预算目标。从这个层面来说，各预算归口管理部门围绕董事会及企业下达的总体目标，结合实际情况编制分预算。

在此基础上，企业的预算委员会或承办预算的财务管理部门等，就需要根据预算归口部门上报的分预算来进行审核、汇总，并通过综合平衡和统筹考虑的方式，编制总预算方案，报企业总经理，最后经企业经营层讨论后，提交董事会审议通过，如有必要，还需要作为议案，报请股东大会审议批准。

因此，在程序和流程上，容不得半点疏忽和逻辑的缺失，流程、程序需要全部完成且确保不出现大的疏漏，这个管控的流程与程序的合法前提是，预算的编制科学、合理，且不出现数据的差错，否则这类程序就会因为专业度不足而重新安排，导致企业耗费大量的人力、物力与财力。

### （三）预算的追加与修订的不可预见性细节

再设计有效且精确的预算，也是事前的规划，难免出现全面预算反复确定之后的追加、修改。这存在多方原因，包括企业受外部经济环境及内部经营活动变化的影响和企业原定目标偏差的影响。

第一，从预算细节分解而言，企业的损益类预算以经营成果为核心，由销售量、销售收入、销售增长率、利润、成本、费用、税项等指标组成，包括销售量预算、采购预算、销售收入预算、成本预算、期间费用预算、其他业务预算、投资收益预算、营业外收支预算、利润分配预算、税项支出预算等。通过经营成果预算，促进收入增长，降本增效，提高管理水平，保证经营目标的实现。

第二，现金流量预算包括现金流入量预算、现金支出预算、债权债务预算等。通过现金流量预算，掌握现金流动信息，平衡资金余缺，降低资金成本、提高资金的利用效率。

第三，资本预算包括工程建设预算、对外长短期投资预算、更新改造预算、固定资产预算等。通过资本预算，可以掌握企业的投资总量，使企业的资源得到有效、合理的配置。

第四，财务状况预算是围绕企业的战略要求和发展规划，以经营利润为目标，以现金流量为核心，以其他预算为基础进行编制，通过财务状况预算，盘活企业的资产，保证资产的完整、有效，达到资产保值增值的目标。

第五，其他预算指除上述预算外的单项预算的变化。

因此，上述预算的任何一个调整，都会引发全局性调整，甚至可能由于一个疏忽而导致预算不可能执行或难以执行，出现这些情况，预算归口部门应在规定的时间内书面报告企业承办预算的委员会或财务管理部门，还需要履行审核程序后提出修正意见，报总经理审批，提交董事会审议通过后，再次提请股东大会审议批准。因此，预算的修订过程也会出现大量的资源使用。

### （四）预算实施和控制的全过程考核与纠偏

预算是企业的经营目标，一般由总经理亲自领导预算管理工作。授权预算委员会或是财务管理部门对预算执行情况进行监督、检查，并就预算报告中的重大事项或特定问题组织调查，有关部门应如实反映情况和提供资料。企业财务管理部门定期向总经理、董事会提交预算执行情况的报告。因此，在管控过程中，财务管理部门在日常工作程序上，预算执行与考核的难度大，需要确保分析对比的有效性。

此外，在企业的预算管理传统模式中，第一，以销售为龙头，以销定购，有效控制货款回收率；第二，以费用控制为重点，将费用指标分解到具体业务部门，提高费用指标考核权重；第三，以资金平衡为准绳，加大现金流量预算指标的控制和考核，以确保企业经营目标的实现。

在这个过程中，除了总经理之外，一般各副职负责分预算的编制和执行，各业务部门经理负责该部门管理预算的编制和执行。此外，预算的控制采用事前反馈、事中追踪、事后考核分析相结合的方法。在预算的执行过程中，需要采取预算的异常控制措施，包括财务管理部门和归口管理部门要对预算执行过程严格监督和追踪，及时发现异常，分析异常现象产生的原因，加以杜绝或推广。

预算的执行还需要与各级负责人员的经济利益挂钩，通过企业制定的各级经营考核办法来实施。因此，这个过程中，企业的预算管控难度较大，各个环节和节点较多。

### （五）预算评价的科学性与严肃性

企业经营目标评价考核一般由董事会负责。市场和商业的子预算考核指标及方法，一般由总经理制定，并提交董事会审批后，财务管理部门、营销管理部门负责评价考核。相关的成本费用、现金流量分预算评价考核指标，一般是由财务管理部门牵头，总经理办公室、人力资源部门协助，会同业务单位共同拟定，并报总经理审议制定，总经理办公室和人力资源部门负责评价考核。

预算评价考核按季度、半年、年度进行，年度内预算执行情况在季度间可滚动计算。预算评价考核办法一旦确定，常规而言，要严格执行，任何部门不得随意修改，特殊情况需经总经理批准。

因此，预算的严肃性和制定的科学性的协同，难度较大，偏差的预算需要综合分析外部环境或内部环境变化等各种客观原因。

## 三、全面预算管理的对策

企业基于业财融合的全面预算管理思想，通过对业务流程的分解与成本核算，可以明晰任一经济事项发生的合理动因，实现对业务的科学预算。结合绩效考核结果以及实际的经营数据，对业务进行持续诊断和优化，从而为企业的下一步发展提供方向。具体对策主要如下。

### （一）顶层设计预算编制方法及程序分工方案

企业需结合自身的实际情况，从顶层开始设计全套预算的编制方法，确定程序，落实分工，监督督办，具体程序及分工分解参考如下。

董事会、总经理根据企业发展战略和预算期经济形势的初步预测，在每年第三季度末的某个月之前，提出下一年度企业的经营目标，确定好预算管理的起点。

财务管理部门根据企业的经营目标编制总预算，并按年度总预算的要求，拟定主要项目预算和归口部门的指标，报告总经理，经高层领导讨论确认后，下达各归口部门。

线上及线下的市场营销队伍依据企业预算目标、年度损益类总预算、归口管理指标，分品种编制月度、季度、年度销售量预算，销售收入预算，编制销售费用、销售回款预算，纯销预算指标分解到各办事处。

采购部门依据产品销售量计划，编制采购计划、年度资金支出计划、应付账款计划。

财务管理部门编制债权债务预算、财务费用预算、营业外收支预算、长短期投资收益预算、资产负债表预算、主要财务指标预算、税项等财务状况预算。

人力资源部门依据企业劳动工资政策、当期工资水平、国家养老保险和有关福利政策、奖金考核制度、各部门人员定编计划等，编制应付工资预算，并分解到各部门。

财务管理部门根据以上分预算（由下而上），进行审核汇总，通过与原总预算对比分析，综合平衡，统筹考虑，最后确定企业年度损益预算、现金流量预算、主要财务指标预算、年度预计资产负债表，书写预算编制说明书，提交董事会审议后，正式下达各归口管理部门。

具体预算组织体系与程序分工参考表9-1。

表9-1 预算组织体系与程序分工

| | 董事会 | 预算领导 | 预算组织、协调 | 归口管理部门 |
|---|---|---|---|---|
| 组成部门 | 总经理 | 总经理、财务总监等 | 财会部、营销管理部、人力资源部、总经理办公室 | 营销管理部、人力资源部等 |
| 预算管理责任 | 1. 提出公司预算总目标、总方针和预算编制 | 1. 设计整体预算制度<br>2. 组织预算编制和指标分解 | 1. 预算表格的设置 | 1. 熟悉公司预算方案<br>2. 分解本部门预算指标 |
| | 2. 审查、制定、批准公司重大项目预算、年度预算 | 3. 组织预算实施陪调和教育<br>4. 监控预算实施过程 | 2. 提供预算资料，对预算执行进行适时报告，进行预算结果汇总 | 3. 组织本部门预算实施<br>4. 提出预算修改方案 |
| | 3. 提出预算组织的改进意见 | 5. 处理或报告预算差异 | 3. 人力资源部和总经办负责拟定预算考核办法、预算评价办法、预算评价方案和报酬计划；提供协助、督导，提出预算改进建议 | 5. 编制部门预算报告 |
| | 4. 批准制定决算方案 | 6. 提出决算报告和奖惩方案 | | 6. 编制部门预算执行结果报告 |
| | 5. 批准预算奖惩方案 | 7. 协调公司预算冲突 | | |

## （二）落实预算实施和控制的节点

在传统模式的预算管控之下，确保企业的层层管控和监管落实，具体执行好各个控制节点，确保环节不会疏漏。

第一，总经办、财务管理部等部门将归口管理预算指标的执行，作为对部门、管理者业绩考核的依据，列入企业重要责任制考核项目，制定切实可行的激励和约束制度，适时实施追踪考核，以确保预算的执行。

第二，预算的控制采用事前反馈、事中追踪、事后考核分析相结合的方法。

第三，利用计算机网络系统，建立规范的、系统的、完整的、制度化的预算控制信息流通和信息反馈系统。使企业高层领导、预算管理部门、预算执行归口部门随时掌握预算的前瞻信息、反馈信息、整体信息等，为预算管理提供信息保障系统。预算管理信息网络的业务流程由财务管理部门、营销管理部门负责建立和完善，硬件网络系统由信息部门负责管理。

第四，预算控制的事前事后信息反馈主要由财务管理部门等负责，部门不断地对预算执行状况与原预算进行比较，分析差额，定期向预算归口部门反馈各类分析报告、历史信息、下期预算执行的修正方案等。

第五，预算归口部门按月、季、年定期向财务管理部门报送预算执行情况分析报告，同时提出下期预算执行的控制方向。财务管理部门通过汇总、分析、查证等，以专门的财务预算执行分析报告提交企业高层人员，并抄送总经办和人力资源部门等。

第六，预算执行中的异常控制。对预算执行过程财务管理部门和归口管理部门要严格监督和追踪，把注意力集中在异常现象上，尽可能早地发现异常，分析异常现象产生的原因，把不利于企业的异常情况消灭在萌芽状态，及时发现有利于企业的异常现象并加以推广。

第七，经董事会审批的《公司核决权限表》和各种"财务管理内部控制制度"，是预算得以执行的重要保障，在预算管理中要严格执行。确保预算执行部门无权超越制度范围处理业务，特殊业务的处理需经总经理批准，重大特殊问题需董事会审批。

第八，预算执行结果的考核。预算的执行要与各级负责人员的经济利益挂钩，通过企业制定的各级经营考核办法实施。

第九，由企业总经理主持，每季度进行一次预算执行情况分析报告会，由财务管理部门、营销管理部门对企业预算总的执行情况进行分析通报。

### （三）以业务为导向实现企业全员预算分解

**第一，落实"全员预算"。** 集团的全面预算管理系统首先解决了业务部门参与度不高的问题，真正落实了"全员预算"。通过业财融合、多维数据建模、灵活预算管控，将业务和预算指标相结合，预算编制和流程控制均以业务为导向，使预算真正为业务服务。通过业务部门参与预算编制和执行的全过程，实现管理前移；针对不同业务制定不同管控重点，根据不同单位的情况制定灵活的预算管控方式，全面支持业务发展，让预算真正发挥效用。

**第二，统一平台，实现企业全局的统筹治理。** 集团通过搭建分级管控、上下结合的预算管理体系，为集团预算目标的下达、资源协调配置打造了系统基础。基于该统一预算管理平台，数据在集团内部的传递速度大大提升，部门之间的信息壁垒被打破，业务的变化得以及时处理和反映，并使集团能够更好地应对外部环境的变化。

**第三，系统互联解决数据孤岛问题。** 企业以预算系统为核心枢纽，打通预算系统与企业工程系统、核算系统、OA 系统的关联，解决"信息孤岛"的问题，真正实现预算数据对业务数据的过程控制，以及系统间的数据传递和共享。可以以图表方式，做好业务内容的细节管控，预算分解跟踪流程见表 9-2。

表 9-2　预算分解跟踪流程

| 序号 | 工作事项 | 执行标准 | 审核审批 ||||  工作文档及主要内容 |
|---|---|---|---|---|---|---|---|
| | | | 部门 | 经理 | 总监 | 副总 | 企业 | |
| 一 | 预算编制 | | | | | | |
| 1 | 每年第 4 季度的固定月份，财务部门牵头预算管理委员会学习下年度预算大纲，书面下发《下年度财务预算编制通知》，布置各单位、部门预算编制工作 | | | | | | | 公司预算大纲 |

续表

| 序号 | 工作事项 | 执行标准 | 审核审批 部门 | 经理 | 总监 | 副总 | 企业 | 工作文档及主要内容 |
|---|---|---|---|---|---|---|---|---|
| 2 | 每年的12月底之前，企业各单位、部门根据要求布置分解指标编制、上报预算委员会预算目标值 | | | | | | | 下年度财务预算编制通知 |
| 3 | 财务部门汇总各单位、部门上报的预算目标值，提出预算目标建议值，报预算管委会审核后报批 | | | | □ | √ | | 调整下达 |
| 4 | 如预算目标建议值不符合公司确定的预算目标值，由财务部门牵头预算管委会平衡、调整各单位、部门预算，重新提出预算目标建议值，报预算管委会审核后报批 | | | | □ | √ | | 调整下达 |
| 5 | 财务部门根据董事会决议下达正式预算，各单位、部门执行 | | | | | | | |
| 二 | 预算执行 | | | | | | | |
| 1 | 各部门根据预算开展各项业务活动，提出资金支付申请 | | | | | | | |
| 2 | 财务部门对各项支出进行预算审核。预算内项目，按核决权限表审批 | | | | | | | |
| 3 | 预算外项目，由申请人提交《预算外支出申请》，财务部门审核 | 如需调整年度预算，进入该程序 | | | | | | 预算外支出申请 |
| | | 如不需调整年度预算，权限内审批 | | √ | | √ | √ | |
| 4 | 财务部门按季预算执行情况分析；按年撰写预算执行分析报告 | | | √ | □ | | | |

续表

| 序号 | 工作事项 | 执行标准 | 审核审批 部门 | 审核审批 经理 | 审核审批 总监 | 审核审批 副总 | 审核审批 企业 | 工作文档及主要内容 |
|---|---|---|---|---|---|---|---|---|
| 三 | 预算调整 | | | | | | | |
| 1 | 预算执行主体编写预算调整报告，财务部门分析汇总，编制调整方案，预管委审核 | | | | □ | □ | √ | |
| 2 | 公司下达财务部门调整后预算 | | | | | | | |
| 3 | 按调整后预算执行 | | | | | | | |
| 四 | 预算考核 | | | | | | | |
| 1 | 预算执行主体按年向财务部门提交预算执行报告 | | | | | | | |
| 2 | 内部审计预算执行主体预算执行情况 | | | | | | | |
| 3 | 财务部门分析撰写全场预算执行分析报告，预管委审核 | | | | | √ | | |
| 4 | 人力资源根据预算执行分析报告对执行主体绩效考核 | | | | | √ | | |

## 第二节　预算管理数字化转型的细节与对策

### 一、传统财务全面预算管理与智能财务预算数字化转型的对比

从预算组织、预算编制、预算执行与控制、预算分析与考核四个角度分析传统财务全面预算管理和智能财务预算数字化转型的对比，如表9-3所示。

表9-3　传统财务全面预算管理与智能财务预算数字化转型的对比

| 对比点 | 传统财务全面预算管理 | 智能财务预算数字化转型 |
|---|---|---|
| 预算组织 | 自上而下，纵向权责分明，但缺乏横向沟通，部门界限明显； | 统一管理、分级管控，打破部门沟通壁垒； |

续表

| 对比点 | 传统财务全面预算管理 | 智能财务预算数字化转型 |
| --- | --- | --- |
| 预算组织 | 人力需求大,以管理层和财务人员为主,缺乏业务人员的参与 | 人力需求减少,团队核心人员为信息技术人员 |
| 预算编制 | 决策层根据战略直接制定分解目标,缺少对经营环境的分析;<br>编制流程实际只有"两下一上",没有对等的全员参与;<br>以吞吐量为起点,给部门独立编制不同需求的预算 | 依托大数据强大的数据建模能力,进行多维度数据分析,制定目标;<br>业务驱动的量化模型,保证预算数据与业务直接关联;<br>预算合并一站式管理,打破部门之间的壁垒 |
| 预算执行与控制 | 制定详细的预算执行控制制度;<br>执行严格的审批制度与预算调整方案,以单一的事前或事后刚性控制为主,缺乏灵活性 | 预算管理系统的"版本复制"功能和全场景联动增强预算调整灵活性;<br>基于系统规则对不同类型的业务采取不同的控制方式,实现刚柔并济的预算控制 |
| 预算分析与考核 | 预算分析重流程,轻分析,对差异分析的投入不够;<br>倾向于考核财务指标,非财务指标不足 | 利用大数据建模分析,对预算执行情况、预算实际差异、各项重点指标进行实时动态呈现 |

建立以全面预算为基础的组织结构,推进业财部门协同合作。全面预算通过预算来分配企业内部各部门的资源,以实现企业的经营目标。

预算过程是企业所有部门相互传递信息的过程。通过建立基于全面预算的组织结构,可以促进企业与财务部门之间的互动和沟通,使企业上下协调一致。

通过建立完善的沟通机制,企业可以定期开展相关学习活动和工作交流活动,以加强业务部门与财务部门之间的协同合作,让双方对各自的工作内容有进一步了解,确保财务管理环境更加统一,进一步提升企业内部管理水平。全面预算管理下的组织结构见图9-2。

## 二、预算管理数字化转型的四个对策

国务院国资委发布的《关于加快推进国有企业数字化转型工作的通知》中指明了企业数字化转型的方向与战略,明确要促进企业数字化、网络化、智能化发展,增强竞争力、创造力、控制力、影响力、抗风险能力,提升产业基础能力和产业链现代化水平。

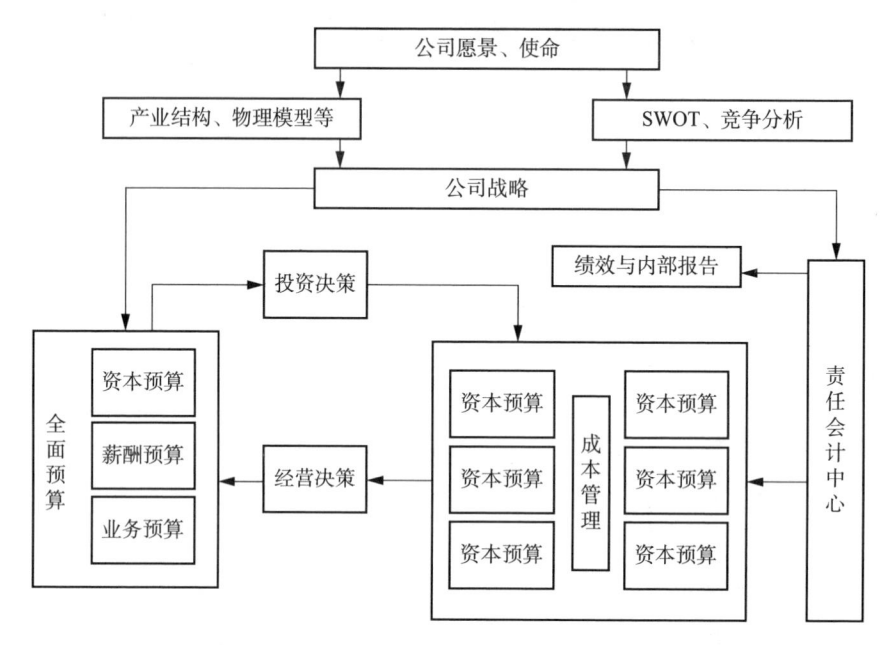

图 9-2　全面预算下组织结构

### （一）构建以能力为主线的战略布局

企业在管理层面应该由上往下将预算管理数字化转型的理念推动下去，加强企业内部管理人员的预算管理意识。让各层的管理人员与财务部门的工作人员能够理解预算管理对企业的意义。财务部门能够通过预算管理，将生产要素在各部门之间进行合理配置，减少流通过程中产生的浪费和冗余。

制定预算管理数字化的战略目标，还需要在企业内部进行模块化的分解，根据自身的主营业务，由财务部门分解展开，让业务部门的整体业务与具体的实际操作能够和预算管理相对接。通过模块化地分解自身主线业务，完成全面预算管理的战略布局。

### （二）发挥数据要素的驱动作用

对于企业当中各项业务活动产生的数据要素，要积极发挥其驱动作用。

第一，建立对应的数据化转换流程，将业务流转换成信息流。

第二，建立智能化的财务共享中心，将转换之后的标准化数据进行信息的集中处理。

第三，建立过程中保证信息流及时性的流程管控系统。这也要求在信息流转换过程中数据的标准性与转换过程的快捷性。通过要素的管控，确保预算管理所需要的数据信息可以在业务部门与财务部门之间进行流通。预先设计的流程一体化、数据标准化，在预算信息处理过程中也能够确保效率与质量。

第四，通过财务中心设立的统一信息管控系统，即数据中台，可保证在运用历史数据进行全面预算管理的过程中做到发票流、现金流、合同流、货物流和证据链流五流一致，在确保数据的准确性与及时性的同时，提高各部门之间的信息流转与沟通效率。

第五，通过融合各个模块，将 HR 系统、生产经营系统、合同系统、售后服务系统等不同系统之间的数据统一到一个综合性的数据处理平台当中。通过构建数据中台，发挥企业内部数据要素的驱动效应。

### (三) 获得转型价值

要注意的一点是对于企业预算管理的数字化转型，要做的不是简单粗暴地将业务当中所有能数字化的流程和资料全部数字化，而是致力于流程智能化、高效化。提升内部控制的有效性，以达成协同效应。业财融合也不应该局限于局部的模块化和微服务化，还要考虑业财融合的设计是否基于企业整体流程来进行的。避免设计出了优中取优的微服务模块，结果不适应企业业财一体化整体流程，不能达到通过预算数字化转型获得价值的最初目的。要通过数字化转型，提升企业的内部价值。

### (四) 强化协同推进

对于预算管理的数字化转型，需要协同推进。

第一，要通过企业顶层战略进行规划与领导。

第二，需要各部门的协同推进与对应建设，将战略制定、技术迭代、数据信息化、流程标准化有机结合，产生协同效应。

第三，对于预算管理的数字化转型，也要做好资金与技术人员的相应支持。通过建立智能化的预算管理系统，做到对企业内部领导机制、管理机制、资金机制、人才机制的流程优化与变革，根据预算数据建立对应的治理体系，为企业的管理提供保障。

预算管理的数字化转型能够提升企业的业务处理效率，同时，智能化的流程设计能够减轻财务人员烦琐的账务处理劳动，业务流程的模块化拆解也能够提升预算管理的准确性，在整体上提升了企业的预算管理水平。但是在企业预算管理数字化转型的过程中也会催生一些问题，比如将部分本不需要数字化的内容进行了转化，另外相比传统财务数据的储存方式，企业关键业务的数据化还会面临信息泄露的风险。因此在企业预算管理数字化转型的过程中，管理层应该做到应有的关注，同时优化人员结构，协调部门之间的配合，使数字化转型不仅局限于财务部门的预算管理环节。

### 三、G集团预算管理数字化转型案例

G集团是成立于20世纪80年代的港口服务运营民营企业，是港口物流业务和港口服务业务的龙头企业。

G集团从2000年开始应用财务软件，到2015年开始基于财务软件搭建集中、统一的财务管理平台，经历了财务管理从分散管理到分布式集中，再到实时集中的管理模式迭代。

**第一阶段，搭建平台**。主要工作包括财务基础数据及流程的标准化，建立统一的会计核算体系、统一的资产管理体系、统一的财务报告体系。**第二阶段，加强管控**。主要工作是以资金管理、全面预算管理以及BI分析体系等为建设重点，继续优化财务基础数据及流程体系，持续推进、督导完善财务软件平台建设。**第三阶段，提升管理**。在第二阶段管理工作基础上，优化资金二期系统，在全集团层面推广全面预算管理，并对BI分析体系持续优化，同时对于核算体系、资产管理体系、财务报告体系持续完善，不断提升企业财务管理水平。

G集团预算管理的关键应用场景如下。

#### （一）多级预算自动集成

首先是对基础资料进行分级管理。G集团建立了统一体系，如预算科目统一至三级，下属单位可在此基础上丰富拓展。对于预算方案的管理，各层级间可以建立独立预算模型，但是关键指标受上级控制，实现分级管控。

其次是预算模型数据自动集成。在编制预算的过程中，系统通过"预算模型数据集成"的功能，将各基层单位预算模型的数据传递至集团模型之中，实现集团和基层单位预算数据的联动，减少编制工作量。

#### （二）业务驱动的量化模型

基于对各板块业务属性的理解，根据不同的管理重点，搭建不同板块的预算模型，并确定关键变量和核心假设。财务预算从业务系统自动取数，业务数据变化直接影响预算数，从而实现贴合业务实际的预算编制。

根据不同业务板块的特点，集团分别制定详细的业务计划。业务计划的编制基于战略目标和经营目标，综合考虑内外部因素，并且根据市场环境变化调整关键变量。

全面预算的正式编制以业务计划为起点，通过在预算模板中设置自动取数链接或在系统中设置数据的逻辑关系，实现财务预算和业务计划的自动衔接，使业务量的变化能直接影响预算数据。

### （三）预算合理性智能校验

预算编制涉及基层单位的报表编制和集团层面的汇总合并，参与的单位和人员众多，因此预算编制完成后需审核数据的逻辑性和合理性。为了满足数据校验的要求，G集团结合财务软件系统设置了不同的智能校验方法，包括报表逻辑性自动校验、基层单位指标合理性校验以及集团层面大数据对标。

### （四）预算调整全场景覆盖

G集团预算在编制过程中往往出现"几上几下"多个版本，为了避免数据的大量重复录入，财务软件预算管理系统通过"版本复制"功能可以实现预算数据以及预算表的自动复制。同时为了保证预算调整的统一管理，系统设置了预算锁定、解锁、确认后不得修改、后续追加调整、预算额度自动释放等功能，从而保证预算编制的高效清晰。

### （五）全过程预算管理以及灵活预算管控模式

G集团基于细化至项目层面的预算审核，将全面预算管理的范围扩展至业务前端，形成"立项—合同—月度预算—付款—核算"的闭环，提高预算执行效率和管控效果，将被动的事后控制转换为主动的事前控制，如图9-3所示。

同时，考虑到业务属性、管控力度和效果平衡，G集团通过灵活的预算管控方式，基于系统规则对不同类型的业务采取不同的管控方式，可以实现刚柔并济的控制。

### （六）主题式分析闭环管理

在预算分析环节，G集团充分利用大数据建模分析，对预算执行情况、预算实际差异、各项重点指标进行实时动态呈现，从而实现预算闭环管理，便于G集团改善经营，实现战略目标。

## 图 9-3 全过程预算管理

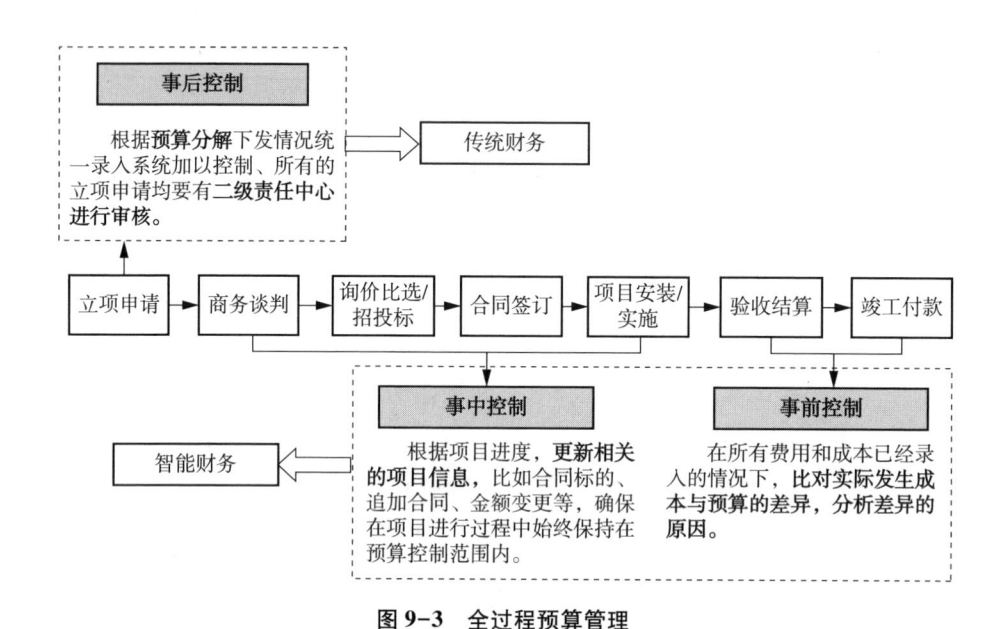

**事后控制**
根据**预算分解**下发情况统一录入系统加以控制、所有的立项申请均要有**二级责任中心**进行审核。

立项申请 → 商务谈判 → 询价比选/招投标 → 合同签订 → 项目安装/实施 → 验收结算 → 竣工付款

传统财务

智能财务

**事中控制**
根据项目进度，**更新相关的项目信息**，比如合同标的、追加合同、金额变更等，确保在项目进行过程中始终保持在预算控制范围内。

**事前控制**
在所有费用和成本已经录入的情况下，**比对实际发生成本与预算的差异，分析差异的原因**。

G 集团根据各公司的预算分析需要，设置了公司和部门的自定义分析表样，可自动获取年度预算数、月度预算数、预算执行实际数、预算差异幅度、差异比率等要素的数据，及可自定义分析的主题和数据范围，包括对比分析、趋势分析、因素分析、排名分析、价值树、专题分析等。

## 第三节  智能化财务分析的特点与建设思路

### 一、智能化财务分析的特点与难题

#### （一）数据时代财务分析的特点

随着企业海量数据的积累和新技术的应用，大数据时代的财务分析呈现诸多不同于传统财务分析的特点。从数据来源看，智能化财务分析的数据来源于企业内外部，除结构化数据外，还包括了大量的文本、图像、音频等非结构化数据，对数据的标准化处理、存储等提出了更高的要求。从时效性来看，新技术的应用使数据实时监测和动态分析成为可能。从数据因果关系来看，传统财务分析侧重因果关系，如连环替代法。但大数据时代背景下，企业间的竞争很可能是跨界竞争。如某食品公司方便面销量急剧下滑，并不是由于同业竞争，而是由于外卖行业的兴起。从分析内容来看，传统财务分析侧重于对报表数据的简单计算，无法与行业趋势、企业战略、商业模式、业务数据等深入结合，使得分析结果流于形式，缺乏指导价值。智能化财务分析强调业财融合，财务指标拆解要穿透和细化到产品、客户等具体业务中，从更深层次挖掘绩效变动原因，形成财务分析和业务经营相互促进的闭环。传统财务分析与智能化财务分析特点对比见表9-4。

表9-4 传统财务分析与智能化财务分析特点对比

| 对比点 | 传统财务分析 | 智能化财务分析 |
| --- | --- | --- |
| 数据来源 | 来自企业内部，通常为结构化数据，数据量小 | 内外部都有，结构化和非结构化数据并存，海量数据 |
| 时效性 | 定期报告 | 实时分析 |
| 数据因果关系 | 侧重因果关系 | 需要对看似无因果关系的数据进行深度挖掘 |
| 分析内容 | 重财务数据 | 注重业财融合 |

### （二）智能化财务分析的难题

智能化财务分析的难题，主要体现在智能化的基础转型过程需要时间积累，且需要顶层设计的有效落地，企业还需要具备较好的信息化水平且处于良性发展状态。这使得企业的智能化财务分析的落地面临较多瓶颈。对数字化赋能的企业而言，企业的数字化转型实现与否，也关系到企业智能化分析落地的可行性。因此，智能化财务分析转型的主要难题如下。

首先，财务分析技术的智能化水平有限。目前，大多数中小企业都还是使用Excel、Olap（联机分析处理）等财务分析工具，无法满足海量数据和实时数据的要求。部分企业使用结构化查询语言（SQL）、专家系统（ES）和商业智能（BI）等更加智能化的分析工具，但总体来看，这些软件只是强大的数据存储和加工软件，在分析思考、逻辑推理、价值判断、决策预警方面远没有达到人们的预期。

其次，数据难以获取且标准难以统一。很多企业还未实现或完全实现线上线下一体化，导致很多数据需要手工获取，甚至出现遗漏、重复数据等。加上不少企业数据存在于多个三方平台，也给数据收集造成了困难。

再次，由于存在大量非结构数据，这对尚未实现数字化转型，甚至尚未建立完善数据存储和加工系统的企业来说，很难实现数据标准化。

最后，新型财务分析思维和人才缺乏。其中，涉及较多分析环节的主要是业务财务和战略财务，这些岗位要求既懂战略和业务又懂财务还要熟悉编程语言等数据分析工具的复合型人才，要能推动业务实施和战略决策支持，人才的稀缺性使得协同作业的智能化财务分析需要外部的支持才能转化。

## 二、智能化财务分析的建设思路与科技赋能模式

智能化财务分析的特征，主要体现在数字化的实时、快速呈现，支持性模块包括影像资料的处理、发票的管理、过程文件管理、财务自动化等，为主模块提供支持性活动。模块生成的信息、数据等同样与企业的税务系统、资金系统、档案系统、ERP平台、合并报表系统等紧密相连，为其提供业务与财务数据，同时提取需要的信息。

智能化财务分析主要考虑以下几个维度。**第一，成本维度**。考虑使用搭建流程最为简便、所耗时长最短、所需人力成本最低的技术手段。**第二，安全维度**。考虑采用风险更低、审核难度最低、系统运营更稳定的技术手段。**第三，效率维度**。一方面，由于大量财务人员并不精通计算机技术，因此也需要操作更为简便；另一方面，可为流程运行节省的人力与时间，即流程效率提升的程度。需要强调的是，并不能仅仅关注于成本或者收益，需要在保证安全的前提下，尽量考虑边际成本更低、边际效益更高的技术手段。

### （一）智能化财务分析的建设思路

在共性框架的基础上，企业并不能生搬硬套，而应当根据自身特征构建个性化框架，因此本书依据德勤为用户提供解决方案的主要流程以及大量用户案例，总结归纳了企业个性化智能财务管理框架的主要构建思路。

首先，对于现有流程与共性框架进行评估，判断流程点是否符合智能化要求。主要需要考虑以下几点因素。

**第一，风险因素**。一方面，需要考虑智能化操作记录是否可以追溯或修改，从而在发现差错时可以及时追溯并修改，也可以确认责任。另一方面，需要考虑在机器人操作中是否有影响重大的环节，例如，涉及钱财的管理。收款付款等避免程序错误或者被有心之人利用而产生钱财损失。

**第二，耗时因素**。评估原有流程是否有必要改为自动化，即通过计算手工操作的耗时与机器人预计可以节省的时长评估改为机器人可能产生的额外收益。

**第三，复杂性因素**。一方面，与耗时因素相似，即评估智能化是否可以

产生实质性的额外收益。另一方面，设计智能化程序的复杂性，即需要耗费多少成本，包括涉及的系统数量、数据质量、开发时长以及编写程序的难度和需要耗费的人力成本或外包成本等。

**第四，频率因素**。即该流程的重复性情况。一般而言，流程的重复性越高，智能化流程带来的收益越高。对于偶尔发生的业务，其节省的时长往往并不如搭建框架所需的时间长，智能化反而是画蛇添足。

**第五，合规性因素**。即经办与审核的职责分离性。确保经办与审核不可直接循环进行，对于重要业务需要安排专员审核，智能化程序只可辅助人员审查。在保证效率的同时提高流程成果的准确性。

其次，确定未来规划，思考新价值与需求。当今大多企业仍未对现有传统模式的流程点实施智能化，并未利用智能技术手段思考与创造新的价值。

因此，对于现有流程评估完成后，一方面，企业首先需要考虑智能化背景下未来的战略规划方向，思考智能技术是否可以为企业整体财务管理模式提供新的需求，从而对于原框架或者共性框架本身进行调整与优化。另一方面，对于可能运用的场景进行思考，识别在当前的模式基础上是否可以衍生新的价值与需求，从而优化当前的财务管理模式。

最后，确认框架选择技术的解决方案。确认符合智能化背景与企业未来战略规划方向的新财务管理框架，并对于衍生的新流程点再次评估是否符合智能化要求，识别出符合要求的流程点集合后，即开始选择符合流程点需求的技术解决方案，例如，RPA、AI、智能识别、人脸识别、区块链技术等。

## （二）逐步引入科技智能化技术思路

通过引入 RPA、财务机器人等自动化技术，解放重复低效劳动，优化管理流程，实现降本增效。同时，通过智能化财务分析，开展多维度成本效益分析，打造企业核心数据资产，实现企业资源的优化配置。

**第一，数据采集智能化**。数据采集智能化是指通过智能软硬件结合的方式，智能采集经营活动发生的海量结构化和非结构化数据。一方面，企业引入多种发票交收机器人、移动 APP 二维码扫描等智能终端，从业务前端采集原始数据，并通过图像识别、人脸识别、语音识别、自然语言处理等 AI 技术，将非结构化数据转化为结构化数据，实现了数据的标准化处理。另一方面，通过数据标签化管理，设计电力采购、物资采购、服务采购、客户销售等各类场景模块，实现数据的聚类整合和细化颗粒度，为建设数字中台打下坚实的数据基础。

**第二，数据处理智能化**。数据处理智能化是指通过多种软件机器人、区块链、大数据、云计算等智能化技术，贯通业财交互信息链路，促进流程优化和业财数据融合。

一方面，通过将智能化技术嵌入到业务流程各个环节，实现了发票审核、支付申请、资金支付等重复流程的自动化作业，将财务人员从低效重复工作中解放出来，同时减少了出错率，提高信息合规质量。另一方面，实现业务全过程的数据自动抓取，沉淀了价格池、发票池、票据池、凭证池等数据，逐步构建财务数据中台，为实现进一步的数据分析提供支持。主要应用场景包括采购到付款智能结算应用、员工自助报销服务应用、全域立体稽核精益化管理应用、电网检修精准作业智能化。以采购到付款智能结算应用为例，在交易核算环节，通过采购核算软件机器人自动读取交易核算数据信息，并完成采购成本凭证制作，同时形成价格池管理。

在发票管理环节，引入发票交接机器人终端完成发票接收、校验和入账工作，并形成发票池管理，为纳税申报和筹划提供数据支撑。在支付申请环节，通过资金支付软件机器人，自动发出支付申请和形成电费支付计划，并形成票据池管理。在资金支付环节，通过人脸识别、虹膜识别技术完成供应商信息的核对，完成自动支付指令和实现银企对账，并形成凭证池管理。

**第三，数据分析智能化**。数据分析智能化是指构建经营分析模型、搭建全员自助式数据探索与价值发现平台。企业可以构建包含经营发展分析、财务状况分析、社会贡献分析三大分析领域，在三大分析领域下又拆分为不同分析主题，不同主题下设立多个财务指标和业务指标进行综合评价。

其中，经营发展包括营销管理、输配电价；财务状况包括经营业绩、经营质量、资金管理、财务预测；社会贡献包括营商环境、持续发展、企业贡献。同时，企业通过敏捷BI、机器学习、数据挖掘技术，一方面实现了分析自主化，可灵活输出自助式分析报告，另一方面实现了数据价值化，通过挖掘数据深层次价值，驱动企业经营和满足管理层决策需求。

**第四，数据展示智能化**。数据展示智能化是指通过可视化工具，实现数据灵活多样的动态可视化展现。一方面是应用人机交互功能，通过语音交互、搜索引擎、即席查询工具，实现多维度动态交互式数据查询。另一方面是应用风险预警功能，通过机器学习、大数据，建立风险指标评价模型，实现风险提前预判和实时跟踪。

**第五，财务分析智能化**。可以通过构建智能财务体系，自动对企业的财务报表进行分析，分析出企业的偿债能力、盈利能力、成长能力、营运能力。可以通过与行业大数据进行比对，判断本企业的财务状况，以便于下一步选择资金杠杆渠道。智能财务报表与传统财务报表的对比见图9-4。

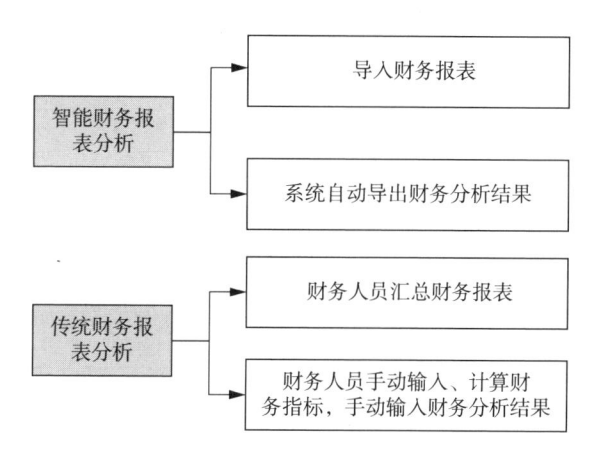

图 9-4 智能财务报表与传统财务报表对比

在上述数据智能化基础上，企业针对业务流程和管理环节的薄弱点，从管理模式、制度完善、团队建设三方面构建了一整套支撑体系，保障智能化财务方案的实施。企业采取多举措推动业财融合，形成业务和财务相互助力的闭环。此外，企业深化精益化管理，挖掘数据资产价值。

## 三、智能化财务分析的两大建设要点

### （一）围绕财务分析数字化转型的整体设计方案

首先，要明确财务分析数字化转型是全企业数字化转型规划中的一个环节，不能脱离全企业单谈。

一方面是因为企业拥有的资源能力在一定时间段是有限的，必须将资源优化配置到核心痛点上。一般做法是通过穿行测试检测系统的整体运行情况，在盘点企业资源能力的基础上，把资源投入风险更大的流程节点，优先解决营销与财务矛盾等救急点。在企业盈利回报好转后，再继续优化其余环节。

另一方面是费用报销自动化、采购付款自动化等基础财务职能模块优先实现智能化，才有对所沉淀的标准化、标签化的数据进行进一步分析的数据支撑。此外，由于API接口是开源的，不用一下子将所有业务和财务流程都嵌入。

其次，智能化财务分析都强调顶层设计，围绕企业的战略目标和经营特点，将业务流程和财务职能进行模块化分拆与集成，建设"业务前台+数字中台+支持后台"的智能财务体系，同时将组织、文化、制度等支撑体系和智能化技术支撑渗透其中。

尤其要重视数字中台的建设，具体到智能化财务分析上，要系统梳理前置职能和后移职能的角色定位、职责要求（见图9-5）。

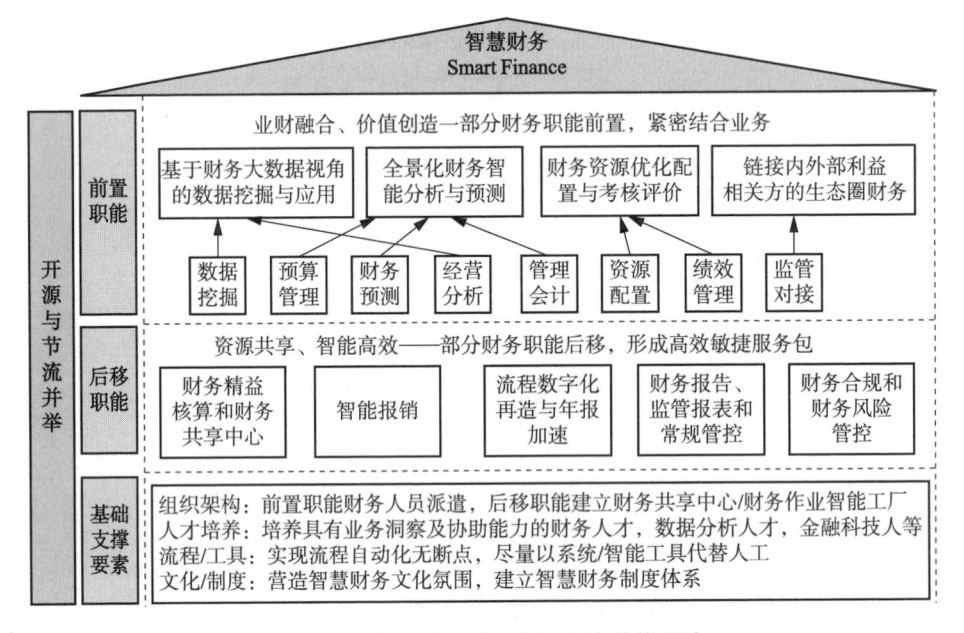

**图 9-5 财务数字化转型解决方案整体设计**

### （二）打造"五个建立"的智能化财务分析体系

智能化财务分析的基本内涵是以企业战略目标实现和经营管理水平提升为根本要求，以智能化技术为支撑，通过构建指标体系和分析模型，对企业经营的各环节进行动态化管控和实时监测，结合可视化工具多维度展示风险预警信息和考核结果，为经营决策提供参考依据，持续促进企业经营业绩提升。因此，企业要打造"五个建立"的智慧财务分析体系，以建立财务大数据库为基础，以建立财务管理能力评价体系为抓手，以建立经营分析模型为方法，以建立指标诊断、风险预警和考核机制为手段，以建立系统的支撑体系为保障，促进企业智慧财务分析体系朝一流化方向发展。

**第一，建立财务大数据库**。财务大数据库的建立是进行数据分析的前提。从数据来源看，要涵盖结构化数据和非结构化数据、财务数据和非财务数据、内部数据和外部数据。

一是汇集资金、税务、费用、预算、现金流等数据，形成庞大的财务数据资源池。二是打通业务流、数据流、信息流三流合一，实现从业务场景到财务数据的溯源机制和精细粒度的深层次分析挖掘，实现业、财、技一体化管控。三是纳入企业总体战略规划、国家产业结构调整、竞争对手同业对标数据、外部生态圈财务数据，通过对标管理改善企业薄弱环节。

从数据处理方式来看，要统一底层架构、流程规范、数据标准，横向整合各财务节点，连接各个业务系统，纵向贯穿各子公司，避免"信息孤岛"。构建数据标准时，要做好数据库结构规划设计，实现数据要素分类、客户和业务特征等的标准化、精细化，通过统一的存储格式，将非结构化数据、不同口径的数据进行整合，实现业务关联，为进一步的数据检索、分析工作提供支持。

**第二，建立财务管理能力评价体系**。建立财务管理能力评价体系的根本要求是要与企业战略和业务特点相适应、与财务管理规划和框架相匹配。

一方面是要科学设计评价指标，分类、分级制定评价标准、评价方式和分值权重。根据企业组织架构、经营业务特点等，构建"经营发展能力""量价费敏感性分析""业务协同能力"等主要维度，并在不同维度下再分设不同的财务指标和业务指标。指标构建要注重业财交互和因果关系。

另一方面是要丰富财务分析维度。注重业财融合，实现客户价值贡献度、产品/业务贡献度、人均产能、每笔大型科技投入/项目投入等的多维度多颗粒度的分析。

**第三，建立经营分析模型**。传统财务分析方法无法在系统中固化下来被重复使用。因此，要重塑传统财务分析方法逻辑，找到能够让计算机软件程序自动回答问题的准确计算法和因素穷尽法。

对于定量问题，可以通过建立数学公式或模型，用计算的方法精确回答，比如企业资金缺口、盈亏平衡点等。对于定性问题，则需要穷举各种可能的假设情况，给出尽可能准确的回答，如对应收账款增长合理性的分析（见图9-6）。因素穷举法的优点在于，如果按照设定的因素、分析思路得出的结论与实际情况不同，只需与现实情况进行对照，如果判断错误是未考虑到某因素造成的，只需将新的因素再追加进去，如果是分析思路偏差造成的，只要调整原有分析路径即可。

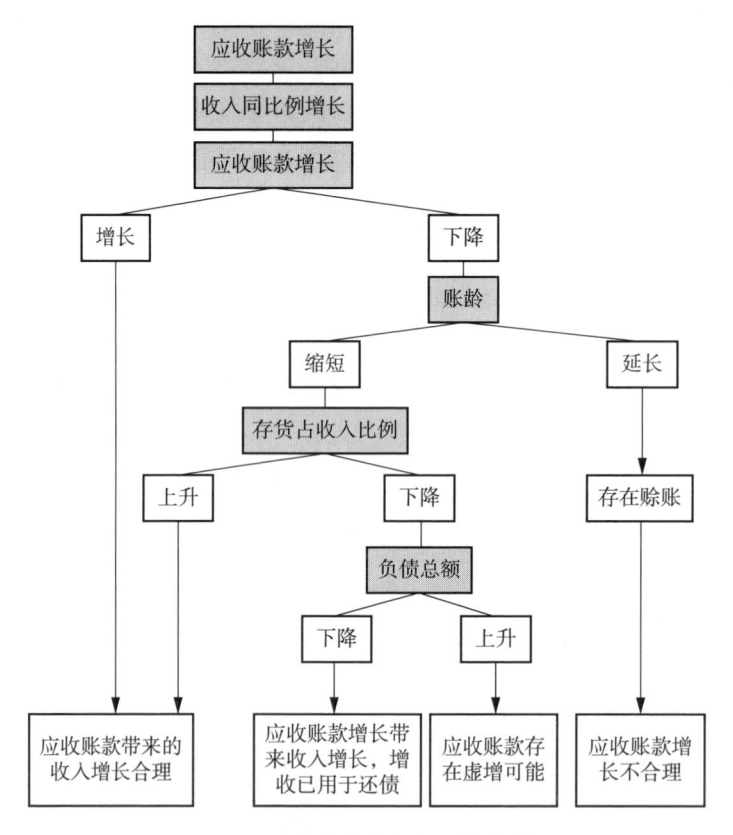

图 9-6 应收账款增长合理性的分析

通过经验的积累和不断校正，分析结果能更加准确地对企业的经营管理提供指导。此外，建立多维分析模型，包括基础财务指标的历史、同业、预算对标分析，业务场景的分析，外部生态圈财务的分析。将预算预测、目标分解、定价模型等丰富的应用模型固化到系统中，结合市场竞争、客群情况、产品营销等信息进行准确的盈利预测、定价与利润分配等。

**第四，建立指标诊断、风险预警和考核机制**。通过可视化工具，实时动态展现财务管理评价指标和经营分析模型的变化，实现交互式查询，发现经营管理的核心驱动因素和薄弱环节。同时，将业绩指标考核落实到各子公司、业务和项目的负责人，从而将有效的资源优化配置到更具战略地位和竞争力的产品、项目上，并对薄弱环节采取多种措施进行改善。此外，通过风险预警机制，提前预判企业经营的内外部风险，降低经营的不确定性。

**第五，建立系统的支撑体系**。建立一套包含"管理模式+制度完善+团队建设+智能技术"的系统的支撑体系。

一是要建立"业务前台+数字中台+支持后台"的智慧财务系统，并建立与之相适应的人员组织架构，营造智慧财务的文化。二是梳理业务流程、财务流程、数据采集处理流程等制度，建立智慧财务制度体系。三是要打造与智慧财务相匹配的复合型财务人才团队，加强中高级财务人才建设，推动财务人才结构从金字塔型向纺锤型转变。四是要加大RPA、财务机器人、机器学习等智能化技术的投入，用技术引领企业变革。

## 第四节 本章小结

企业可以通过全面预算的精益化实施和匹配的财务核算，实现基于业务模式的财务数据的有效分析，并以此对企业短期和长期发展提出更多有价值的信息，为企业的发展以及各项决策的确定提供科学的信息依据。

全面预算管理相比行为预算和专项预算等类型，从全面性、全局性、完整性角度来看是当下预算管控方式的最佳实践和最佳方案。但全面预算面临诸多的实施问题，尤其是传统模式下，路径复杂，从上到下再从下到上，历经的过程和程序烦琐，且需要董事会和股东会等层层批准方可实施。在落实分析比对和预算管控上，分析方式方法等还需要结合企业的预算调整与追加方式进行系统的设计与整理。与此同时，企业需要对财务数据中存在的异常数据进行分析，找出问题的原因，并采取有效的措施进行调整和优化，从而确保财务数据的稳定性，保障企业健康稳定发展。传统的预算和分析模式达成的效果较差。

因此，企业智能化方式导入，实现智能预算的执行，智能财务分析体系的建设，循序渐进搭建有效的预算与分析智能化体系是企业数字化转型之路。

在智能业财系统的赋能下，预算分解和管控精益程度提升，但也面临诸多的业务系统数据和财务系统数据预算分解的问题。在商业模式确定的企业管理系统的加持下，企业财务部门需要按照科学预算的要求，搭建完善的数据分析管理体系，为预算达成目标和企业决策系统的数据分析工作提供有力的支撑。

## 本章参考文献

[1] 谢志华. 会计的未来发展 [J]. 会计研究, 2021 (11): 3-19.

[2] 蔡昌, 王道庆. 业财法税融合: 理论框架与行动指南 [J]. 税务研究, 2020 (12): 122-128.

[3] 谢志华, 杨超, 许诺. 再论业财融合的本质及其实现形式 [J]. 会计研究, 2020 (07): 3-14.

[4] 张翼飞, 郭永清. 实施业财融合助推我国企业高质量发展——基于324家中国企业的调研分析 [J]. 经济体制改革, 2019 (04): 101-108.

[5] 王亚星, 李心合. 重构"业财融合"的概念框架 [J]. 会计研究, 2020 (07): 15-22.

[6] 吴世农, 林晓辉, 李柏宏, 等. 智能财务分析与诊断机器人的开发及实证检验——来自我国A股上市公司的经验证据 [J]. 证券市场导报, 2021 (02): 62-71+78.

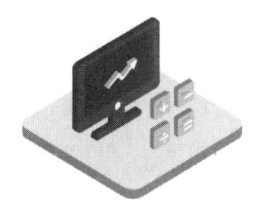

# 第十章
## 十大财务管理工具之核决权限

在企业管理过程中，明确核决与签批事项，是企业内控是否有效的关键。因审批核决不规范，流程不顺畅导致的企业管理乱象频发。企业如果不将核决事项明确清楚，还会导致企业内部治理博弈的签批混乱，甚至还会由于核决不明确带来责权利不匹配，最终导致企业内部管理失控。

因此，核决权限的设计与实施很重要。这有助于企业系统解决管理职级、管理流程、管理制度、管理部门等内部控制的系统管控问题。核决权限从无到有的建设实现后，还可以借助核决权限实现企业管理的制度化、流程化，提升企业可持续发展的过程管理。企业通过改善核决事项和核决流程，系统优化决策程序，提出合理对策从而系统整改企业管理活动的内容。

借助核决权限的建设，提升企业顶层设计执行效果，促使企业完善企业内控环境，解决企业公司治理与内部控制建设的有效性，实现企业流程优化，改善企业各部门和员工责权利的匹配性。通过核决权限的动态调整，明确企业核决与财务核决的责任界定与动态改善，推动企业实现内部治理运营的有效性，降低企业行政及财务风险至可控范围。

企业核决权限体系建设作为重要的企业管理与财务管理工具，核决需要解决四个授权逻辑和五项分工，按照顶层设计逻辑和五步法有效实施，落实信息化融合解决方案。

## 第一节　核决权限的四个授权原则与五个维度

签批核决事项在企业内部控制建设中是重要的手段，也是分授权体系建设的关键环节。在审批核决系统的建设上，首先进行核决权限设计的顶层规划，包括匹配公司章程，按照《中华人民共和国民法典》规定的股东会、董事会、经营层、执行层等分类方式进行分类。在此基础上，从顶层设计角度明确核决类型，按照公司、财务、项目等分类进行系统建设；其次落实核决签批的部门、人员职级以及审批顺序，明确承办部门，落实从行政低职级到行政更高职级的逐级审批和专项审批路径，促进核决事项内容的匹配；再次落实审批具体事项，将与企业运营相关的审批事项按照运营的特色，结合计划、组织、用人、执行、控制的"五分法"模式进行细化，将企业内控事项结合企业特色进行分授权的明确；最后针对项目按事项与体量规模进行明确，确保重要事项的支出，按照不同职级人员和部门的责权利进行匹配和审核，使得业务能够按照企业的总体战略规划以及年度预算管控的要求实施。

### 一、核决权限的四个授权原则

借助核决权限的系统建设和动态改善，可以分层搭建企业授权体系，实现企业系统内的上下承接，相互支撑。同时将核决权限的编制与岗位职责、标准体系、风险控制体系、考核体系及信息化建设等各项工作有机结合，系统推进，做到权力、责任、利益三者统一、对等，可以确保核决权限真正落到实处、取得实效。

#### （一）"核决权限"的四个规则

核决权限，也称审批权限、决策权限、管控分类授权权限，是企业组织内各部门及相应职级人员的责任、权力、利益明确划分的规则。目的是推动企业按照既定的战略目标发展，及时洞察企业运营现状，并确保企业运营的过程可控。核决权限的重要节点包括：提、审、决、知。

核决权限的编制，按照企业商业模式的运作规律，满足企业战略执行可控，需要遵循如下规则。

首先，需要遵循《中华人民共和国民法典》及相关法律法规的要求，尤其是按企业章程制定的股东会、董事会、管理层、执行层等相关层级及不同角色人员的权责要求，需在上述规范要求之内。

其次，需要遵循企业所在行业特色、企业本身在行业内的地位、企业未来战略目标和年度规划目标的要求，使得核决的实操性与企业的阶段性目标匹配。

再次，需要遵循企业的商业模式，重点在于企业资源禀赋的有效应用和企业上下游客户及供应商的运营模式、企业生产与服务模式、企业营销模式运营特色的转化。

最后，需要遵循一般的管控规则，需要将企业业务、财务行为按照内控制度要求进行项目拆分，编制可行的制度发起、业务审核及资金审核顺序，明确业务与财务审批流程，控制业务与财务流程和规范、最终审批决策部门和人员，以及在完成上述业务管控之后需要做好事后备案和签知工作。

因此，要系统推进管控体系建设，提升企业的管理能力，改善并确保企业具备较好的决策效率，从而把基本的顶层设计的战略分解、战术执行、系统反馈形成一体化闭环。实现压力的有效传导，权力的系统下放，动力的全面注入，活力的有效激发，并通过分解梳理，解决企业的层层负责问题，明确权责主体方式、可溯源方式及锁定行为，从而最大限度规避企业风险，从根本上达到"提高效率效果、提高产出效益、提升精益管理、提升企业价值"的目的，做精总部、做实平台、做优企业，加快推进企业管控建设。

### （二）核决权限重点关注的管理难点与盲区

企业执行力强弱，主要体现在细化制度及不断解决分授权问题上。企业的核决权限体现在针对章程约定的内容的分拆细化，职级职责明确，简明扼要地体现企业运营的现代化管控体系建设，核决权限是顶层设计的战略制定，是企业运营管理的制度与流程化管理体系的实施运作，并不断按照企业商业模式优化迭代整体运营的链接规范。

具体来说，企业在实现可持续发展过程中，人员会呈现自然增长，这也导致员工学历、素质、素养、认知、格局等各个层面的不同，容易引发企业适应过程和转型过程中的业务失控、内控失控、财务失控等各种问题。核决权限有助于企业从上至下对企业战略、商业模式、运营方案、财务管控进行系统的观测，使得企业文化理念、企业任务目标、企业上下协同效果提升，从而系统解决企业管控效率问题。核决权限重点关注的管理难点与盲区具体如下。

第一，定位层面。**解决做正确的事与正确地做事的难点与盲区**。从根本来说，企业需要推动员工完成工作，按照企业总体目标，功能细分至相关部门和具体员工，最有效的是员工做正确的事，在定位准确的前提之下，再正确地做事，可以实现企业与员工的双赢。但企业员工正确地做事与做正确的事有难度。按照个人能力不同，最优解是做正确的事，正确地做事；其次是做正确的事，不正确地做事；再次是做不正确的事，正确地做事；最不济是做不正确的事，不正确地做事。

第二，效能层面。**解决重要与紧急程度不同的事的难点与盲区**。从落地来说，对员工岗责梳理和业务执行而言，按照企业总体目标，对业务操作进行分解并不断推动员工实操，最有效的就是针对重要、紧急的事情进行准确分类，并按照一定顺序对不同重要程度的事情、不同紧急程度的事情进行排序，从而达成个人目标，同时使得企业总体协同效果最佳。因此，按照总体与个体的协同角度，最优解是在完成工作任务的有效分解之下，首先完成重要、紧急的事；其次解决重要、不紧急的事；再次解决不重要、紧急的事；最后才是解决不重要、不紧急的事。

第三，效率层面。**解决效率效果程度不同的难点与盲区**。从效率与效果的平衡来说，企业需要对员工业务完成效率与效果进行指导并系统推动改善，从企业总体推动目标达成的角度，指导员工实现做事效率与效果的平衡，使员工个体在做事效果与效率上不断实现帕累托最优状态并不断精进。因此，从效率效果角度排序，首先是做事效果好、效率高；其次是做事效果好，但效率不高；再次是做事效果不好，但效率高；最后是做事效果不好，且效率不高。

第四，市场层面。**解决市场拓展的老客户维护与新客户拓展平衡问题**。从市场层面来说，在当下科技赋能的外部环境下，分为线上与线下模式。

首先，常规来说，线下的老客户维护费用比新客户开发费用要低，一般维护老客户费用和开发新客户费用比率为1∶4。因此，对线下老客户的维护和投入更加重要，要重视老客户的市场挖掘和复购模式的设计，建立针对老客户的精益化产品与精益化服务协同的管控体系，确保有效服务老客户。此外，在市场拓展的费用空间之内，加大针对新市场的拓展，同时做好投入的量化控制。

其次，从线上的客户拓展来说，线上老客户维护费用也比新客户开发费用要略低，线上客户的引流和圈粉模式等新业态，使得投入并维护老客户费用和开发新客户费用比率基本接近1∶2。这是由于线上客户在公域形成的流量较多，此类流量平台属外部平台，在平台化导流和圈粉模式的实现上黏性较低。线上客户在企业私域形成的流量较少，维护私域平台的投入较大，投入产出比需达到一定规模量级才能构建私域平台，形成稳固的流量经济模式，因此，线上老客户与线上新客户的拓展和维护重要性与投入重要性需兼具。新老客户的市场挖掘和复购模式的设计，建立针对新老客户的精益化产品与精益化服务协同，形成有效的线上下单、线下配送的后台建设及管控体系的协同性，解决管控节点的责权利匹配，确保有效服务线上各类客户都非常重要。

有不少人处于不同阶段，仅靠制度、流程、内控要求推动较为困难。通过核决权限进行企业层面的事项约定与前置性规范，则有助于企业推动系统的实施，解决从上到下的贯彻问题，并且借助核决的节点锁定，可以确定相应节点症结问题并快速采取改善措施来系统推动与提升。

## （三）核决权限四个分类授权原则

在企业发展过程中，最困难的就是如何建立符合企业特色的，个性化与普适性兼具的管理科学、决策高效、授权清晰、权责明确的现代化企业治理体系。通过体系的建设，系统提高企业运行效率，借助有效的分授权模式和核决逻辑，促进企业向科技赋能型企业转型，不断增强企业核心竞争力。不断借助核决权限的实施有效性，推进企业有形资产和无形资产等的整体融合。尤其是针对企业资产、人员、业务、机构、文化等工作的系统有机整合和融合，切实发挥企业所有资源的协同效应，以应对外部环境变化带来的不确定性风险，提升企业的健康运营能力。

基于此，核决权限的编制指导思想体现在需要结合企业的自身发展需要，针对外部人文环境、科技环境、政治环境的变化，提升企业股东会和董事会的顶层设计有效性，做实企业运营平台，优化企业运营方式，针对企业管控建设进行系统优化。为此，一般而言，指导思想体现在针对企业总体运营闭环逻辑之下的企业组织分解和事项分解上，具体而言，则体现在"计划、组织、用人、执行、控制"五个维度在产供销、人财物层面的有效协同上。

企业核决权限四个分类授权原则重点体现在以下方面。

**第一，战略引领可推动。**在核决权限的事项编制内容上，需要结合企业构建与中长期战略相匹配的管控体系、组织架构和业务流程事项。针对性强化企业的顶层设计，重点为战略发展、投资决策、资源配置、业务协同、绩效评价和风险控制等企业核心职能设计，并在之后的过程中确保分解与落实。强化企业实施平台化战略推进、业务经营、创新研发、利润创造、绩效优化等核决类职能来支持企业可持续发展。战略层面还需要系统强化企业在实体运营层面的成本控制、生产运营、创新产出、产品质量、安全管理、物流仓储等核心职能的实现。

**第二，岗责明确可落地。**在核决权限的事项细分上，需要结合企业的部门职责和个人岗位职责的细化，在实现核决事项的闭环管控基础上，本着放管结合原则，兼顾企业自主创新和个性化活力，提升运行效率效果，提升企业管理层控制力与影响力，明晰企业各级分授权管控界面的要求，梳理并系统整理核决权限的授权方案与配套的岗位职责，从而依据企业各层级定位，提出明确可匹配的职能岗责，并有效进行划分，从而明确管控的重点领域和需要明确的管控深度与广度。

**第三，优化迭代可实施。**在核决权限的优化迭代上，由于企业需要按照市场经济要求不断优化商业模式，因此，没有一成不变的企业核决模式。在时代的推动下，科技赋能的重要性很高，核决权限的推动方式需要遵循稳中求进、适度授权、先易后难、分步实施的思路，从无到有，从有到优，并结合企业发展阶段，按照一定高度明确管控核决，逐步健全完善管控架构。

**第四，行政专业有协同。**在坚持行政口的行政职级统领之下，专业路线模式协同的原则能确实落地。因此，在企业运作模式下确保管理层和部门领导做到管理工作与改革工作融合推动的同时，借助专业技术的赋能实施，实现企业在行政管理与专业赋能的协同上同谋划、同部署、同推进、同落实，解决企业管理层的管理工作对各项专业技术和创新模式等工作的主导引领问题，确保行政管控的有效性，并在企业发展转型过程中，系统实现融合与协同。

## 二、核决权限的管控逻辑与设计遵循

### (一) 核决权限的管控逻辑

核决权限的设计，需要结合企业体量规模，针对管控逻辑是战略管控还是垂直管控，或是混合管控等，进行系统设计。

**战略管控**是企业总部向部门或平台进行分授权时，需要按照企业相关部门的要求，针对生产投资、生产经营、安全环保和采购、销售管理等事务性职能的授权，充分运用企业的战略发展体系、投资决策体系、资源配置体系、业务协同体系、绩效评价体系、风险控制体系作为核心管控抓手，再针对"计划、组织、用人、执行、控制"层面的落地，兼顾风险和效率的平衡。

**垂直管控**是企业总部针对需要垂直管理的领域，选择全面垂直管控还是部分部门垂直管控，需要循序渐进、从易到难、从点到面。就企业治理比较容易实现的财务、人力资源垂直管理来说，实行财务、人力资源垂直管理的目的是解决企业历史沉淀的资源分散、信息不畅、机构重叠和专业化管理比较薄弱的问题，达到整合资源、降低成本、促进经营以及保障企业健康和可持续发展的目的。

**混合管控**是结合战略管控和垂直管控等多样化管控逻辑，实行财务、人力资源垂直管理，是企业落地实施垂直管控全面性的阶段性措施，是企业规模和发展阶段的必然要求；随着各企业规模的扩大和管理的不断成熟，还可以适时进行调整和优化，给下属企业合理充分的权力和空间。实施财务、人力资源垂直管理的主要方式是服务、支持、指导、管理和监督。在混合管控层面，下属全资及控股公司财务、人力资源负责人的委派、任免、考核等方面，均可以灵活按照一事一议模式处理。

### (二) 核决权限的设计遵循

编制核决权限规范是企业管控体系建设的重要抓手，核决权限对健全管控体系，提升企业管理能力，完善运作着力点和突破口方面有很大作用。针对企业管控重点和管控深度，厘定权力边界，通过核决权限规范企业本部等的权责界面，形成权责清晰的企业治理体系，可以助力企业实现内部资源的协同优势，有利于提升企业基于自身资源禀赋的资源配置能力，进一步强化企业的市场主体地位，实现充分放权，激发部门和员工动力与活力，提高企业决策和运行效率。

为此，在实施上，需要分类完成企业核决（基于企业战略和战术执行、业务落地方案的细化以及风控的明确）、财务核决（基于财务的资金申请、资金拨付、量化资金管控等）、专项核决（专门业务事项的明确、专项业务管控模式和决策）等，确保相应的业务内容有合适的支持核决体系匹配，从而为有效防控风险，实现企业战略目标提供有力的保障。具体如下。

第一，完善公司治理。以国家相关法律法规等为基础，按照"股东会、董事会、经理办公会"的"三会"决策事项原则，加强企业授权管理。

第二，完善有序放权。按照企业总部功能定位和不同管控模式，采取分层授权和差异化授权，同时重点完善企业对关键事项的决策程序，实现有效管控。坚持放权与能力建设相结合，循序渐进扩大授权，确保"有效授权、授权可控、可控操作、操作稳健、稳健合规"模式的落地。实现基于企业的管控重点和管控纵深的有效授权。

第三，协同适度超前。核决权限的顶层设计目标是战略格局和阶段性工作，综合考虑年度和未来管控。需要具备一定的超前性和前瞻性，并有效建立管控机制体制、健全标准体系、做好设计和引领。因此，核决权限在纵向上按企业业务事项进行分解，就权责界面进行整体梳理形成闭环之后，逐个明确事项；在横向上对企业层级和人员职级进行系统分解并集成，优化并厘清界面和重复交叉事项。

第四，可执行且迭代。核决权限决策事项需细化至所有业务项目，进行细分分解，并明确管控职能和所有的业务事项以及财务事项，就业务事项全部整理进企业及业务核决，就财务事项全部整理进财务核决，就专项业务全部整理进专项业务核决。确定企业业务核决事项中的关键环节，核决明确包括：提、审、决、知。对业务事项和关键环节中重大和复杂的事项、对财务支付金额量级较大或财务支付项目性质重要的事项，相应提升审核与决策的职级，对一般、简单、基础事项降低并精简审批层级。在经济性层面精简并优化管控环节与范围。针对企业核决、业务核决、专项核决可以就具体范围编制说明和规范性图表解读，使得核决事项立体式呈现，达到直观明晰、简单明了、便于理解、有力执行的多重效果。在这个过程中，迭代带来的持续改进很重要，核决权限编制完成后，需要周期性进行有效性、技术性、规范性、适用性、科学性、逻辑性的评价，持续优化迭代。

## 三、核决权限内容的五个维度

核决权限的分类与内容设计,需要结合"计划、组织、用人、执行、控制"五个维度进行分解,规定核决权限相关责权利确定的原则、内容、方法、要求、程序。企业在执行核决权限的过程中,明确企业管控的目标与要求,细化企业向下延伸管控核决权限的要求,具体如下。

### (一) 计划

计划层面是企业短期、中期、长期规划的系统简称,主要是针对企业治理与战略规划相关层面事项的核决,包括企业战略规划的顶层设计规划相关内容,重点体现在对企业未来发展规划和战略部署的决策事项的分解,作用体现在企业总体发展战略和规划的编制、审定、决策、实施上。包括统一针对性制定长远发展目标、中长期发展规划和当期企业发展计划。

从相对短期而言,在企业经营计划管理相关核决方面,要明确企业负责审批的年度预算,包括投资、经营、分解、实施等相关内容,以及需要调整的相关事项的审批、决策。

### (二) 组织

组织层面是企业组织机构确定、核决权限规定的明确的系统简称。包括企业组织架构的顶层设计规划相关内容及推动和监督企业建立健全规范的治理结构和科学有效的组织体系的分解。内容涉及企业组织机构设置和变更、企业章程制定、企业组织机构确定、企业核决权限关系表编制、财务核决权限关系表编制、其他各系统核决权限关系表编制和修订等,确保企业在组织机构的层面,符合各项制度规范,符合企业内部规范,并使得企业组织运营系统运转正常。

### (三) 用人

用人是企业人力资源和企业文化管理的重要体现方式。企业针对人力资源管理相关标准和流程进行系统设计,包括通过核决明确机构设置和人员编制,制定企业的机构设置、人员编制规定,明确审批企业工资总额、高管薪酬额度以及相关事项的事前与事后备案办法,明确企业管理层和员工总体绩效薪酬考核方案。

## （四）执行

执行是企业基于组织机构，按照商业模式设计不同业务内容，具体包含以下内容。

**投资及项目管理**。明确结合企业业务特点、业务类型以及产业规模，按照一定额度进行核决的权限分解，履行项目投资及相关决策职能，推动企业在核决权限范围内对所投资项目进行决策及组织实施，对超出范围的提升核决职级。按照投资和管理要求，针对业务进行细分，完成立项、申请、运营、评估、评价等，并结合企业需要，完成收购兼并、项目退出等资本运作事项的设计与执行。

**生产运营管理**。结合企业生产运营的模式，针对企业的生产运营模块进行分类和细化核决项目，包括检修计划、生产计划、生产准备、技术监督、可靠性管理、设备及备品备件管理等核决事项，在制定相应标准和实施过程中，按照核决事项进行决策。重点推动技改和检修项目类的核决权限的明确。

**其他综合执行管理**。结合企业的创新研发项目和要求，科研管理项目的审核、评估，推荐和管理科技相关奖项要求；制定安全环保总体原则和标准并监督检查企业的安全管理、环保管理相关工作及安全责任落实的要求；对信息化建设与管理的体系与管理工作要求，逐项进行明确并约定，确定相关核决事项。

## （五）控制

控制是企业基于业务行为进行合规、风险管控和系统建设的过程，具体包括法务和内审、内控等相关工作。

在审计与风控上，实施企业内部审计，包括经济责任审计、项目全过程跟踪审计以及专项审计等工作。此外，在内控建设上，针对企业内控体系进行技术性、规范性的设计和检查事项的明确。

在法务合规事务上，针对合同进行法律审核管理。针对法律纠纷案件，做好核决相关的处理以及统计分析工作。

在重大特殊事项管理上，明确维稳舆情、突发群体性事件等重大事件的核决权限与规范。此外，对于可能未明确的，一般按照"重大事项由企业管理层决策"的原则推动并增补修订，并建立快速辅助决策机制。

核决权限的模块化与设计系统框架如图10-1所示。

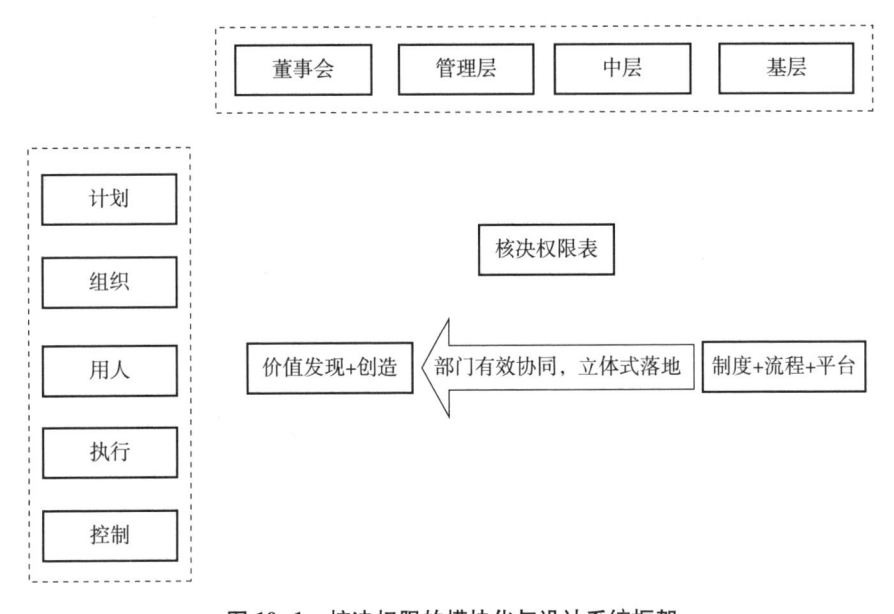

图 10-1　核决权限的模块化与设计系统框架

## 第二节　核决权限的顶层设计方案与落地执行五步法

### 一、核决权限的顶层设计方案与闭环管控路线

核决权限的建设，其实就是搭建一项系统的内控体系和流程管控的系统工程，针对企业内部的制度、规范、风控等系统的建设而言，在企业的集成集约方式推动上，通过实践先行的沉淀，提升理论概括与提炼，借助系统的过程修正完善。这个过程是企业实践发展再到理论总结的优化迭代、循环改进的过程。因此，借助核决权限的实施，可以持续改善企业的发展，借助核决权限的建设，稳妥推进企业业务管控和财务管控，实现企业的有效治理。

**（一）核决权限的顶层设计方案**

企业实施核决权限，先落实董事会领导下的总经理负责制，明确实施的战略管控是垂直管控还是混合管控。在推动上，由企业董事会、监事会、管理层统一思想，以思想工作彻底做通为前提；做通思想工作之后，企业召开董事会，修订章程，组建新董事会，对最基层管控功能的决策程序进行整理，提升管控效率；修订企业组织机构图，以高效扁平化管理为前提，弱化需重点加强垂直管理的下级公司（如有），针对重叠管理的采取"一套人马、多块牌子"方式推动企业管理。在管控实施上，落实企业本部和下属企业财务负责人的双线汇报制，其他部门操作类似。因此，从核决权限编制及实施来说，需要达成如下要求。

第一，顶层设计，自上而下。在顶层设计过程中，需要稳妥机制，包括管理层与执行层的上下联动，分级管理，按照核决权限的项目，逐级审核批准，并最终由核决决策者完成决策，按需进行签知或备案。

第二，模板统一，形式固定。核决权限的权威性和严肃性是基于《中华人民共和国民法典》等法律法规的条目和企业内部制度规范的条目，以及企业运营要求的最高决策层安排梳理出来的，其规范性、统一性、完整性、闭环性要求较高，按照企业管理标准编写规定和相关要求，需要通过股东会或是董事会批准后以正式文件发布，以规范性文件形式呈现并统一发布核决权限。

第三，责权匹配，常态考核。核决权限的目的是使企业发展的持续性与受控性融合。企业需要建立健全有效的授权运行监督机制，才能确保核决权限的长效管理。加强核决体系建设的重点，就是建设责权利匹配的责任管理体系、考评管理体系。核决权限在责任匹配上，同步对应绩效考核体系，做到权责利的统一，确保核决权限可执行可落地。

## （二）核决权限的闭环管控路线

核决权限编制需要明确承办的主责部门，企业核决一般由行政办公室牵头，财务核决一般由财务部门牵头，专项核决一般由项目部门牵头，最终通过董事会办公室或类似股东会等承办机构提请董事会或股东会批准，以此方式在企业层面获得业务和财务事项的授权。

从企业的集中与优化服务、降本增效的角度来看，采取"一套人马、多重身份"并实施"集约化统筹服务"的模式，推动企业"增量带动存量改革"。过程中，企业在顶层设计上采取服务大局、先易后难、衔接过渡、平稳有序、充分沟通、公开透明、定岗定编、扁平统一的设计理念和方式推动，并由权威和服务部门牵头编制和修订，过程中提升管控效率。

也就是说，核决权限作为企业运营的"根本大法"，按照实施的基础标准进行系统的管理，分别由企业行政办公室牵头，行政类相关部门与财务部门协同共同参与起草，经过业务与财务等部门的初审、互审、会审等程序后

（如有需要），由企业管理层终审后，报请董事会或再提升至股东会审议批准后发布实施。

因此，核决权限按核决事项的条目进行分类，准确列出授权横纵两个方面的管理条目，实现对计划、组织、用人、执行、控制的全闭环过程监督管理。

## 二、核决权限的闭环动态管理路线与落地执行五步法

### （一）核决权限的闭环动态管理路线

核决权限按照企业的发展需要及时调整目标。核决权限的动态管理与及时优化是必需的。核决权限基于企业发展的动态管控系统与企业管理的有效机制，根据法律法规、企业发展阶段性要求修订与优化，也是个动态的迭代改善过程，及时调整增删核决事项，结合部门情况及时调整核决部门和相应职级人员，根据管理任务变化需要调整核决运行流程等情况。

过程中，企业建立、健全适应企业特点的运营和财务管控模式，规范流程管理，做好制度建设与内控稽核工作，修善预算及财务报表；建立科学的、适用的、全面的业绩统计分析报表体系和费用分析报表体系；以提高服务质量为中心，转事后被动管理为事前预防性管理，进一步提高各项管理制度的执行力和业绩统计的全面性和真实性，推动员工编制的落实及专业知识和管理能力的培训，持续提升信息化水平这些动态过程需要依据核决权限的规定实施。

在企业运营的动态过程中，还需要结合执行过程发现的问题，修订核决事项，优化核决流程。企业发展过程中，通过企业业务的发展规模和体量的变化，针对核决事项的内容和资金规模进行动态设计优化，以指导企业运营，从而实现企业的过程管控效率，顶缺补位，快而不乱，提升应变效率。

企业相关核决权限确定的主责部门，还需要随企业架构调整，迅速调整财务服务配合方案，并就项目和流程及时更新，做好企业业务转型与财务资金支付量级的核决事项的调整。针对重点子公司和集团型企业，按组织架构图和单体公司董事会、管理层治理要求，履行必要程序，编制合适的核决权限，推动有章可循的企业管理。

### （二）核决权限的落地执行五步法

从系统推动核决权限的落地执行而言，具体有如下五步。

第一，在人力资源方面，组建企业层面董事会，涵盖法务、财务、专业等人才，内外兼顾。下属企业按规模大小和治理规范程度实施。同时，组建企业内部和各下属企业治理专项委员会或小组。以此为基础，同步推进现有人员核决事项的建设方案和人才培养计划。

第二，做好前期工作，包括内部资料整理。具体来说，涵盖针对企业及各下级企业组织架构的调整和安排，履行必要的决策程序。收集并盘点企业及各下级控股企业的人力资源，完成人力资源摸底统计，具体包括：将企业现有员工花名册按部门、职级进行系统性分类；收集企业现有绩效考核办法和模式，落实企业现有对各级人员的激励措施，重点是对各级高管的激励。

第三，做好前期摸底的基础工作后，初步结合企业所有业务条线和内容，完成一稿核决权限方案（完整的是企业核决权限+财务核决权限，业务事项所有的内容看企业核决权限，涉及资金财务类事项的所有内容看财务核决权限，涉及工程、营销等专项则编制专项核决权限，签字权限全部按此设置标准实施）。推动核决的实施，还需要看组织与培训效果。包括组织现场会议、集中研讨和布置实施方案，帮助完成企业核决权限的征求意见稿定稿和实施工作；针对内部培训编制培训方案。

第四，按需修订查错补缺，系统修订整理所有核决权限事项，包括建章立制的所有材料；重点确定营销、供应链的管控制度以及人员激励方案，核心的需立即解决的，是高级人员等定薪定岗和激励方式；需反复讨论落实企业（公司）三年发展规划、年度预算指标、规划指标等；结合修订方案，修订、细化年度预算等。

第五，为确保有效实施，核决权限从企业层面（顶层规划设计及业务总体安排）和财务层面进行分类设计与规划，经过上述程序的落实，企业推动并具体按此执行实施。

某制造业企业设计的核决权限表格范例如表10-1和表10-2所示。

表10-1 某制造业企业（总体及业务层面）核决权限范例

| 核决项目 \ 权责人 | 股东大会 | 董事会 | 总经理 | 财务负责人 | 业务副总 | 承办部门/承办人 |
|---|---|---|---|---|---|---|
| 计划 | | | | | | |
| 公司营运目标及政策 | 决 | 审 | 提 | | | 战略品牌 |
| 公司三年计划编制及年度计划 | 决 | 审 | 提 | | | 战略品牌 |

续表

| 权责人<br>核决项目 | 股东大会 | 董事会 | 总经理 | 财务负责人 | 业务副总 | 承办部门/承办人 |
|---|---|---|---|---|---|---|
| 公司年度预算 | 决 | 审 | 提 | | | 财务管理及各归口部门 |
| 主管人员工作计划目标的设定和任务 | | | | | | |
| 总经理 | | 决 | 提 | | | 人力资源 |
| 副总经理、总监 | | | 决 | | 提 | 人力资源 |
| 总经理助理 | | | 决 | | | 各归口部门 |
| 副总经理助理、总监助理及经理 | | | | | 决 | 各归口部门 |
| 组织 | | | | | | |
| 公司组织机构图 | | 决 | 审 | | 提 | 人力资源 |
| 公司核决权限关系表 | | 决 | 审 | 提 | 提 | 人力资源、财务管理 |
| 财务核决权限关系表 | | 决 | 审 | 提 | | 财务管理 |
| 其他各系统核决权限关系表 | | | 决 | | 审 | 各归口部门 |
| 管理规章制度的设定与修订 | | | | | | |
| 劳动人事管理制度 | | | 决 | | 审 | 人力资源 |
| 激励奖励等重要考核制度 | | | | | | |
| 经营层 | | 决 | | | | 董事长 |
| 其他人员 | | | 决 | 审/提<br>(财务) | 审/提 | 人力资源 |
| 生产责任制 | | | | | 决 | 各归口部门 |
| 仓储管理制度 | | | | | 决 | 各归口部门 |
| 质量管理制度 | | | | | 审 | 各归口部门 |
| 设备管理制度 | | | | | 决 | 各归口部门 |
| 工程管理制度 | | | | | 决 | 各归口部门 |
| 采购管理制度 | | | | 审 | 决 | 各归口部门 |
| 行政管理制度 | | | | 审 | 决 | 各归口部门 |
| 会计、审计等重要制度 | | 决 | 审/提 | 审/提 | 审/提 | 各归口部门 |
| 信息化管理制度 | | | | 审 | 决 | 各归口部门 |

续表

| 核决项目 \ 权责人 | 股东大会 | 董事会 | 总经理 | 财务负责人 | 业务副总 | 承办部门/承办人 |
|---|---|---|---|---|---|---|
| 产品研发及技术革新管理制度 | | | | 审 | 决 | 各归口部门 |
| 合同管理制度 | | | 决 | 审 | 审 | 人力资源 |
| 知识产权管理制度 | | | | 审 | 决 | 各归口部门 |
| 政府项目管理制度 | | | | 审 | 决 | 各归口部门 |
| 以上制度的实施细则或补充规范 | | | | | 决 | 各归口部门 |
| 人员任免、调迁、考核、奖惩 | | | | | | |
| 总经理 | | 决 | | | | 董事长 |
| 副总经理、总监 | | 决 | 提 | | | 人力资源 |
| 总经理助理、副总经理、总监助理及经理 | | | 决 | 提（财务） | 提 | 副总经理、总监 |
| 其余管理人员 | | | 决 | 审（财务） | 审 | 经理 |
| 年度薪资级距表（年度调薪） | | 知 | 决 | | 审 | 人力资源 |
| 社会保险参保政策和标准 | | | 决 | | 审 | 人力资源 |
| 工资及奖金 | | | | | | |
| 总经理 | | 决 | | | | 董事长 |
| 副总经理、总监 | | 决 | 提 | | | 人力资源 |
| 总经理、副总经理和总监助理及经理 | | | 决 | | 提 | 人力资源 |
| 其他人员 | | | 决 | 审 | | 经理 |
| 工作岗位责任说明书 | | | | | | |
| 总经理 | | 决 | 提 | | | 人力资源 |
| 副总经理、总监 | | | 决 | | 提 | 人力资源 |
| 财务副总经理、总监 | | 知 | 决 | 提 | | 人力资源 |
| 总经理助理、副总经理和总监助理及经理 | | | | | 决 | 各归口部门 |
| 执行 | | | | | | |

续表

| 权责人<br>核决项目 | 股东大会 | 董事会 | 总经理 | 财务负责人 | 业务副总 | 承办部门/承办人 |
|---|---|---|---|---|---|---|
| 投资 | | | | | | |
| 投资计划 | 决 | 审 | 提 | | | |
| 投资项目的筛选 | | | 决 | | 审 | 投资运营部 |
| 投资意向方案 | | 决 | 审 | | 提 | 投资运营部 |
| 投资评估 | | | 决 | 审 | 审 | 投资运营部 |
| 投资方案确定和调整 | | 决 | 审 | 审 | 提 | 投资运营部 |
| 投资方案实施 | | | 决 | 审 | 审 | 各归口部门 |
| 销售 | | | | | | |
| 年度销售政策制定和调整 | | | 决 | 审 | 审 | 市场营销 |
| 商务业务（除关联交易之外） | | | | | | |
| 交易价格 | | | | | 决 | 相当于商务事务管理部门 |
| 结算方式 | | | | 决 | 审 | 相当于商务事务管理部门、财务管理 |
| 信用期、信用额度 | | | | 决 | 审 | 相当于商务事务管理部门、财务管理 |
| 新建、扩建、改造、技改项目（土建、建筑工程，安装和装饰工程） | | | | | | |
| 工程项目规划 | | 决 | 审 | | 提 | 项目组 |
| 工程项目建议书及概算 | | 决 | 审 | | 会商 | 项目组 |
| 工程项目预算或标书 | | | | | | |
| 超概算总额500万元以内或超概算总额15%以内，工程项目预算或标书 | | | 决 | | 审 | 项目组 |
| 超概算总额大于500万元或超概算总额15%以上，工程项目预算或标书 | | 决 | 审 | | 提 | 项目组 |
| 工程项目中具体项目间（土建、安装、设备和其他费用间）调整、预算变更 | | | 决 | | 审 | 项目组 |

续表

| 核决项目 \ 权责人 | 股东大会 | 董事会 | 总经理 | 财务负责人 | 业务副总 | 承办部门/承办人 |
|---|---|---|---|---|---|---|
| 工程项目招标/定标 | | | | | | |
| <项目预算额度 | | | | | 决 | 项目组及采购委员会 |
| ≥项目预算额度 | | | 决 | | 审 | 项目组及采购委员会 |
| 工程项目合同 | | | | | 决 | 采购委员会 |
| 工程项目结算 | | | | 审 | 决 | 项目组及财务管理 |
| 工程验收 | | | | | 决 | 项目组负责人、经理及使用部门经理 |
| 工程项目审计（每个项目跟踪审计或决算审计） | | | | 审 | 决 | 项目组、财务管理、内控审计 |
| 采购（实物及劳务） | | | | | | |
| 设备采购 | | | | | | |
| 年度设备采购计划 | | 决 | 审 | 会商 | 会商 | 生产运营 |
| 年度预算内，一次采购≥10万元 | | | | 审 | 决 | 采购委员会 |
| 年度预算外<100万元（单项），总额<300万 | | | 决 | 审 | 审 | 各归口部门 |
| 年度预算外≥100万元（单项），总额≥300万元 | | 决 | 审 | 审 | 提 | 各归口部门 |
| 年度原、辅、包材料，备品备件，低值易耗品采购 | | | | | | |
| 原、辅、包材料，备品备件安全库存定额 | | | | | 决 | 生产运营、工程管理、财务管理会商 |
| 主要供货商的选择 | | | | | 决 | 采购委员会 |
| 月度采购计划 | | | | | 决 | 生产运营 |
| 月度预算外采购 | | | | | 决 | 生产运营 |
| 劳务采购 | | | | | | |
| 软件购置及运维费用 | | | | | 决≥?万元 | 采购委员会、生产运营、信息网络会商 |
| 促销工具（实物）制作、设计制图费 | | | | | 决>?千元 | 各归口部门 |
| 广告、业务宣传、国内参展费 | | | | | 决 | 各归口部门 |

第十章 十大财务管理工具之核决权限

续表

| 权责人<br>核决项目 | 股东大会 | 董事会 | 总经理 | 财务负责人 | 业务副总 | 承办部门/承办人 |
|---|---|---|---|---|---|---|
| 其他采购 | | | | | | |
| 其他采购 | | | | | 决 | 各归口部门 |
| 资产年终盘点 | | | 决 | | 决 | 财务管理、各归口部门 |
| 资产报废（预算内）、报损及盘盈盘亏处理 | | | 决 | 审 | 审 | 各归口部门、财务管理 |
| 资产报废净值（预算外）≤100万元 | | | 决 | 审 | 审 | 各归口部门、财务管理 |
| 资产报废净值（预算外）>100万元 | 决 | 审 | 审 | | 提/审 | 各归口部门、财务管理 |
| 新产品研发 | | | 新产品开发流程 | | | |
| 维修保养 | | | | | | |
| 维修保养预算（建筑维修和维修保养金额≥1万元的生产设备和电子设备） | | | | | 决 | 生产运营 |
| 维修保养预算（≥1万元的交通工具） | | | | | 决 | 生产运营 |
| 信息设备≥1千元 | | | | | 决 | 生产运营 |
| 验收 | | | | | 决 | 生产运营 |
| 水电管理 | | | | | | |
| 水电报销管理 | | | | | 决 | 生产运营、各归口部门 |
| 品质管理 | | | | | | |
| 品质管理点设定及管理标准的下达 | | | | | 决 | 品管部 |
| 报损药品 | | | | 审 | 决 | 生产运营、财务管理 |
| 品质分析会 | | | | | 决 | 生产运营 |
| 生产管理 | | | | | | |
| 年度生产计划下达 | | | | | 决 | 生产运营 |
| 生产工艺操作规程设定 | | | | | 决 | 生产运营 |
| 生产例会 | | | | | 决 | 生产运营 |
| 仓库管理 | | | | | | |
| 销毁出库 | | | | 审 | 决 | 生产运营、财务管理 |

263

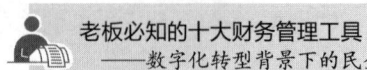

续表

| 核决项目 \ 权责人 | 股东大会 | 董事会 | 总经理 | 财务负责人 | 业务副总 | 承办部门/承办人 |
|---|---|---|---|---|---|---|
| 产成品其他非销售出库 | | | | | 决 | 生产运营、财务管理 |
| 工程领用 | | | | | 决 | 生产运营 |
| 信息管理 | | | | | | |
| 信息化规划 | | 决 | 审 | | 提 | 信息网络 |
| 实施分工 | | | | | 决 | 信息网络 |
| 验收 | | | | | 决 | 项目负责人、信息网络、使用部门经理 |
| 知识产权 | | | | | | |
| 专利申请 | | | | | 决 | 生产运营 |
| 专利诉讼 | | | 决 | | 审 | 生产运营 |
| 专利检索 | | | | | 决/知 | 生产运营 |
| 国家项目 | | | | | | |
| 立项申请 | | | | | | |
| 立项申请拨款、贴息≤500万元 | | | | 审 | 决 | 技术研发 |
| 立项申请拨款、贴息>500万元 | | | 决 | 审 | 审 | 技术研发 |
| 项目上报 | | | | 审 | 决 | 技术研发 |
| 项目的过程控制 | | | | | 决 | 投资运营部、各归口部门 |
| 人事管理 | | | | | | |
| 人员配置计划 | | | | 决 | 审 | 人力资源、拟增减人员部门 |
| 年度编制外新增人员编制申请 | | | | 决 | 审 | 人力资源、拟增减人员部门 |
| 人员招聘 | | | | | 决 | 人力资源、拟增减人员部门 |
| 员工培训 | | | | | 决 | 人力资源、各部门 |
| 入职审批、辞退人员 | | | | 决 | 审 | 人力资源、各部门 |
| 审计稽查 | | | | | | |
| 年度审计计划 | | | 知 | 决 | | 内控审计 |

续表

| 权责人<br>核决项目 | 股东大会 | 董事会 | 总经理 | 财务负责人 | 业务副总 | 承办部门/承办人 |
|---|---|---|---|---|---|---|
| 审计立项 | | | 决 | | | 内控审计 |
| 审计结果及处理建议 | | | 决 | 审 | 审 | 内控审计 |
| 印章管理 | | | | | | |
| 印章刻制 | | | | | 决 | 总经理办公室 |
| 公章使用 | | | | 决（财务） | 决 | 总经理办公室 |
| 车辆管理 | | | | | | |
| 公务派车 | | | | | 决 | 总经理办公室 |
| 非公务派车 | | | | | 决 | 总经理办公室 |
| 办公用品领用 | | | | | | 总经理办公室 |
| 公文、档案管理 | | | | | | |
| 对公司内、外公示公告行文 | | | | | 决 | 总经理办公室 |
| 借阅、复印机密以上密级档案 | | | | | 决 | 总经理办公室 |
| 借阅财务档案 | | | | 决 | | 总经理办公室 |
| 到期销毁 | 决 | 审 | 审 | 审 | 审 | 总经理办公室 |
| 企业文化管理 | | | | | | |
| 公司对外宣传报道 | | | 决 | | 审 | 总经理办公室、董事会办公室，市值管理 |
| 公司内部企业文化建设 | | | 决 | | 审 | 人力资源 |
| 来宾参观访问 | | | | 决 | 决 | 总经理办公室 |
| 通信费管理 | | | | | | |
| 电话费及无线网卡报销申请 | | | | 决 | 决 | 总经理办公室、各部门 |
| 交际费用管理 | | | | | | |
| 交际申请 | | | 决 | | 决/提 | 总经理办公室、各部门 |
| 交际费用查账管理 | | | 决 | 审 | | 财务管理 |
| 差旅管理 | | | | | | |
| 境内出差申请 | | | 决 | 审 | 决/提 | 各部门 |
| 境外出差申请 | | | 决 | 审 | | 各部门 |
| 出差费用报销 | | | 决 | 决/提/审 | 决/提/审 | 各部门 |

续表

| 核决项目 \ 权责人 | 股东大会 | 董事会 | 总经理 | 财务负责人 | 业务副总 | 承办部门/承办人 |
|---|---|---|---|---|---|---|
| 交际费管理 | | | 决 | 决 | 决 | 各部门 |
| 非经常性支出 | | | 决 | 审 | 审 | 各部门 |
| 后勤管理 | | | | | | |
| 已有后勤福利发放 | | | | 决 | | 人力资源、各部门 |
| 后勤福利种类或发放金额调整申请 | | | 决 | 审 | | 人力资源、各部门 |
| 控制 | | | | | | |
| 各系统分析 | | | | 决 | 决 | 各归口部门 |
| 财务分析报告和管理报表 | | | 决 | 审 | | 财务管理 |
| 内部审计 | | 决 | 决/受审计 | 受审计 | 受审计 | 内控审计或外审单位 |

表 10-2 某制造业企业财务（战略财务、业务财务及共享财务层面）核决权限范例

| 总类 | 分类 | 序号 | 核决项目 \ 权责人 | 股东大会 | 董事会 | 总经理 | 财务负责人 | 业务副总 | 财务经理 | 职能经理 |
|---|---|---|---|---|---|---|---|---|---|---|
| 计划 | 制度及计划管理 | 1 | 制度的设定、修订及计划管理 | | | | | | | |
| | | 1.1 | 公司财务会计政策 | | 决 | 审 | 提 | | | |
| | | 1.2 | 公司财务会计管理制度 | | | 决 | 审 | | 提 | |
| | | 1.3 | 财务内部控制制度 | | | 决 | 审 | | 提 | |
| | | 1.4 | 财会核决权限表 | | 决 | 审 | 提 | | | |
| | | 1.5 | 公司五年、年度计划（预算） | | 决 | 审 | 审 | | 汇编 | 提 |
| | | 1.6 | 企业内部资金计划 | | | 决 | 审 | | 汇总平衡 | 提 |
| 执行 | 外部管理 | 2 | 执行 | | | | | | | |
| | | 2.1 | 投资性支出 | | 决 | 审 | | | | |
| | | 2.2 | 与股东及关联公司经济业务往来 | 知 | 决 | 审 | 审 | 审 | 提 | |
| | | 2.3 | 利润分配 | 决 | 审 | 审 | 提 | | | |
| | | 2.4 | 会计师事务所聘用 | 决 | 审 | 审 | 提 | | | |

第十章 十大财务管理工具之核决权限

续表

| 总类 | 分类 | 序号 | 核决项目 \ 权责人 | 股东大会 | 董事会 | 总经理 | 财务负责人 | 业务副总 | 财务经理 | 职能经理 |
|---|---|---|---|---|---|---|---|---|---|---|
| 执行 | 银行贷款 | 2.5 | 银行贷款（含委托贷款）、还款、贷款抵押 | | | | | | | |
| | | 2.5.1 | 年度预算内 | | | 决 | 审 | | 提 | |
| | | 2.5.2 | 年度预算外 | 决 | 审 | 提 | | | | |
| | 担保 | 2.6 | 担保 | 参见《公司章程》相关规定 | | | | | | |
| | 保险政策 | 2.7 | 保险 | | | | | | | |
| | | 2.7.1 | 保险政策（项目范围及保险币别等） | | | 决 | 审 | | 提 | |
| | | 2.7.2 | 保险业务执行 | | | | 决 | | 提 | |
| | 日常付款及报销 | 2.8 | 采购（实物及劳务） | | | | | | | |
| | | 2.8.1 | 年度预算内 | | | | | | | |
| | | | 月度资金计划内 | | | | | | | |
| | | 2.8.1.1.1 | 单项合同［＜（ ）元］规定范围内付款或报销 | | | | | | 审 | 决 |
| | | 2.8.1.1.2 | 单项合同［≥（ ）元］规定范围内首次付款或预付款或报销 | | | | 审 | 决 | 审 | |
| | | 2.8.1.1.3 | 按合同规定再次付款＜（ ）元的付款或报销 | | | | | 决 | 审 | |
| | | 2.8.1.1.4 | 按合同规定再次付款≥（ ）元的付款或报销 | | | | 审 | 决 | | |
| | | 2.8.1.1.5 | 质保金支付 | | | | 审≥？元 | 决≥？元 | 审 | 提 |
| | | 2.8.1.1.6 | 超合同付款 | | | | 审 | 审 | | 提 |
| | | 2.8.1.1.7 | 原、辅、包及低值易耗品采购付款 | | | | | | | |
| | | 2.8.1.1.7.1 | 预付款项≥（ ）元 | | | | 审 | 决 | | 提 |
| | | 2.8.1.1.7.2 | 预付款项＜（ ）元 | | | | | | 审 | 决 |
| | | 2.8.1.1.7.3 | ≥（ ）万元付款（不包括预付款） | | | | 审 | 决 | | 提 |
| | | 2.8.1.1.7.4 | ＜（ ）万元付款 | | | | | | 审 | 决 |
| | | 2.8.1.1.8 | 发票结算入账 | | | | | | 审 | 决 |

续表

| 总类 | 分类 | 序号 | 核决项目 \ 权责人 | 股东大会 | 董事会 | 总经理 | 财务负责人 | 业务副总 | 财务经理 | 职能经理 |
|---|---|---|---|---|---|---|---|---|---|---|
| 执行 | 日常付款及报销 | 2.8.1.1.9 | 软件购置及运维费用等 | | | | | | | |
| | | 2.8.1.1.9.1 | <（ ）万元 | | | | | | 审 | 决 |
| | | 2.8.1.1.9.2 | ≥（ ）万元 | | | | 审 | 决 | 审 | 提 |
| | | 2.8.1.1.10 | 其他采购 | | | | | | | |
| | | 2.8.1.1.10.1 | 一次采购<（ ）千元 | | | | | | 审 | 决 |
| | | 2.8.1.1.10.2 | 其他采购 | | | | 审 | 决 | 审 | 提 |
| | | 2.8.1.2 | 月度资金计划外 | | | | 审 | 决 | 审 | 提 |
| | | 2.8.2 | 年度预算外 | | | | | | | |
| | | 2.8.2.1 | 年度预算外研究开发费付款或报销 | | 决 | 审 | 审 | 审 | | 提 |
| | | 2.8.2.2 | 年度预算外设备购置<（ ）元以下的（单项），总额<（ ）元 | | | 决 | 审 | 审 | | 提 |
| | | 2.8.2.3 | 年度预算外设备购置≥（ ）元以上的（单项），总额≥（ ）元 | | 决 | 审 | 审 | 审 | | 提 |
| | | 2.9 | 工资、奖金及附加 | | | | 审 | 决 | 审 | 提 |
| | | 2.10 | 借款 | | | | | | | |
| | | 2.10.1 | 备用金管理（固定资信） | | | | | | | |
| | | 2.10.1.1 | 备用金额度审定 | | | | 审 | 决 | 审 | |
| | | 2.10.1.2 | 备用金催收 | | | | | 决 | | |
| | 借款 | 2.10.2 | 临时借款 | | | | | | | |
| | | 2.10.2.1 | 会议费<（ ）元 | | | | | 决 | 审 | 提 |
| | | 2.10.2.2 | 会议费≥（ ）元 | | | | 审 | 决 | 审 | 提 |
| | | 2.10.2.3 | 临床试验检验<（ ）元 | | | | | 决 | 审 | 提 |
| | | 2.10.2.4 | 临床试验检验≥（ ）元 | | | | 审 | 决 | 审 | 提 |
| | | 2.10.2.5 | 差旅费<（ ）元 | | | | | 决 | 审 | 提 |
| | | 2.10.2.6 | 差旅费≥（ ）元 | | | | 审 | 决 | 审 | 提 |
| | | 2.10.2.7 | 非经常性礼品、公关借款 | | | | 审 | 决 | 审 | 提 |
| | | 2.10.2.8 | 其他（ ）元以下的借款 | | | | | 决 | 审 | 提 |
| | | 2.10.2.9 | 其他（ ）元以上的借款 | | | | 审 | 决 | 审 | 提 |

第十章
十大财务管理工具之核决权限

续表

| 总类 | 分类 | 序号 | 核决项目 / 权责人 | 股东大会 | 董事会 | 总经理 | 财务负责人 | 业务副总 | 财务经理 | 职能经理 |
|---|---|---|---|---|---|---|---|---|---|---|
| 执行 | 日常费用管理 | 2.11 | 归还或报销 | | | | | | | |
| | | 2.11.1 | 差旅费 | | | | | | | |
| | | 2.11.1.1 | 差旅费<（ ）元 | | | | | | 审 | 决 |
| | | 2.11.1.2 | 差旅费元≤（ ）元 | | | | 审 | 决 | 审 | 提 |
| | | 2.11.1.3 | 差旅费元<（ ）元 | | | 决 | 审 | 决 | | 提 |
| | | 2.11.1.4 | 差旅费（ ）元 | | | | | | | 提 |
| | | 2.11.2 | 交际费 | | | | | | | |
| | | 2.11.2.1 | 非经常性礼品、公关费用<（ ）元 | | | | 审 | 决 | 审 | 提 |
| | | 2.11.2.2 | 非经常性礼品、公关费用≥（ ）元 | | | 决 | 审 | 审 | | 提 |
| | | 2.11.2.3 | 其他交际费 | | | | 审［≥（ ）元］ | 决 | 审 | 提 |
| | | 2.11.3 | 维修保养 | | | | | | | |
| | | 2.11.3.1 | 维修保养<（ ）元 | | | | | | 审 | 决 |
| | | 2.11.3.2 | 维修保养≥（ ）元 | | | | 审 | 审 | | 提 |
| | | 2.11.3.3 | 信息设备<（ ）元 | | | | | | 审 | 决 |
| | | 2.11.3.4 | 信息设备≥（ ）元 | | | | 审 | 审 | | 提 |
| | | 2.11.3.5 | <（ ）元的其他维修保养 | | | | | | 审 | 决 |
| | | 2.11.3.6 | 其他维修保养 | | | | 审 | 决 | | 提 |
| | | 2.11.4 | 办公费 | | | | | | | |
| | | 2.11.4.1 | 办公用品、低耗费用<（ ）元 | | | | | | 审 | 决 |
| | | 2.11.4.2 | 其他办公用品、低耗费用 | | | | 审 | 决 | 审 | 提 |
| | | 2.11.4.3 | 电话费 | | | | | | 审 | 决 |
| | | 2.11.5 | 水电费 | | | | | | | |
| | | 2.11.5.1 | 生产性水电费 | | | | 决 | 审 | | 提 |
| | | 2.11.5.2 | <（ ）元生活性水电费用 | | | | 审 | 决 | 审 | 提 |
| | | 2.11.6 | 招聘教育培训费 | | | | | | | |
| | | 2.11.6.1 | <（ ）元 | | | | | | 审 | 提 |

269

续表

| 总类 | 分类 | 序号 | 核决项目 / 权责人 | 股东大会 | 董事会 | 总经理 | 财务负责人 | 业务副总 | 财务经理 | 职能经理 |
|---|---|---|---|---|---|---|---|---|---|---|
| 执行 | 日常费用管理 | 2.11.6.2 | ≥（　）元 | | | | | 决 | 审 | 提 |
| | | 2.11.6.3 | 其他 | | | | 审 | 决 | 审 | 提 |
| | | 2.11.7 | 税金、规费、保险费、审计费、银行利息 | | | | | | | |
| | | 2.11.7.1 | <（　）元 | | | | | | 决 | |
| | | 2.11.7.2 | 其他 | | | | 决 | | 审 | |
| | | 2.11.8 | 检验费、环保费、评审费 | | | | | | | |
| | | 2.11.8.1 | 检验费<（　）元 | | | | | | 审 | 决 |
| | | 2.11.8.2 | 检验费≥（　）元 | | | | 审 | 决 | 审 | 提 |
| | | 2.11.8.3 | 环保费、评审费 | | | | | 决 | 审 | 提 |
| | | 2.11.9 | 诉讼费、行政罚款、补交税费、盘亏、报损，赔偿等经营异常事项 | | | 决 | 审 | 审 | 提 | 提 |
| | | 2.11.10 | 采购或销售货物运费、仓储费 | | | | | 审 | 决 | |
| | | 2.11.11 | 福利费 | | | | | | | |
| | | 2.11.11.1 | 医疗卫生费 | | | | | | | |
| | | 2.11.11.1.1 | 入职、日常体检费 | | | | 审 | 决 | 审 | 提 |
| | | 2.11.11.1.2 | 工伤医疗费 | | | 决 | 审 | 审 | | 提 |
| | | 2.11.11.2 | 员工福利费 | | | | | | | |
| | | 2.11.11.2.1 | 员工例行福利费等 | | | | 审 | 决 | 审 | 提 |
| | | 2.11.11.2.2 | 例行福利费额度、内容调整 | | | 决 | 审 | 审 | | 提 |
| | | 2.11.11.3 | 部门活动 | | | | | | | |
| | | 2.11.11.3.1 | 额度范围内 | | | | | 决 | 审 | 提 |
| | | 2.11.11.3.2 | 超额度 | | | 决 | 审 | 审 | | 提 |
| | | 2.11.11.4 | 其他 | | | 决 | 审 | 提 | 审 | 提 |
| | | 2.11.12 | 其他费用 | | | | | | | |
| | | 2.11.12.1 | <（　）元 | | | | | | 审 | 决 |
| | | 2.11.12.2 | （　）元≤（　）元 | | | | 审 | 决 | 审 | 提 |
| | | 2.11.12.3 | 其他 | | | 决 | 审 | 审 | 提 | 提 |

续表

| 总类 | 分类 | 序号 | 核决项目 | 权责人 股东大会 | 董事会 | 总经理 | 财务负责人 | 业务副总 | 财务经理 | 职能经理 |
|---|---|---|---|---|---|---|---|---|---|---|
| 执行 | 财务账户及档案 | 2.12 | 银行账户开设、变更或注销 | | | | 决 | | 提 | |
| | | 2.13 | 银行资金池设置及管理 | | | | 决 | | 提 | |
| | | 2.14 | 支票印鉴保管使用 | | | | 决 | | | |
| | | 2.15 | 银行调节表的编制 | | | | | | 决 | |
| | | 2.16 | 库存现金及备用金抽查盘点 | | | | | | 决 | |
| | | 2.17 | 索赔申请、办理 | | | | 决 | | 提 | |
| | | 2.18 | 会计档案管理 | | | | | | 决 | |
| 控制 | 报表及分析 | 3 | 控制 | | | | | | | |
| | | 3.1 | 各种会计报表的编制 | | | | 决 | | 提 | |
| | | 3.2 | 各种管理报表的分析 | | | | 决 | | 提 | |
| | | 3.3 | 资金计划与实际执行差异分析 | | | | 决 | | 提 | |
| | | 3.4 | 预算执行差并分析 | | | | 决 | | 审 | |
| | | 3.5 | 向股东报送报表 | | 决 | | 审 | | 审 | |
| | | 3.6 | 向国家机关报送报表 | | 决 | | 审 | | 审 | |
| | | 3.7 | 向企业内部报送财务资料 | | | | 决 | | 审 | |

注：? 表示对该项资金体量规模和额度的待确定，这个金额结合企业体量规模设计。

## 三、核决权限实现企业业务与财务的协同

### （一）动态成本的顶层管控逻辑

从动态成本管控来说，以外部人视角采取躬身入局方式，为实现跳开企业看成本的目标，核决权限整体规划与局部安排的有效配合就非常重要。具体如图 10-2 所示。

对动态组织结构的企业发展而言，降本增效是成本中心与利润中心的有效协同。对成本中心而言，需要综合考虑人、财、物的综合成本与集约成本，借助核决权限的全成本核决模式，有助于总体把控成本。在战略规划、内外培训、制度流程、全面预算、信息系统、追踪考核等方面推动企业的有效管理。

成本管控 ＝ 整体规划 ＋ 局部安排

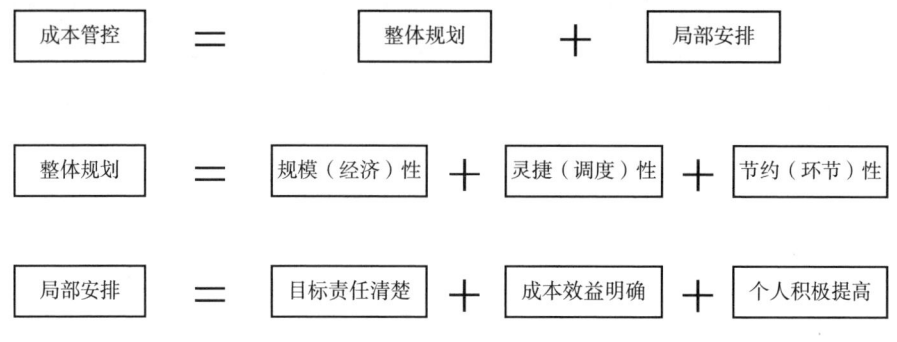

整体规划 ＝ 规模（经济）性 ＋ 灵捷（调度）性 ＋ 节约（环节）性

局部安排 ＝ 目标责任清楚 ＋ 成本效益明确 ＋ 个人积极提高

**图 10-2　动态成本管控的核决权限顶层设计逻辑**

核决权限的实施，有助于企业利润中心的建设和投资中心的规范。并针对企业内生式增长模式，解决企业营销、生产、采购、研发、财务等各个方面的协同性，为企业业财融合和一体化数字化转型打下基础。此外，企业的管控效果好坏，取决于追踪效果。也就是说，企业的决策和执行的效果好坏，功在追踪（若只有讨论、计划，但不执行、不追踪，终究也不会成功，只有紧密追踪才会成功）。

因此，企业的三级决策（提、审、决）与"知"的模式，融合管控在内的"核决权限表"，作为衔接董事会、管理层决策与日常经营流程化、制度化的"宪法级"重要文件，是各项管理的基础。

在特殊的资金管控的财务模块上，企业的财务运作能力和支持业务融合效果的好坏非常重要，使得财务资金管理成为企业持续性发展的命脉。财务管理的重要性体现在融投管退的运作和对企业业务支持的有效性、及时性。

在企业发展支持的战略财务、业务财务、共享财务的实现与转型上，财务的双线领导制结合财务的目标管理：解决财务的远期目标、近期目标、年度目标的协同，实现财务管控过程中的目标追踪，重在过程的追踪（追踪人）。以核决权限制定为基础，编制并改善岗位职责说明书，及时就业务内容进行动态改善。

**（二）财务核决权限的转型对策**

结合企业运营的动态组织结构要求，以董事会领导下的总经理负责制作为管控模式和支持模式。因此，在决策层角度，核决明确决策层：董事会的董事长及董事决定企业战略：决定企业理念，企业目标中长期计划的基调，明确管理层以总经理和副总经理等为班子的经营研讨会，研讨高效率实现经营目标的方式，实现企业在生产销售目标达成效果的管控。明确基层经理、主管、职员完成具体任务的要求，提升工作效率，形成各级人员一体化目标达成的管控模式。从而切实解决企业经营管控的具体问题。

针对财务核决权限，确保企业的财务管理有效性，常规需考虑过往模式的转型，具体有如下转型对策。

第一，企业首先针对报表及预算功能吸收下属各公司报表，完成整合，接收各公司报表并对报表进行指导。

第二，企业整合改善企业财务货币资金管理，整合多余银行账户等。

第三，企业针对各类财务管理制度统一之前的衔接过渡，实现财务共享模式的办公设计，改善报销集中与分散问题、转型规划对策。

第四，企业针对调整过渡期可以采取"新人新办法、老人老办法"原则解决问题，针对人事调整自上而下、身份及合同置换等问题，编制并推进岗位职级调整财务办法及对应奖惩办法。

第五，企业针对财务系统人员的能力、工作年限及职称资格、业务技能挂钩的方案，通过核决权限的决策流程与管控方式，将责权利行之有效地分解分散至相应职责部门和相应管理层，解决并实现充分沟通整合的目的。

第六，企业协同完成提升企业工作效率、减少烦琐流程、优化服务层级、避免重复配置、提升执行力度、提升工作效果、实现财务管理统一的总体目标，并及时优化财务核决事项，形成与企业业务核决协同的财务支持。

### （三）核决权限表的人、财、物关系

从核决权限的优先级别和设计来说，企业核决表（母法）是最优级别，类似公司章程的细化和内容的分解。企业核决内容必须符合法律法规和企业制度规范的要求，并进行细分。企业核决与财务、项目核决表，各管一摊，互相配合，互相依存，是业务流与财务资金流的和谐统一。此外，业务流符合条件与资金流付款条件各自签批。业务流限额与资金流签批的顺序为：常规业务流程先于资金流程，资金流程先于业务流程的业务核销。在这个执行过程中，采取类似法律法规的约定一致的模式和逻辑，就是特别法优于一般法的逻辑。在企业核决权限授权范围内，项目核决权限优先。在这个过程中，核决权限的活用是实质重于形式，核决权限表的人、财、物关系如图10-3所示。

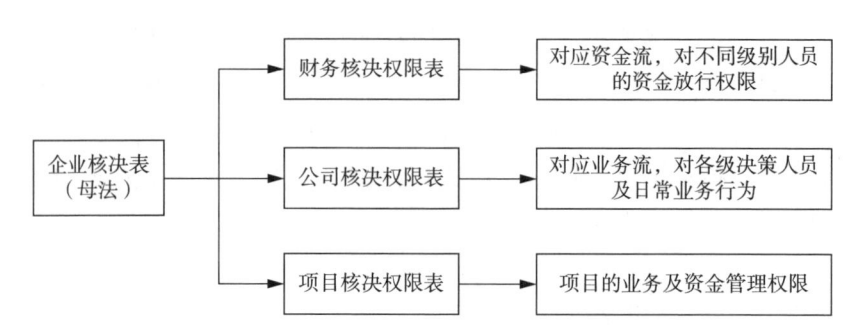

```
企业核决表        ┌─ 财务核决权限表 ──→ 对应资金流,对不同级别人员
                  │                      的资金放行权限
   (母法)  ──────┼─ 公司核决权限表 ──→ 对应业务流,对各级决策人员
                  │                      及日常业务行为
                  └─ 项目核决权限表 ──→ 项目的业务及资金管理权限
```

图 10-3 核决权限表的关系(人、财、物的统一)

针对企业财务管理推动财务核决权限来说,财务功能体现在融投管退的模式上,以支持企业可持续发展为重要目标。具体落地体现在以下方面。

第一,编制整体年度预决算,审批年度预决算;做好年度预算分解、成本控制等工作,督导检查企业的预决算工作的分授权。

第二,制定整体年度融资方案,审批年度总体融资方案和所属企业年度融资方案;做好年度融资方案的执行等工作的分授权。

第三,依据投资决策授权规定,决策投资项目,做好项目融资方案的执行等工作的分授权。

第四,对所属全资企业的年度委托贷款及融资担保额度做计划内申请和审批,在批准的计划额度内组织实施的分授权。

第五,审批银行账户开立与销户,做好银行账户的开立、维护、销户、统计等各项工作的分授权。

### (四)核决权限的价值实现路径

事前了解与熟悉企业业务很重要,核决权限的编制与执行有助于落实和了解企业的总体管控模式和运营系统。常规而言,企业的财务核决一般在业务核决之后,从这个设计来说,财务后手与业务前手的模式,是市场优先和职责匹配模式的协同。

由于企业的外部环境变化很大,企业面临的市场环境天天变,核决权限也要与时俱进。因此,从当下的科技赋能角度,企业的可持续性也需要相应做好及时性的落实和信息科技的赋能,实现智能财务系统的融合,以快速反应和及时跟踪。在这个过程中,需要充分匹配财务核决权限与企业核决权限,做好签批手续的报账工作。

同时,在企业的管控模式之上,企业需要同步结合管理层和业务落地方案，积极思考和解决问题，遇违规行为柔性解决，将制度化的刚性与人性的柔性进行平衡，实现公开、透明的管控效果。核决权限的价值发现与价值创造路径如图 10-4 所示。

| 财富可持续性最大化 | ⇐ 价值发现与价值创造 | 核决事项目的是促进企业发展 |

图 10-4　核决权限的价值发现与价值创造路径

## 第三节　核决权限的融合解决方案

### 一、核决权限的智能化转型方案

核决权限是贯彻企业整体战略、明确业务流程节点、确保内控合规的管控手段。这个管控手段确保了每个节点得到合适的层级人员的授权审批和决策。因此，为确保企业业务执行按照既定的预算和战略实施，核决权限要权责分解、层层负责和层层落实，达成责任集中在最高层并由决策层背负责任的共识，实现人人有考核、人人有责任的管控效果。

通过层级和分工，解决了计划与执行、执行与控制的衔接，解决了整个企业管理层、执行层、业务人员等一揽子分级授权、分级管控问题。实现了业务人员、主管及中层管理人员、高层管理人员在战略共识上的协同。

也就是说，为防止高层与其下属之间的认识出现断层，借助核决权限的事项传达和将企业战略向下分解，让一线管理人员明白自己需要如何配合企业战略目标的实现，以便设立符合企业整体利益和战略目标的绩效考核指标。

但是，由于业务形态的核决权限需要解决层层负责和层层落实问题，这个流程和路径的执行和修定过程可能较长。因此，借助信息化方式，有助于固化业务形态和核决要求，实现核决权限的管控效率和模式的优化，提升动态迭代与优化的效果，缩短系统解决时间差。具体的智能化转型的方案如下。

#### （一）建设核决信息化的实施方案

1. 信息化与数字化转型方案

将核决的事项，与企业的业务形态融合。一方面将企业业务进行细分拆解，拆解出具体操作的内控和签批程序。

针对上述签批程序的内容，通过信息化方式，将企业自身的业务流程，包括商品销售、劳务提供、市场营销、库存管理、客户关系管理、人力资源管理、资金管理与会计核算等工作都通过计算机加工成信息资源。一方面解决企业中具有权限的员工了解本级需要签决或审核事项的问题，以明确了解本环节的业务全貌；另一方面解决业务流程在上一环节落实后自动流转到高一层级员工进行签决的问题，从而实现业务与财务协同动态信息的传递，侧面帮助企业各级员工从全局角度开展工作或做出决策。

针对核决权限的流程，通过数字化赋能方式，解决基于大量信息化系统中积累的运营数据的审批核决问题，实现对企业的经营管理的总结，并通过数学建模等方式总结内控核决权限的过程可控，不出现风险事项，使系统的管理经验落地，探究业务之间的运作逻辑，并就核决事项的增补调整进行系统辨别和提示，进而对企业的流程和内控管理系统进行梳理，对企业经营起重要的指导作用。

在这个过程中，企业针对核决权限的各个节点、各个部门、各个层级人员的授权审批以及决策权限进行系统的信息化建设。通过信息技术的部署来提高企业的决策管理效率，从而侧面改善企业的营销以及生产运营效率。

核决权限的落实，总体而言是为使企业的总体风控和内控得到各级的充分授权。因此，核决权限的有效落实，需要融入企业前台的电子商务门户搭建、中后台的管理信息系统搭建之中，前者包括网页、APP、小程序、H5等，后者包括数据库、管理信息系统、ERP系统、OA系统等。

2. 与企业业务流程相匹配的核决权限管理系统解决方案

企业核决权限的过程就是企业管理文化落实在信息化平台之内，确保业务管控可控和执行力效果快速纠偏的过程。因此，核决权限是在规范管理基础工作、优化业务流程的基础上进行的。核决权限的建设，借助信息化和管理信息系统流程的开发，可以实现基于企业管理总体目标的自上而下的决策程序和流程改革。

核决权限的系统建设，必须由企业高层管理者设计和推动。在核决权限的建设与执行可行性上，从核决权限的信息化建设流程和固化方式来说，一般是先成立领导小组，由领导小组组织系统开发组或外聘的系统开发组，先提交企业总体的核决权限规范，之后则由开发组的数据工程师接收、评价企业前后台各部门呈交的核决权限的改善请求，协调各方针对核决权限优化和提升支持服务效率的需求，以及企业总体风控要求，进行汇总后系统规划核决权限的设计，完成初步设计后选择硬件和编写程序，创建相应数据库，并形成核决权限的解读版本用户手册。在信息化模式上，需要针对核决权限的恰当执行层面，同步针对企业的业务流程进行优化，同时改善核决权限的事项、内容、程序，最大限度地实现技术、业务和核决权限管理上的集成与融合。

### （二）搭建业财融合的制度管控体系

1. 建立相应的核决权限优化的制度管控体系

**第一，规范流程融合的核决权限节点，辅助流程图方式。**企业在实现信息化后，应当对所发生的一切业务规定相应的流程，且在实践中严格按照规定流程来进行，这既能提高业务的效率，也是管理的需要，通过流程执行业务是核决权限落地并解决业财融合的第一步。比如，在进行是否开展新项目的决策时，必须要有业务部门的计划编制和财务人员对投入产出、税务风险等的分析，也要有法务部门对设计风险的分析。在流程既定的情况下，如果没有后台辅助部门的参与，则新业务、新项目不得盲目开展。

**第二，设立相关规定的核决决策条件，辅助相关制度方式。**企业的成功不能仅依靠员工的自觉主动，也要有合适的激励与处罚机制，有制度规范才能保证员工按照企业的指示来行动。制度的建设较为复杂，但通常可以通过细致的规定来实现，在核决权限落实的各个事项中，类似跨部门例会、后台部门定期参加一线业务、后台部门提出建议的次数和被采纳的比例、核决事项执行的流程时间和程序时间、核决事项的决策效率高低、核决事项是否存在内控缺陷或无法传递到合适人员等，都是授权是否适当的关键，也需要作为业财融合考核，确保核决事项中涉及的后台部门与业务前台的衔接准确。

因此，在核决权限的管控过程中，通过建立严格的数据采集、录入、存储制度，对核决事项内容中各级职员的汇报路径和决策程序进行把控，从而保证业务部门和财务部门，以及业务部门之间都可以通过核决的事项在智能化、信息化程序中，提前了解决策过程和程序节点，从而对业务总体过程有个预判和事前明确，为建立核决事项的决策数据池以及数据渠道打下基础。

**第三，设立专职核决权限服务人员或组织，辅助组织结构设计。**核决权限是企业的受控和管理系统。如果规定不足以打通跨部门沟通的桥梁，且企业规模较大，核决权限落实的事项尚存在管控优化的空间，则还需要在制度上持续革新，从制度上确保核决权限的决策事项和流程得到固化。

核决权限是依照《中华人民共和国民法典》等法律和企业章程规定的事项进行分授权明确的，因此，在核决权限设计上，为确保智能化落地，在业务前台与支持后台间搭建中台部门，如数据、财务、客户关系管理、订单管理等部门，深入渗透企业经营，跟随项目从事业务数据采集、加工等工作，而后台的财务部门成为共享管理中心，从事流程具有共性的核算、审核、资金管理、税务申报、内部控制等结构化与半结构化的工作。为此，可以按此优化核决权限的路径。

在企业发展持续增加体量的过程中，企业通过核决权限的信息化程序，确保总体管控受控，尤其是在人的管控和协同性上受控。

为此，核决权限的有效执行可以系统解决分级管控、量化管控等问题，从而实现企业成本管理、企业监管控制，支持企业战略，规避企业风险，为企业价值链的增值提供帮助。必要时，可以设置核决专员，包括在企业前台设立需要直接与外界交互的部门管理核决事项专员。通过对上述业务的明确，解决精益化管控受控的核决事项，实现针对个人和部门的管控，实现层层管理，层层监管，层层落实。

此外，针对核决权限的信息化落实，企业需要结合组织结构进行优化，在核决权限中明确公司各个组织的职责，包括设立在各部门中还可以细分的多个团队、岗位，明确各个岗位的职责和纵向报告关系。这些对优化流程和提高员工积极性都有巨大帮助。解决在组织结构中按需分配人员，分别从事财务核算工作、资金管理工作、税务相关工作、内部控制工作、计划与分析工作、IT技术支持工作，并进行流程节点审批和确认核决的协同。

2. 提升核决权限管控的人员培训体系

**从成本意识角度来说**，企业的成本包括制造成本与费用两方面，在激烈的市场竞争中，企业通常更多地关注如何创造收入，将重心放在定价与增加销量上，对于成本效益方面更多地关注生产成本，费用问题常常被忽视。在各个部门间沟通较少、各自为政的企业中，过分注重毛利与效益，将导致只有财务等少数部门会注重成本降低，而大部分部门员工或认为成本与自己无关，或认为降成本就是简单的降低生产成本，这会导致各项费用得不到控制和管理，其中就包括因会计资料存在问题而被税务稽查部门处罚的罚金。需要通过宣传让各部门员工认识到费用的重要性。

**从软件培训角度来说，**由于企业的管理软件系统是按照自身业务流程制定的，所以在系统更新或新员工入职后需要对员工进行前期培训和指导，通常可以用使用手册和讲解视频来介绍。同时，由于系统与企业通常不完全匹配，且企业业务也容易出现新情况，故而不同时期下，不同部门的员工对系统的操作以及认知也会有一定的偏差。在系统上线的后期还需要员工有能力总结出不同之处，然后进行统一解决，不断优化系统与企业的匹配度。

## 二、财务系统的核决融合解决方案

### （一）传统财务核决的流程管控

从核决权限的提升效率及纠错防弊功能而言，项目落实的模式有助于企业系统实现节点的合规。核决权限的细化分解与落实，有助于业务与财务融合的流程明确。

在传统的企业管理框架下，发生销售业务时，销售部门在收到订单后分别向仓储部门和会计部门发出送货请求和收款通知；发生采购业务时，由库存系统向会计系统提出采购要求，经会计部门给予资金支持后直接采购；各项费用如工资、水电等则直接计入总账系统。这样的流程容易出现的纰漏较多，如销售部门同时处理订单与营销，会计部门只负责收款与开票，容易出现销售人员为了销量低价销售、与信用不良的客户交易、吃回扣等情况。

因此，在传统模式下，业务操作每个节点都要逐级审批，逐级传递核决到上一级领导批准，这导致核决确定和落实的时间差较长，大大降低了效率。

### （二）财务核决管控的交互路径

智能财务系统核决流程的优化，可以系统解决企业的核决权限业务的优化，并实现业务审批路径的改善，革命性提升传统核决流程，按新市场和新模式要求，同步优化核决事项，带动核决事项的合并与分拆。

在企业完成信息化后，可以充分地运用 IT 软件重塑业务流程，重新优化核决权限的过程，提升传递效率，并就传递需达成的一致性材料进行明确，使得企业经营中达到"四流一致"的过程与企业签批审核的核决过程保持一致，从而提升核决管控的效果。

在销售过程中，销售部门与财务部门之间可以额外设立中台部门，如会员中心、订单中心、库存中心，销售部门取得顾客订单后不再自主定价签订合同，而是先经由中台的顾客关系管理中心对顾客的信用情况进行审核，设立合适的价格和信贷条件，经销售部门持报价单与顾客再次磋商达成一致后，再交由订单管理中心经由专门法务、税务人员分析研判、拟定合同，而后由销售部门与顾客正式签订合同。接着，由订单管理中心向库存中心请求发货，同时向后台的财务部门报备合同和销售单，库存中心拿到发货通知单后向财务部门发送发货凭证，财务将发货凭证和合同备案核对无误后开票，再由库存中心将货物、发票凭证、销项发票一起发送给客户。至此，销售过程中的合同流、发票流、货物流必然一致，待顾客按期足额付款后资金流也将一致。

核决事项的量级的级距、超出额度和权限需要提交上一级或上几级决策，年度事项调整等事宜都需要结合企业的实际运营情况适时调整核决，并由企业董事会或股东会按照权限进行批准实施。

由于每个企业的业务不尽相同，流程也会有较大差异，图10-5展示了销售循环对应的核决权限需要考虑的内控节点的核决匹配情况。这个图显示的是制造业企业针对折让、退货等特殊情况的一笔销售业务的业务流程与核决权限流程的匹配过程，涉及的部门不多。传统企业组织结构中的核决权限在匹配企业管理的过程中存在一定的缺陷与漏洞，而在智能财务系统下，通过顶层设计和制度建设，同时匹配科学的核决权限管控方法，结合信息化路径，使得企业在传统模式之下核决权限监管和受控面覆盖不足、流程和时间滞后、人力不足导致的问题得以用智能化方式解决。这一过程中，通过核决权限的分授权模式，通过核决权限固化分权与授权的部门，再从流程实现专职人员沟通前后台，跨部门和跨系统实现对不同部门间信息不对称局面的突破，解决企业内部部门墙和人为干扰问题，实现更高效更稳健的运营，借助核决权限在智能化层面关联并链接支持材料和资金流的过程，为企业"四流一致"匹配问题进行实时预警，解决事项核决过程中的风险。实现核决权限的顶层设计与智能财务会计体系的信息化融合，实现订单、库存、会计系统之间核决交互路径的受控全覆盖。

因此，通过核决权限的顶层引导，通过建立合适的、符合企业发展阶段的制度体系，为建设信息化的管理系统以及搭建业财融合的智能财务系统打好基础。通过核决权限的建设形成企业商业模式的路径受控，实现企业业务模式的有效落地。

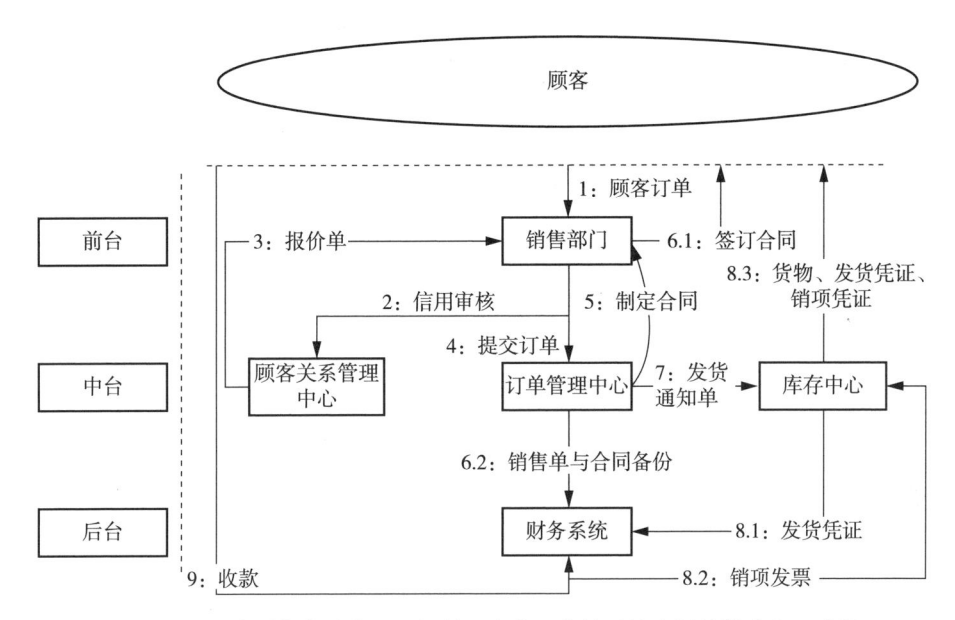

图 10-5 智能财务会计体系下订单、库存、会计系统之间的核决交互路径

通过核决权限融合，在业务前台与支持后台间设置跟随项目，从事业务数据采集、加工等工作的中台部门深入渗透企业经营，打通前后台部门之间的"部门墙"，解决前后台部门信息不对称问题。

通过核决权限的量化管控和层级管控、信息化的快速反馈机制，以及核决事项及时反馈的预警，解决人为管控在信息层面的提示，进而加强企业成本管理和监管控制，支持企业战略，规避企业风险，为企业创造价值提供帮助。

通过制定先进的制度和使用融合先进技术的智能财务系统，将企业核决权限与财务核决权限等系统匹配，实现高效执行力与决策事项的有效落地，从而较好地将企业的资金流、合同流、发票流、货物流等信息统筹起来，在数据库与财务账簿中形成更具逻辑联系的信息，进而为企业规避系统的外部风险。

## 三、核决权限的融合解决案例

### （一）P 企业核决权限的顶层规划

P 企业是成立于 2010 年的高端汽车 4S 服务连锁运营民营企业，也是国际大品牌类 4S 业务的龙头企业。

P企业具有几十个线下运营门店，布局全国各一线城市和省会城市，以及部分重点经济发达城市。从企业的财务管控和业务管控角度，需要实施有效的核决事项，确保企业的合规、可控的系统运营。P企业从设立全国5家连锁门店之日起，就开始了一揽子系统，具体如下。

### 1. 人力资源方面

改选并重新组建P企业董事会，从过往9人董事会精简为5人，其中3人为法务、财务、专业等人才，内外兼顾。下属门店子公司按规模大小和治理规范程度，设置执行董事1人或董事3~5人，切实进行有效履职。组建P企业内部和各下属公司的公司治理专项委员会或小组，由具有一定资历、忠诚度和执行力的人员兼任。其中，物色一专职人员以助理身份协助董事会各个专委会工作，汇集各方意见，配合内外衔接。

为推动企业整体可控的发展，P企业开始物色合适的财务报表会计、财务信息专员，同步推进现有财务人员的培养计划。

### 2. 内部企业治理方面

针对P企业及各下级公司进行组织架构的优化，按垂直加授权管控模式全部优化组织架构图。存在调整的，按现阶段实际情况结合调整情况进行修订，务求组织架构图格式模板一致，并修订准确（P企业提供统一模板和格式要求），务求组织架构图内各级部门涉及高级管理人员（副总经理、财务总监、各类总监）的，姓名统一标识在组织架构图分管部门中。

收集并盘点P企业及各下级控股公司现有人力资源，完成人力资源摸底统计，具体包括：将P企业现有员工花名册按高级管理人员、中层管理人员、主管及高级技术人员、普通人员等进行系统分类。

收集并盘点P企业及各下级控股公司现有绩效考核办法和模式，落实企业现有对各级人员的激励措施，重点落实各级公司高级管理人员的激励政策和措施。

### 3. 核决权限的设计安排

针对已经提供的核决权限表（集团层面、基层公司、营销公司）参照格式等，结合基本的培训材料，企业内部做前期的熟悉了解。P企业结合表格表样，结合企业及下属公司的设置，将权责人、核决项目两项，按照P企业及P企业下属控股公司行业特点进行对照修改（由办公室、人力资源部门、财务部门相关领导提前熟悉、修改并提前讨论），内部完成研读。

时间进度安排：由企业专项委员会或小组结合企业及下属公司特点，修订完成一稿核决权限（企业核决权限以及财务核决权限，统一要求将业务事项所有的内容编制进入企业核决权限，涉及资金财务类事项所有的内容编制进入财务核决权限。如果涉及工程、营销等专项，则编制专项核决权限，签字权限全部按此设置标准实施）。

内部整改安排：P企业及下属公司结合核决权限修订的征求意见稿，在P企业贯彻实施落地，此事项为必须落地事项，强制性推动实施核决权限表格，并做好时间节点的安排。

### （二）P企业的核决权限实施方案与配套措施

P企业采取的核决权限实施方案以及配套措施如下。

第一，P企业内部完成设立企业治理专项委员会或小组。

第二，P企业完成前期准备材料、针对核决权限的学习与契合企业特色的修订，完成了4S项目的财务、运营、人力的核决权限编制。

第三，P企业提前完成现场指导和培训、复检、沟通谈话；组织现场会议，集中研讨和布置实施方案，帮助完成企业和各下属公司核决权限征求意见稿的定稿和实施工作。

第四，P企业各下属公司接受培训的专项委员会或小组对所在公司或各级公司进行内部培训，落地落实上述核决权限规定要求。P企业通过建设信息化的管理系统和搭建业财融合的智能财务体系，确保四流一致的实现；P企业针对核决权限的落地，明确业务核决与财务核决的责任界定及对策改善。

第五，P企业结合修订及下发的核决权限，系统修订整理所有核决权限事项，包括建章立制的所有材料，进行收集整理、审核定案；重点是营销、供应链的管控制度以及人员激励方案，核心的是高级人员等的定薪定岗、激励方式；需反复讨论落实的是P企业及各下属公司3年发展规划、年度预算指标、企业规划指标等；结合修订方案，修订、细化年度预算等；筹划正式、规范的企业董事会会议和各级下属公司董事会会议。

第六，P企业为了推动核决事项，从企业股东到董事会，再到管理层，层层落实，形成系统的核决权限方案，在实施过程中务求持续，保持改革和推动推进的热度，这使得P企业提高了管控效率，并在经济下行的严峻形势面前，保证了可持续发展。

各管理模块的决策事项表见表10-3至表10-5。

表 10-3 运营管理模块决策事项表

☆：发起；　2~15：审核顺序；　●：最终审批；　▲：事后备案

| 工作模块 | | 工作项目 | 具体内容 | 各部门员工 | 销售总监 | 服务总监 | 市场总监 | 体验总监 | 人力行政总监 | 财务总监 | 总经理 | 董事会 | 股东会 |
|---|---|---|---|---|---|---|---|---|---|---|---|---|---|
| | | | | | | | | | 经销店 | | | | |
| 1 | 整车销售业务 | 1.1 商品车采购 | 批售（库存深度大于1.2，前三个月平均销量） | ☆ | | | | | | 2 | 3 | | |
| | | 1.2 商品车销售价格 | 集团内调拨（进车方发起申请） | ☆ | | | | | | 2 | ● | | |
| | | | 销售外林肯体系内调拨 | ☆ | | | | | | 2 | 3 | | |
| | | | 销售价格（周）权限审批 | | 2 | | | | | | 2 | | |
| | | 1.3 商品车退换车管理 | 销售价格超权限审批 | | ☆ | | | | | 2 | 3 | | |
| | | | 退车：已缴纳置购税或保险 | | ☆ | | | | | 2 | 3 | | |
| | | | 退车：未缴纳置购税与保险 | ☆ | | | | | | 2 | ● | | |
| | | | 换发票：客户名称变更 | | 2 | | | | | 3 | 4 | | |
| 2 | 衍生业务 | 2.1 金融保险业务 | 放款通知书/承诺函已出，贷款未到账，提前车辆出库（有金融经理、销售顾问、销售总监、总经理的承诺函） | | 2 | | | | | 3 | ● | | |
| | | | 客户退款申请流程 | ☆ | | | | | | 3 | 4 | | |
| | | | 新增/续签金融保险类及其他合作伙伴 | ☆ | | | | 2 | | | | | |

284

# 第十章 十大财务管理工具之核决权限

续表

☆：发起； 2~15：审核顺序； ●：最终审批； ▲：事后备案

| 工作模块 | | 工作项目 | 具体内容 | 各部门员工 | 销售总监 | 服务总监 | 市场总监 | 体验总监 | 人力行政总监 | 财务总监 | 总经理 | 董事会 | 股东会 |
|---|---|---|---|---|---|---|---|---|---|---|---|---|---|
| | | | | | | | | | 经销店 | | | | |
| 2 | 2.2 | 养护品/精品/美容业务 | 新增合作伙伴 | ☆ | | | | | | 3 | 4 | | |
| | 2.3 | 二手车业务 | 二手车收购价格和销售价格审批 | | 2 | | | | | 3 | ● | | |
| | | | 新增/续签二手车渠道合作伙伴 | ☆ | 2 | | | | | | 2 | | |
| 3 | 3.1 | 维修优惠政策（客诉除外） | 单车维修工时和配件折扣优惠（大于7折优惠） | | | ☆ | | | | 2 | 3 | | |
| | | | 所有续保促销活动和售后促销活动方案审批 | | | ☆ | | ☆ | | 2 | 3 | | |
| | 3.2 | 索赔开票金额与系统金额差异核销（开票金额为准） | 月总值差异为正值，或负值金额小于2000元 | | | ☆ | | | | 2 | ● | | |
| | | | 月总值差异为负值，金额大于2000元（含） | | | ☆ | | | | 2 | 3 | | |
| | 3.3 | 保险直赔回款与开票单据差异核销 | 单笔负差异金额小于1000元 | | | ☆ | | | | 2 | ● | | |
| | | | 单笔负差异金额大于1000元（含） | | | ☆ | | | | 2 | 3 | | |
| | 3.4 | 协议客户合同管理 | 新增和续签协议客户（理赔保险类合作伙伴） | | | ☆ | | | | 2 | 2 | | |
| | | | 新增和续签协议客户（售后大客户定点维修） | | | ☆ | | | | | | | |
| | | | 协议客户合同超期结算 | | | ☆ | | | | 2 | 3 | | |

285

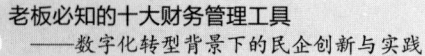

续表

☆：发起； 2～15：审核顺序； ●：最终审批； ▲：事后备案

| 工作模块 | | 工作项目 | 具体内容 | 各部门员工 | 销售总监 | 服务总监 | 市场总监 | 体验总监 | 人力行政总监 | 财务总监 | 总经理 | 董事会 | 股东会 |
|---|---|---|---|---|---|---|---|---|---|---|---|---|---|
| 3 | 维修服务业务 | 3.5 维修业务外委 | 单笔加工采购金额总额小于1万元 | | | ☆ | | | | 2 | ● | | |
| | | | 单笔加工采购金额总额大于1万元（含） | | | ☆ | | | | 2 | 3 | | |
| | | 3.6 提前开发票 | | | ☆ | ☆ | | | | 2 | ● | | |
| | | 3.7 跨月实施反结算 | | | ☆ | ☆ | | | | 2 | 3 | | |
| | | 3.8 废件回收供应商选定 | | | | ☆ | | | | 2 | 3 | | |
| 4 | 备件业务 | 4.1 备件采购 | 低于标准库存值（主机厂） | ☆ | | 2 | | | | 3 | ● | | |
| | | | 高于标准库存值（主机厂） | ☆ | | 2 | | | | 3 | 4 | | |
| | | | 非主机厂原厂件采购 | ☆ | | 2 | | | | 3 | ● | | |
| | | | 原厂精采附件 | ☆ | | 2 | | | | 3 | ● | | |
| | | 4.2 备件批量外销 | 加价率高于5% | ☆ | | 2 | | | | 3 | ● | | |
| | | | 加价率低于5%（含） | ☆ | | 2 | | | | 3 | 4 | | |
| | | 4.3 备件调拨 | 集团内各机构之间备件调拨 | ☆ | | 2 | | | | 3 | ● | | |

286

# 第十章
## 十大财务管理工具之核决权限

续表

☆：发起； 2～15：审核顺序； ●：最终审批； ▲：事后备案

| 工作模块 | | 工作项目 | 具体内容 | 各部门员工 | 销售总监 | 服务总监 | 市场总监 | 体验总监 | 人力行政总监 | 财务总监 | 总经理 | 董事会 | 股东会 |
|---|---|---|---|---|---|---|---|---|---|---|---|---|---|
| 5 | 市场活动类 | 5.1 市场月计划申报 | | | | | ☆ | | | 2 | 2 | | |
| | | 5.2 单项市场活动申报 | | | | | ☆ | | | 2 | 3 | | |
| | | 5.3 单项市场活动费用付款申请 | | | | | ☆ | | | 2 | 2 | | |
| | | 5.4 市场月度总结 | | | | | ☆ | | | 2 | 3 | | |
| | | 5.5 大项物料礼品采购 | | | | | ☆ | | | 2 | 3 | | |
| | | 5.6 单项媒体投放审批 | | | | | ☆ | | | 2 | 2 | | ▲ |
| 6 | 投诉类 | 6.1 舆情报备 | | | ☆ | | ☆ | ☆ | | 2 | ● | | |
| | | 6.2 客户投诉处理 | 单一客户支付金额小于1万元 | | ☆ | ☆ | ☆ | | | 2 | ● | | |
| | | | 单一客户支付金额大于1万元（含） | | | ☆ | | | | 2 | 3 | ● | |
| 7 | 运营类 | 7.1 辅助场地租赁 | 新签、变更、续签或解除租赁合同 | | | ☆ | | | ☆ | 2 | 3 | ● | |
| | | 7.2 公司车辆外借（客户用车） | 服务代步车 | | | ☆ | | | 2 | 2 | ● | | |
| | | | 试乘试驾车 | | | ☆ | | | 2 | 2 | ● | | |
| | | 7.3 用品类/运营类采购 品/服务类采购成立 项/合同续签审批 | | ☆ | | | | | | 3 | 4 | | |

287

续表

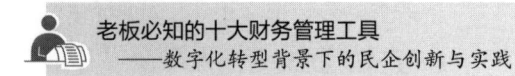

☆：发起；2～15：审核顺序；●：最终审批；▲：事后备案

| 工作模块 | | 工作项目 | 具体内容 | 各部门员工 | 销售总监 | 服务总监 | 市场总监 | 体验总监 | 人力行政总监 | 经销店 财务总监 | 总经理 | 董事会 | 股东会 |
|---|---|---|---|---|---|---|---|---|---|---|---|---|---|
| 7 | 运营类 | 7.4 | 用品类/运营类采购及付款（采购名录内或指定供货渠道） | ☆ | 2 | 2 | | | | 3 | ● | | |
| | | 7.5 | 用品类/服务类采购及付款（采购名录除外） | ☆ | 2 | 2 | | | | 3 | 4 | | |
| | | 7.6 | 融资租赁牌照 | 仅限租非营运牌照 | ☆ | | | | | 2 | 3 | | |

288

第十章
十大财务管理工具之核决权限

表10-4 财务管理模块决策事项表

☆：发起； 2~15：审核顺序； ●：最终审批； ▲：事后备案

| 工作模块 | 工作项目 | 具体内容 | 各部门员工 | 销售总监 | 服务总监 | 市场总监 | 体验总监 | 人力行政总监 | 财务总监 | 总经理 | 董事会 | 股东会 |
|---|---|---|---|---|---|---|---|---|---|---|---|---|
| 费用管理 | 1.1 预算内日常费用 | 日常费用单笔支付小于3万元（含） | ☆ | 2 | 2 | 2 | 2 | 2 | 3 | ● | | |
| | | 日常费用单笔支付3万元至5万元（含） | ☆ | 2 | 2 | 2 | 2 | 2 | 3 | 4 | | |
| | | 日常费用单笔支付大于5万元 | ☆ | 2 | 2 | 2 | 2 | 2 | 3 | 4 | ● | |
| | | 标准内差旅费 | ☆ | | | | | | 3 | ● | | |
| | 1.2 预算外各类费用 | 财务费用、人力费用、市场费用、行政及运营费用超年度总预算 | | ☆ | ☆ | ☆ | ☆ | ☆ | ☆2 | 3 | ● | |
| | | 预算外不可预见费用 | | ☆ | ☆ | ☆ | ☆ | ☆ | ☆2 | 3 | ● | |
| | | 财务费用、人力费用、市场费用、行政及运营费用超月度额度或滚动累计额度（累计值在年度总预算内） | | ☆ | ☆ | ☆ | ☆ | ☆ | ☆2 | 3 | | |
| | 1.3 业务招待费 | 单笔金额小于3000元（含） | | ☆ | ☆ | ☆ | ☆ | 2 | 3 | ● | | |
| | | 单笔金额大于3000元 | | ☆ | ☆ | ☆ | ☆ | 2 | 3 | 4 | | |
| | 1.4 特殊费用 | 特殊情况需赠送店内精品，且成本价低于2000元（含） | | ☆ | ☆ | ☆ | ☆ | ☆ | 3 | ● | | |
| | | 特殊情况需赠送店内精品，且成本价高于2000元 | | ☆ | ☆ | ☆ | ☆ | 2 | 3 | 4 | | |

经销店

289

续表

☆：发起； 2~15：审核顺序； ●：最终审批； ▲：事后备案

| 工作模块 | | 工作项目 | 具体内容 | 各部门员工 | 销售总监 | 服务总监 | 市场总监 | 体验总监 | 人力行政总监 | 财务总监 | 总经理 | 董事会 | 股东会 |
|---|---|---|---|---|---|---|---|---|---|---|---|---|---|
| 1 | 费用管理 | 1.5 | 公司车辆投保 | 公司车辆投保 | | | | | | 2 | ● | | |
| | | 1.6 | 财产保险费 | 因融资需求投保/因主机厂要求投保/因店内运营控制风险需要投保 | | | | | | 2 | ● | | |
| | | 1.7 | 坏账损失 | 预计无法收回的账务，如应收账款、预付账款、其他应收款等 | | | | | | ☆ | 2 | ● | |
| | | 1.8 | 应计返利 | 返利的实收与预估正负差异单项金额小于2万元/月 | | | | | | ☆ | 2 | ● | |
| | | | | 返利的实收与预估正负差异单项金额2万元至10万元/月 | | | | | | ☆ | 2 | ● | |
| | | | | 返利的实收与预估正负差异单项金额10万元以上 | | | | | | ☆ | 2 | ● | |
| 2 | 资金支出 | 2.1 | 往来支出 | 非主机厂账面保证金小于5万元（含） | | | | | | ☆ | 2 | ● | |
| | | | | 非主机厂账面保证金大于5万元 | | | | | | ☆ | ● | | |
| | | | | 退代收代付款/退理赔业务三者款 | | | | | | ☆ | ● | | |
| | | | | 代厂家垫付费用 | | | | | | ☆ | | | |

290

# 第十章 十大财务管理工具之核决权限

续表

☆：发起； 2~15：审核顺序； ●：最终审批； ▲：事后备案

| 工作模块 | | 工作项目 | 具体内容 | 各部门员工 | 销售总监 | 服务总监 | 市场总监 | 体验总监 | 人力行政总监 | 财务总监 | 总经理 | 董事会 | 股东会 |
|---|---|---|---|---|---|---|---|---|---|---|---|---|---|
| | | | | | | | | | 经销店 | | | | |
| 2 | 2.1 | 资金支出 往来支出 | 单人单次因公现金借款5000元及以下（限主管层及以下人员，经理层及以上人员不允许借款） | | | | | | | ☆ | ● | | |
| | | | 涉及人财物安全的紧急事项借款小于1万元（48小时内补齐手续） | | | | | | | ☆ | 2 | | |
| | 2.2 | 计划外资金 | 资金计划外紧急用款 | | | | | | | ☆ | 2 | ● | |

291

表 10-5　人力资源管理模块核决权限表

☆：发起；　2～15：审核顺序；　●：最终审批；　▲：事后备案

| 工作模块 | | 工作项目 | 具体内容 | 各部门员工 | 销售总监 | 服务总监 | 市场总监 | 体验总监 | 经销店人力行政总监 | 财务总监 | 总经理 | 董事会 | 股东会 |
|---|---|---|---|---|---|---|---|---|---|---|---|---|---|
| 1 | 1.1 | 组织架构及职位设置 | 对外报送厂家 | | | | | | ☆ | | 2 | | |
| | | | 对内报报集团 | | | | | | ☆ | | ● | | |
| | 1.2 | 人员编制 | 职位编制配备标准 | | | | | | ☆ | | 2 | | |
| | | | 职位编制人数核定 | | | | | | | | 2 | ● | |
| 2 | 2.1 | 社会招聘 | 总经理 | | | | | | | | 2 | | |
| | | | 部门总监（财务总监除外） | | 2 | 2 | 2 | 2 | ☆ | 2 | ● | | |
| | | | 部门内员工 | | ☆ | ☆ | ☆ | ☆ | 2 | ☆ | 2 | | |
| | 2.2 | 校园招聘 | | | 2 | 2 | 2 | 2 | 2 | 2 | ● | | |
| | 2.3 | 入职手续 | 离职再录用人员的附加审批流程 | | ☆ | ☆ | ☆ | ☆ | ☆ | ☆ | 2 | | |
| | 3.1 | 转正 | | | | | | | ☆ | | ● | | |
| | 3.2 | 集团内调动 | 双方人力总监及总经理双重确认 | | | | | | ☆ | | 2 | | |
| 3 | 3.3 | 主机厂测评 | 测评人员报送 | | | | | | ▲ | | ● | | |
| | | | 测评结果备案 | | | | | | | | 2 | | |
| | 3.4 | 人员任免发布 | 总经理 | | | | | | ☆ | | 2 | ● | |
| | | | 部门总监（财务总监除外） | | | | | | ☆ | | 2 | | |
| | | | 部门主管 | | | | | | ☆ | | ● | | |

# 第十章 十大财务管理工具之核决权限

续表

☆：发起； 2~15：审核顺序； ●：最终审批； ▲：事后备案

| 工作模块 | | 工作项目 | 具体内容 | 各部门员工 | 销售总监 | 服务总监 | 市场总监 | 体验总监 | 人力行政总监 | 财务总监 | 总经理 | 董事会 | 股东会 |
|---|---|---|---|---|---|---|---|---|---|---|---|---|---|
| 4 员工关系 | 4.1 | 劳动关系管理 | 劳动用工合同签订 | | | | | | ☆ | | ● | | |
| | 4.2 | 合同到期续签或终止 | 总经理 | | | | | | | | ● | | |
| | | | 部门总监（财务总监除外） | | | | | | ☆ | | 2 | ● | |
| | | | 部门主管 | | | | | | ☆ | | ● | | |
| | | | 部门员工 | | | | | | ☆ | | ● | | |
| | 4.3 | 离职 | 总经理 | | | | | | | | | ● | |
| | | | 部门总监（财务总监除外） | | | | | | ☆ | | 2 | ● | |
| | | | 部门主管 | | | | | | ☆ | | ● | | |
| | | | 部门员工 | | | | | | ☆ | | ● | | |
| | 4.4 | 薪酬标准制定 | 总经理 | | | | | | | | ☆ | | |
| | | | 部门总监（财务总监除外） | | ☆ | ☆ | ☆ | ☆ | ▲ | | ● | | |
| | | | 部门主管 | | | | | | ▲ | | ● | | |

293

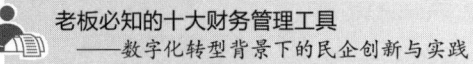

续表

☆：发起；　2~15：审核顺序；　●：最终审批；　▲：事后备案

| 工作模块 | | 工作项目 | 具体内容 | 各部门员工 | 销售总监 | 服务总监 | 市场总监 | 体验总监 | 人力行政总监 | 财务总监 | 总经理 | 董事会 | 股东会 |
|---|---|---|---|---|---|---|---|---|---|---|---|---|---|
| 5 | | 绩效方案制定（月度、季度、年度） | 总经理 | | | | | | | | | ● | |
| | 5.1 | | 部门总监（财务总监除外） | | | | | | ▲ | | ☆ | | |
| | | | 部门主管 | | ☆ | ☆ | ☆ | ☆ | ▲ | | ● | | |
| | 员工考核 | | 部门员工 | | ☆ | ☆ | ☆ | ☆ | ▲ | | ● | | |
| | | | 单项奖励 | | ☆ | ☆ | ☆ | ☆ | ▲ | | ● | | |
| | | 薪酬发放 | 月度薪酬发放 | | | | | | ☆ | 2 | 3 | | |
| | 5.2 | | 季度薪酬发放 | | | | | | ☆ | 2 | 3 | ● | |
| | | | 年度薪酬发放 | | | | | | ☆ | 2 | 3 | ● | |
| | | | 员工单项奖励发放 | | | | | | ☆ | 2 | 3 | | |
| 6 | 薪酬福利 | 6.1 薪酬福利方案 | 年度人工成本预算 | | | | | | ▲ | ▲ | ☆ | | |
| | | 6.2 公司福利发放 | 薪酬福利标准制定 | | | | | | ☆ | 2 | 3 | | |
| 7 | 培训 | 7.1 内训师认证 | 依据预算规定的标准 | ☆ | | | | ☆ | 2 | | 3 | | |
| | | | 内训师选送 | | | | | | | | | | |

294

## 第四节 本章小结

企业管理需要建章立制，按照企业既定的管控模式实施。传统机构管理系统如无法实现一体化管控，则企业运营业务流程、管理流程和会计核算流程很容易出现无法融合统一的问题。企业为规避上述风险，确保战略的执行落地，就需要编制和执行核决权限，解决企业不同职级员工的责权利对等和执行管控责任问题。

企业实施并推动核决权限，可以实现企业业务推动和财务支持的和谐统一。企业财务核决事项明确业务性质，明确业务量级，落实核决要求，使得企业财务的共享财务与业务财务系统能有效延伸到业务活动的全过程，从而实现财务管理与业务工作协同运作，这个过程中，企业的公司核决与财务核决的协同，连带专项项目核决的支持协同，使得企业的制度建设、内控建设、流程管控建设形成有效的生态。因此，核决权限的系统运营助力企业实现了业务闭环、资金闭环、证据链闭环、票据闭环，助力企业实现业务的"四流一致"，从而降低了分授权和管控风险。

借助数字科技的赋能，企业可以系统解决核决权限执行的智能化问题，加速打通业务与财务的融合进程。通过企业核决权限的智能化融合，可以系统实现业务流程、管理流程和会计核算流程的有机融合，使财务数据和业务数据融为一体，最大限度地实现数据共享，实现财务与业务的实时连接。因此，核决权限的实施是企业业务管控有效性、后台管控有效性、财务管理有效性的重要工具。

### 本章参考文献

[1] 潘林. 大变革时代下的业财融合 [J]. 国际商务财会, 2017（12）: 3-7.

[2] 蒋盛煌. 基于财务共享的业财深度融合探究 [J]. 会计之友, 2022（01）: 2-9.

[3] 李彤, 屈涛. 构建智能财务共享平台助力企业管理转型 [J]. 财务与会计, 2018（17）: 16-17.

[4] 刘俊勇, 刘明慧, 孙瑞琦. 数字化背景下财务共享服务中心的质量管理研究——以HX财务共享服务中心为例 [J]. 管理案例研究与评论, 2021, 14（05）: 547-558.

[5] 王亚星, 李心合. 重构"业财融合"的概念框架 [J]. 会计研究, 2020（07）:

15-22.

[6] 郝德强，张旭辉. 基于"四流合一"的企业成本控制研究 [J]. 财会通讯，2021 (10)：116-119+139.

[7] 张庆龙. 企业应以财务共享构建智能财务决策的数据基础 [J]. 中国注册会计师，2019 (07)：99-100.

[8] 李闻一，于文杰，李菊花. 智能财务共享的选择、实现要素和路径 [J]. 会计之友，2019 (08)：115-121.

[9] 周林，袁蕴. 基于业财融合的企业成本管理研究 [J]. 财务管理研究，2021 (07)：154-158.

[10] 张能鲲. 核决权限的执行与使用 [G] //张能鲲. 新时期中国医药行业并购与治理. 北京：中国财政经济出版社，2019：207-215.

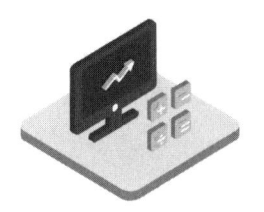

# 第十一章
# 十大财务管理工具之信息与共享

信息化工具是财务管理的必要载体。信息化和数字化发展进程决定了财务智能化实施效果，共享模式也离不开信息系统的支持。企业通过信息化共享模式，借助财务软件和信息化软件的迭代优化，可以提升财务管理的质量和效率。企业结合信息化模块的链接，可以实现财务共享服务中心的高效运作。

因此，企业通过对财务信息化管理问题的剖析，落实智能化转型的对策，结合企业业财融合的共享全景和闭环路径，实现企业业财一体化的转型升级。

在这个过程中，智能化的发展也对企业提出了更高的要求，在各方面的应用中出现了信息孤岛、人员转型困难、改革动力不足和财务风险等问题。企业信息共享模式需要借助各类科技实现业务管控的赋能。因此，企业通过 RPA 的闭环流程和四大转型优势，提高工作效率、实现资源共享、更精准及时地做出决策等，从而系统推动企业信息共享的发展。

## 第一节　财务信息化的管理问题与五步对策

在业务战略转型的形势下，传统的 IT 信息化管理模式已不再适应转型下的市场经营方式和管理模式，无法跟上极致客户感知的发展需求，这主要体现在以下三个方面：一是对转型下新业务模式的不适应。传统的需求瀑布式开发模式上线周期长、容错性差，不适应业务创新和需求的快速迭代。二是对能力开放模式的不适应。传统 IT 信息化对资源和应用多采用烟囱式管理，不适合互联网化的平台模式。三是对管理范围及方式的不适应。传统 IT 信息化对网络和资源多采用分域管理，不适应互联网时代日益增多的跨域网络打通需求，急需打破专业壁垒。

因此，在数字化转型过程中，面对传统信息化分离的问题，IT 信息化管理模式的转型势在必行。同时需要在强化优势资源的基础上，引入互联网思维和方法，实现 IT 信息化的共享模式（见图 11-1）。

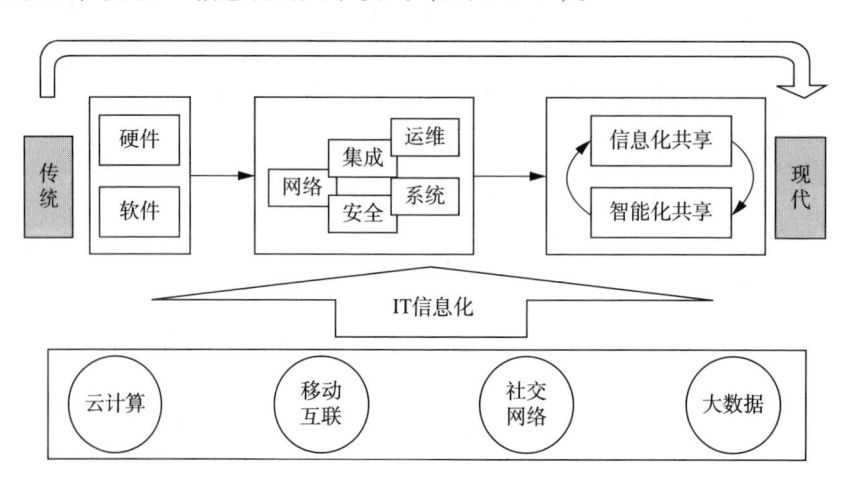

图 11-1　IT 信息化的共享模式

# 一、财务信息化的发展阶段与管理问题

## （一）财务信息化的发展阶段

财务信息化主要分为五个阶段，每个阶段财务信息化的作用都有所不同（见图11-2）。

**第一代财务软件为单项处理型。**这种财务软件的作用是进行简单的会计核算，解决会计工作中记账和报表工作效率低的问题。应用这种财务软件可以代替手工记账，提高会计工作的效率，降低数据出错率。

**第二代财务软件为基础核算型。**1993—1997年会计电算化在我国开始发展，这种财务软件的作用是实现财务管理。应用这种软件在上一代的基础上可以解决资产管理、成本管理、销售管理等问题，进一步提高企业管理水平。

**第三代财务软件为闭环决策型。**其在第二代的基础上增加了科目、项目预算管理和财务分析模块，并在此基础上融合了预算、决策等方面的工作。这个阶段的财务信息化软件已经基本成型，并且逐渐成熟，可以普遍地应用到财务工作的各个方面。随着业财一体化的发展，财务软件也在此基础上发挥了事中预警、控制，事前预测的作用。不少品牌的财务软件开始在企业普遍应用。

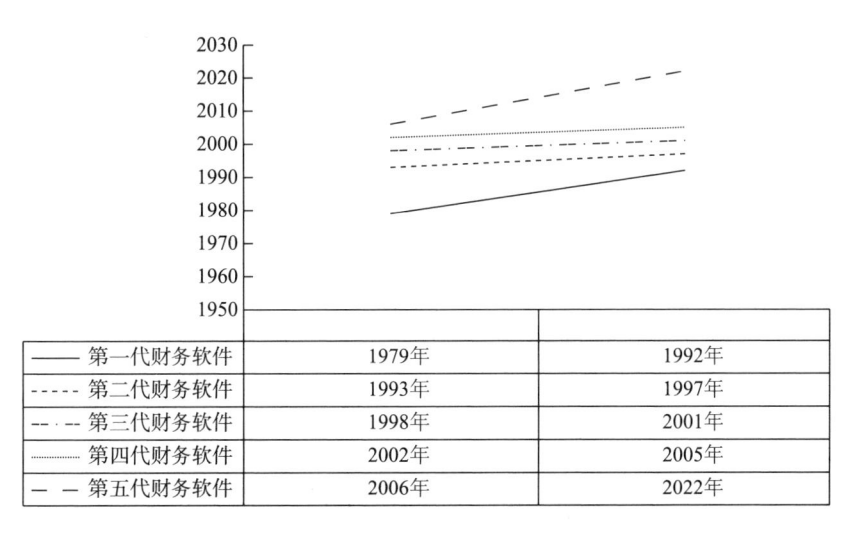

| | | |
|---|---|---|
| —— 第一代财务软件 | 1979年 | 1992年 |
| ----- 第二代财务软件 | 1993年 | 1997年 |
| --·-- 第三代财务软件 | 1998年 | 2001年 |
| ········ 第四代财务软件 | 2002年 | 2005年 |
| — — 第五代财务软件 | 2006年 | 2022年 |

图11-2 五代财务软件发展历程

**第四代财务软件为业财一体型。**随着数字化、智能化的发展，企业对于财务软件的要求越来越高。第四代财务会计软件融入业务流，实现了财务管理与业务流的整合，对于财务智能化的发展影响深远。

**第五代财务软件为业财税协同型**。其强调财务、业务、税务三者之间的融合，不断提高企业管理效率，提升企业的竞争力。

### （二）信息化软件的五个高黏性融合应用

企业的会计信息化建设，需要企业管理人员注重信息化技术的应用，其中常用的信息化管理方式为信息化软件的应用。信息化软件的开发具有一定的前瞻性，下载、安装信息化软件可节省企业财务管理的人力、物力等资源，节约企业运营成本，既可以提高财务管理效率、缩短财务管理时间，又可以确保财务管理质量。信息化软件的开发动力来自企业，企业依据实际经营情况以及财务管理需求，对市场发展方向进行调查，并借助市场资源完成信息化软件的开发与应用。此外，企业之间应该注重合作与交流，利用信息化技术搭建共享平台，有助于资源以及软件设备的分享，同时也加快了信息化软件的研发速度，缩短了软件上市时间。

**第一，OA 软件（特指办公自动化）**。OA 软件覆盖面十分广泛，只要是在办公室进行的活动都可由它来管理，是企业内部合作的重要工具，可以实现的工作一般有流程环节审批（请假报销等）、即时沟通、文档管理、内部论坛、任务管理、会议管理等。

**第二，HR 软件（特指人力资源软件）**。HR 软件主要管理人事活动，如员工招聘、员工入职管理、劳动协议合同、奖罚制度、培养咨询管理、业绩考核管理、考勤管理等。

**第三，ERP 软件（特指企业资源计划）**。管理生产制造流程的是 ERP 软件。企业资源规划 ERP 在 1993 年首次被提出，作为经管活动中较成熟的管理模式，它体现了先进的企业管理理论，同时也帮助企业解决技术集成问题。ERP 把企业的物、人、资金、信息进行了整合，帮助企业最大化利用现有资源，实现经济效益，综合平衡优化企业所拥有的人力、财力、物力、信息、时空等资源，协调企业各管控部门，围绕市场导向开展业务经营活动，提高竞争力，取得更好的收益。所以，ERP 不仅是一个软件，更是一个管理工具。

**第四，CRM 软件（特指客户关系管理）**。管理客户的是 CRM 软件，企业对客户之间的关系进行管理即是为企业的管理提供更全面的视角，改善了企业与客户进行交流的能力。企业通过对长期的客户关系进行管理来改善企业经营业绩，客户管理软件的目的之一是帮助企业管控销售循环：吸引新客户、维护老客户。利用营销方法，提供有针对性的服务，CRM 聚焦在销售、营销、客户服务等领域和客户关系有关的业务流程。CRM 的目的是缩短销售周期，缩减销售成本，提高营业收入，寻找市场和渠道，提高客户的忠诚度和满意度。CRM 将行动具体化，同时使用了信息化技术帮助各企业达成目标。CRM 在客户全生命周期中始终围绕客户。CRM 还将不同的客户沟通通道，如面对面、手机微信对接以及网页访问等统筹为一个整体，如此，企业就能够根据客户的喜好使用合适的渠道与他们进行沟通接洽。

第五，**项目管理软件**。项目管理是在现代管理学奠定的基础上，产生的一类管理学科，这项管理的提出，使得企业治理中的财务管控、人力资源分配、风险管理和控制、质量保证、技术管理（沟通管理）、采购渠道管理等得到合理的整顿规划，促使企业快速、保质和低价地完成工作目标。

### （三）财务信息化的管理问题

虽然财务软件历经了五个发展阶段，信息化模块化软件不断融合应用解决企业管理的问题，提升了财务管理的效率，但这些依然无法解决财务部门的根本问题，具体问题如下。

第一，**企业内部的信息孤岛问题**。对企业内部不同部门不同系统之间的整合，以及将不同系统中不同标准的数据进行合并、明晰、处理，是一个巨大的挑战。我国少数大中型企业未能及时建立财务共享中心，即使建立了财务共享中心也没有做到组织再造和流程再造，未能发挥财务共享中心应有的效能。

第二，**企业变革动力不足**。管理部门和传统行业对智能金融的需求相对较小，缺乏变革的压力和动力，往往被动变革。在一个没有积极变革的环境中，金融智能化转型的效果会很差，成本高，见效慢。

第三，**财务人员转型难**。智能化财务的逐步推广使得基础性的财务岗位逐渐减少。传统财务与智能化财务工作有很大的差别，智能财务的应用使得财务工作中大量的基础工作被机器所替代，这就提高了对财务人员的要求，基础岗位的财务人员可能面临创新能力不足、思维模式相对固化的问题，在面临财务智能化时代的快速发展时可能会产生应对准备不足、转型困难的问题。

第四，**会计信息化软件系统存在安全风险**。我国的会计信息化软件通常是以数据库管理系统为基础的，为了更好地完善会计信息化系统，往往需要经过二次开发。但是在开发过程中，很多企业只重视软件的功能，而没有建立健全软件开发规范，忽视了其安全性保障，导致软件设计存在各种漏洞，在实际使用时发生了严重的安全问题。此外，对会计资料数据的随意存储导致数据易遭到恶意篡改删除，同时，由于对系统数据没有进行必要的访问控制，而使用了一般的用户名和密码的访问机制，为外部恶意攻击提供了可乘之机。

**第五，会计信息化软件与企业不契合。**企业自主开发会计信息化软件建设费用较高，需要一定的物质基础，并非所有企业都能像大型企业一样研发属于自己的信息化系统，一般小企业只能选择市场上已有的会计软件。然而，市场上的会计软件大多是按照通用模型开发的，在实际使用中，往往不能满足企业的需求，难以将软件与工作相匹配。因为会计信息软件具有较强的通用性，使得系统的工作量加大，并且增加了会计工作的难度与系统化风险。此外，有些软件忽略了数据标准的建设，使得企业各部门在通过软件处理数据时标准不统一，存在一定的差异，数据无法整合，人力物力的消耗也在增加。还有一些数据不能同步更新，信息滞后，所产生的财务信息可能无法反映企业当时的真实财务状况。

例如某些企业体量庞大，旗下的子公司数量较多，分布地区较广，既有企业内部新设的，又有企业外部收购的，且各子公司均拥有自己完整的财务体系。但不同地区的子公司，其财务体系略有差异，这在一定程度上导致各子公司财务管理存在不统一的问题。此外，各类子公司的财务数据之间缺少交互，诸多财务数据信息不能在企业内部信息化平台上进行共享，致使企业财务管理出现"信息孤岛"现象，在一定程度上降低了财务信息的利用率。

**第六，缺少信息化技术。**一方面，在企业财务数据的处理上，部分财务数据无法实现共享，需要财务人员进行单独管理与储存，此种管理方式容易出现数据信息片面化与机械化的问题，不利于反映企业运营的真实情况。物流、资金流以及信息流三者的分割管理，致使财务数据与企业实际财务经营状况大相径庭，信息化建设缺少精准数据信息做参考，企业信息化建设能力不足。另一方面，信息化软件应用存在两种极端，一种是企业引进与应用了信息化软件，软件应用效果良好；另一种是企业财务管理缺少信息化软件，诸多企业因资金问题而没有条件引进信息化软件。

## 二、财务智能化转型的五个优势与五步对策

智能财务指的是一个财务流程的智能化,主要包括三个层次:第一,它是一个基于业务与财务集成的智能财务共享平台;第二,它是一个基于商业智能的智能管理会计平台;第三,它是基于人工智能的智能金融平台。

### (一)财务智能化转型的五个优势

**第一,管理、财务人员等的工作量大大减轻**。在传统手工条件下,企业管理人员与财务人员要进行大量繁重且重复的日常工作。实现财务信息化以后,大多数的基础性工作都可由计算机自动完成,使得管理人员、财务人员从传统的工作中解放出来,把更多的精力放在深度财务分析及财务预测方面。

**第二,工作效率大大提高**。财务信息化的应用使得企业管理信息的提供更加及时,使部门之间的工作衔接更加紧密,提高了业务处理效率,从而为企业提高经济效益奠定了良好的基础。

**第三,完善企业财务内部控制体系**。基于智能化财务系统,财务数据以及业务数据之间的联系会更加密切,更容易做到业财一体化,这能够有效提高财务分析的科学性以及准确度。如果基于传统财务模式开展财务分析工作,不能很好地将生产数据与财务数据紧密结合在一起,因此产生问题将会影响到企业的正常经营。

**第四,提供及时准确的决策信息**。在智能化财务系统的应用之下,企业内部财务信息的流通速度将大大提高,管理层只需要登录特定的平台就可以获取有用的信息,且数据都是可视化、标准化的,有利于提高管理层决策效率以及对市场的反应速度。

**第五,实现资源共享,降低营运成本**。依托互联网技术,将企业分散重复的基础财务业务与各子公司的财务业务分离,并将其聚集成高度集中的财务组织,积极推动企业提供统一的财务标准和专业的服务,实现资源的集中共享,降低运营成本,加强风险控制,提高企业盈利能力,服务整体战略蓝图。财务信息化还有助于实现业务透明化、标准化、流程统一化、操作要求清晰化、显示结果合理化的目标,从而降低运营成本,增强企业管理竞争力。

## （二）财务智能化转型的五步对策

**第一，打通财务工作环节**。智能化财务的发展汇集了互联网、云计算、大数据、财务职能等多种技术手段，在财务工作中可以使这些技术实现深度融合，对智能化财务系统的建设与完善具有重要的推动作用。

**第二，实现企业资源共享**。企业财务智能的一个重要特征是财务共享。企业应建立财务共享中心，按照流程进行专业分工，制定详细的流程处理环节，确保财务数据处理符合具体、严格的标准和要求。

**第三，提高财务人员的工作技能**。智能化财务的应用对财务人员的要求有所提升，与传统的财务工作相比发生了较大的变化。因此应该加快财务人员的转型，对财务人员进行培训，提高财务人员与时俱进的能力及专业素养，以利于智能化财务在企业中广泛应用。

**第四，加强软件安全性建设**。企业要想解决会计信息化软件的安全问题，就要加强对软件的控制，加强软件安全性建设。首先，要做好软件开发控制，将其作为一种预防性控制。会计信息系统的软件开发必须严格遵循国家标准和规范，把信息安全放在第一位。企业要在充分了解管理模式以及具体业务需求的情况下进行系统的研究与设计，同时在系统开发过程中要进行详细的可行性测试，尽可能详细查找系统漏洞和错误并逐一修改。另外，对于外购财务软件的企业，要坚持使用符合规范要求的安全可靠的正版软件，并应有详细的操作说明。在使用中，企业的软件维护人员应及时与软件开发销售单位联系，进行会计软件版本升级与维护，这也是保证系统安全的基本条件之一。其次，要做好软件程序的控制。包括业务发生控制、数据输入控制、数据处理控制和数据输出控制，充分发挥软件系统的安全监控和防御功能。

**第五，构建财务信息平台**。企业的财务数据信息需要实现共享，尤其是企业内部各管理部门之间应做到信息共享，以便于各部门开展工作。财务信息平台的创建，有助于财务数据标准化，可使得各部门之间的财务信息实现互通。财务信息平台的创建与财务数据技术平台的搭建有关，统一财务会计科目与数据接口，有助于财物数据"信息孤岛"问题的解决。除此之外，企业还需要将财务信息系统与业务系统相连接，并对业务与财务数据进行整合，以便对企业财务相关数据的统一管理。

## 第二节　业财融合的共享全景与闭环路径

### 一、业财融合流程的共享全景与发展特征

#### （一）业财融合的流程共享全景

业财融合需要财务人员深入业务获取知识和信息，通过监督和分析业务执行情况为管理层提供决策支持，即实现业务和财务、会计的双向深度融合，通过信息的高效传递，流程的衔接、协调、联动优化，提高企业经营效率。会计在企业中的主要职能是提供经营数据，财务是对企业的投融资和预算进行管理规划，业务体现的是企业的各项经营活动。

在传统财务系统里，业务系统数据流向财务核算系统，管理系统再依据财务核算系统处理形成的财务数据进行预算、成本、绩效、风控等过程管理。一方面财务数据的处理将消耗大量人力资源，另一方面单一的财务数据不再适合竞争日益激烈的市场环境。决策系统通过对数据进行分析，形成可视化报表，并制定战略目标和经营计划，搭建具体的经营指标体系，最终将结果反馈给管理系统，通过管理系统实现企业资源的合理配置，指导业务良性发展，形成企业生态闭环管理体系，让企业战略实施和落地更精准、更有效。传统财务系统与智能业财系统结构的对比如图11-3所示。

#### （二）业财融合的五个发展趋势

**第一，集成化。** 随着企业数字化转型的愈加深入，企业构建了许多IT系统，比如ERP系统、SRM系统（供应商关系管理，Supplier Relationship Management，简称SRM）、CRM系统、财务共享系统、费控系统等。这些系统本身是异构的，系统间的数据难以互联互通，同时财务数据、业务数据难以实现双向校验，也制约了数据分析的时效性。在这样的趋势下，如何通过工具把不同业务系统的同类型的数据集成成为企业开展业财一体化建设的关键。无论是数据仓库还是数据中台，都是将分散在不同时空的各种不同性质的信息汇集到特定的信息平台以进行有效的存储，并通过结构化向特定的用户传输，从而实现高效的信息集成。

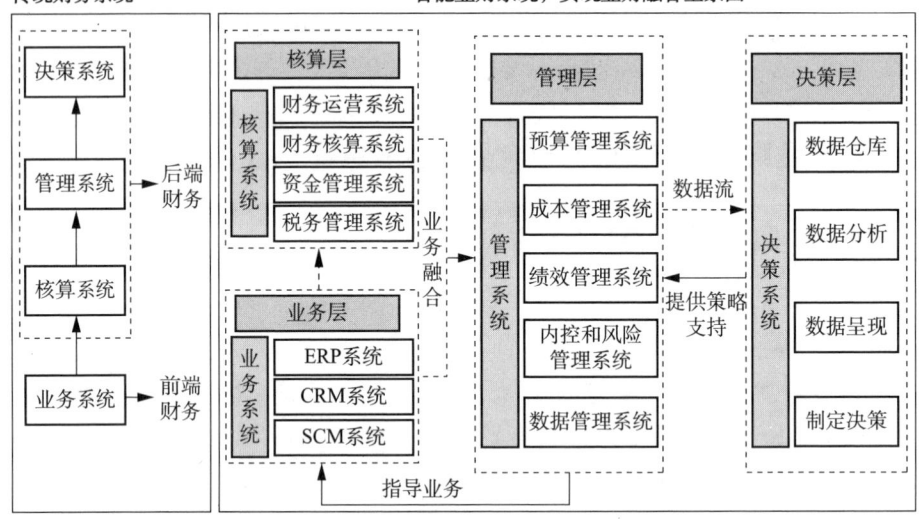

图 11-3　传统财务系统与智能业财系统对比

**第二，大数据化**。在大数据时代，业财融合的关键是要实现财务数据、业务数据、外部数据等多维数据的全面融合。过去，企业更关注的是收入、成本、利润、资产负债这些财务数据形成的财务报表，但是财务报表只披露数量信息，而不是过程信息，企业所提供的产品和服务能否满足市场需要，资产是否能够变现，以及不能变现的原因是什么都无从得知。仅靠财务数据已经不能实时反映企业运营的状况。在整个业财融合的过程中，财务数据需要和客户、渠道、供应商、产品相关的业务数据，以及反映行业趋势、商业模式、用户行为等的外部数据融合在一起。比如，企业在做预算的时候，不仅要看销量、价格这些指标，还需要把这些指标按照客户、产品、区域等各种纬度进行分解计算。因此，在产品选择上，需要能够对多维度、多层级的数据进行处理分析，输出对企业经营决策有益的观点。

**第三，实时化**。快速迭代的外部环境对企业提出了新要求，如何快速响应市场需求的变化？如何做到每一天能快速地基于企业内部的变化和外部市场变化调整经营策略？这便是实时化的需求。反映在企业的预算和数据分析上，也越来越快。过去，企业只能做一次全年的预算，慢慢地细化到季度的预算，现在越来越多的企业能做到月度预算和计划。

**第四，场景化和运营化**。从各大云服务商的最新企业服务产品来看，业财融合相关基础设施服务越来越需要进入到垂直领域。在业财融合方面，需要关注的不止是预算与战略相关的宏观的一些应用，同时也要关注一些微观运营方面的需求，关注特定行业的特定需求，从而提升服务的定制化水平，更好地满足企业效率提升的需求。

**第五，自动化和智能化**。在海量数据时代，数据源越来越多，数据量越来越大，企业开始重视运用 IT 系统工具，自动地帮助其进行各类大数据的处理，并结合人工智能（AI）的算法实现需求预测、库存管理优化以及提升全渠道订单的协同能力。

## 二、业财融合的实施要素与闭环路径

企业系统推动业财融合的路径重点体现在以下两个方面。

第一，通过组织融合的方式实现，即智能财务系统通过整合企业数据和信息，在企业层面实现财务数据共享以及资源的高效利用。

企业由传统的部门型组织架构逐渐向流程型、网络型组织架构转变，将更有助于部门间的资源共享，提升整体的运营效率。在企业内部让每一个生产经营业务部门，甚至每一个岗位成为一个价值单元，这一价值单元不仅开展具体的生产经营业务，而且每一项业务的成本费用和收入都能被明确地确认和计量。

从这个角度而言，企业的生产经营业务部门、岗位或者作业就不再仅仅是业务属性的，而且也是价值属性的，即通过组织融合的方式实现业财融合。

第二，通过信息融合的方式实现，即智能业财的核心是业务集成，利用云计算具有敏捷部署、弹性扩容、简单运维等优势，帮助企业打造强生态。

该路径就是将企业财务状况和经营成果信息追溯至每一个作业，根据这些作业所在岗位的部门就能确定相应的收入、成本和费用边界，从而通过信息融合实现每个岗位和部门的业财融合。

通过上述的业财融合模式，企业内部的每一个生产经营业务主体的收入、成本和费用边界被划定，对这些主体的业绩考核和评价才能建立在真实可靠的基础上。具体如图 11-4 所示。

### （一）业财融合的实施要素

业财融合作为企业提高运营管理价值的有力手段，可渗透到企业运营全过程，包括预算、决策、控制以及考核等多个方面。在业财融合的背景下，

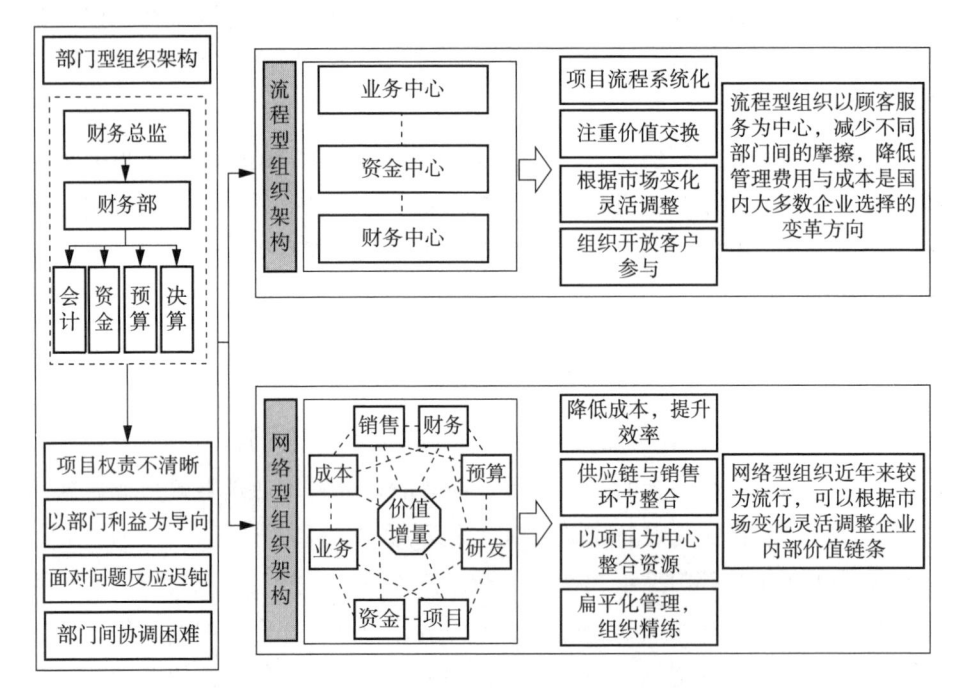

图 11-4　组织融合方式实现业财融合

财务人员可以在把握财务目标的同时掌握企业的运营状况，能够帮助企业实现有效的资源配置。未来，智能业财将助推企业财务深度赋能业务投资、企业战略、风险审计，内控和外部风险问题都将有效改善。为此，本节对通过信息化平台实现业财融合从而降本增效进行分析，对实施业财融合的方法和成果进行探究，通过业财融合企业能够显著获得竞争力，更好地实现和产业上下游之间的互动，从而优化企业的资金周转，为业财融合实践提供一定的借鉴与参考。具体的实施要素见图 11-5。

1. 文化制度方面

企业可以营造数字化文化氛围，建立数字化财务制度规范，构筑智能服务与价值创新的财务组织架构，配备具有数字化思维和技能的人员，提供财务数字化转型的有力组织保障。具体分解如下。

企业文化：在企业文化层面进行宣导，建立相应的经营理念，所有员工熟悉并接受业财融合的理念。组织架构：在组织架构方面，设立业财融合部门，由财务人员和业务骨干领导组成。人才培养：建立相应的培训课程和体

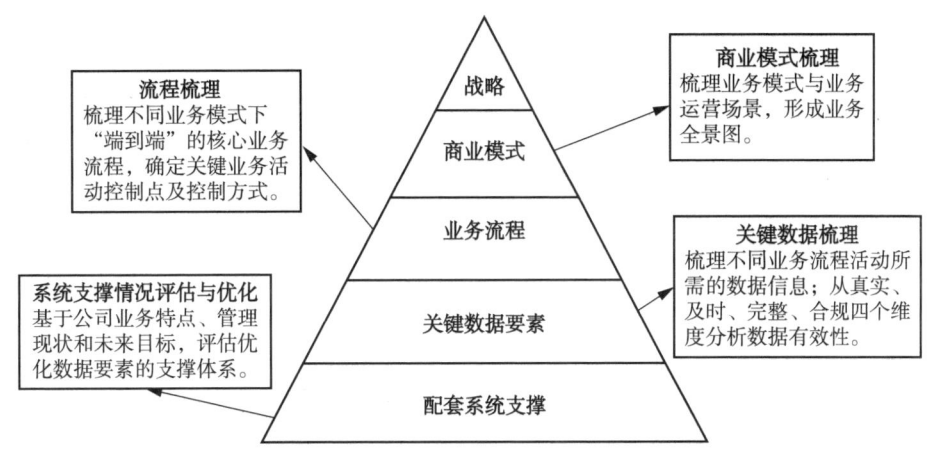

```
流程梳理                                              商业模式梳理
梳理不同业务模式下              战略                    梳理业务模式与业务
"端到端"的核心业务                                     运营场景，形成业务
流程，确定关键业务活          商业模式                   全景图。
动控制点及控制方式。
                            业务流程                    关键数据梳理
系统支撑情况评估与                                      梳理不同业务流程活动所
优化                        关键数据要素                 需的数据信息；从真实、
基于公司业务特点、管理                                   及时、完整、合规四个维
现状和未来目标，评估优       配套系统支撑                 度分析数据有效性。
化数据要素的支撑体系。
```

图 11-5　业财融合的实施要素

系，设立"之"字形人才梯队培养计划。绩效评价：制定相应的业财融合评价体系，对各级经营者和基层员工进行评价。

2. 系统实施层面

通过系统设计，实现端到端打通数据流程（从业务到财务），加强数据质量管理（统一数据标准），建立财务数据的价值报告（经营分析报表）与面向未来的数据洞察体系（战略决策支持系统），建立业财融合的大数据平台。具体如下。

项目计划：以战略目标为导向，实现效率提升，提供洞察，增加效益，加强风险管控。业财融合是一个系统工程，定位清晰，主次分明，要整体规划，分步实施，集中优势资源，解决最迫切的问题。

实施团队：建立业财融合部门，选拔优秀人才进入该部门。选拔具备较高能力和职业素养的老员工为骨干，选用具备一定沟通与合作能力、执行力与接受力较强的新员工。

流程再造：以企业的价值链为核心，对不合理、不必要、不增值的流程进行精简优化，结合信息技术对业务流程进行提升。

组织再造：确定业财融合部门的职责内容、业务财务重点工作、汇报机制等。

系统再造：利用财务大数据资源，通过前沿技术手段，实现财务应用场景识别与落地，为企业发展提供前瞻性、有价值的信息与决策依据。建立数

据治理体系，使得数据可见、可懂、可用、可运营，为数据价值挖掘提供保障和支撑；基于企业价值体系搭建数据价值链，实现数据驱动决策。

## （二）业财融合的实施方案

**第一，企业预算预测**。根据企业内部历史数据和外部市场数据，模拟推演销售、生产、财务各个业务线不同运营计划的结果，并自动求解最优运营计划，基于预测值和调整值对年度目标进行规划，制定更科学合理的经营目标。预算滚动：按月、按季等周期滚动预测，根据市场变化，及时调整经营策略，确保年度目标的达成。预算分析：对分析结果进行解释并制定行动计划，对报表和行动计划进行流程审批。预算编制灵活配置。

**第二，企业成本管理**。企业通过数字化平台进行成本风险预警与标准成本对比分析，可设定成本偏差时的预警阈值。比如，在某环节单位成本偏差超过10%时进行预警，并向指定用户推送提醒信息；将计算的实际成本与标准成本的差异调整到产品或者直接计入销售成本，进行标准成本的实时变更。设定智能化的成本分摊系统，通过信息平台进行成本分摊规划，可采用简单分摊、基于统计指标分摊和作业分摊方法，满足企业不同业务场景下的成本管理需求。还可以通过信息平台进行实时成本分析，系统可实现成本分析数据实时获取，价值链成本联动可视分析，可精准定位成本异动并追溯成本根源，形成数据资产沉淀，为长期宏观分析奠定数据基础。

**第三，企业财务风险管理**。通过数字化手段强化事前风险管理和预测的能力，以及事中、事后的风险监测与识别能力，使财务部门从基本的流程合规工作转向企业整体的财经风险管理。

具体的解决方案有：客户信用风险管理解决方案、资金支付反欺诈解决方案、财税风险扫描解决方案、数字化事前审计解决方案、业务智能审核解决方案。

利用大数据与人工智能等新技术，企业在支付环节可以根据历史交易数据，建立相应的规则模型，实现欺诈风险的实时管控与精准拦截。依据数据挖掘、专家经验等，分析风险账户与可疑行为特征属性，设计风险规则，提高企业风险控制水平。

## （三）业财融合的闭环路径

在传统的财务管理模式下，财务核算较为分散，受子公司、分公司地域限制较大，管理模式很容易导致成本的抬升以及效率的降低，因此，即使垂直化的结构似乎能实现上传下达，但在实践中，由于财务管理信息的及时性、准确性不足，总部对其各分支机构的监控能力并不能得到有效保证。

因此，财务共享中心不仅要实现会计核算方面的标准化以及流程化，还需要在业务层面实现这一要求，方可为业财融合打下基础。

企业在推动业财融合的实践上，应当采取妥善的闭环路径，具体如下。

第一，搭建统一使用的财务共享服务平台，系统地建立起应收应付、总账分账等不同维度不同科目的模块，以此集中处理和核算财务会计业务，从而得以有效实现财务会计的流程化目标，并且将不同地区的会计语言和会计报表整合统一。

第二，建设统一的制度和培训体系，并有机协同实施。为了保证标准化的业务流程设计能够得到有效实施，可以在财务系统的重新设计组织之下，针对财务人员制定统一的操作手册，并将业务标准化，使得财务管理信息更加精准、及时，推动企业财务共享服务中心的角色定位贯彻落实（见图11-6）。

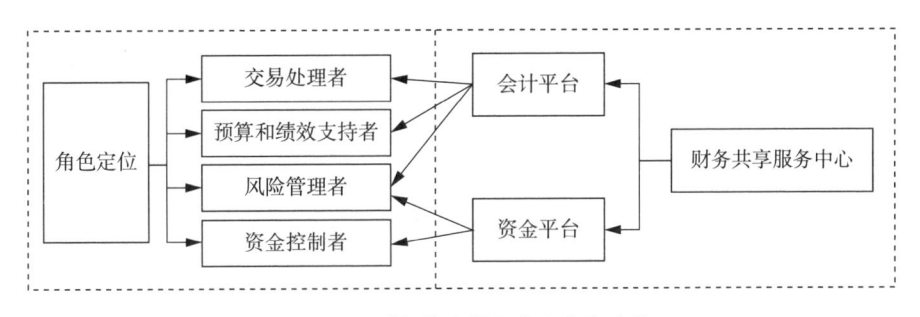

图 11-6 财务共享服务中心角色定位

第三，企业建设财务共享服务中心从易到难，建立循序渐进的模式与步骤。确保共享财务服务的运作机理得到落实。建设过程中，企业不断提高数据的收集速度以及处理效率，提升企业信息透明度，提高财务共享服务中心对于企业不同业务之间的协同效应。财务共享模式对企业的作用机理如图11-7所示。

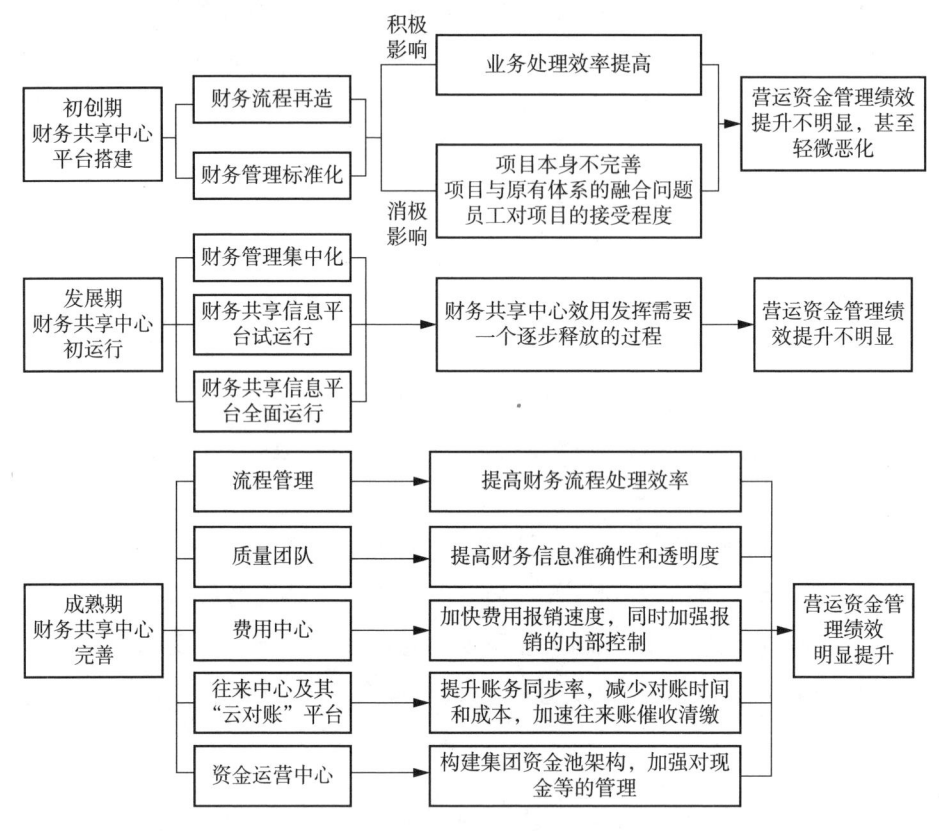

图 11-7　财务共享模式对企业的作用机理

## 第三节　RPA 的闭环流程与四大转型优势

RPA+AI 的智能自动化架构，可以显著提升基础核算工作的自动化程度，替代了大量手工操作，降低了扩展共享业务的边际成本。同时在实施过程中，对全球核算业务进行了标准化梳理，优化了业务流程，提升了风险管控水平。另外在通过自动化手段提升数据质量的基础上，建立了全球财务核算大数据中心，开展了大数据分析预测应用，为企业战略决策提供有效的财务数据分析支持。

### 一、RPA 的主要功能与往来管理闭环流程

从"人工智能+"的智慧协同创新角度而言，企业智慧协同的智能性是由

中台技术、交互式可视化技术、语音识别技术、知识管理技术（包括知识存储、知识共享、知识融合、自然语言处理、知识推理等方面的综合技术）和智能搜索技术等计算机技术与算法引擎提供技术支撑的。智慧协同能够充分发挥数字化企业来自人员、设备、流程和制度等的各类生产数据与管理数据的价值。智慧协同的智能化场景涵盖了所有组织协同过程中涉及人员与计算机协同工作的大部分场景，通过提高计算机应用服务的智能化水平，可减少人工介入的工作量。协同办公软件的智能化服务目前已经涵盖了较多的企业办公管理应用场景，如智能业务流程管理、智能考勤管理、智能人力资源管理、智能行政管理、智能商旅管理、智能合同管理、智能信息检索、智能报表等。

### （一）RPA 的主要功能

RPA（特指机器人流程自动化），即财务流程机器人，是通过特定程序模拟人类操作的计算机流程。主要被应用于重复性的财务工作中，最主要的功能就是替代简单的重复性的劳动，可以应用于报表制作、凭证录入以及资金审核等基础简单的工作。可以通过模拟鼠标、键盘、屏幕抓取、流程运行等操作，执行一些打开程序、复制粘贴、填写表格、读写数据库表、登录网页、采集网络数据等任务。

不少企业在办公领域采用 RPA 以取代一些重复和烦琐的日常流程，RPA 被应用于财务、采购、供应链等众多职能领域。财务机器人则是 RPA 技术在财务领域的具体应用，其针对财务的业务内容和流程特点，以自动化替代手工操作，辅助财务人员完成交易数量规模大、规则明确性强、工作重复程度高、易于标准化的基础性业务，将财务人员从低附加值的工作中解放出来，通过合理配置有限的资源将其转移到高附加值的工作中，比如财务分析、税务分析、行业分析等，从而有利于优化财务流程，提高业务处理效率和质量，规避人为错误，减少财务合规风险，促进财务人员从业务核算型发展为管理型，实现业财融合。

### （二）RPA 往来管理的闭环流程

从智能应用场景之应付 RPA 来说，应付 RPA 通过 OCR 技术提取供应商发票影像信息，自动执行发票验真，以及与采购订单、入库单的三单匹配校验，核对数量、单价、金额等信息无误后执行发票过账操作，生成会计凭证，同时生成工作日志发送财务人员审阅。通过自动化技术的实施，实现了日均处理单量和准确性的提升。

在往来应付类报销流程中，RPA 财务机器人主要完成的工作有：将收到的请款单全面扫描和识别，确认无误后录入企业的 ERP 系统，然后将采购订单、收获入库单和发票进行匹配，完成收款环节的工作，之后进行发票信息的认证核实，审核过后支付采购的款项，RPA 还会把相关的凭证信息、付款信息传入总账，进行实时的账务处理。

从智能应用场景之应收 RPA 来说，应收 RPA 通过 NLP 技术从网银流水不规范的摘要中提取关键业务信息，自动区分获取的票据号是发票号、销售订单号，还是交货单号。若是后两者，则在系统中自动匹配至需要清账的发票号，同时判断对应业务类型，进行相应的记账、清账操作和管理口径统计分析。

## 二、RPA 资金管理的闭环流程与四大转型优势

### （一）RPA 资金管理的闭环流程

在资金管理流程中，RPA 财务机器人主要涉及：每个月度的银行对账，经常会用到的资金管理、资金调拨等。在需要进行银行存款余额对账的时候，RPA 可依据企业在指定期限内的银行存款交易明细导出 Excel 表格，将企业的余额与银行账单的余额进行比对，从而自动完成对账工作。另外在资金管理方面，企业事先在系统里设置好智能算法、逻辑算法等，在保证资金使用最优的情况下，合理安排各种资金使用计划。这时，RPA 根据企业的资金收支情况以及财务人员提交的资金使用安排等，进行资金归集。银企对账人工流程与财务机器人工作流程对比如图 11-8 所示。

资金 RPA 对于多网银账户来说，企业通常面临 U 盾多地域分散管理、账户实时查询困难等问题。通过配备定制 U 盾集线器，RPA 依次激活网银 U 盾查询各账户余额并下载流水明细及回单，自动执行银行对账、编制余额调节表、凭证录入、回单打印等流程，满足企业一日多次查询所有账户余额、每日出具资金收入支出分析报表等管理需求。

### （二）RPA 在费用报销流程中的四大转型优势

财务工作中非常普遍的流程是费用报销，将 RPA 应用于费用报销活动中，可以提高报销工作的质量和效率。如表 11-1 所示，对比传统的个人财务报销流程以及有 RPA 加入的报销流程，个人财务报销在人工操作模式下，操作技术难度小，但人工成本与时间成本很大，而 RPA 技术可以在一定程度上优化上述流程并带来联动优势。

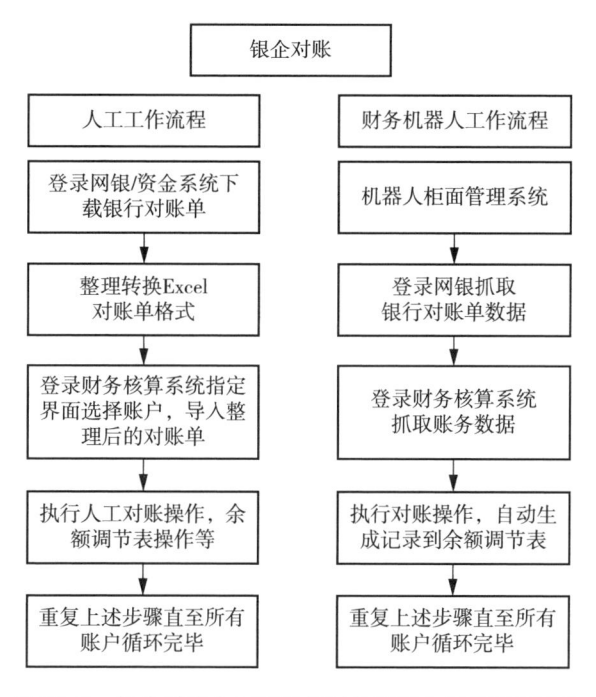

# 第十一章
十大财务管理工具之信息与共享

```
                        银企对账
            ┌──────────────┴──────────────┐
      人工工作流程                    财务机器人工作流程
            │                              │
    登录网银/资金系统下              机器人柜面管理系统
    载银行对账单
            │                              │
    整理转换Excel                    登录网银抓取
    对账单格式                       银行对账单数据
            │                              │
    登录财务核算系统指定              登录财务核算系
    界面选择账户，导入整              统抓取账务数据
    理后的对账单
            │                              │
    执行人工对账操作，余              执行对账操作，自动生
    额调节表操作等                   成记录到余额调节表
            │                              │
    重复上述步骤直至所有              重复上述步骤直至所有
    账户循环完毕                     账户循环完毕
```

图 11-8　银企对账人工流程与财务机器人工作流程对比

表 11-1　传统个人报销与 RPA 加入的报销比较

| 传统个人报销 | RPA 加入的报销 |
| --- | --- |
| 对于发票等关键信息的人工识别效率低 | 机器处理效率高（RPA 可以 7×24 小时不间断工作） |
| 人工操作的速度会随着时间的增加而变慢 | 以外挂形式部署（RPA 在用户界面操作，不会破坏企业原有的 IT 结构） |
| 数据管理易混乱 | 强逻辑性（从编程看，RPA 机器人是一种具备良好人机交互功能的 UI 脚本，有明确的执行规则，触发输入与指定输出） |
| 校对工作重复且复杂 | 性价比高（能帮助企业大幅度减少人力成本的投入，获得利润的增长） |

在费用报销流程中，RPA 财务机器人主要完成的工作有：在财务机器人能够自动化接收报销单据的前提下，由员工将报销单据整理扫描提交至系统，系统接收完成后，还可以对各种类型的单据进行智能化的分类、汇总以及传递工作，完成以上这些工作之后，财务机器人继续发起审批申请。在审核环节，这项工作先将报销审核规则内嵌于费用报销系统中，这样 RPA 在工作中就能够依据提前设定好的工作逻辑进行报销。在这个流程中，

RPA会逐一审核发票是否合理、是否存在重复报销的现象、报销的标准是否合理等，提高了费用报销的质量。接下来，在报销审核之后，系统中会直接生成付款单，但是系统不会马上直接付款。在付款单进入待付款中心，通过待付款中心和内部合规审计审核付款单是否准确、是否合规之后，RPA会依据付款计划进行付款操作。最后，完成上述费用报销流程之后，RPA会依据会计记账规范，自动生成记账凭证以及财务报告，并汇报给管理层。

## 第四节　智能财务共享服务的六个指标维度与两条管控对策

在大共享模式之下，企业建设智能财务共享服务对提升服务能力和专业化建设有很大帮助，企业转型是分散式管理—集中式管理—共享式管理—智能式管理发展演进的过程。

因此，从企业的管理模式而言，需要从分散式管理模式（具体特征体现在子公司独立运作，虽属同一集团，但流程各不相同，各子公司有单独的财务人员，没有统一的信息）发展到集中式管理（具体特征体现在将财务人员集中起来进行管理，一套人员负责多个公司的财务管理，并不是服务导向，没有服务水平协议，没有绩效目标），再从集中式管理发展到共享式管理，也就是共享服务管理的模式，体现在集中、模块、共享（具体特征体现在流程重构，组织结构发生变化，提供财务服务，视子公司为内部客户，制定服务水平协议和目标绩效，人员岗位专业化），再持续地发展，就是智能式管理，也就是财务即服务的智能式，体现为智能、无形、服务的（具体特征是持续完善，全业务共享，可以为外部客户提供财务服务，通过智能工具的相互协同使用，更好地为客户提供专业化的服务），在这个演进过程中，企业共享是核心，需要构建信息化系统推动。

从这点来说，企业可以搭建数据交流的信息化平台，并结合需求不断优化，结合企业的实际情况进行系统的设计，不断从人工状态转向智能化状态，按模块化推动和实施。

### 一、智能财务共享服务的四个方面与六个指标维度

#### （一）智能财务共享服务的四个方面

智能财务共享服务管理有其特有的思路，不仅将共享流程进一步向业务

端和管理端延伸，而且将智能技术与全流程的运营管理进行融合，体现智能技术的便捷性、快捷性与适用性。为了实现智能共享服务的运营管理体系建设，作为顶层设计的整体思路显得尤为重要，主要体现在以下几个方面。

**第一，全流程生态圈。**智能财务共享服务将实现业务、财务、管理全流程的端到端服务，这将涉及企业大部分部门及岗位，同时也考虑流程相关的组织、人员、绩效、系统、制度等要素在不同部门及岗位的协同发展。通过打通财务内部的财务会计与管理会计以及财务与业务、财务与管理、财务与外部利益相关者的界限，将企业与供应商、客户、监管等外部组织的流程进行智能融合。

**第二，业务创造价值。**智能财务共享服务是在智能技术作用下的财务转型，对运营管理的关键性指标维度进行持续跟踪，借助智能技术不断优化，明确效率、质量、绩效等指标维度对业务的影响程度，识别可能的价值点，为客户提供有针对性的建议。结合企业业务的类型和运营管理指标维度的数据，探索智能财务共享服务如何提升业务的处理效率，如何为业务提供决策支持，实现价值创造。

**第三，智能技术变革。**智能财务共享服务的核心是借助以"大智移云物区"为代表的智能技术，对流程设计、工作方式、工作内容、人员管理等产生更深入的影响。因此迫切需要将智能技术应用到运营管理中，使其自动化、智能化、可视化地提供各种指标维度及分析结果。借助智能技术运营管理体系实时化、可视化地为业务提供信息，并能在绩效评价、质量控制、服务管理等方面实现智能化的决策支持，方便客户根据不同的需求快速得到相应的解决方案。

**第四，全面精细化指标维度。**精细化指标维度深层次地评价智能财务共享服务的运行过程，寻求目标、质量、绩效、服务等指标维度之间的关系并深度融合，围绕部门、岗位、人员等进行综合评价。基于全面精细化指标维度，从相关、回归、趋势、对比等多角度分析，将智能技术应用到运营管理的分析、决策、展示中，加强对运营管理指标维度的判断和利用，为运营管理寻求最优的方案以及数字化决策提供支持。

从整体设计来说，智能财务共享服务是由智能技术与财务共享服务相融合而形成的一种创新型服务，其运营管理指标维度不仅采用了财务共享服务运营管理已有的指标维度，而且拓展了部分指标维度，还考虑了业务处理的智能化特征。智能技术也需要财务人员的不断学习和采纳，高能力和高素质的财务人员对提升绩效管理、质量管理、创新管理、服务管理等指标维度具有积极的推动作用，也是实现目标管理的关键所在。

### （二）智能财务共享服务的六个指标维度

**第一，目标管理**。在智能财务共享服务的不同发展阶段，其目标会有不同偏重，需制定相应的目标管理办法。智能财务共享服务的总体目标设定为：改善会计信息质量、提高工作效率、降低工作成本、提升合规能力。这些目标主要通过流程化和信息化得以实现。

**第二，绩效管理**。组织绩效和人员绩效是绩效管理主要考虑的两个方面。组织绩效针对组织相关的绩效指标，主要包括财务维度、客户维度、内部流程维度、学习创新维度。人员绩效是组织绩效的分解，只有与组织绩效保持一致，对人员的激励才能达成目标。人员绩效主要体现在各个岗位的时效性、工作量、质量和满意度等方面。

**第三，质量管理**。质量管理要从客户的需求和期望着手，通过完善业务操作过程提升操作的标准化，同时还要健全企业的质量检查、控制办法等。质量管理需要设计质量指标维度，数据质量的好坏取决于人员、制度和IT相结合的控制系统。质量指标维度从以下三个方面考虑：业务时效管理、业务质量管理与服务质量管理。

**第四，制度管理**。制度管理包含对相关制度的规划、梳理、编写、发布和持续优化等内容。鉴于相关制度的构建经验及企业现有制度的实际情况，智能财务共享服务的制度体系应该包括财务会计制度和运营管理制度。其中，财务会计制度包括会计核算制度和财务管理制度，区分不同业务类型；运营管理制度总体上可区分为中心运营管理制度和平台运营管理制度，平台又可区分为财务会计共享平台和管理会计共享平台。

**第五，系统管理**。系统管理的目标是使信息系统能够根据企业需要，提供持续可靠的业务支持和管理决策，主要有以下两个方面：一是建立适合企业信息系统运行的组织结构，负责对信息系统和资源数据进行规划协调、服务支持和管理控制；二是制定适合信息系统特点的运行管理制度，管理规范是系统稳定运行的基本保障，也是开展各项运行管理工作的依据。

**第六，服务管理**。服务管理主要包括服务效果、服务能力、服务时限、服务态度等指标维度，通过客户沟通管理规范、公共邮箱和在线咨询、呼叫中心、满意度调查等工具提升服务质量。智能财务共享服务通过签署服务水平协议的方式进一步补充和完善服务管理，并能对服务数据进行分析。

## 二、智能财务共享服务的转型路径与两条管控对策

### （一）智能财务共享服务的转型路径

从财务改革的历史进程来看，财务数字化是大数据技术向财务领域的渗透与运用，是财务的一个革命性变革。具体而言，财务数字化转型是企业财务部门从流程、人员、组织、职能等方面进行全面变革，是一个不断动态变化的、优化的过程。通过在财务流程节点中的应用，实现流程自动化、人员自由化、组织层级化和职能升级化。

企业智能财务共享服务下的数字化转型路径是（见图11-9）：首先，改变企业管理人员的传统思维模式，从上到下贯彻数字化思维；其次，建设数据信息共享平台，利用数据收集平台收集数据，通过物联网、5G、人工智能等数字技术构建数字化加工处理平台，制定数据标准，通过数据计算与数据整合以及构建数字模型等处理方式，实现对数据的加工整理；最后，将加工后的资料传送至财务共享平台，进行统一的计划与管理，企业的领导、财务人员可以根据授权查阅资料，根据该数据平台做出决策；企业还可以通过反馈结果对数字化加工处理平台进行更新和改造，提高信息传播效率，降低企业的信息搜寻成本、决策成本。

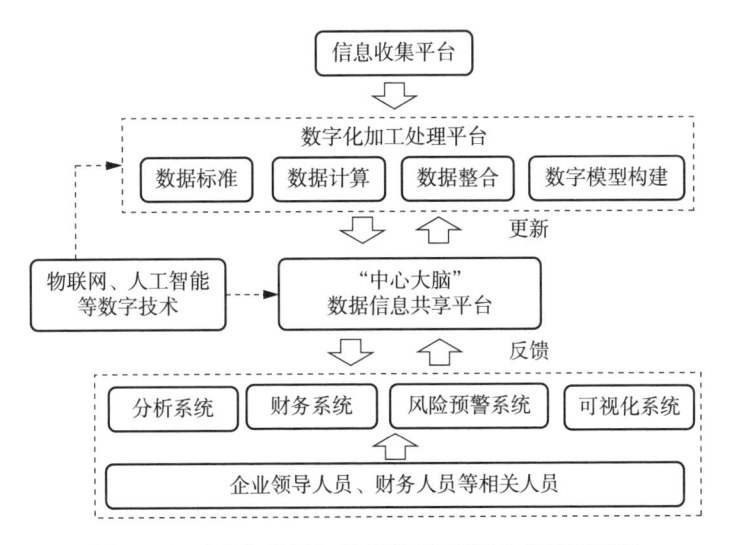

**图11-9 企业智能财务共享服务下的数字化转型路径**

企业可以借助流程梳理、现场调研和系统评估，整理出多项变革提升点，从财务、业务、流程三大维度进行优化，并利用影像技术优化业务流程。影像扫描技术实现了单据的审核智能化，通过增加"初核、扫描"流程，将纸质单据的信息上传，并将原始单据归档。这一流程优化保证了信息的准确性，避免了单据信息与实物不一致的问题，减少了人力、设备、空间等成本的耗费，起到了降本增效的作用。充分体现了财务管理人员在进行顶层设计时追求财务前置、数据同源、业财融合、量化结果、实施管控和降本增效的目的。

智能财务下的共享财务如图11-10所示。

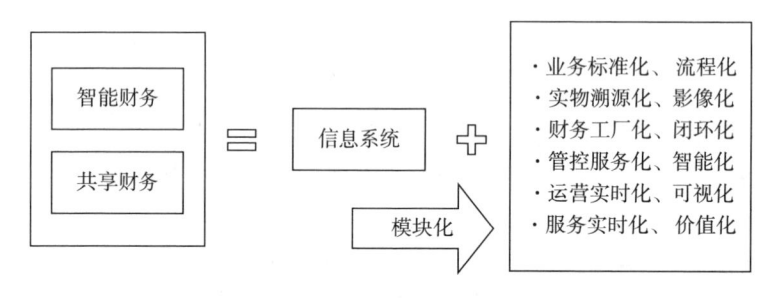

图11-10 智能财务下的共享财务

## （二）智能财务共享服务风险的两条管控对策

在数字化转型的进程中，要注重资金的合理配置，既要确保企业转型所需的资金供给，又要兼顾防范财务风险。对于企业智能财务共享服务的风险问题，相应的管控对策如下。

**第一，控制负债规模，降低财务风险。** 在短期偿债方面，在转型建设期投入成本，对企业债务形成压力，致使流动比率逐年下降。提高短期偿债能力可以从两方面入手，一方面是多盈利从而增加账款回收率，另一方面是偿还短期负债来控制负债规模。因此，企业需要采取加快应收账款的回收、适当控制负债规模等措施，提高企业的偿债能力、降低财务风险，促使企业平稳发展。同时根据企业长期负债指标的分析，为缓解未来财务压力，要有防患于未然的意识，同时将防范意识落实到实际行动当中。

**第二，健全财务风险预警机制。** 面对数字化时代带来的新挑战，企业应加快完善适用于数字化转型的新的财务风险预警系统，充分利用人工智能和大数据技术，并考虑增加非财务指标预警。例如，在预警系统中加入诸如政策风险、通货膨胀风险等非财务指标，利用各种渠道取得非结构化数据，智能筛选出与企业财务风险决策相关性较强的数据信息，搭建动态指标数据库，同时根据企业在实施过程中的反馈情况不断完善企业财务风险预警机制，完善财务风险预警长效机制，从而推动财务风险预警机制与企业内外部环境的变化，真正促进财务风险的动态预警机制的完成。

## 三、信息系统推进财务管理信息化的案例

### （一）M 企业财务管理模式的演进

M 是民营类乳制品企业，从 2000 年成立至今，在细分的几个乳制品领域具有领先地位。

在乳制品行业原材料价格上涨、下游承压导致产品利润下降、代替品逐渐增多和消费者需求变化快等压力的促使下，M 企业积极寻求财务转型。2015 年，M 企业正式启用智能财务共享服务模式，进行业财融合建设，更加有效地利用内外部资源，通过信息化、数字化技术提高了企业财务管理的效率，实现了提升企业价值的战略目标。

为满足生产经营需要，M 企业不断进行财务转型，其财务管理模式主要经历了三个演进阶段，第一阶段（2004—2010 年），矩阵式财务上线；第二阶段（2010—2016 年），财务共享上线；第三阶段（2016 年至今），财务共享服务模式上线。

1. 第一阶段：矩阵式财务管理模式

M 企业以战略规划为导向，运用财务专业工具，引导运营方向，以企业事业部制的运营模式为基准设计了矩阵式的财务组织架构。

受限于信息技术的发展程度，M 企业这一阶段的财务管理体系信息化程度并不高，在日常的财务工作中，财务人员都是手工处理单据，需要对审批流程的合规、单据的合法，以及报销标准是否统一进行审核。各工厂、生产基地都使用各自的财务账套，财务人员彼此也并不沟通。尽管 M 企业制定了内部标准的记账规则，对会计政策也进行了统一，也有定期的专项检查，但相对分散，且信息化程度不高的会计核算模式使得企业内部财务信息很难互通，不利于整体决策。

2. 第二阶段：财务共享中心模式

2010 年，M 企业将原事业部下的职能部门改建为职能系统，企业财务也随之调整。但是，由于本次调整速度过快，缺乏对业务与财务流程的细致梳

理，致使后期出现了诸如业财数据口径不一致、信息共享不及时等问题，严重降低了财务整体运营效率。2012年M企业对整体财务管理模式进行了重新规划，建立了自上而下的财务前、中、后台管理架构：首先，将各职能系统的财务部门统一划归财务系统管理；其次，各工厂及销售公司的三级财务部门根据职能的不同，划入对应二级财务管理中心；最后，该架构为财务管理体系的全面变革奠定基础。

2013年，M企业实现了财务与业务信息系统的一体化、财务与业务信息的实时共享，这为M企业实现共享财务奠定了基础。2015年，M企业在集团范围内推行财务共享，经历一年时间，到2016年3月已实现集团内部全面财务共享。M企业也因此成为乳业企业中较早尝试财务共享建设的企业。

3. 第三阶段：财务共享服务中心模式

根据企业战略实现需要，M企业再次对组织架构进行重大调整。在财务方面，首先，按照不同的要素区分各财务组织，分为战略财务、业务财务和共享财务，其各自具体职能如表11-2所示。

表11-2　M企业财务共享服务中心模式下不同财务组织职能对比

| 财务组织名称 | 不同财务组织职能 |
| --- | --- |
| 战略财务 | 战略财务负责企业财务管理体系的进一步完善，包括信息系统在集团范围内的推广应用，组织资源支持事业部财务工作等 |
| 业务财务 | 业务财务负责将集团的财务价值管理理念传达给业务部门，参与价值链的全流程管理，成为业务部门的"战略合作伙伴"；负责对企业项目进行预算管理，并评价企业内业务绩效指标的完成情况 |
| 共享财务 | 把公司的交易通过信息系统处理成财务专业语言，提供给各个管理决策者；整合集团所有资金，进行资金的统收统支、资金使用规划，同时根据集团战略需要进行融资管理 |

在财务共享服务中心基础建设方面，M企业也做出了相应的努力，通过加强财务组织能力建设和人才培养，完善财务业务一体化的信息系统，规范标准化的财务流程和制度管理体系，为财务管理转型打下了坚实的基础。

（二）M企业财务共享模式的四类问题

**第一，信息系统与企业经营脱节**。信息系统，以M企业使用的SAP-ECC共享系统为例，能够为企业的财务管理提供强大的硬件基础和载体。但是在实践中，企业要处理的数据是海量的，并且可能会存在财务人员变动、新任财务人员对信息系统掌握不熟练的情况，也会存在业务模式更新过快导致信息系统更新速度跟不上的情况,这都会造成信息系统与企业实际经营状况的脱节。

企业在进行财务管理系统智能化转型的过程中,要避免财务人员"被信息系统绑架"的情况。比如:财务管理人员为了掌握信息系统的使用方法,花费了大量时间精力,以至于在数据分析与整理方面精力不足,这对于财务人员而言是本末倒置的;或者财务管理人员盲目依赖信息系统的设计,不求进取,对新业态、新业务的出现不积极更新相应的核算手段等。

**第二,业务人员与财务人员沟通口径不同。**2013年M企业通过使用ERP、CRM等信息系统,基本实现了业财一体化。但是由于财务的专业性比较强,许多财务专有名词和财务分析思维门槛较高,业务人员对此不了解,因此数据口径存在不一致的情况。此外,财务人员对业务的了解不够深入,财务分析仍然停留在财务报表的层面,没有结合企业当前的业务数据进行深挖。

**第三,业务人员与财务人员关注重点不同。**在实践当中,M企业财务人员与业务人员的关注重点有较大不同,这是由业务人员和财务人员的工作职能决定的。财务人员的工作侧重于企业业务发生后的收入记录、计量、核算、报告、监督等;而业务人员更专注于企业的销售量/销售额的提升、市场的维护和扩大、客户关系的维持等。由于双方工作重心不同,一定程度上增加了信息沟通成本,工作效率也会受此影响。

**第四,信息泄露问题。**企业的日常经营要处理的数据量很大,在业财信息交流方面,频繁大量的数据输入与输出存在着极大的数据泄露风险;财务人员或其他相关人员对信息系统操作的不熟练也有可能导致数据的丢失,给企业经营带来影响。此外,M企业由于管理项目跨度大、产值分散、管理人员的人数和细节多,很容易出现人员职责不清、互相推诿责任的情况。在经营过程中,M企业还存在由于过度扩张导致的原材料供应不足等问题,而这又会造成厂房、设备等资源的浪费。

### (三) M企业财务共享服务中心的构建

**第一,构建信息化系统。**M企业财务共享服务中心的系统建设,可以总结为"夯实基础,流程主线,平台系统"的集成化架构。集成化财务共享服务中心的建设,实现了M企业拥有完整的数据交流信息化平台的目标。

**第二,梳理业务单元。**M企业的规模决定了其具备构建财务共享服务中心的基础。M企业经过流程梳理、现场调研和系统评估，整理出多项变革提升点，分布在财务、业务、流程三大维度。对业务单元进行梳理后，M企业设立了七个部门。其中，总账报表部、费用报销部、采购应付部、销售应收部和原奶资产部为业务循环部门，主要对接业务处理；服务支持部、综合支持部为支持部门，主要负责业务流程优化、档案管理和后勤支持等。

**第三，利用影像技术优化业务流程。**影像扫描技术在企业业财一体化过程中也起到了重要作用。M企业在构建财务共享服务中心后，对单据增加了"初核/扫描"流程，将纸质单据的信息上传到财务共享服务中心，并将各子公司的原始单据进行归档。这一流程优化保证了财务共享服务中心信息的准确性，避免了单据信息与实物不一致的问题，减少了人力、设备、空间等成本的耗费，起到了降本增效的作用。

M企业财务共享服务中心的构建，符合智能财务下的财务共享思维模式，充分体现了M企业财务管理人员在进行顶层设计时追求财务前置、数据同源、业财融合、量化结果、实施管控和降本增效的目的。

M企业的财务转型效果显著。从盈利能力指标来看，随着财务共享服务平台的普遍应用，其营业收入增长了接近50%。

## 第五节　本章小结

在数字经济时代下，财务智能化是时代发展的必然趋势，财务领域将不断呈现科学化、智能化。企业应该从传统的财务管理观念中解放出来，以智能化管理观念为导向，加强企业智能化财务管理体系建设。企业现阶段的财务管理工作在迎来全新发展机遇的同时，也面临着各种全新挑战。

本章通过对信息系统、信息化软件、共享服务中心、研发共享模式和资产共享模式的发展现状和企业的应用情况进行分析，发现其在企业的具体应用中仍存在人员管理、财务管理和信息技术等方面的问题，而与智能化协同有利于企业管理者有效解决这些问题，更有利于企业实现高水平智能化财务发展。

因此，为了加快智能化管理进程，企业需要加速财务人员转型，培养财务人员树立正确的风险忧患意识，全面提高自身综合财务技能，减少智能化时代对传统财务人员产生的冲击，尽快成为复合型财务人才。

同时，企业应建设更全面的共享平台，促进财务部门与业务部门的协同合作，实现业财融合，解决信息技术带来的"信息孤岛"问题，同时提高企业的工作效率，减少资源浪费。除此之外，企业在进行智能化协同的同时，也要加强网络安全防范意识，防止商业泄密，避免智能化财务系统带来的安全风险，完成信息系统的安全建设。

通过信息共享的融合和迭代，智能财务系统可以更好地服务实体经济，促进企业经营管理的快速发展，实现企业的高质量发展。

## 本章参考文献

［1］王婷．县级税务机关内部财务管理系统的设计与实现［D］．西安：西安电子科技大学，2017：2-3.

［2］钟凯，刘一寒，苏嘉莉．立足新发展格局推动财务理论创新——财务理论前沿2021学术研讨会观点综述［J］．财务研究，2021（05）：100-104.

［3］谭宇翔．数字化转型与企业绩效研究［D］．昆明：云南财经大学，2021：38-42.

［4］刘梦丹．信息化赋能下企业"业财融合"管理实践研究［D］．昆明：云南财经大学，2021：40-41.

［5］冀宇平．会计信息化安全风险及其防范策略［J］．山西财经大学学报，2016，38（S2）：64-67.

［6］闫华红，毕洁．大数据环境下全面预算系统的构建［J］．财务与会计，2015（16）：44-46.

［7］陈虎，孙彦丛．财务共享服务（第二版）［M］．北京：中国财政经济出版社，2018：164-195.

［8］王金凤，孙妍，王占文．行政事业单位资产共享共用运作机理及破障路径研究［J］．地方财政研究，2022（06）：36-47.

［9］李春蕾．企业数字化转型路径及绩效研究［D］．石家庄：河北经贸大学，2022：24-25.

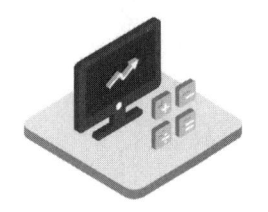

# 第十二章
# 归纳总结：财务管理向顶层化、数字化、价值化转型

财务管理从传统模式向智能化模式转型是一场重大的变革，其核心任务是结合财务管理的顶层设计，在传统模式固化流程和管控方式之下，以科技赋能方式，实现创新型智能财务平台的转型与效率效果的提升，持续探索构建新型财务管理模式。

其中，智能财务平台涵盖智能财务会计共享平台、智能管理会计共享平台和大数据分析应用平台三个子平台。智能化场景设计和新技术匹配运用是智能财务平台建设的关键所在。新型财务管理模式涵盖智能财务运行原则和智能财务管理方式，其落脚点——智能财务组织架构的搭建和智能财务共享运行管理规则的确立是新型财务管理模式构建的关键所在。

因此，财务管理的数字化赋能，涉及转型背景、价值赋能，形成了升级路径。同时，财务管理的数字化带来了拓展、突破甚至创造财务管理新形态的趋势。

# 第一节　财务管理数字化转型的背景与三个阶段

## 一、财务管理数字化转型的基本背景与顶层设计对策

### （一）数字化转型的基本背景

数字经济能够赋能企业的财务管理活动，数字经济时代，企业进行财务管理的数字化转型既是必要的，也是可行的。从企业管理降本增效的要求、传统财务管理模式的弊端、信息孤岛问题和集团化管控的需要四方面体现了企业财务管理数字化转型的必要性。数字化转型并不是大型企业的专利，小微企业在数字经济背景下，也需要更新财务管理理念、完善财务管理系统、培养财务管理人员和调动财务管理积极性。在数字经济时代，数字化转型的浪潮已经滚滚而来，抓住数字化转型的机遇，企业的财务管理能力能够迈上一个新的台阶，助力企业发展。

但是，在数字化转型的过程中，财务管理的顶层决策缺失是一个常见的问题。随着数字经济的迅猛发展，数字技术的应用场景越来越丰富，许多企业都面临着数字化转型的难题。

### （二）数字化转型的顶层设计对策

企业在进行数字化转型前要结合自身战略，定位转型目标，明确自身的需求，梳理自身的资源禀赋。企业的数字化转型已进行了一定的实践探索，虽然信息化都会取得一定的成果，但进行企业数字化转型的目标不能局限于和只解决急迫的历史问题，而应该更具有前瞻性。一定要抓住数字化转型的浪潮，对企业的各个方面都进行数字化转型。企业可以先聚焦解决最急迫的问题，但是需要确定长远的数字化转型战略目标，重视顶层设计，根据企业情况确定转型目标，规划转型阶段，减少低效和重复的投入。

## 二、财务管理数字化转型的三个阶段

企业财务管理在进行数字化转型时若缺乏顶层设计，则会产生一系列管理问题，导致数字化转型效果不及预期。因此，企业在进行数字化转型时需要把握财务管理顶层决策转型的趋势，结合企业自身战略和资源禀赋，合理设计。

企业数字化转型的过程可以分为三个阶段：**一是数字化阶段**，这个阶段企业的信息记录载体实现了从纸质化到电子化的转变，信息的电子化储存是后面两个发展阶段的前提。**二是网络化阶段**，这个阶段企业实现了业务的数字化，信息的来源不仅仅是纸质资料的电子化，数字规模呈现指数级增长，数字孪生出现新业态和新模式。**三是智能化阶段**，这个阶段数据已经成为企业最核心的生产要素，数据的价值被充分挖掘，能够实现智能决策。业财融合化、数据标准化、决策智能化将会是未来财务管理顶层决策转型的趋势。为了应对数字化转型的趋势，企业需要做好科学的顶层设计。

综上所述，企业财务管理数字化转型将会是未来很长一段时间内的主要任务。企业在进行数字化转型时，需要了解顶层决策转型的趋势，结合企业自身的发展战略和资源禀赋做好设计。在执行层面，企业需要整合信息平台、加强部门沟通、推动人员转型、保障数据安全，将企业数字化转型落到实处，切实提质增效，促进经济发展。

# 第二节 财务管理数字化赋能的对策与五个类型

## 一、财务管理数字化赋能对策与工具

### （一）财务管理数字化赋能的融合对策

数字化过程是企业将大量复杂多变的信息转变为规律性的、可度量的数字与数据。转变之后，再将这些数据与数字按照一定规律整理，并建立相匹配的数字化模型，最终将数字化模型转变为一系列的二进制代码。

企业借助信息化、数字化、智能化科学技术推动企业变革，实现业务与管理模式的提升，数字化转型具有赋能业务的核心价值，是各个企业正在积极追求的变革方向。

企业的数字化转型包括很多重要节点：企业资源禀赋的运用、企业信息系统架构的改造、顶层方案的设计、企业文化及观念的改变、组织架构的优化、推进方案的标准化等。在数字化过程中，数字化本身可以作为一种有效载体进行量化和度量，有助于对系统业态进行创新赋能。

在万物皆可数字化的时代，财务管理这种体现数据、数字的工作，尤为需要数字化技术建立相应的模型，简化数据处理工作，为财务管理进行赋能。

互联网技术的蓬勃发展不仅帮助消费等服务业迈入了新时代，近年来产业互联网同样逐渐受到了社会的关注，即借助信息化、数字化、智能化的技术推动制造业企业的生产效率提高、管理流程优化以及经营成本的降低。

财务管理工作在传统企业中往往被视作后台部门，对企业整体运营提供支持，而不创造利润。但随着数字化概念的提出和发展，智能财务逐渐成为企业价值赋能的重要渠道，为企业节省成本、优化管理提供了帮助。

**（二）用好财务管理数字化赋能的五大工具**

（1）RPA。在财务工作中，存在着大量重复性的工作，包括对账、发票入账等，而 RPA 对于大量重复、流程化的工作提供相应的解决方案，解放了财务人员，使得他们能够更高效率地处理财务工作。但是 RPA 对于使用场景有着相对较高的要求，高度流程化的工作可以利用 RPA，因此财务人员在进行相关工作时应对不同的业务进行甄别，找出适合、可行性高的流程进行转型，为财务管理赋能。

（2）API。API 是各个不同软件进行关联和数据打通的核心。没有 API 接口，各种不同功能作用软件无法打通。因此，API 接口可以较大程度提高不同主体间的合作效率，尤其是对于企业与银行、客户的收付款确认，对于同税务系统的沟通合作、发票验真等工作，均可通过 API 进行，为不同主体的协同办公创造了环境，提高了相应的管理效率。

（3）OCR。发票是财务人员接触最多的纸质材料，随着数字化转型的深入，越来越多的材料需要线上处理、线上操作，但纸质发票在现实经营中仍无法取代，那么财务人员可以借助 OCR，将纸质材料转换为电子材料，与线上工作相配合，推动数字化转型的深入，为财务管理工作赋能。

（4）AI。企业往往具有较为庞大的财务数据积累，使用 AI 可以很好地发挥自身的数据优势，对行业竞争形成一定的壁垒，建立二级优势。财务部门是接触数字、数据最多的部门之一，具备一定的 AI 转型的基础，利用 AI 企业的财务部门可以对业务流程、管理流程进行全新的思考，从而对相关流程进行优化，降低费用，提高效率。

（5）区块链技术。区块链技术可以与 API 应用程序接口结合运用，在与不同主体合作的同时，利用区块链技术对信息进行高效处理和存储，帮助不同主体实现信息共享和保存。因为企业的每个部门的端口都在区块链条中，所以购销合同、采购销售商品的出库单都经过相应部门的流转确认至认证体系，这样认证体系处理业务的内容就不局限在财务部门的费用报销、总账处理等，还可以扩大到供应商（客户）信息管理、生成成本管理等各个方面，做到业财融合里的财务信息与业务信息相一致。

## 二、财务管理数字化赋能的五个类型

### （一）企业可持续性价值最大化

在过往粗犷式的发展模式中，对于企业来说，扩大产能是盈利的保证，而不需要去考虑如何才能实现价值的最大化。但随着市场竞争的加剧，对于企业来说需要进行战略目标的转变，如何实现利润最大化、价值最大化成为重中之重，这是降低财务风险的保证。实现企业的价值最大化，就需要数字化技术对企业整体流程进行优化，降低成本，提高盈利率。具体的基于企业战略之下的智能财务与传统财务对比如图 12-1 所示。

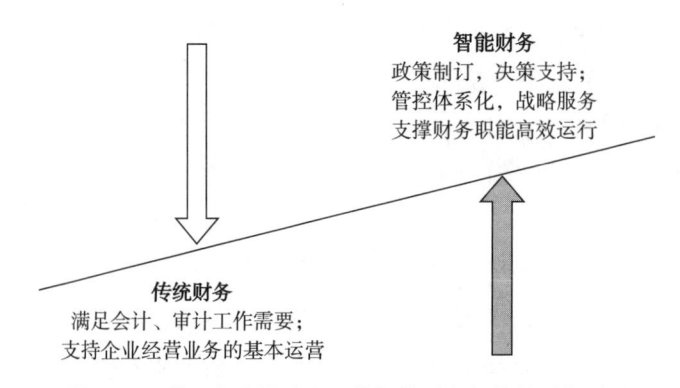

**智能财务**
政策制订，决策支持；
管控体系化，战略服务
支撑财务职能高效运行

**传统财务**
满足会计、审计工作需要；
支持企业经营业务的基本运营

图 12-1　基于企业战略之下的智能财务与传统财务对比

### （二）建立全面预算管理体系

通过建立全面预算管理体系，以年度经营计划为目标方向，以年度预算为控制目标，将经营活动中涉及的财务工作和现金活动全部纳入该体系中，形成覆盖企业全部产业链的预算管理体系，从而更好地执行企业的财务管理目标，防范相关的财务风险。这对于企业控制投资、经营费用支出具有重要意义，全面的预算管理能够更全面地控制支出，避免过去独立控制时预算管控不严的问题，全面预算管理的部门职责如表 12-1 所示。

表 12-1　全面预算管理的部门职责

| 部门 | 在预算管理中的主要监控职责 |
| --- | --- |
| 预算管理办公室 | 1. 组织、协调预算管理的监控工作<br>2. 汇总监控结果，对出现的重大差异及时处理或召开协调会 |
| 审计部门 | 1. 监督、审计公司各责任部门的预算执行情况<br>2. 定期撰写审计报告 |
| 财务管理部门 | 1. 对预算执行过程的资金流动进行监控<br>2. 对预算执行过程的会计核算进行监控 |
| 人力资源部门 | 1. 对责任单位的人力资源劳动生产率进行监控<br>2. 对工资奖金及奖金兑现情况进行监控<br>3. 对各部门的工作质量进行考核、监控 |
| 生产计划部门 | 1. 对责任单位的产品产量，品种结构进行监控<br>2. 对公司综合计划执行情况进行监控 |
| 质保部门 | 对企业供产销各个环节的质量情况进行监控 |
| 仓储部门 | 1. 对外购材料、设备，物资的价格、质量、数量进行监控<br>2. 对产品质量、数量、结构进行监控 |

## （三）标准成本管理

成本控制对于实现价值最大化具有重要意义，不计成本地投入在过去可能是能够创造价值的，但由于市场竞争的影响，企业越发趋向于追求边际效益最大的时点，因此必须对不同环节的成本进行控制，实现标准化管理。企业通过对每一成本的细化研究，探寻成本动因，建立严密科学的标准成本制度，制定相应的标准成本，实现对成本事项前中后全过程控制。标准成本管理流程如图 12-2 所示。

在实践中对成本标准进行优化，使得成本标准可以更好地服务于成本管理体系，为经营决策提供帮助。同时，对于企业的技术创新和管理提升，成本标准同样能够推动成本持续改良和全过程控制，从而提升技术创新效率和效益，标准成本管理下传统财务是简单记录成本项目的管理，而智能财务则是探索成本动因并建立标准成本制度的全流程成本管理。

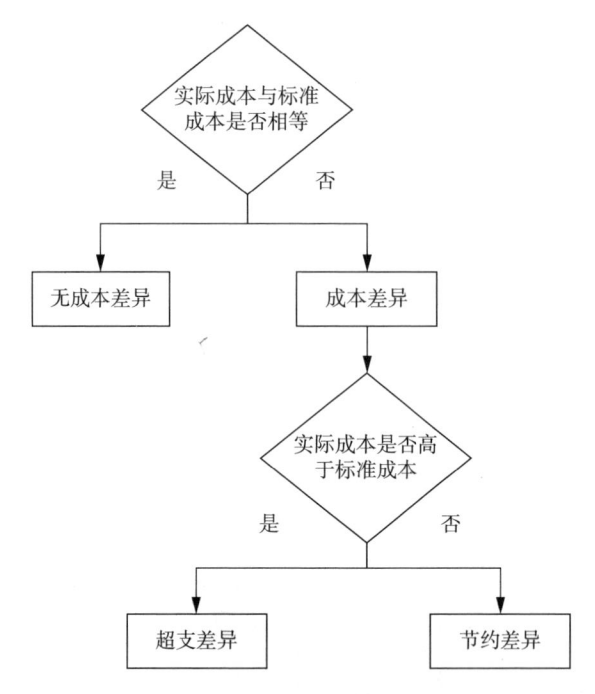

```
         ┌─────────────┐
         │ 实际成本与标准 │
         │ 成本是否相等  │
         └──────┬──────┘
          是 ╱      ╲ 否
    ┌────────┐    ┌────────┐
    │ 无成本差异 │    │ 成本差异 │
    └────────┘    └────┬───┘
                       │
                ┌──────┴──────┐
                │ 实际成本是否高 │
                │ 于标准成本   │
                └──────┬──────┘
                 是 ╱    ╲ 否
            ┌────────┐ ┌────────┐
            │ 超支差异 │ │ 节约差异 │
            └────────┘ └────────┘
```

图 12-2　标准成本管理流程

### （四）现金流量控制为核心的统筹方案

实行对资金的统一集中管理，即对融资权、调度、协调金融机构实现规模资金的保值增值运作的统筹管理。企业通过对现金流的监控，可以较为敏捷直接地反映企业的经营风险，实现动态管理，通过现金流量的智能管理，使得企业各项业务的目标与企业整体目标相配合，满足企业整体战略发展的需要。同时在现金流量的管控上，合理制定资金运用、调度计划，提高资金调度的精确性和时效性。

### （五）信息化技术支撑的系统

通过建立专用的信息化系统，即集销售管理、质量控制、生产管理、出厂管理、成本管理、统计管理和会计管理于一体的管理信息系统，实现计算机控制的全部生产流程的集成管理。这样的信息化技术的运用和信息系统能够帮助企业全面对各部门实行联动管理，使得资金的流向有据可循，同时对全面预算的完成情况进行动态分析。

### 三、完成智能财务顶层设计

#### (一) 硬件设施运营与云计算关联方案

企业应针对性将硬件设施运营与云计算进行系统关联,实现硬件设施云化。公域资源云落地,私域一般资源移动互联网落地,私域核心资源属地化核心存储转化,企业可以谋划联合生态伙伴共建或独立建设,有效构筑企业的特质性壁垒,增强核心竞争力。

企业将整体架构进行数据化转型,有效衔接前台和后台。采取"业务数据化、数据业务化"的方式,有效搭建衔接企业整体数字化的平台,这个平台重点是将构建数据和业务体系的方法论,与数据资产化、价值化的产品工具以及以用户运营为导向的专项硬件系统和专项人力资源系统进行集成。这个集成系统有物联网特征和人工智能特征,形成了符合国家宏观经济政策的、配套企业自身能力的、按发展需要不断优化与迭代的、能够产生预期业务效率及效果的、体现企业自身资源禀赋和业务逻辑的、介于前台与后台之间的平台,也称"数字化中台"。

#### (二) 协同办公的移动互联网化转型路径

企业将应用场景实现人工智能化转型。企业通过数字化与人工智能的有效融合,解决智能化应用有效落地问题,结合企业业态,将自身应用场景进行细化分解并非常明确地锁定解决问题的痛点,在合适的场景之下,将问题有效呈现并采取数字化的智能赋能,同步智能化提升效率的同时,加大降本效果,实现企业数字化转型中最大化地发挥生产力。

通过数字化赋能搭建一个集成移动办公场景、业务拓展场景、人员业务场景融合协同的办公新平台。这个平台从本质来说,也就是通过场景的变化来实现移动的数字化转型。企业将传统僵化的部门机构及职责分解分散于新型的共享互联模型之下,实现组织的高效运转。解决全员协调联动的实时性、及时性、全面性。有效应对企业环境发生变化后的快速适应调整,与上下游企业有效沟通转化,并持续提升实现盈利的能力。这意味着在传统模式之下,企业借助移动互联网化升级自身的企业组织,来提升办公效率,通过数据结合智能算法来甄别市场拓展可能性,内部管理合理性,从而实现增收、降本、提质。

## 第三节　财务管理智能化升级的路径与四个应用场景

### 一、财务管理智能化升级的路径

企业的智能财务演进路径是一种对智能财务应用场景与更多可能性的尝试，如图 12-3 所示。

在分析智能财务可能的应用场景之前，应该先摆脱复杂的场景化分析，单纯地去看待可优化的细节。可视化和交互化可能是一个很好的思考方向。可视化是一个重要的处理部分，是将引擎处理过的数据呈现出来的最终环节。从而去掉烦琐的数据处理过程，仅仅以最简化的形态将财务数据呈现给管理者，降低使用者的门槛。

在完成可视化之后，就可以接着设置交互化的内容，让使用者也可以成为数据的定制方或者存储方。然而，对于一种呈现区块链思维的交互方式而言，其信息可信任程度也非常重要，信息输入权限和信息输入途径究竟如何分配与管理，还需根据企业实际情况确定。

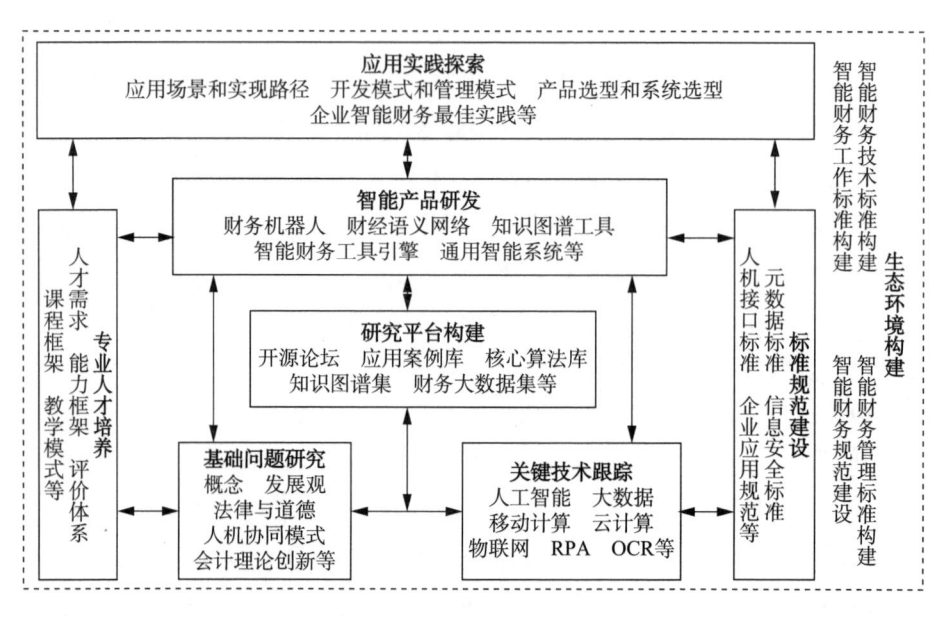

图 12-3　智能财务演进路径

## 二、财务管理智能化升级的四个应用场景

智能财务的未来发展路径主要取决于企业的实际应用需求、智能技术的发展、智能财务系统的研发速度，以及智能财务相关政策、法规和文化的匹配度等方面。

企业可以用未来可能的应用场景来描述智能财务的升级路径。在这些应用场景中，有些可能已在部分企业中使用，有些仅仅处于概念阶段，还有一些只是一种应用的可能性。

### （一）财务核算全流程一揽子自动化

财务核算全流程自动化系统的应用场景以智能感知、数据爬虫、OCR、电子发票、移动支付、RPA、自然语言处理、基于知识图谱的专家系统等技术为基础，场景中的部分功能已在一些先进企业中局部实现，如表12-2所示。

在该应用场景中，系统支持电子凭证和非电子凭证的智能化处理，可实现财务凭证处理的前置化，即实现业务事件（而非财务人员）对财务处理流程的驱动。企业借助于更智能的财务软件和更灵活的信息展示工具实现账务处理的全过程自动化。在财务信息输出的环节，系统把自动处理的结果用更细的颗粒度来描述，并动态、频道化、个性化地展示出多维业财管融合的报表信息，以满足企业内外部决策者实时查询的需求。

表12-2 财务核算自动化与传统财务

| 特征 | 传统财务管理 | 智能财务管理 ||
|---|---|---|---|
| 相关技术 | / | 智能感知 | RPA |
|  |  | 数据爬虫 | 自然语言处理 |
|  |  | OCR | 移动支付 |
|  |  | 电子发票 | 会计信息标准以及神经网络等技术 |
|  |  |  | 基于知识图谱或处理规则的专家系统 |
| 功能 | 手动账务处理 | 账务处理的全过程自动化 ||

### （二）智能财务决策支持系统

智能财务决策支持系统的应用场景基于数据挖掘、神经网络、知识图谱、遗传算法、BRL、大数据分析、对话机器人、智能预警、智能诊断和虚拟展

示等技术，运用数量经济学、模糊数学、信息论、控制论、系统论等理论和工具，是一种面向财务预测、控制、分析与决策一体化的应用。

在该应用场景中，系统结合基于规则的财务专家系统和基于神经网络的机器学习算法，利用战略预测和决策、战略计划与控制、财务分析与报告以及绩效考核与评价等方面的模型和方法，对企业运行的业财数据和经济宏观数据进行实时自动采集、监控、挖掘和分析，为企业经营决策的事前预测、事中控制和事后分析提供依据。财务人员还可利用丰富的数据可视化技术，向财务信息的使用者清晰、有效地传递财务信息，具体智能财务决策支持系统结构如图12-4所示。

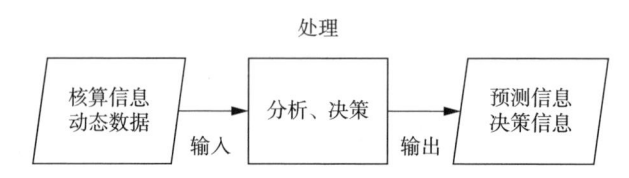

图12-4 智能财务决策支持系统结构

### （三）智能财务共享服务平台

企业智能财务共享服务平台的应用场景以数据爬虫、OCR、专家系统、RPA、电子发票、电子档案、移动计算、财务云、数据挖掘、数据展示等技术为基础。实际上，该场景是第一种应用场景和第二种应用场景在财务共享服务平台上的综合应用。

在该应用场景中，系统不仅实现了财务处理的标准化、集中化、流程化和信息化，更重要的是利用上述技术实现了处理流程的智能化，并将服务的内容从应收、应付、总账、资产管理、费用报销、资金管理等一般事务性流程领域扩展到了税务分析、公司治理、资金运作、预测和预算、内部审计和风险管理等高价值流程领域。共享中心智能化的过程将大幅减少财务人员的需求。该场景需要相关政策、法规和文化的支持，因而可能存在诸多不确定性。

### （四）人机智能一体化的业财管融合管理

业财管融合管理平台的应用场景以云共享、大数据处理、物联网、机器人，以及自然语言处理、深度学习模型等技术为基础，是一种基于强人工智能技术的未来应用场景。它强调两方面的融合：人脑智能、人工智能以及环境之间的相互作用和融合；企业业务活动、财务活动和其他管理活动的深度融合。

在该应用场景下，由于智能化程度较高，业财管人员之间的组织和职能划分将会消失，管理人员处理的是企业的综合信息，所谓的企业管理分工只是信息应用视图的划分。由于人机智能系统需要在人、机之间合理地进行任务分配，以及科学地设计两者的功能，同时需考虑人机智能带来的风险控制和伦理问题，因此存在不确定性。

智能财务是一个全新的发展领域，它的内涵和外延会随时间的变化而变化，升级路径也会由于技术和应用发展的变化而不断调整。企业只有不断跟踪智能技术、财务理论、企业实践的发展，抓住每一个探索智能财务理论和应用的机会，在不断试错中优化和演进，才能将智能财务的发展引向成功的彼岸。

### 三、智能化财务的未来展望

#### （一）财务管理信息化到数字化的系统转型

2020 年以来，在"万物智联"带动下，大数据、人工智能、云计算等成为技术变革的推手。从"信息化建设"迈向"数字化建设"，是各国企业、各行业企业的共识。在信息技术飞速发展的背景下，财务管理与信息系统的关系将更加紧密，信息系统要为更高效的财务管理的实现提供坚实、有效的硬件基础。

信息化建设以企业系统实现业务流、工作流、信息流贯通为目的，解决企业工作环境与工作流程的链接问题。大多数企业采用的信息系统有 OA、HR、ERP、CRM 等业务支持系统，但这些支持系统的割裂问题较为明显，信息"孤岛化"显著，这是企业信息系统进一步发展要解决的问题。

可见，在数字化时代，财务管理信息系统要由"信息化"到"数字化"转型，转型重点是"数字化建设"。信息系统应该依托大数据、人工智能、移动互联网、云计算、物联网、区块链等技术，向"数字互联""数字集成""数据融合"的方向转化，并进一步通过数字链接，助力企业实现财务智能化。

"数字化"就是将复杂、海量的信息进行整合，使其变成规律性的、系统性的、可度量的数据，再将这些数据根据信息使用者的需求，按照一定规则进行整理，建立相匹配的数字化模型，最后在计算机内部，将数据进行统筹处理与转化。对数据进行集中、融合、链接和治理的处理，可以把无序、海量的原始数据变成数据资产和知识，从而实现企业资产的数字化。

同时，企业要意识到，数智化仅仅是实现企业战略的手段，在实践中，不能"舍本逐末"。在企业实践当中，需要综合考虑量化支持和投入产出，数智化成效的好坏决定了企业数智化的持续性。因此，数智化的量化支持是财务管理未来转型的关键。

### （二）信息系统转型升级要解决"孤岛化"问题

要使企业真正实现业务财务的融合，实现企业内的财务、业务数据互通，使企业数据的价值充分涌流，就要破除信息系统彼此割裂、"孤岛化"的现象。破除信息"孤岛化"，要以企业生产经营的真实情况为基础，细分业务财务的功能，从而建立业务、财务数据的连接点，使业务、财务的数据结合更加紧密。破除信息"孤岛化"后，信息系统的操作难度将大大降低，系统操作的时间也会被节省，财务管理人员可以从简单、枯燥、低效的工作中解放出来，对企业进行创新性的财务价值创造。

### （三）信息系统顶层设计要防范财务风险

随着企业规模的扩大、业务范围的扩张、组织架构逐渐复杂，企业面临的各种风险将不断加大，企业的财务风险也会随之加大。企业在进行财务的数智化转型时，应当将防范风险摆在重要位置。

信息技术的不断升级和信息系统的不断完备，为企业财务人员提供了坚实的硬件基础。企业完成业财一体化后，财务人员应当将业务环节可能产生的风险一并纳入考虑，对企业生产经营的全流程进行风险评估，做好防控措施。只有财务和业务协调配合，才能形成企业内部的信息互通，尽可能将潜在的危险扼杀在萌芽状态。

基于此，信息系统应当在底层逻辑设计中加入企业风险防控的板块，增强信息系统的安全性，尽可能降低企业数据泄露的风险。企业信息系统维护部门也要定期做好系统的维护，包括硬件和软件两个部分，要定期更换老旧设备和损坏的零件，对信息输入输出做好监控和管理，防止企业数据的泄露。

## 第四节 本章小结

智能财务平台建设，可按业务驱动财务、管理规范业务和数据驱动管理三大逻辑推进，凸显大共享、大集成、大数据和大管理四个建设理念。因此，需要抓好业务流程梳理、表单附件梳理、数据标准梳理、信息系统梳理和模型算法梳理五项重点工作。新型财务管理模式的设定，取决于具体企业的财务管理实际情况和发展需要，其构建可通过智能财务平台、财务专业分工和各级财务组织的深度协同予以实现。管理会计落地，可通过为各级各类管理会计工作分设单独管理会计岗位、赋予管理会计工作职责，以及部分管理会计工作的相对集中化来实现。

本章对前文进行了归纳总结，通过对财务管理理论的系统梳理和财务管理现状描述，结合数字化与智能化的特点，在紧扣财务管理核心议题的基础上，详细讨论了数字化可能给财务管理理论带来的挑战和机会。

### 本章参考文献

[1] 张敏, 霍朝光, 吴郁松. 我国公共图书馆数字平台的信息孤岛问题研究——基于社会化网络的分析视角 [J]. 图书馆建设, 2015 (11): 77-82.

[2] 杨宇华. 数字经济时代的企业财务管理转型研究 [J]. 会计之友, 2020 (18): 60-66.

[3] 顾穗珊, 孙山山. 大数据时代智慧政府主导的中小企业竞争情报服务供给研究 [J]. 图书情报工作, 2014, 58 (05): 64-68.

[4] 焦勇. 数字经济赋能制造业转型: 从价值重塑到价值创造 [J]. 经济学家, 2020 (06): 87-94.

[5] 刘梅玲, 黄虎, 佟成生, 刘凯. 智能财务的基本框架与建设思路研究 [J]. 会计研究, 2020 (03): 179-192.

[6] 高锦萍, 白羽新, 高居平, 万岩. 人工智能时代的会计伦理: 内涵、转向与考量 [J]. 会计研究, 2022 (03): 17-27.

[7] 李少武, 毕强, 彭飞. 浅析财务共享模式下内部控制相关体系的构建——以中国电信广东分公司财务共享服务中心为例 [J]. 财务与会计, 2012 (01): 32-34.

[8] 汤谷良. 财务管理如何赋能企业数字化转型——基于国家电网财务部推出的十大数字化应用场景案例的思考 [J]. 财务与会计, 2021 (20): 7-12.